MANAGEMENT SUP
MARKETING – COMMUNICATION

Comportements du consommateur

Concepts et outils

4e édition

Denis Darpy
Valérie Guillard

DUNOD

Conseiller éditorial :
Christian Pinson

Mise en page : Belle Page

11 rue Paul Bert, 92240 Malakoff
www.dunod.com
ISBN 978-2-10-074672-9

Table des matières

Avant-propos 1

1 Consommer aujourd'hui 3

Section 1 Consommation et société 4
Section 2 Les actes de consommation macro/micro 15
Section 3 L'approche descriptive/explicative 20
Section 4 Les racines théoriques des études sur la consommation 23

2 Les besoins, les motivations et l'implication 27

Section 1 Les besoins 28
Section 2 Les motivations 33
Section 3 Concept de soi 41
Section 4 L'implication 53

3 La perception 63

Section 1 La détection et la perception des stimuli sensoriels 65
Section 2 La perception spatio-temporelle 86
Section 3 Les effets de contexte et de cadrage sur le choix 96

4 L'apprentissage et la mémorisation 107
Section 1 L'apprentissage 108
Section 2 La mémorisation et l'organisation des connaissances 119

5 Les attitudes et préférences 141
Section 1 Le rôle des attitudes 142
Section 2 Les critères de choix 151
Section 3 La Structure et la formation des attitudes 157

6 La persuasion 173
Section 1 La modification des attitudes par des processus cognitifs 174
Section 2 Les modèles de persuasion duale 181
Section 3 La prédominance affective dans la persuasion 187

7 Les processus de choix 189
Section 1 La recherche d'informations 190
Section 2 Le processus de décision et ses variantes 203
Section 3 Les contextes de consommation 217

8 Les émotions et les expériences d'achat 225
Section 1 Les émotions 226
Section 2 La consommation « expérientielle » 244

9 Les groupes 251
Section 1 Les groupes sociaux et les rôles 252
Section 2 Les tribus de consommateurs 264
Section 3 La culture 268

10 Les comportements d'achat et de consommation 285
Section 1 L'essai et le réachat 286

Section 2 La fidélité 296
Section 3 La recherche de variété 302
Section 4 L'usage et l'abandon du produit 311

11 Les comportements relationnels 319
Section 1 La qualité perçue et la satisfaction 321
Section 2 La relation avec la marque / l'entreprise 332

12 Les caractéristiques socioéconomiques du consommateur 351
Section 1 Les caractéristiques économiques 352
Section 2 Les caractéristiques sociodémographiques 359
Section 3 Les caractéristiques géographiques 378

13 Les caractéristiques psychoculturelles du consommateur 383
Section 1 Les caractéristiques psychologiques 384
Section 2 Les valeurs 396
Section 3 Le style de vie 405

Index des notions 413

Index des auteurs 417

Avant-propos

Cette quatrième édition invite à s'interroger sur l'évolution du consommateur et des recherches qui s'y consacrent. *Journal of Consumer Research*, revue académique de référence, publie aujourd'hui 6 numéros par an contre 4 lors de la première édition de cet ouvrage en 2003. La recherche en comportement du consommateur s'est développée pour embrasser des thèmes toujours plus nombreux tels que la culture de consommation, le rapport des utilisateurs avec les objets, le marketing collaboratif et les interactions entre les consommateurs. C'est un champ qui devient de plus en plus riche et complexe. Ce domaine d'étude nous en apprend toujours plus sur la société.

En effet, la révolution digitale, qui a transformé les agents économiques, interroge les chercheurs et les entreprises. Alors que le consommateur, animal social, souhaite continuer à être en relation avec ses semblables, l'informatique pourrait l'isoler. C'est le contraire qui se produit. Le consommateur change plus que ce que les scénarios prospectifs avaient initialement prédit : il achète sur internet mais pas dans les proportions attendues ; cependant il crée de nouvelles formes d'échanges et de collaboration. Grâce aux nouvelles plates-formes collaboratives, le consommateur échange, découvre et partage ses expériences. L'action du consommateur sur la société et ses structures peut conduire à poser la question si l'Homo sapiens est remplacé par l'Homo consommateur. Les politiques et les pouvoirs économiques attendent du consommateur la croissance retrouvée, la conquête de nouveaux marchés. On attend du consommateur le miracle de retrouver un état économique passé alors qu'il transforme l'économie. Comprendre le consommateur aujourd'hui c'est également se poser des questions sur la place de la consommation et la propriété dans la société post-moderne. Alors que l'automobile fut pendant un siècle la possession la plus importante pour de nombreux Français, on observe aujourd'hui sous l'impulsion de nouvelles formes d'utilisation une certaine désacralisation de la voiture. Autolib transforme l'appropriation du véhicule. Les plateformes Drivy et Ouicar permettent aux particuliers de louer leurs propres véhicules. Le collaboratif serait-il en train de changer le rapport avec la propriété et par-là même les fondements de notre société ? C'est la preuve que les comportements du consommateur restent des clés pour comprendre les transformations de la société.

Cette nouvelle édition donne donc une place importante aux comportements collaboratifs pour comprendre le nouveau consommateur. Pour assurer cette mise à jour le premier auteur s'est associé à Valérie Guillard afin de renouveler la perspective de l'ouvrage. Le résultat aujourd'hui est le travail agrégé et mis à jour depuis 2003 par Denis Darpy, Valérie Guillard et Pierre Volle (co-coauteur de la première édition).

Chapitre

1 Consommer aujourd'hui

OBJECTIFS

- Seigneur, bourgeois, bobo ou encore hipster... Le rôle de la consommation change parce que la société et donc les personnes évoluent.
- Qui consomme quoi, pourquoi, quand et comment ? L'objectif de ce chapitre est de comprendre l'évolution du rôle de la consommation dans le passage des sociétés traditionnelles, modernes puis postmodernes. Il est également l'occasion de brosser un panorama des méthodologies utilisées par la discipline ainsi que les problématiques étudiées.

SOMMAIRE

SECTION 1 Consommation et société

SECTION 2 Les actes de consommation macro/micro

SECTION 3 L'approche descriptive/explicative

SECTION 4 Les racines théoriques des études sur la consommation

Consommer n'est pas seulement une activité individuelle. C'est pourquoi, dans ce chapitre introductif, nous examinons comment la consommation peut d'abord être considérée comme un fait social. Toutefois, cet ouvrage s'inscrit dans un courant qui consiste à étudier les consommateurs de façon à améliorer les décisions marketing. En conséquence, il est important d'identifier précisément les actes de consommation sur lesquels le responsable marketing peut éventuellement peser, en distinguant les actes de consommation « macro » et les actes de consommation « micro ».

Ce chapitre permet également de préciser la perspective adoptée dans l'ouvrage. Il s'agit, non pas de présenter des faits (les actes de consommation dans tel ou tel pays, à telle ou telle époque...), mais des concepts et des théories qui permettent de mieux comprendre les actes de consommation. Nous avons l'ambition de montrer que ces concepts et ces théories sont utiles pour expliquer les comportements de consommation.

Finalement, nous concluons ce chapitre en montrant que l'étude des comportements de consommation est une discipline appliquée des sciences humaines et sociales (psychologie, économie, anthropologie...). Cette discipline a donné naissance, aux États-Unis et en Europe, à une véritable communauté de chercheurs, avec ses journaux scientifiques et ses associations académiques.

Section 1 CONSOMMATION ET SOCIÉTÉ

La consommation n'a jamais été aussi importante, et son évolution, l'objet d'autant d'attentions. Cette première section propose de souligner l'importance de la consommation d'aujourd'hui dans les débats politico-économiques. Nous verrons comment la consommation est devenue magique (1), alors qu'on attend d'elle qu'elle assure un progrès social devenu inaccessible en temps de crise avec le désenchantement lié à la perte de repères (2). Plus qu'une crise économique, c'est une crise de l'information que nous vivons en créant de nouveaux repères (3). Les transformations qui s'en suivent ouvrent la voie aux tentatives de réenchantement (4) et aux nouveaux mythes (5). Comprendre le consommateur, ses biais, ses émotions, c'est également comprendre le citoyen.

1 Le pouvoir magique de la consommation

Les crises économiques successives depuis 1973 illustrent le rôle central de la consommation et sa « relance » est l'objet de passions et d'inquiétudes. Tous les titres des journaux depuis 50 ans lui donnent un pouvoir de vie et de mort sur la croissance économique. Le débat sur le pouvoir d'achat confirme que la consommation est un sujet politique. Avec les mots « réforme », « changement », « pouvoir d'achat », le mot « consommation » est sans aucun doute l'un des plus utilisés par les hommes politiques et les leaders d'opinion (journalistes, bloggeurs, experts). Pour certains, la consommation a probablement acquis le pouvoir magique qui ramènera nos sociétés sur le chemin de la croissance, condition nécessaire à la survie de l'État-providence. Pour d'autres, la consommation est devenue un poison indolore de notre société et une contrainte sur nos ressources naturelles. *Vu du ciel,* de Yann Arthus-Bertrand, rappelle qu'un Américain a besoin d'une surface terrestre équivalente à 10 terrains de football, un Européen requiert une aire de 6 terrains alors qu'un Africain n'utilise que 5 m^2. Consommation, bien-être et futur de l'humanité sont devenus indissociables.

La consommation est consubstantielle à notre société. Baudrillard (1970) déplore qu'elle soit un indicateur du bien-être, version moderne du bonheur. Elle est toutefois critiquée pour les excès qu'elle induit[1]. Naomi Klein dénonce la nocivité des marques en décrivant le processus complet de production et de commercialisation de grandes enseignes mondiales. Elle souligne ainsi que les marques sont destinées aux consommateurs des classes sociales les plus faibles et les plus vulnérables des pays occidentaux, alors qu'elles sont produites par des ouvriers mal traités et déracinés de leurs origines dans les pays émergents[2].

Ce thème est également devenu un sujet de préoccupation pour les distributeurs. Michel-Édouard Leclerc revendique son engagement de « lutte pour le pouvoir d'achat »[3]. Depuis 2007, le débat sur le pouvoir d'achat s'est tourné vers le « vouloir d'achat » (tentation d'achat de « produits qui forment la panoplie de l'homme moderne »[4]), argumentant que le décalage entre vouloir et pouvoir d'achat était cause de frustration et développait le sentiment d'une stagnation des revenus. Certains jugent ainsi que la société de consommation crée des attentes et des envies que les consommateurs ne peuvent réaliser.

Les activités de consommation posent une véritable question sur notre modèle de société. Trois facteurs peuvent expliquer cela. Tout d'abord, la consommation permet d'exprimer qui nous sommes et qui nous voudrions être ; les activités de consommation font partie du processus de construction identitaire des individus. Par ailleurs, la consommation présente souvent une dimension mythologique qui trouve ses racines au plus profond de la société : consommer est une façon de prendre place dans notre histoire collective. Finalement, les activités de consommation nous

1. Baudrillart J., *La société de consommation*, Paris, Folio, 1970.
2. Klein N., *No Logo,* Arles, Actes Sud, 2002.
3. http://www.michel-edouard-leclerc.com/blog/m.e.l/engagements/defendre-le-pouvoir-dachat/defendre-le-pouvoir-dachat.php
4. Perri P., *Quatre idées pour renforcer le pouvoir d'achat*, Fondapol-Fondation pour l'innovation politique, 2010.

interpellent à travers les problèmes qu'elles soulèvent (marchandisation croissante des activités quotidiennes, exploitation des ressources naturelles, etc.), mais également à travers leurs innovations (sociales) comme partager au lieu d'acheter, donner en achetant des produits, etc.

Historiquement, on distingue trois modèles de société successifs : la société traditionnelle, la société moderne et la société postmoderne. La société traditionnelle est organisée autour de rôles sociaux bien précis avec une conception du temps circulaire. La société moderne permet aux hommes de contrôler leur destin. La société postmoderne place l'individu dans une réalité sociale à laquelle il est soumis tout en la construisant en tant que réalité tangible. La confusion des individus face aux changements de paradigme génère des crises de confiance, alors que la société moderne, fondée sur la croissance économique était lisible et rassurante.

Exemple – La société de consommation moderne

> Le monde moderne comme un monde d'ordre est décrit jusqu'à la caricature dans le film de Jacques Tati *Mon Oncle,* dans lequel un directeur d'usine fier de sa réussite exprime sa domination vis-à-vis de son environnement, et de sa famille.
>
> M. Arpel, un nouveau riche fier de sa maison à la technologie dernier cri, veut éviter que son beau-frère bohème Monsieur Hulot s'écarte du « droit chemin », et essaie de lui confier un emploi dans son usine.
>
> La maison des Arpel est une demeure futuriste, au confort moderne et dotée des derniers gadgets technologiques à l'utilité discutable. Pour Jacques Tati, elle est la représentation de la Modernité : le jardin rectiligne est rose et bleu ainsi que son plan d'eau avec des nénuphars de plastique ; le garage et la Chevrolet Bel Air 1956 de Monsieur Arpel sont l'affirmation de son rang social ; la cuisine robotisée, high-tech, immaculée de Madame est très fonctionnelle.
>
> Les rôles sont clairement définis : Madame aide Monsieur à partir au travail avant de s'occuper de son intérieur ; le fils unique, Gérard, va à l'école et apprendre ce qui est nécessaire pour un jour succéder au père. La ville est propre et organisée, chaque voiture avance dans sa file de circulation, à une vitesse identique. Tout est net et précis.

La consommation de M. et Mme Arpel et la non-consommation de M. Hulot expriment des valeurs différentes, des approches de la vie orthogonales. Les possessions et les objets renvoient directement à la position sociale. La consommation est un fait social à part entière.

Cependant le monde peint par Jacques Tati n'est plus et la confiance dans le progrès univoque et dans les institutions s'amenuise régulièrement.

2 Du progrès social au désenchantement

La consommation et plus tard le marketing se développent simultanément à l'essor de la société industrielle et du capitalisme. On distingue trois grandes époques de consommation à partir de la séparation de la production et de la consommation à la fin du XVIIIe siècle[1]. En effet l'évolution d'une société traditionnelle vers une société moderne et industrialisée se fait par l'abandon de l'autoproduction et de l'autoconsommation.

La première période significative de la consommation s'étale sur pratiquement un siècle de 1860 à 1945 avec un capitalisme de production. Ce capitalisme est caractérisé par une production de masse de produits relativement indifférenciés afin de réaliser des économies d'échelle, et est soutenu par un progrès scientifique permanent associé à un faible coût des matières premières que procurent les conquêtes coloniales. La valeur se crée par la production.

Deuxième étape de l'histoire de la consommation, le capitalisme de consommation se développe après la seconde guerre mondiale. La consommation de masse en est l'une des caractéristiques essentielles. Elle est facilitée par un équilibre entre la hausse des coûts de la main-d'œuvre directement liée au développement de l'État-providence et une modération des prix des matières premières. Jusque-là, le progrès scientifique à l'origine du capitalisme de production n'avait pas bénéficié dans une large mesure à l'ensemble des couches de la population. Le capitalisme de consommation et son corollaire l'État-providence, financé par une croissance économique ininterrompue, ont permis à toutes les couches sociales de bénéficier du progrès technique par une amélioration significative des conditions de vie. La naissance de la grande distribution facilite de surcroît la croissance de l'offre marketing et le développement des médias renforce l'efficacité de la publicité. C'est l'apogée du marketing « *one to many* ». La consommation est alors perçue comme positive.

Repère

Les caractéristiques du modèle moderne

Le modèle moderne se caractérise par trois types d'accumulation qui structurent la société : accumulation de connaissances, de richesses et de hiérarchies.

Le développement des sciences et la généralisation de l'éducation, avec l'école obligatoire, favorisent l'apprentissage, le partage d'idées communes comme le progrès social et la justice sociale. L'accumulation de connaissances vise à éclairer les élites et les masses avec pour objectif de consolider un monde plus

☞

1. Maillet T., *Le marketing et son histoire. Ou le mythe de Sisyphe réinventé*, Paris, Pocket, 2010.

☞

juste en s'appuyant sur la science face aux croyances. L'accumulation de connaissances est essentielle à une pérennisation du progrès scientifique.

L'accumulation de richesse, corollaire du capitalisme, développe la bourgeoisie industrielle mais aussi la monétisation de la société. En effet, celle-ci s'est développée par la séparation entre production et consommation. Les paysans sont captés par la ville, pour devenir la main-d'œuvre peu onéreuse de l'industrie. Contre leur travail, un salaire est versé pour l'achat des produits nécessaires à leur vie quotidienne, favorisant la croissance de la masse monétaire. La monnaie devient l'unité d'échange qui permet à toutes les couches de la population de se procurer les biens pour assurer leur subsistance. Ces modifications bouleversent les rapports entre les hommes et les femmes, car la femme ne participant plus aux travaux des champs est peu à peu exclue de la sphère de production et cantonnée dans la maison par opposition au monde extérieur.

Le modèle moderne est une société structurée par des hiérarchies. Le savoir est supérieur à la croyance, le bien diffère du mal, l'homme est supérieur à l'animal, l'élitisme est plus apprécié que le populaire, hommes et femmes sont clairement distincts, vie publique et vie privée sont séparées, et enfin les sphères professionnelles et personnelles forment deux entités qui ne communiquent pas. Le modernisme fonctionne sur des séparations comme l'illustre avec force et humour le film Mon Oncle présenté en introduction du chapitre. La séparation est cependant devenue de plus en plus une fiction : les rôles attribués aux hommes et aux femmes tendent à se confondre ; la vie publique et la vie privée de certains hommes politiques et de certaines stars sont confondues ; pour de nombreux salariés quel que soit leur niveau hiérarchique la limite entre les sphères professionnelles et personnelles devient de plus en plus poreuse avec l'utilisation intensive des outils de communication mobile. Le professionnel envahit le personnel, le privé infiltre le public.

La troisième époque de consommation débute avec les bouleversements socioéconomiques de la première crise du pétrole dès le milieu des années 1970 avec son corollaire l'augmentation du chômage. Pour maintenir leur productivité face au renchérissement des matières premières, les entreprises agissent sur le coût de la main-d'œuvre en externalisant davantage la production via des délocalisations progressives. Les fondements de la société moderne sont attaqués par la hausse du coût des matières premières. L'État-providence est menacé. Alors que la globalisation devient nécessaire, le ralentissement économique favorise la consommation émotionnelle et le plaisir. Ces ruptures de croissance et ces modifications des ordres socioéconomiques des années 1970 et 1980 aggravent le désenchantement de la société et des consommateurs, car l'objectif d'une société meilleure et plus fraternelle devient de moins en moins une réalité : c'est la fin des utopies collectives. L'accès de plus en plus large à l'information favorise le relativisme aussi bien des jugements, des valeurs, que des comportements.

Le passage d'une société moderne à un paradigme postmoderne a brouillé les repères, remis en question les références et créé une confusion.

3 Crises de l'information et des repères

Les facteurs d'homogénéisation de la société moderne sont questionnés : institutions sociales (famille par exemple), individus et idéologies sont en crise. La facilité avec laquelle on peut accéder à l'information grâce aux NTIC modifie les relations d'autorité. Dans le domaine médical par exemple, le patient a l'impression de devenir aussi compétent que le médecin en recherchant une explication à ses maux par une saisie de ses symptômes dans Google… au risque de devenir cybercondriaque[1], la recherche effrénée de connaissances le conduisant à se croire très malade. Le faisant, il obtient un début de diagnostic et il n'hésite plus à recueillir l'avis de plusieurs praticiens. De même, le parent d'élève juge l'école, les enseignants, selon ses objectifs et de ses connaissances. La famille n'est plus monolithique mais de plus en plus souvent recomposée ; elle évolue dans un cadre différent du cadre traditionnel, avec juxtaposition de pratiques. La crise économique bouleverse la carrière des salariés qui ne se définissent plus par leur entreprise. Les idéologies et les discours de référence sur lesquels l'argumentation politique se développait sont devenus relatifs depuis l'effondrement du bloc communiste.

Ces évolutions sont les manifestations d'un changement de repères et de légitimité de l'information.

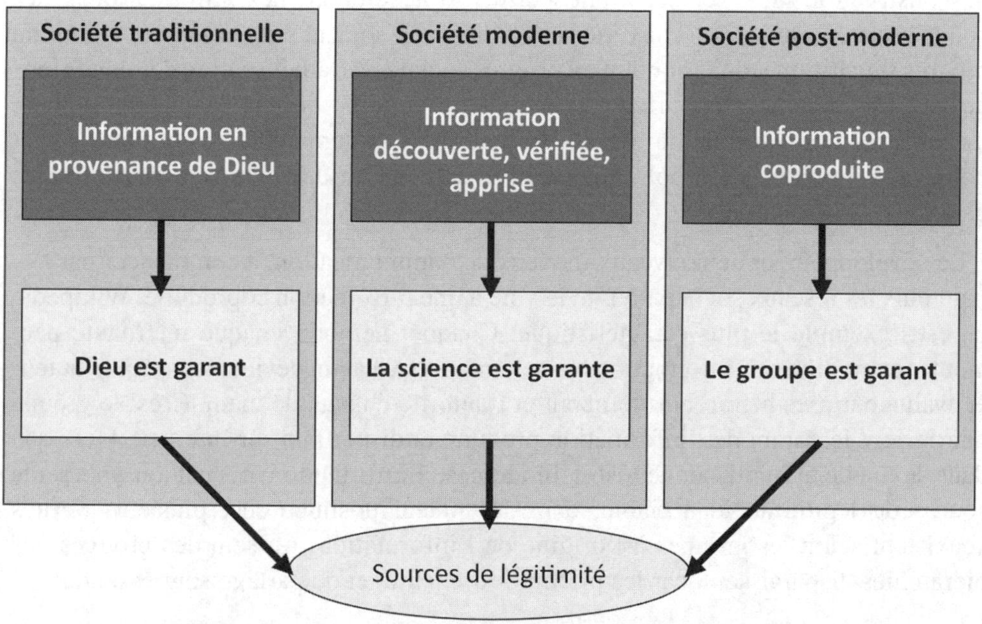

Figure 1.1 – Les sources de légitimité de l'information

1. Yazdani N. et Abbas A., *Use of Internet for Health Issues: Potential for Cyberchondria*, History 14 (56), 32, 33, 2014.

Blogueur de mode est, en 2015, un métier à plein-temps. Chiara Ferragni est suivie sur Instagram par trois millions de *followers* en quête des dernières tendances. Ce nouveau « travail » du consommateur[1] est basé sur sa capacité à réunir l'information par les moyens de communication à sa disposition pour influencer les opinions et les attitudes autour de lui. La source de légitimité de l'information devient un des enjeux essentiels de la société d'aujourd'hui et à venir. En effet, elle structure la société, les points de repère pour les individus, et les organisations (marchandes et non marchandes). Dans la société traditionnelle caractérisée par un pouvoir absolu, l'importance est donnée à la religion ; l'autoproduction et l'autoconsommation organisent les échanges et la population est dispersée dans les milieux ruraux. L'information structurante est apprise de Dieu dans le Livre et dans ses interprétations. Les messagers de Dieu sur Terre se sont assurés de perpétuer leur parole par des proches. Jésus a ainsi choisi Pierre comme premier pape pour organiser l'Église. Le pape, ne pouvant régner sur la terre entière, a peu à peu délégué ses pouvoirs temporels aux rois, qui eux-mêmes ont fait appel à de valeureux chevaliers, structurant ainsi la noblesse. Les relations entre les parties prenantes de la société sont ainsi définies par le Grand Livre et Dieu est garant d'un certain ordre et de positions sociales.

Cependant, la société moderne a modifié le rapport à l'information. L'évolution et la construction des sciences ont permis d'accumuler des informations, des connaissances apprises, découvertes et vérifiées. La société s'est organisée autour du progrès scientifique, qui a conduit au progrès social et à l'amélioration des conditions de vie. Les bénéfices apportés par la société moderne érigent la science comme mécanisme de légitimation de l'information. La démarche scientifique ayant bouleversé l'organisation politique de la société, l'État devient, avec la science, le garant de l'information.

Le développement de nouveaux moyens de communication, à commencer par l'e-mail puis les réseaux sociaux, ouvre la voie à une information coproduite. Wikipédia en est l'exemple le plus caractéristique. Chaque membre, chaque internaute peut ajouter et modifier les informations mises en ligne. Chacun devient ainsi contributeur et évaluateur : les hiérarchies tombent et l'autorité change de main. C'est le groupe qui devient le garant de l'information produite et disponible sur Internet. Alors que dans les sociétés traditionnelles et modernes, l'information n'avait qu'une seule source de légitimité identifiable, dans la société postmoderne, plusieurs vérités coexistent selon les groupes à l'origine de l'information. Au sein des groupes, les hiérarchies disparaissent, car les principes d'égalité et de partage sont essentiels.

La société d'hyperconsommation de ce début de XXIe siècle fait coexister trois modèles qui ont leur vérité relative : société moderne, société traditionnelle et

1. Cadenat S., Bonnemaizon A., Benoît-Moreau F. et Renaudin V., *Regards sur la co-production du client : comment les entreprises nous font-elles participer ?*, Décisions Marketing, (70) 9, 2013.

société postmoderne coexistent au risque d'une disparition des repères. Le relativisme domine et toutes les vérités doivent être examinées et reconnues comme telles. La culture, les communautés, les tribus postmodernes et les consommateurs sont à la recherche de nouvelles utopies.

4 Le réenchantement par la consommation

La perte de confiance dans les grands systèmes d'enchantement (religions, État-providence…) ouvre au désenchantement vis-à-vis des institutions. Le réenchantement est possible par une plongée dans la vie quotidienne. La consommation et le groupe sont des acteurs importants du réenchantement, que ce soit par la revalorisation des expériences les plus ordinaires ou les plus simples que par une course à l'originalité (le restaurant Dans le Noir, par exemple, pour se rapprocher du monde des aveugles[1]), à la démesure ou au spectaculaire[2]. On observe un retour du magique, avec la ritualisation d'événements de toute sorte, déconnectés de la religion, et la création d'un système animiste (par exemple, Apple). On observe également pléthores d'univers virtuels comme SecondLife, dans lequel l'avatar est un excellent espace pour expérimenter un autre moi ou plusieurs moi[3].

Une société des mélanges s'épanouit dans toutes les formes d'expression humaine. Depuis plusieurs décennies, l'architecture, discipline qui met en commun l'humain, la réalité sociale et l'art, a été un premier terrain d'expérimentation de la condition postmoderne. La juxtaposition apparemment incongrue des styles témoigne de la recherche de nouveaux repères, de nouvelles formes d'expression. Immeuble Gehry, à Prague, musée Guggenheim, à Bilbao, centre Georges-Pompidou ou pyramide du Louvre, à Paris, proposent des juxtapositions de styles qui forment des mélanges audacieux. On retrouve la même audace et le même mélange de styles et d'époques dans les expositions d'art contemporain du château de Versailles, par exemple avec les œuvres de Takashi Murakami, Bernard Venet, Lee Ufan ou encore Anish Kapoor.

Les fondamentaux du postmodernisme ont été conceptualisés par Jean-François Lyotard dans *La condition postmoderne*, publié en 1979. La rédaction de cet essai fait suite à une commande du gouvernement québécois qui s'interrogeait sur les conséquences de la dissémination de l'information grâce aux nouvelles technologies matérialisées à l'époque par les ordinateurs surpuissants de type IBM. L'analyse de

1. Tissier-Desbordes É. et Maclaran P., « Ritualisation des espaces de consommation pour une transformation de soi », *Nouvelle Revue de psychosociologie*, 16 (2), pp. 171-185, 2013.

2. Carù A. et Cova B., *Expériences de consommation et marketing expérientiel, Revue française de gestion*, 162, pp. 99-113, 2006

3. El Kamel L. et Rigaux-Bricmont B., « Les apports du postmodernisme à l'analyse des univers virtuels comme expérience de consommation. Cas de SecondLife », *Recherche et applications en marketing*, 26 (3), pp. 71-92, 2011.

Lyotard fait ressortir trois faits : le sujet est fragmenté ; la vérité n'existe pas ; les distinctions disparaissent[1].

À partir de ce socle, on distingue cinq conditions pour le développement d'une société postmoderne : l'hyperréalité, les inversions, la tolérance, la fragmentation et la juxtaposition[2].

Repère

L'hyperréalité

C'est la transformation en réalité de ce qui n'était au départ que simulation. L'imagination de tout ce qui pourrait ou devrait être devient le fondement de la réalité. Dans les jeux vidéo, on supprime la mort : la résurrection est possible dans un monde hyperréel. Dans l'hyperréalité, on passe d'une culture à une autre, d'un monde à un autre très facilement : par exemple, les parcs d'attraction Disneyland, Epcot Center, la reconstruction de Venise ou de Paris à Las Vegas. Le kitsch et le populaire sont autant valorisés que la culture élitiste.

Les inversions

La société postmoderne favorise et valorise les inversions. On peut en citer trois : le signe plutôt que l'objet ; le loisir plutôt que le travail ; la féminisation de l'homme.

- La consommation, longtemps considérée comme un gaspillage, alors que la production était créatrice de richesse, a maintenant une valeur de signe, celle que l'individu crée par sa consommation. Le désir donne de la valeur à l'objet, ce qui favorise le développement du luxe. Le développement du secteur du luxe et, au-delà, la simple préférence pour les produits artisanaux faits main indiquent l'importance accordée aux signes. Pour Baudrillard, la valeur a son origine dans le sens donné et non dans les objets en tant que tels.
- Les nouvelles technologies ont également permis le développement de produits qui épargnent le temps dans la sphère familiale ou professionnelle. Le temps libre est désormais plus valorisé que le temps de travail.
- Le retour de la féminité est une troisième inversion qui se traduit par le partage des tâches et l'acceptation des cosmétiques par les hommes.

La tolérance

Elle se développe à l'égard de tous les styles de vie. Le postmodernisme valorise la différence et non la supériorité ou l'infériorité. Il n'y a pas une seule vérité : le marketing s'intéresse autant à la diversité des styles marginaux, aux nouvelles tendances, qu'aux nouvelles organisations en contraste avec le modèle dominant dans la société.

☞

1. Lyotard J.-F., *La condition postmoderne,* Paris, Éditions de minuit, 1979.
2. Firat A.F., Venkatesh A., « Postmodernity: *The Age of Marketing* », *International Journal of Research in Marketing,* 10 (3), pp. 227-249, 1993.

☞

La fragmentation

Elle gagne l'individu, la société et la communication. Elle complexifie le travail du responsable marketing et sa compréhension du consommateur. L'individu se fragilise, car il ne se projette plus dans un seul modèle mais recherche une plus grande flexibilité identitaire en fonction des moments. L'appartenance à différents réseaux et tribus définit le « je » comme « un autre ». Le droit à être soi-même légitimise tous les modes de vie. Le modèle patriarcal explose, le modèle masculin est remis en question, la féminité devient plurielle et le modèle familial est challengé.

La juxtaposition

C'est indéniablement la marque de la société de consommation du nouveau siècle. La coexistence et le mélange d'éléments *a priori* opposés facilitent la dissolution des cloisonnements. Les juxtapositions sont sources de paradoxes générateurs de nouvelles tendances de consommation.

Le réenchantement introduit de l'émotion, de l'inattendu dans le quotidien. On parle également de théâtralisation pour rendre les formats d'interaction avec les individus plus plaisants et créer de nouveau l'intérêt. Par exemple, on réenchante la politique par la théâtralisation de l'information dans des émissions comme *Le Divan,* sur France 3, ou *Le Grand Journal,* sur Canal +, pour la rendre plus accessible, plus ludique, et plus hédonique. En amenant les personnalités politiques dans un contexte moins solennel, la distance avec le public est réduite. C'est une approche postmoderne, car on ne fait que créer une réalité qui n'est pas, mais que l'opinion souhaite et espère. Parallèlement, la consommation se réenchante, notamment au moment clé de l'échange : la grande distribution est réenchantée par la théâtralisation du commerce pour plus de plaisir. Le format parc d'attraction fait son entrée dans les grands centres commerciaux. Le West Edmonton Mall rassemble un Galion du XVe siècle, un parc nautique, un zoo, un hôtel de luxe et des rues commerçantes de style européen.

Le réenchantement exploite les paradoxes et les juxtapositions. De nombreux paradoxes caractérisent l'environnement du consommateur : seul et ensemble ; masculin et féminin ; anciens et nouveaux[1].

La croissance du luxe parallèlement au développement du *low cost* montre que les mélanges sont possibles. La segmentation ne repose plus sur des individus mais sur des situations de consommation et des groupes formés par centre d'intérêt.

Exemple – Luxe et « low cost »

Depuis 2005, la marque Dacia valorise le lien qu'elle tisse avec ses acheteurs. Les clients Dacia sont fiers de leur voiture et le montre lors de grands rassemblements de Logan,

1. Decrop A., « Les paradoxes du consommateur postmoderne », *Reflets et Perspectives,* vol 47, 2, pp. 85-93, 2008.

> Sandero et Duster. Chaque année, le grand pique-nique Dacia construit et entretient la communauté, développe le lien entre les automobilistes, les concessionnaires, et rend leur fierté à une population moins favorisée qui aime montrer son savoir-faire de consommateur en achetant malin.
>
> Source : Grandpiqueniquedacia.com

5 Consommation, identité et mythes

Ces nouvelles tendances de consommation qui émergent d'un nouveau paysage culturel rendent l'action marketing de l'entreprise plus difficile. Le mélange des sources d'information et le doute face aux métarécits altèrent la confiance de l'individu. Le consommateur devient plus difficile à convaincre et renoue avec les mythes.

1. La fin d'un mode de communication « *one to many* » rend la diffusion de messages plus difficile. Les marques doivent être présentes sur les réseaux sociaux sans exagération. Le développement du marketing digital au sein des entreprises découle d'un besoin d'une meilleure maîtrise et connaissance du consommateur dans un univers où ce dernier a acquis un pouvoir d'influence. Plus impliqué, il devient également plus critique sur l'information et se repose sur son groupe pour développer un jugement. TripAdvisor, qui se déclare « le plus grand site de voyage du monde », est à l'origine destiné à faciliter le contact entre les professionnels du tourisme et les consommateurs. C'est néanmoins un site parfois redouté des hôteliers et restaurateurs : certains consommateurs, déçus de la prestation, « se vengent » en déconseillant des lieux de consommation.
2. Il est aussi fréquent que les consommateurs confèrent à certains de leurs actes de consommation un caractère symbolique afin de transcender la banalité du quotidien. Les individus se nourrissent également de fantaisies et de rêves. L'individu recherche du rêve par sa consommation. La consommation, médium de la relation (Baudrillard), est un moyen pour un but de construction de l'identité et d'intégration sociale. Dans ce nouveau contexte, il recherche des mythes et des groupes qui l'aident à construire sont identité[1].

1. Thompson C.J., « Marketplace mythology and discourses of power », *Journal of Consumer Research*, 31(1), pp. 162-180, 2004.

Kristensen D.B., Boye H. et Askegaard S., « Leaving the milky way! The formation of a Consumer Counter Mythology », *Journal of Consumer Culture*, 11(2), pp. 195-214, 2011.

Repère

Les mythes

Un mythe est une histoire qui a une portée symbolique, qui explique pourquoi les choses sont faites ou doivent être ainsi. Le mythe n'est pas l'apanage des sociétés primitives et se manifeste chaque jour dans les sociétés modernes, car il permet souvent de nous rassurer et d'assumer une partie de nos angoisses. Le mythe sert de repère dans une société, car il repose sur des valeurs partagées et propose des règles de conduite, souvent normatives.

La mythologie ancienne, souvent sacrée, est progressivement remplacée par une mythologie moderne, « profane », clairement commerciale. Ainsi, les médias transforment des personnages empruntés à la vie réelle (comme les sportifs, les artistes, les stars...) en de véritables idoles qui symbolisent ces dieux anciens aux qualités surnaturelles.

Par la suite, le caractère mythologique de ces personnages est transféré à des produits ou à des services que les consommateurs peuvent s'approprier. En achetant les chaussures portées par tel sportif ou la boisson consommée par tel artiste, le consommateur participe directement à la reproduction et au développement du mythe.

Le mythe se présente souvent comme la confrontation de deux termes opposés (nature ou culture, vie ou mort, masculin ou féminin, pur ou impur, etc.) et débouche sur la résolution de cette contradiction, soit par la synthèse, soit par la victoire de l'un des deux termes. Le mythe tend à mettre en scène un personnage ou un objet qui résout la contradiction. Dans le domaine de la consommation, c'est le produit – aidé d'un personnage mythique – qui permet de résoudre cette contradiction[1].

La consommation, créatrice d'une mythologie propre, devient un enjeu de domination culturelle d'un pays sur l'autre, voire d'un groupe social sur l'autre.

Cependant, beaucoup de consommateurs sont réfractaires à cette recherche de plaisirs, de nouvelles idéologies. En réaction à toutes ces nouveautés, de nombreux mouvements prônent la simplicité, la frugalité volontaire et le rejet de la société du jetable. Notre époque est de plus en plus fragmentée, contradictoire. L'étude du consommateur en est d'autant plus passionnante.

Section 2 LES ACTES DE CONSOMMATION MACRO/MICRO

Un consommateur est un individu qui réalise des actes de consommation. Proposer un panorama des actes de consommation est donc une façon de définir ce qu'est un

1. Rivière C., « La vie des mythes », *in* Akoun A. (ed.), *L'occident contemporain*, Brepols, p. 355, 1991.

consommateur. Parmi les milliers d'actes de consommation que peut réaliser n'importe quel individu, nous distinguons cinq types :
– l'affectation du revenu disponible à la consommation ou à l'épargne ;
– l'allocation du revenu consommé aux différents « postes budgétaires » ;
– l'adoption de telles *catégories* de produits/services ;
– l'achat de telles marques, pour tels montants, avec telles fréquences ;
– l'utilisation effective de ces produits/services.

Les deux premiers comportements sont qualifiés de « macro » : l'affectation du revenu disponible à la consommation ou à l'épargne et l'allocation du revenu consommé aux différents « postes budgétaires » (alimentation, logement…). Le consommateur ne prend pas réellement de décisions à ce niveau-là. Par exemple, il ne décide pas tel jour de l'année de répartir son budget entre les différents postes budgétaires ; cette répartition « émerge » de ses actes quotidiens. Par conséquent, les responsables marketing peuvent difficilement influencer ces comportements. Les trois autres comportements sont qualifiés de « micro », dans le sens où le consommateur décide effectivement. Par exemple, il décide d'acheter une télévision, puis de choisir telle marque. Par conséquent, en utilisant les moyens adéquats, le responsable marketing peut peser sensiblement sur le cours des choses.

Cet ouvrage s'intéresse avant tout aux micro-comportements de consommation, ou encore aux pratiques des consommateurs, les deux s'inscrivant dans une approche « micro ». Notre objectif consiste à proposer aux décideurs (et aux futurs décideurs que sont les étudiants) un ensemble de concepts, d'outils et de méthodes qui leur permette de répondre aux attentes de leurs clients de façon plus efficace que leurs concurrents.

1 Les macro-comportements de consommation

1.1 Le revenu consommé et le taux d'épargne

Le revenu consommé est égal au revenu disponible duquel on soustrait le revenu épargné. Les comportements d'épargne ont donc une incidence forte sur la consommation. Le taux d'épargne est au plus haut à la fin des années soixante-dix (environ 20 %), décroît durant les années quatre-vingt, remonte régulièrement depuis quelques années, pour atteindre environ 16 % en 2015. Le taux d'épargne financière – qui met de côté l'incidence des investissements immobiliers – s'établit aujourd'hui à environ 8 % du revenu disponible, contre environ 2 % en quatre-vingt-dix. Le taux d'épargne varie fortement d'un foyer à l'autre, particulièrement selon l'âge et le revenu disponible. Par ailleurs, l'évolution du taux d'épargne s'explique également par la rentabilité des investissements (comme le taux d'intérêt ou la fiscalité de l'épargne) et les incertitudes sur l'avenir (comme la crainte du chômage ou la baisse attendue des pensions pour les retraites).

Le taux d'épargne et le revenu consommé influencent lourdement les comportements de consommation, mais ce n'est pas vraiment une variable sur laquelle il est possible d'agir en tant que responsable marketing. Malgré tout, le manager doit suivre l'évolution du revenu et du taux d'épargne de ses consommateurs potentiels, afin de mieux comprendre, voire d'anticiper, les évolutions de son marché.

Il peut également agir indirectement sur le revenu disponible en jouant sur les conditions de paiement ou sur le crédit. Ainsi, les constructeurs automobiles et les distributeurs ont des filiales dédiées à ces activités, ou utilisent les services de sociétés spécialisées dans le crédit à la consommation.

1.2 Le poids des postes budgétaires

Il n'y a aucune raison de penser que le consommateur suit rigoureusement un budget annuel, comme pourrait le faire une entreprise. En fait, son profil de consommation est le résultat de milliers d'actes plus ou moins prévus ou contrôlés. Au niveau d'un pays tout entier, ce sont des milliards d'actes plus ou moins automatiques qui vont forger la consommation annuelle. Le poids relatif des grands postes budgétaires évolue au cours du temps ; c'est un mouvement de fond sur lequel les responsables marketing peuvent difficilement agir. Seules des innovations majeures peuvent changer le cours de choses (par exemple, l'ordinateur familial, le téléphone mobile, le transport aérien de masse...). Dans l'ensemble, la répartition du revenu consommé entre différents postes budgétaires s'impose donc au responsable marketing (comme le fait que les Français consacrent aujourd'hui 20 % de leur revenu à l'alimentation, en incluant la consommation alimentaire à domicile et au restaurant[1]). Cependant, si telle ou telle entreprise a sans doute peu d'influence sur le profil de consommation à court terme, elle doit en tenir compte dans ses décisions stratégiques de long terme.

2 Les micro-comportements de consommation

2.1 L'adoption de telle catégorie de produit/service

Pour chaque grand poste budgétaire (par exemple, l'alimentation), le consommateur décide d'acheter ou non telle catégorie de produit (par exemple, les yaourts au bifidus) et d'utiliser telle catégorie de service (par exemple, la livraison de pizzas à domicile). Ces catégories de produit/service sont largement en

1. Mermet G., Insec. 2014.

concurrence, car elles répondent à un même type de besoin (par exemple, se nourrir). Pour un responsable marketing, il est donc important de comprendre ces arbitrages entre catégories, car les décisions de consommation sont reliées entre elles (aucun consommateur ne peut adopter toutes les catégories de produit/service simultanément).

Pour un consommateur, adopter ou non telle catégorie de produit/service est réellement une décision active, volontaire, souvent planifiée, qui s'explique par de nombreux facteurs économiques, psychologiques, sociaux ou culturels. Il est possible de peser directement sur ces décisions (par exemple, avec une promotion destinée à faire essayer le produit).

Exemple

> Le responsable marketing d'une société de services qui propose des activités sportives aux citadins, doit impérativement comprendre les tendances de consommation qui expliquent l'engouement pour le sport en général (comme la recherche d'une vie plus équilibrée et plus saine), les comportements d'adoption et de rejet de ces services (comme les motivations et les freins à pratiquer des sports dans une salle), ou encore les phénomènes de substitution entre catégories de produit/service (comme le choix entre une activité sportive et une activité culturelle).

Pour les biens durables, il est également intéressant de comprendre si le marché est encore en situation de développement (auquel cas, il s'agit principalement de ventes de premier équipement) ou s'il est arrivé à maturité (auquel cas, il s'agit principalement de ventes de renouvellement).

Exemple

> Les marchés dits « d'électro-loisirs » sont à des niveaux de maturité très différents, avec des taux d'équipement qui varient de 15 % pour le caméscope à 97 % pour la télévision (mais le taux de pénétration du caméscope est-il destiné à atteindre 100 % des possesseurs de télévision ?). L'innovation technologique permet de dynamiser les ventes, particulièrement dans les marchés mûrs (télévision 16/9, home cinéma, télévision numérique, etc.).

2.2 L'achat de telle marque... et la fréquentation de tel distributeur

Le responsable marketing doit comprendre les facteurs qui encouragent (ou découragent) l'essai de son produit/service par les consommateurs. Le choix d'une marque dépend de l'attractivité de cette marque, par rapport à l'attractivité des marques concurrentes. Cependant, le choix d'une marque ne peut pas se comprendre indépendamment du choix du point de vente, car les deux décisions sont en partie liées (dans les services, ces deux décisions sont identiques). Il arrive bien souvent que le choix du point de vente détermine le choix du produit (par exemple, le consommateur se rend chez *Carrefour*, puis décide des marques qu'il achète) ou encore que le choix de la marque détermine le choix du point de vente (par exemple, le consommateur souhaite acheter un jean *Calvin Klein*, puis cherche un magasin qui en vend). Si le consommateur décide d'adopter telle marque, reste à savoir quel montant il va lui consacrer et avec quelle fréquence il va l'acheter, les deux décisions étant également liées. Ici, le consommateur « moyen » n'existe pas : les comportements peuvent être très différents d'un consommateur à l'autre, ce qui nécessite de mieux comprendre les facteurs susceptibles d'expliquer ces différences.

Exemple

En moyenne, les clients se rendent dans une grande surface alimentaire 41 fois par semestre. Cependant, près de 5 % des clients s'y rendent plus de 96 fois, soit une visite tous les deux jours. Pourquoi ces clients se rendent-ils dans les grandes surfaces alimentaires si fréquemment ? On peut avancer plusieurs explications, qui devront être testées, si l'on prétend comprendre les comportements : proximité du lieu d'habitation ou du lieu de travail, possession d'un véhicule, absence d'activité professionnelle, nombreuses personnes au foyer ou encore addictions aux promotions et aux « bonnes affaires »[1]...

2.3 La consommation ou l'utilisation effective de tel produit/service

Les comportements d'utilisation révèlent encore de grandes différences d'un individu ou d'un foyer à l'autre. Ainsi, le contexte d'utilisation du produit/service est une dimension importante : à quel moment le produit/service est-il utilisé ? Pour quels usages et avec quelle intensité ? Dans quel endroit ? Avec qui ? Avec quels autres produits/services est-il associé ? De quelle façon est-il entretenu, réparé, ou amélioré ? De quelle façon est-il recyclé, revendu, cédé ou échangé ? Ces comportements permettent de mieux comprendre la valeur que le consommateur retire du produit/service. C'est un moyen d'améliorer l'offre, la communication qui lui est associée (arguments utilisés dans une publicité, dotation proposée pour une promotion des ventes, notice d'utilisation, etc.) et les services complémentaires (centre d'appel pour renseigner le client par téléphone, offre de reprise, etc.).

1. Martin J., « La société et les addictions : enjeux actuels autour de la prise en charge et de la prévention », *IHS la Revue des addicitons*, 5 (71), 906-909, 2003.

Section 3 L'APPROCHE DESCRIPTIVE/EXPLICATIVE

Le consommateur peut être étudié selon deux approches différentes et complémentaires. L'approche descriptive consiste à étudier les faits : quels consommateurs consomment quoi, en quelle quantité, dans quelles circonstances, où achètent-ils, que font-ils des produits qu'ils n'utilisent plus, etc. ? L'approche explicative consiste à étudier les causes : pourquoi tels consommateurs se comportent-ils de telle ou telle façon ?

1 L'approche descriptive

L'approche descriptive consiste à étudier une multitude de faits, qu'il s'agisse de comportements de consommation macros ou micros. Pour une entreprise donnée, la masse d'informations collectées est déterminée par le nombre d'indicateurs suivis (quantité en volume ou en valeur, fréquence d'achat...), par le niveau d'agrégation en termes de produits/services (famille, catégorie, segment, marque, référence...), par l'unité de temps (année, mois, semaine ou jour...) et par le niveau d'agrégation en termes de consommateurs (population, segment, foyer ou individu...). À une extrémité, on peut vouloir connaître les ventes totales d'une famille de produit (comme l'épicerie) sur un an pour la population française. À l'autre extrémité, on peut vouloir connaître si telle référence (un pot de crème fraîche Président) a été achetée tel jour par tel consommateur. Ces informations collectées par les entreprises mais aussi par les GAFA (Google, Apple, Facebook, Amazon) s'appuient sur un comportement « objectif » : elles permettent un ciblage plus précis des consommateurs et leur proposent des nouvelles offres personnalisées en temps réel[1]. Ces *Big Data* peuvent néanmoins poser aux organisations la question de pouvoir/savoir extraire du sens des données pour bénéficier des leviers de croissance qu'elles offrent.

L'approche descriptive micro est celle des entreprises mais aussi des instituts d'étude (comme *SECODIP* du groupe *Taylor Nelson Sofres*, *A.C. Nielsen*, *Gfk*, *IPSOS* et de nombreux autres). L'approche descriptive macro est notamment adoptée par des organismes qui dépendent du ministère de l'Économie et des Finances (comme le *CREDOC* ou l'*INSEE*). L'approche descriptive conduit à répertorier des milliers, voire même, des millions de comportements.

1. Mayer-Schönberger V. et Cukier K., *Big Data: A Revolution that will transform how we live, work, and think*, Houghton Mifflin Harcourt, 2013.

Manovich L., « Trending: the Promises and the Challenges of Big Social Data », *Debates in the Digital Humanities*, 460-475, 2011.

EXEMPLE

> Les ventes à la coupe représentent 5 % des ventes de fromage en grandes surfaces. Le taux d'équipement des foyers en micro-ordinateurs est de 20 %. Les foyers qui ont acheté au moins un tube dentifrice en gel dans les 12 derniers mois (30 % des foyers) ont consommé en moyenne 2,7 tubes, etc.

2 L'approche explicative

L'approche explicative vise à mettre en évidence les facteurs sous-jacents qui peuvent expliquer les comportements de consommation. On peut naturellement enchaîner plusieurs causes possibles, sous forme d'hypothèses plus ou moins intuitives, qui restent à vérifier par la suite.

EXEMPLE

> La consommation de café baisse car : 1) les prix augmentent et 2) les consommateurs sont sensibles au prix, particulièrement dans cette catégorie de produit dont l'élasticité-prix est fortement négative, car 3) le café est un produit hédonique et que 4) les produits hédoniques sont plus élastiques. Les ventes à la coupe ne représentent qu'un quart des ventes de fromage car les consommateurs 1) ont le sentiment qu'ils vont devoir attendre longtemps, 2) ne souhaitent pas converser avec le personnel de la grande surface, 3) pensent que les produits à la coupe sont plus chers (comme il faut payer le personnel), etc.

Une explication « en toile d'araignée » peut être tissée autour de chaque fait de consommation. L'approche explicative propose donc un faisceau d'explications pour chaque fait, à partir de différentes perspectives théoriques (économique, sociale, psychologique, culturelle...) et chaque perspective possède plusieurs niveaux de profondeur. Si, pour chaque fait de consommation, le nombre d'explications envisageables est infini, il est cependant possible de ramener chaque explication à une catégorie plus vaste et de faire des liens éventuels entre ces grandes catégories.

EXEMPLE

> On peut distinguer les consommateurs sensibles au prix de ceux qui le sont moins et expliquer cette sensibilité par leur contrainte budgétaire, telle que perçue par ces consommateurs. Cette contrainte budgétaire est elle-même déterminée par des caractéristiques comme le revenu disponible, le nombre de personnes au foyer, les aspirations matérielles, les comparaisons sociales qu'ils effectuent (à qui se comparent-ils pour décider ce qui est bon pour eux), etc. Le revenu disponible étant lui-même déterminé par le salaire, les allocations diverses, mais également, par la capacité à emprunter. Des explications moins économiques et plus psychologiques peuvent

également être données à ce comportement, comme la radinerie[1], mais aussi de façon globale à chaque comportement étudié.

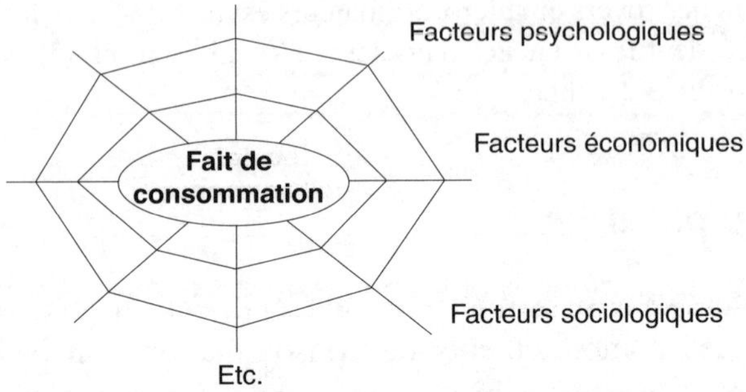

Figure 1.2 – Les facteurs explicatifs des comportements de consommation

L'approche explicative est plutôt le domaine des théoriciens. Il s'agit de schématiser, de donner une structure aux différents facteurs qui peuvent rendre compte des comportements de consommation. Pour cela, on peut utiliser des concepts (comme la sensibilité au prix) et des théories qui lient ces concepts entre eux (comme la théorie selon laquelle la sensibilité au prix est inversement proportionnelle au revenu disponible). Les théories ne sont pas nécessairement complexes, elles prétendent simplement rendre compte de la réalité d'une façon formalisée, tout en restant réalistes. En tout état de cause, les théories ont pour fonction de simplifier la réalité de façon à mieux la comprendre, voire à l'anticiper dans une visée prédictive.

Toutefois, si l'approche explicative a une dimension théorique, elle n'est absolument pas l'apanage des chercheurs universitaires, bien au contraire. En fait, toute personne (consommateur, journaliste, professionnel des études, etc.) qui tente de relier un comportement à un facteur explicatif se livre *implicitement* à une démarche théorique. Un simple tableau qui croise telle caractéristique du consommateur (comme l'âge) avec tel comportement (comme le fait de fumer) propose une forme de théorie qui demande à être validée.

3 L'optique retenue dans cet ouvrage

L'approche descriptive et l'approche explicative sont très différentes. L'approche descriptive est réaliste, détaillée, aussi objective que possible. Elle repose sur une infinité de faits et ne prétend pas généraliser. L'approche explicative est schématique, synthétique, souvent arbitraire (en particulier, le choix des facteurs explicatifs

1. Delacroix E., Guillard V. et Darpy D., « Le consommateur radin: économe, avare ou malin ? », *Management et Avenir*, 47, 53-63, 2011.

dépend de « l'idéologie » de l'observateur). Elle repose sur des théories et prétend généraliser les explications.

Si un décideur veut comprendre les mécanismes d'un marché et, plus spécifiquement, les comportements de consommation, il peut choisir d'étudier la totalité des faits (approche descriptive). Au contraire, il peut vouloir identifier des mécanismes plus généraux (approche explicative). En généralisant, l'effort réalisé pour « couvrir » la réalité – symbolisé ici par l'angle α – est plus faible avec la démarche explicative qu'avec la démarche descriptive ($\alpha_1 < \alpha_2$)[1]. Autrement dit, en « prenant de la hauteur par rapport aux faits », en mobilisant les bons concepts, le responsable marketing est plus efficace…

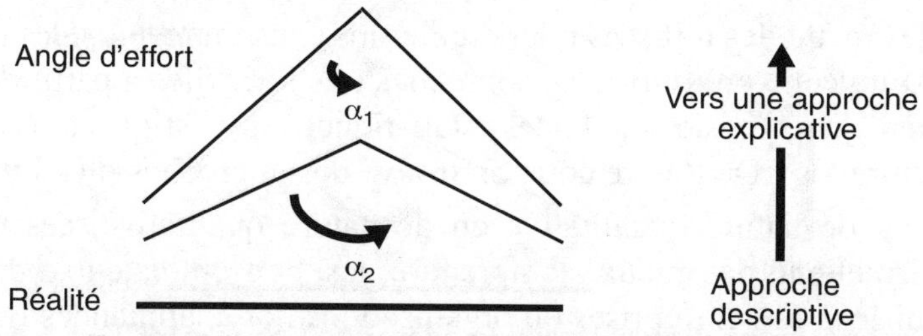

Figure 1.3 – L'intérêt de l'approche explicative pour comprendre la réalité

Cet ouvrage repose essentiellement sur l'approche explicative. Notre objectif consiste à mettre en évidence les facteurs explicatifs et les mécanismes sous-jacents aux comportements de consommation, pour fournir aux décideurs (et aux futurs décideurs) une boîte à outils qui leur permette d'appréhender les phénomènes de consommation de façon plus clairvoyante et plus structurée, en un mot, plus professionnelle.

Section 4 LES RACINES THÉORIQUES DES ÉTUDES SUR LA CONSOMMATION

L'étude des comportements de consommation est une science appliquée issue des sciences humaines et sociales, comme l'économie, la psychologie, la sociologie ou, plus récemment, l'anthropologie[2]. Cette jeune discipline se propose donc de comprendre les comportements de consommation en adoptant une perspective pluridisciplinaire. La plupart des sciences humaines sont mises à contribution, souvent par des chercheurs dont la formation initiale n'est pas le management : Georges Katona et Brian Ratchford (économie), Sidney Levy (psychologie), Russell

1. D'après Bergadaà M., *Gestion et Pédagogie*, McGraw Hill, 1990.

2. Pour un panorama synthétique : Dortier J.-F., *Les Sciences humaines*, Paris, Editions Sciences Humaines, 1998.

Belk (psychosociologie), Maurice Holbrook (lettres), John Sherry ou Eric Arnould (anthropologie), etc.

À l'origine, au tout début des années soixante-dix, les fondateurs ne souhaitaient pas privilégier une approche théorique plutôt qu'une autre. Cependant, la psychologie a fortement marqué l'orientation des recherches à partir du milieu des années soixante-dix et dans les années quatre-vingt (courant de la psychologie « cognitive »), en marginalisant quelque peu la psychologie sociale, la sociologie et l'économie[1]. Depuis le début des années quatre-vingt-dix, l'anthropologie fait une entrée en force dans la discipline, alors que d'autres approches émergent (comme la sémiotique ou l'histoire). Depuis 2005, un « nouveau » courant d'analyse, la CCT (*Consumer Culture Theory*)[2], tend à analyser la consommation par le prisme de sa dimension culturelle.

Concernant les méthodes utilisées pour étudier les consommateurs, les recherches se polarisent. D'un côté, on trouve des approches très formelles à partir de modèles micro-économétriques et de méthodes statistiques sophistiquées (comme les équations structurelles). De l'autre côté, on trouve des approches plus littéraires.

Qu'elles soient de nature quantitative ou de nature qualitative, ces démarches rigoureuses permettent de mieux comprendre les consommateurs, de façon à orienter les décisions des entreprises ou organisations non marchandes (innovation, communication…) et des pouvoirs publics (réglementation, régulation…). Cette discipline s'est intéressée au processus d'évaluation et de choix des marques, aux effets de la publicité (mémorisation, persuasion…), à l'influence de l'entourage sur l'individu (famille, culture…), et aux caractéristiques qui permettent de différencier les consommateurs les uns des autres (classe sociale, valeurs, personnalité…). Actuellement, les thèmes s'élargissent vers la compréhension de l'acte de consommation (plutôt que l'acte d'achat d'un produit, on s'intéresse aussi à la façon de s'en débarrasser ou de l'utiliser), l'influence du prix et des promotions, la prise en compte du temps et des émotions, la fidélisation et le marketing relationnel… L'étude des consommateurs est donc assez largement rattachée au marketing (environ 20 % des recherches en marketing portent directement sur l'étude des consommateurs[3]). Ceci dit, la discipline n'a pas pour unique vocation d'aider les responsables d'entreprises à prendre de meilleures décisions. Depuis une dizaine d'années, on étudie aussi la consommation comme un phénomène social et non seulement comme un phénomène marchand. La discipline se dégage progressivement de l'emprise du marketing et les thèmes changent en conséquence (matérialisme, attitude par rapport à l'argent, vol, prévention du tabac, rapport à l'écologie, don de temps, d'argent, d'objets, etc.). Par ailleurs, des recherches sur la psychologie économique abordent des thèmes comme le comportement de consommation des

1. Holbrook M.B., « What is Consumer Research ? », *Journal of Consumer Research*, 14, 1, 1987, pp. 128-132.

2. Özçağlar-Toulouse N. et Cova B., Une histoire de la CCT française : parcours et concepts clés. *Recherche et applications en marketing*, 25 (2), 69-91, 2010.

3. Daghous N., Arellano R., « Taxonomie de la littérature récente en marketing », *Recherche et Applications en Marketing*, 9, 4, 1994.

chômeurs, l'épargne, la socialisation économique des enfants, le rapport à la fiscalité, la prise de risque…

Aujourd'hui, on dispose d'une large palette d'outils, de méthodes et de théories pour étudier les consommateurs. Les concepts sont issus des sciences humaines et sociales, comme : les besoins, les motivations, les attitudes, la perception, l'apprentissage, la satisfaction, l'attachement et la fidélité, les classes sociales, les groupes de référence, la personnalité, les valeurs, la culture…

La « science des consommateurs » se développe depuis le milieu des années soixante, essentiellement aux États-Unis, avec l'introduction des approches comportementales (*behavioral sciences*) dans le domaine de la gestion. Des chercheurs en sciences sociales avaient ponctuellement ou indirectement étudié des phénomènes de consommation avant les années soixante (comme les économistes Georges Katona[1] ou Thorstein Veblen, le psychosociologue Kurt Lewin…), mais le domaine n'est devenu science qu'au fil du temps. Cette transformation est liée à l'arrivée d'institutions entièrement dédiée à l'étude de la consommation, notamment les associations de chercheurs et les publications académiques[2].

Repère

Les associations et les journaux scientifiques

Au niveau mondial, la principale association de chercheurs a été créée aux États-Unis au début des années soixante-dix : l'*Association for Consumer Research* (*ACR*). Chaque année, les chercheurs se réunissent en congrès aux États-Unis. Depuis le début des années quatre-vingt-dix, l'association tient également un congrès annuel alternativement en Europe ou en Asie. Au-delà de cette association entièrement dédiée à l'étude des consommateurs, la consommation est également un champ de recherche reconnu dans les principales disciplines des sciences humaines, notamment la psychologie. Ainsi, une fraction des membres de l'*American Psychological Association* (*APA*) se consacre aux problèmes de consommation (*Society for Consumer Psychology*). L'*American Sociological Association* (*ASA*) vient récemment d'emboîter le pas des psychologues.

En France, c'est l'Association Française du Marketing (*AFM*) qui regroupe les chercheurs intéressés par l'étude des consommateurs, car il n'existe pas d'association dédiée spécifiquement à ces questions. Il en va de même au niveau européen. Les chercheurs se regroupent dans une structure plus large intéressée par l'ensemble des questions de marketing, l'EMAC (*European Marketing Academy*). En Europe, des psychosociologues et des économistes ont créé l'Association internationale de recherche en psychologie économique (IAREP).

☞

1. Katona G., « Psychology and Consumer Economics », *Journal of Consumer Research,* 1, 1, 1974, pp. 1-8.
2. Cochoy F., *Une histoire du marketing*, Paris, La Découverte, 1999.

☞

La principale revue scientifique du domaine est *Journal of Consumer Research*, fondée en 1972. Toutefois d'autres publications académiques abordent ces thèmes, comme *Journal of Economic Psychology, Journal of Consumer Marketing, Journal of Consumer Affairs*, ou encore, *Journal of Consumer Psychology* (édité par l'*American Psychological Association*). Des journaux ont été récemment créés, comme *Journal of Consumer Behavior* et *Journal of Consumer Culture* (édité par l'*American Sociological Association*).

Au-delà, de nombreux journaux académiques en marketing abordent des questions de consommation, comme *Psychology & Marketing, Journal of Marketing* ou *International Journal of Research in Marketing*. En France, les principales recherches sont publiées dans *Recherche et Applications en Marketing* ou dans les actes du congrès annuel de l'Association Française du Marketing. Des recherches plus appliquées sont publiées dans la *Revue Française du Marketing* et *Décisions Marketing*.

Pour de plus amples informations, il est conseillé de consulter ces revues dans les bibliothèques et de les retrouver sur Internet[1]. Les sites des associations offrent également de nombreuses ressources, comme les actes du congrès annuel de l'*Association for Consumer Research* ou ceux du congrès de l'Association Française du Marketing[2].

Le développement d'une démarche rigoureuse pour étudier les phénomènes de consommation a permis l'émergence d'un domaine scientifique nouveau et d'une communauté structurée (associations et congrès, chaires universitaires, revues académiques, manuels…). Cependant, cette discipline est encore jeune. Malgré les efforts déployés pour comprendre, expliquer ou prédire les comportements de consommation, la connaissance est encore très imparfaite. Comme le précisait J. Sheth dans un éditorial du *Journal of Consumer Research* en 1979, « à ce jour, nous avons découvert deux lois du comportement des consommateurs : ceux qui n'ont pas besoin du produit l'achètent et ceux qui en ont besoin ne l'achètent pas ». De nombreuses recherches empiriques sont plus que jamais nécessaires, qui doivent emprunter des concepts et des méthodes aux autres sciences humaines, mais aussi permettre de développer des bases théoriques propres.

1. *Journal of Consumer Research* (University of Chicago Press) : http://www.journals.uchicago.edu/jcr, *Journal of Economic Psychology* (Elsevier Science) : chercher sur un moteur, *Journal of Consumer Psychology* (Society for Consumer Psychology, American Psychological Association) : chercher sur un moteur, *Journal of Consumer Marketing* (Emerald Publications) : http://www.emeraldinsight.com/jcm.htm, *Journal of Consumer Affairs* (University of Wisconsin Press Journals) : chercher sur un moteur, *Journal of Consumer Behaviour* (Henry Stewart Publications) : http://www.henrystewart.co.uk/journals/conb, *Journal of Consumer Culture* (Sage Publications) : chercher sur un moteur, *Psychology & Marketing* (Wiley Interscience) : chercher sur un moteur, *Journal of Marketing* et *Journal of Marketing Research* (American Marketing Association) : http://www.marketingpower.com dans la rubrique AMA et Publications, *International Journal of Research in Marketing* (Elsevier Science) : chercher sur un moteur, *Recherche et Applications en Marketing* (Association Française du Marketing) : http://www.revue-ram.org, *Décisions Marketing* (Association Française du Marketing) : http://www.revue-dm.org

2. *Association for Consumer Research* (ACR) : http://www.acrweb.org, *American Psychological Association* (APA) : http://www.apa.org, *American Sociological Association* (ASA) : http://www.asanet.org, *Amercian Marketing Association* (AMA) : http://www.marketingpower.com, *European Marketing Academy* (EMAC) : http://www.emac-online.org, *Association Internationale de Recherche en Psychologie Economique* (IAREP) : chercher sur un moteur, *Association Française du Marketing* (AFM) : http://www.afm-marketing.org

Chapitre 2

Les besoins, les motivations et l'implication

OBJECTIFS

- Avant la lecture de ce chapitre, prenez trois minutes et faites, à l'instar de Jocelyne, personnage du roman de Grégoire Delacourt paru en 2012, la liste de vos envies. Prenez un support papier ou digital et notez ce qui vous passe par la tête à l'évocation des termes « mes envies ». La liste établie, regardez ce dont vous avez réellement *besoin*... À quel résultat parvenez-vous ? Si vous conservez dans cette liste uniquement les envies non marchandes, à quel résultat parvenez-vous ? Zéro réponse ?
- L'objectif de ce chapitre est de comprendre pourquoi nous passons notre temps (vie ?) à acheter des produits dont nous n'avons pas *toujours* besoin, dont nous avons *parfois* envie et avec lesquels nous sommes plus ou moins impliqués. Des modèles de consommation alternative sont également proposés dans ce chapitre, illustrant le concept – utopique ? – de « vivre mieux avec moins ».

SOMMAIRE

SECTION 1 Les besoins

SECTION 2 Les motivations

SECTION 3 Concept de soi

SECTION 4 L'implication

Les besoins, les désirs et les motivations sont à la source du comportement du consommateur. Le développement de l'analyse de ces concepts tout au long du XXe siècle, tout d'abord en psychologie, s'est rapidement diffusé auprès des instituts d'études marketing, notamment à partir des travaux précurseurs d'E. Dichter. Le concept de soi est probablement le moteur motivationnel le plus fort. Au travers du soi, l'individu se positionne par rapport à son environnement. La consommation a toujours été une affirmation de ses préférences, de sa vision de soi-même (que faisaient les courtisans de la cour de Louis XIV ?...), mais en se développant à tous les niveaux de la société pendant la seconde moitié du XXe siècle, elle est devenue l'un des principaux vecteurs d'affirmation de l'individu.

L'implication, occupe une place centrale en marketing car elle permet de rendre compte de l'intensité de la motivation. À ce titre elle est aussi bien une variable explicative principale qu'une variable modératrice essentielle du comportement du consommateur.

Section 1 LES BESOINS

Le consommateur n'achète pas au hasard. Chaque produit qu'il consomme et chaque service qu'il utilise correspond généralement à plusieurs besoins, même si ces besoins ne sont pas toujours exprimés consciemment. Le besoin traduit un certain déséquilibre physique ou psychologique, un manque que le consommateur va chercher à combler par ses actes de consommation.

EXEMPLE – La nature des besoins des consommateurs

> L'achat d'un système de protection de son domicile ou la souscription d'une assurance répond à un besoin de sécurité ; la consommation d'une marque connue par un adolescent correspond à un besoin de reconnaissance par ses pairs ; l'achat d'un ordinateur répond à un besoin de divertissement ou de connaissance ; l'achat d'une voiture de grande taille peut répondre à un besoin de sécurité mais aussi à un besoin de reconnaissance sociale ; la pratique du jardinage et du bricolage répond à un besoin de réalisation ; l'achat de produits issus de l'agriculture biologique répond à un besoin de sécurité physique pour soi, mais aussi pour les autres (moindre utilisation d'engrais et de pesticides...) ; l'inscription à un cours de yoga ou de sophrologie peut répondre à un besoin de spiritualité.

Le besoin est défini comme « une exigence née de la nature ou de la vie sociale ». On distingue donc les besoins *biogéniques* (qui sont innés, liés à notre nature humaine) et les besoins *psychogéniques* (qui sont appris, liés à notre appartenance à telle société). Certains sociologues pensent que la plupart des besoins sont collectifs (comme E. Durkheim), voire même que la notion de besoin individuel est une illusion (comme J. Baudrillard). En effet, le consommateur vit dans un monde qui a façonné ses croyances et ses attitudes envers divers comportements d'achat (éducation, famille, médias…). Les besoins résultent donc souvent de normes sociales.

On distingue également les besoins manifestes (qui s'expriment facilement) et les besoins cachés. Concernant les besoins cachés, à l'extrême, on peut parler des pulsions, une catégorie de besoins inconscients et socialement rejetés. Selon les psychanalystes, ces pulsions sont souvent refoulées par l'individu qui les ressent, puis transformées ou projetées vers d'autres entités (par exemple, pour un jeune garçon, une pulsion œdipienne peut être refoulée puis transformée en affection pour sa maîtresse d'école).

1 Les typologies de besoins

De très nombreux chercheurs en sciences humaines ont proposé des typologies de besoins. Ainsi, A. Maslow distingue les besoins fonctionnels ou physiologiques (nourriture, repos…), les besoins de sécurité (protection physique, sentiment de sûreté…), les besoins d'appartenance à un groupe (amour, amitié…), les besoins de reconnaissance (honneur, gloire…) et les besoins de réalisation de soi ou d'épanouissement (sagesse, liberté, culture…). Pour Maslow, ces besoins forment une hiérarchie (on parle de « la pyramide de Maslow ») dans le sens où un besoin de niveau supérieur n'apparaît que quand un besoin de niveau inférieur est assouvi[1]. Par exemple, le besoin de sécurité n'apparaît que si les besoins fonctionnels sont assouvis ; ou le besoin d'appartenance n'apparaît que quand les besoins de sécurité sont assouvis. Cette fameuse pyramide a fait l'objet de nombreuses critiques, notamment les deux suivantes : certains besoins ont été oubliés (notamment le besoin de connaissance) ; la hiérarchie des besoins manque d'universalité (la hiérarchie est différente d'une culture à l'autre). Cependant, elle n'en reste pas moins un point de départ utile.

D'une façon assez similaire, selon le modèle ERG (*Existence, Relatedness, Growth*), les besoins peuvent être classés selon qu'ils concernent l'existence ou la survie de l'individu (faim, soif…) ; la vie en société et les contacts avec les autres (amitiés, amour…) ; ou encore l'épanouissement et la réalisation de soi (admiration des autres, estime de soi…)[2].

D'autres besoins ont également été identifiés, comme le besoin de cognition, le besoin d'attribution (donner une cause aux événements), ou le besoin d'accomplissement

1. Maslow A.H., « A Theory of Human Motivation », *Psychological Review*, 1943, 50, pp. 370-396.
2. Alderfer C.P., *Existence, Relatedness and Growth*, New York, The Free Press, 1972.

(réussir dans un domaine valorisé socialement)… Pour sa part, le psychologue américain Henry Murray a réalisé une typologie de dix-huit besoins psychogéniques.

Tableau 2.1 – Classification des besoins de H. Murray

Besoin de domination	Besoin de jeu
Besoin de soumission	Besoin d'affiliation
Besoin d'autonomie	Besoin de réjection (rejeter les autres)
Besoin d'agression	Besoin d'éviter l'infériorité
Besoin d'humiliation	Besoin de se défendre
Besoin d'accomplissement (de réussite)	Besoin de réaction
Besoin sexuel	Besoin d'éviter la souffrance
Besoin de sensations	Besoin d'ordre
Besoin d'exhibition (de soi)	Besoin d'intellection (compréhension intellectuelle)

Une typologie des besoins spécifiques du consommateur a été proposée par J.G. Hanna[1] : besoin de confort (valorisation d'un style de vie fondé sur le matérialisme), besoin de sécurité physique (utilisation des produits/services sans risque pour soi ou pour les autres, notamment pour l'environnement), besoin de sécurité matérielle (réduction du risque financier et du risque de mauvaise performance du produit/service acheté), besoin d'acceptation par les autres (utilisation de produits/services valorisés par les groupes auxquels le consommateur veut s'associer), besoin de reconnaissance (utilisation de produits/services pour atteindre un statut dans la communauté à laquelle le consommateur appartient), besoin d'influence (utilisation de produits/services pour peser sur la consommation des autres), besoin d'épanouissement (utilisation de produits/services pour se démarquer des autres et devenir une personne unique). Par rapport à la pyramide de Maslow, on peut noter que le besoin de sécurité est plus complexe (deux facettes) et qu'un nouveau besoin est mis en évidence, celui d'influencer les autres à travers sa propre consommation. Ce besoin d'influence correspond à la volonté de jouer un rôle de *leadership* auprès de ses proches mais aussi de réaliser des actes à dimension consumériste et « engagée ».

2 Des besoins aux comportements d'achat

Il est également important de distinguer le besoin du désir. Alors que le besoin n'est pas toujours exprimé, au contraire, le désir est une prise de conscience. En pratique, un besoin se réalise souvent dans la consommation d'un produit, pour lequel le désir est apparu. Le besoin qui s'exprimait au début du processus de décision va se focaliser sur un ou plusieurs produits/services. Autrement dit, à partir d'un besoin plus ou moins conscient, souvent vague et mal défini (se distraire, se nourrir, séduire…), le consommateur exprime un désir envers les produits/services proposés sur le marché. Alors qu'il existe un nombre limité de besoins, il existe un

1. Hanna J.G., « A Typology of Consumer Needs », *Research in Marketing*, J. Sheth ed., Greenwich, Connecticut, JAI Press Inc, 1980, pp. 83-104.

nombre quasi infini de désirs. Ainsi, un même besoin peut donner naissance à de nombreux désirs.

Dans de nombreux cas, le besoin ne se transforme pas en comportement d'achat[1]. Parfois, le besoin est endormi jusqu'à ce que le consommateur réalise ce qu'un produit peut faire pour lui. Dans ce cas, on parle de *besoins latents*. Dans certains cas, le besoin pour un produit ou service spécifique est conscient, mais ne peut pas s'exprimer sous forme d'achat. C'est le cas quand l'évaluation du rapport entre le coût et les bénéfices apportés par le produit est négatif ; on parle alors de *besoins passifs*. Par exemple, l'achat d'un appartement secondaire peut être freiné par l'inadéquation du prix, compte tenu de l'utilisation qui en est attendue (faible usage). Enfin, le besoin et le désir peuvent exister, mais ils sont impossibles à réaliser pour des raisons éthiques, légales ou sociales. Dans ce cas, on parle de *besoins interdits* qui peuvent toutefois être assouvis dans l'espace virtuel grâce à un avatar ou via un personnage dans certains jeux vidéo.

Le comportement de consommation (comme s'inscrire à un club de sport) ne répond pas nécessairement à un besoin immédiat. Dans ce cas, on parle d'aspirations : le consommateur se fixe des buts à long terme (comme être capable de participer à un marathon ou rencontrer un partenaire pour partager sa vie…). Une personne peut donc s'inscrire à un club de sport et « répondre » à l'injonction sociétale de « bouger pour rester en bonne santé » ou encore devenir capable de participer au marathon. Mais, il peut également fréquenter le même club pour atteindre un autre but, comme celui de mincir pour renforcer ses chances de séduire un partenaire. On voit bien que la seule observation des comportements de consommation (s'inscrire au club de sport) ne permet pas de comprendre les buts intermédiaires (améliorer sa condition physique ou mincir) et le but à long terme (participer au marathon ou rencontrer un partenaire).

Ernest Dichter a concentré son attention sur les mécanismes et processus inconscient sous-jacents dans le comportement du consommateur[2]. Pour Dichter, les raisonnements élaborés ne sont que des camouflages de processus inconscients. Dans le cadre de deux exemples, Dichter a démontré les aspects archaïques de la motivation. Le premier exemple s'intéresse au marché de la fourrure. À la préhistoire, les chasseurs risquaient leur vie pour ramener viandes et fourrures. Ces dernières étaient les trophées symbolisant la force et les capacités auprès des femmes. Lorsqu'un homme offre aujourd'hui un manteau de fourrure, il démontre sa puissance par le choix de l'animal : sa rareté et sa beauté sont fonction du niveau social. Le second exemple développe le marché automobile en 1939 et n'a pas perdu de son actualité. La nature

1. O'Shaughnessy J., *Explaining Buyer Behavior : Central Concepts and Philosophy of Science Issues*, New York, Oxford University Press, 1992.

2. Dichter E., « Psychology in Market Research », *Harvard Business Review*, 25, 4, 1947, p. 432 ; Ziems D., « The Morphological Approach for Unconscious Consumer Motivation Research », *Journal of Advertising Research*, 44, 2, 2004, pp. 210-215.

des véhicules suit la biographie de leurs propriétaires. Une personne de 20 ans recherche la voiture de l'évasion qui lui permet de tester son propre potentiel et presque son pouvoir. À 35 ans, les valeurs relatives à l'automobile changent. Désormais, la commodité, la sécurité, voire le taux d'émission de CO_2 sont les caractéristiques qui prennent le dessus afin d'assumer les responsabilités familiales, quotidiennes et citoyennes[1]. Cependant, la voiture des rêves devient la décapotable pour émerveiller l'improbable maîtresse ou encore pour rendre envieux son voisin.

Les besoins étant stables et en nombre limité, il est clair que les actions marketing ne peuvent créer de besoins nouveaux. En effet, un individu n'a pas de « besoin de lecteur de DVD ». Le marketing ne crée par ce besoin. En revanche, il suscite le désir pour les produits/services susceptibles d'y répondre. Autrement dit, le rôle d'un responsable marketing consiste à identifier ou anticiper les besoins de ses clients potentiels, puis tenter d'y répondre en proposant des produits/services adaptés (tableau 2.2). Ces produits/services offrent des bénéfices qui sont susceptibles de déclencher l'achat. Certains consommateurs tentent néanmoins d'être moins « esclaves » de leurs besoins ; ils optent alors pour une consommation, si ce n'est minimaliste du moins plus raisonnée et sobre, s'interrogeant sur leurs véritables besoins. Ces démarches d'autolimitation, certes minoritaires et souvent militantes, sont inspirées des mouvements de simplicité volontaire des années 1980 ou encore plus récemment de rationnement volontaire[2] lorsque le but est de limiter les émissions de carbone.

Tableau 2.2 – Correspondance des produits avec les besoins

Produit	Besoin explicite	Besoin caché
Parfum	Cacher les odeurs corporelles	Attirer autrui et séduire
Voiture puissante	S'assurer dans les dépassements	Dominer sexuellement, transgresser les règles du code de la route
Téléphone portable pour les adolescents	Permettre aux adolescents de communiquer librement	Localiser des adolescents par leurs parents

Au-delà des besoins qui se manifestent dans l'instant, une compréhension des besoins qui s'expriment dans le long terme permet également d'enrichir l'offre (car ces besoins sont plus complexes). Cependant, une entreprise doit aussi déceler les besoins latents, car l'étude approfondie de ces besoins est une source majeure d'innovations. Par ailleurs, l'entreprise devra faire en sorte d'activer les besoins passifs en travaillant sur le rapport entre le coût du produit/service et les bénéfices

1. Bin S. et Dowlatabadi H., « Consumer Lifestyle Approach to US Energy Use and the Related CO_2 Emissions », *Energy Policy*, 33(2), 197-208, 2005.

2. Szuba M. et Semal L., « Rationnement volontaire contre l'"abondance dévastatrice" : l'exemple des Carbon Rationing Action Group », *Sociologies pratiques*, (20) 7, 2010.

qu'il apporte au consommateur (notion de valeur perçue). Certaines entreprises peuvent même être amenées à soutenir les activités des lobbies ou des associations pour faire évoluer la législation en faveur de comportements interdits ou limités (comme la vitesse maximum sur autoroute).

3 Les bénéfices

Les caractéristiques d'un produit visent à procurer au consommateur des bénéfices en relation avec ses besoins.

Le consommateur est un « chercheur » de solutions. Il met ses besoins en regard de l'offre disponible sur le marché et attend un bénéfice de ses acquisitions. Le bénéfice est la valorisation appliquée que le consommateur retire des caractéristiques produit. Les consommateurs ne sont pas intéressés par ce que les produits sont, mais par ce qu'ils peuvent faire pour eux. Autrement dit, les consommateurs n'achètent pas les caractéristiques du produit, mais les bénéfices qu'ils peuvent retirer de sa consommation ou de son utilisation. Ceux-ci peuvent être fonctionnels, expérientiels ou symboliques.

Les bénéfices fonctionnels répondent aux besoins quotidiens pratiques (voyager, se déplacer par exemple), physiologiques et de sécurité. Par exemple, une bouteille d'eau désaltère. Les marques low cost et de distributeurs appuient sur cet aspect fonctionnel : Easyjet et Ryanair transportent d'un point à un autre, en sécurité, au moindre coût. Les bénéfices fonctionnels répondent à certains besoins fondamentaux.

Les bénéfices expérientiels résultent des sensations procurées par l'utilisation du produit ou de la marque. Par exemple, un voyage culturel apporte beaucoup plus que le bénéfice fonctionnel de repos. Il apporte également une sérénité, une évasion, le plaisir de connaître et vivre autre chose. Le bénéfice expérientiel répond aux besoins d'harmonie.

Les bénéfices symboliques expriment des besoins d'expression personnelle et d'approbation sociale. Les marques de luxe ou haut de gamme apportent des réponses de cette nature aux consommateurs.

Section 2 LES MOTIVATIONS

La motivation est la force qui pousse la personne à agir. Elle donne de l'énergie et dirige le comportement du consommateur. À l'origine de cette puissance, on retrouve les besoins, mais qui, lorsqu'ils sont reconnus par le consommateur, créent un écart entre un état réel et un état espéré. La motivation résulte ainsi d'un écart entre l'état idéal (celui que le consommateur souhaite plus ou moins consciemment atteindre) et l'état tel qu'il est effectivement perçu par le consommateur (celui qu'il pense avoir atteint). Cette différence d'état crée une sensation de manque, un état de tension que l'individu va essayer de réduire.

Les responsables marketing utilisent les processus motivationnels ayant principalement pour fondement, d'une part, l'approche homéostatique de l'individu et, d'autre part, l'approche psychanalyste de Freud.

1 L'approche homéostatique des motivations

Cette approche repose essentiellement sur une vision homéostatique de l'être humain qui est constamment à la recherche d'une situation d'équilibre aussi bien physiologique que psychologique. Lorsque notre corps ressent un manque (soif, faim, chaleur), il cherche à le satisfaire (boire, manger, se couvrir). Quand le corps a obtenu satisfaction, il signale qu'il n'a plus besoin d'aide. Comme le corps réagit pour atteindre son équilibre, le mental fonctionne similairement.

Ce processus motivationnel est dynamique et peut être décomposé en deux dimensions, la *pulsion* et les *buts*.

La *pulsion* est la première dimension de la motivation. Elle est fonction de l'intensité ressentie du manque et détermine les efforts qui seront consentis pour réduire l'état de tension. Elle se traduit par l'excitation, qu'on peut mesurer dans les expérimentations marketing par la vitesse de battement du cœur, la pression artérielle ou la taille de la pupille de l'individu.

Les *buts* forment la seconde dimension de la motivation. Ils guident le consommateur vers les moyens nécessaires pour satisfaire ses besoins, comme rechercher de l'information, discuter avec les autres consommateurs sur des forums par exemple, faire du lèche-vitrines et, enfin, acheter des produits et services.

Le rôle du responsable marketing est de proposer des produits et des services susceptibles de satisfaire la sensation de manque. Le marketing joue un rôle important, parfois ambigu, pour révéler les besoins et motiver le consommateur. De nombreuses marques s'appuient sur les besoins réels ou latents des consommateurs pour développer la motivation vis-à-vis de leurs produits.

2 L'approche psychanalyste des motivations

La seconde approche prend ses sources dans l'antagonisme freudien entre la vie et la mort. Deux énergies fondamentales antagonistes déterminent les conduites humaines. Les instincts de vie (eros) s'expriment dans le comportement sexuel, et alimentent la vie et la croissance. Ces instincts de vie fournissent une énergie qui est appelée la libido, source de motivation. Les instincts de mort (thanatos) sont à la base de l'agressivité, et poussent l'individu à la destruction.

Dans la théorie freudienne de la motivation, la confrontation des trois entités psychiques (ça, moi et surmoi) sont sources de motivations positives ou négatives. Par les mécanismes de projection et de sublimation, la consommation joue pleinement son rôle symbolique pour arbitrer entre le ça et le surmoi. Le marketing a depuis longtemps exploité le conflit entre le plaisir, y compris sexuel, retenu dans le « ça » et les règles sociales acquises et conservées dans le « surmoi ». Lorsque la publicité met en scène le plaisir sexuel, elle provoque la déculpabilisation et lève un frein à l'action qui doit être bénéfique au produit soutenant cette démarche.

La communication de la marque Perrier joue avec le quiproquo entre la bouteille d'eau et le sexe masculin. Dans le visuel Perrier, la femme réveille le désir en montrant une photo suggestive d'une femme approchant la canette « Slim Can » de sa bouche. Cette publicité a d'ailleurs été accusée de « clichés sexistes ».

Figure 2.1 – Campagne Perrier

Repère

Théorie freudienne de la motivation

Selon Freud, les motivations inconscientes sont essentiellement liées aux besoins sexuels. Pour le célèbre psychanalyste viennois, l'être humain s'aperçoit dès la naissance qu'il ne peut avoir de satisfaction immédiate. La frustration qui en découle le conduit à mettre en place des mécanismes de protection. Au fur et à mesure qu'il grandit vers l'âge adulte, l'enfant développe son psychisme. On distingue alors le « ça », domaine des pulsions, le « surmoi », les contraintes issues de l'environnement social, et enfin le « moi », qui équilibre les pulsions du « ça » avec les contraintes de la société conceptualisées par le « surmoi ».

Freud distingue trois types psycho-sexuels à partir des interactions entre le "ça" (les besoins élémentaires, les pulsions instinctives et souvent inconscientes), le "surmoi" (les normes, valeurs et interdits de la société) et le "moi" (l'arbitrage entre le "ça" et le "surmoi"). Ces trois types sont : l'*érotique,* chez qui domine un principe de plaisir ; l'*obsessionnel,* dont le comportement est commandé par la craindre d'enfreindre les «instances morales inconscientes» ; le *narcissique,* chez qui domine le souci d'affirmer son style de vie, ses possessions. Ces types peuvent se combiner pour former des profils plus complexes (érotique-obsessionnel...).

3 Les conflits de motivations

Il arrive qu'un achat soit animé par plus d'une motivation correspondant à plusieurs buts simultanés qu'on peut chercher à atteindre ou éviter. Les motivations peuvent être ainsi positive ou négative. Une motivation positive guide le consommateur vers un but, quand une motivation négative, appelée également « frein », conduit à éviter le but. En effet, les buts sont souvent contradictoires. Par exemple, on souhaite partir pour le week-end vers une destination originale, peu fréquentée et pas trop lointaine mais agréable et peu coûteuse. Dans ces situations, il y a un conflit de motivations. Ce sont des situations favorables à des changements d'attitudes et de comportements, car le consommateur est déstabilisé dans ses croyances. L'entreprise restant à la recherche de la satisfaction des besoins des consommateurs, la résolution de ces conflits permettra d'avancer une option favorable à la conduite de ses affaires.

3.1 Conflit de motivations positives

L'individu doit choisir entre deux options pour lesquelles la motivation est positive. Ce sont des alternatives toutes deux particulièrement désirables. Il s'agit par exemple d'hésiter entre deux CD, entre un voyage aux Antilles ou à la Réunion, ou bien encore entre l'achat d'un ordinateur fixe très puissant, idéal pour le téléchargement de la musique et la manipulation des vidéos, ou bien d'un ordinateur portable avec un grand écran, et si léger qu'il est possible de se déplacer facilement. La qualité des avantages fournis par chacune des options crée une tension très forte qu'il faut réduire. Comme l'individu a besoin d'ordonner les alternatives pour choisir, il faut réduire l'incohérence de la situation de choix qui rend le choix impossible. C'est une situation où le consommateur entre en état de dissonance cognitive, car il y autant d'attitudes positives que négatives pour chacune des options envisagées. En choisissant un ordinateur fixe on aura la perception de conserver les désavantages (encombrement, inesthétisme, etc. du poste fixe) et de renoncer aux qualités du produit non sélectionné (mobilité du portable). La réduction de la dissonance cognitive implique des actions de communication qui aident le consommateur à rationaliser son choix (voir également la section 2 du chapitre 6).

3.2 Conflit entre une motivation positive et une motivation négative

Un tel conflit existe, lorsqu'on désire quelque chose qui ferait très plaisir (acheter une pâtisserie ou une nouvelle paire de chaussures) mais qu'on souhaite l'éviter pour ne pas subir les aspects négatifs de cet achat (arrêter le régime ou être perçue comme une personne dépensière). Il est alors nécessaire de limiter le sentiment de faute qui en résulte. La promesse doit devenir : « Faites-vous plaisir sans vous faire de mal ». C'est la rhétorique standard des régimes minceurs, des substituts de repas ou de marques de chaussures comme Eram.

3.3 Conflit entre motivations négatives

Lorsqu'il faut choisir entre la dépense d'une très grosse réparation sur une vieille voiture et l'achat d'une voiture neuve, aucune des alternatives n'est agréable. L'entreprise peut proposer des solutions de financement adaptées qui, dans ce cas, doivent permettre de soulager le désagrément. Les engagements de reprises proposés par les concessionnaires automobiles associés à des offres de crédit avantageuses aident le consommateur à résoudre son problème.

4 La théorie de l'orientation régulatrice

Les conflits de motivation font souvent référence à des risques de perte par rapport à des potentialités de gain. La théorie de l'orientation régulatrice propose non plus d'analyser le comportement du consommateur sous l'angle cognitif, mais grâce à une approche motivationnelle. Selon cette nouvelle vue, la motivation de l'individu est influencée par l'absence de perte (orientation prévention) ou l'intérêt pour le gain (orientation promotion).

4.1 Les orientations « promotion » et « prévention »

Selon la conception freudienne des motivations, le principe du plaisir est le moteur de l'individu (1920). Cependant le principe d'hédonisme opère différemment selon les besoins et les buts désirés de chacun[1]. La théorie de l'orientation régulatrice distingue les individus motivés par la présence de plaisir (orientation promotion) et les individus motivés par l'absence de douleur (orientation prévention)[2].

Ces deux états motivationnels chez l'individu permettent de prédire un grand nombre de comportements. Les individus orientés « promotion » sont motivés par la présence de gains, de plaisir, de succès et de résultats positifs. Les consommateurs correspondant à ce profil recherchent aussi bien la bonne affaire que le plaisir du shopping, ainsi que le produit ou le service qui leur procurent un gain à long terme. On oppose à ces premiers les individus motivés par l'absence de perte et qui évitent la douleur. Ils sont orientés « prévention » : leur comportement est guidé par la recherche de la non-perte. Ils évitent les produits à risque.

Ces orientations régulatrices ont été façonnées par notre éducation et nos relations de tous les jours (amis, époux, collaborateurs, employeurs). Les individus qui ont reçu une éducation basée sur les punitions sont généralement orientés prévention, du fait de la priorité donnée aux obligations et aux devoirs. En revanche, les individus qui ont reçu une éducation basée sur l'encouragement sont généralement orientés promotion, du fait de la priorité donnée aux désirs et aux idéaux de chacun[3]. Ainsi, les différences de socialisation de chacun peuvent réguler l'individu vers telle ou telle orientation, qui va également le conduire vers certains types de personnes (ou modèles).

Les individus sont en effet inspirés par des modèles dont le comportement fait écho à leur orientation régulatrice.

- Les individus orientés promotion sont plus inspirés par des modèles positifs qui montrent des stratégies parfois risquées pour atteindre le succès.
- À l'inverse, les consommateurs orientés prévention sont plus inspirés par des modèles dits négatifs, autrement dit ceux qui mettent en œuvre l'éviction de l'échec[4].

1. Higgins E.T., « Promotion and Prevention: Regulatory Focus as a Motivational Principle », *Advances in Experimental Social Psychology,* éd. M.P. Zanna, New York, Academic Press, 1998, pp. 1-46.

2. Boesen-Mariani S., Gomez P. et Gavard-Perret M.-L., « L'orientation régulatrice : un concept prometteur en marketing », *Recherche et applications en marketing*, 25 (1), pp. 87-106, 2010.

3. Higgins E.T., Shah J., Friedman R., « Performance Incentives and Means: How Regulatory Focus Influences Goal Attainment », *Journal of Personality and Social Psychology*, 74, 1998, pp. 285-293.

4. Lockwood P., Jordan C.H. et Kunda Z., « Motivation by positive or negative role models: regulatory focus determines who will best inspire us », *Journal of Personality and Social Psychology*, 83 (4), 854, 2002.

4.2 Le cadrage situationnel

L'orientation régulatrice individuelle peut être induite temporairement par un cadrage situationnel spécifique.

Les situations de gain et de non-gain (présence ou absence de résultats positifs) activent momentanément l'orientation promotion, tandis que les situations de perte et de non-perte (présence ou absence de résultats négatifs) déclenchent temporairement l'orientation prévention[1]. Un individu sensible à un cadrage gain/non-gain sera encouragé à considérer les aspects de long terme dans son choix. Au contraire, un individu qu'on motivera par un cadrage perte/non-perte recherchera les attributs visant la stabilité. La présentation des produits répond souvent à ce double objectif.

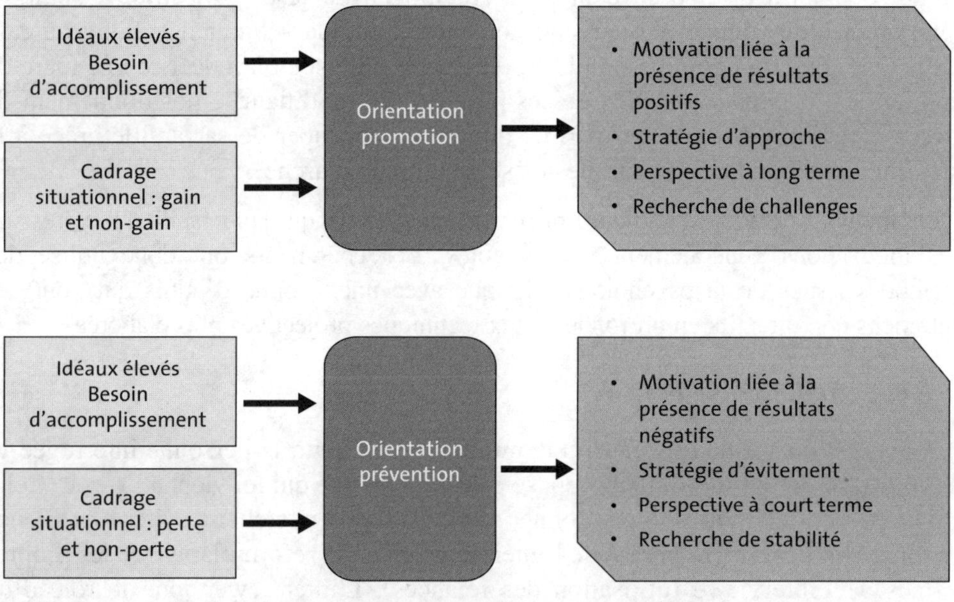

Figure 2.2 – L'orientation régulatrice

Exemple – Les campagnes de prévention anti-tabac

Les campagnes de prévention peuvent proposer soit un cadrage perte/non-perte en centrant le message sur l'évitement de la douleur, le risque de handicap et enfin la mort, soit un cadrage gain/non-gain, en valorisant les années heureuses à venir, le plaisir de voir ses enfants grandir, les perspectives de découverte. Les études montrent que le biais de positivité conduit toujours l'individu à penser qu'un autre sera malade à sa place. Un message basé sur le gain a donc plus d'impact.

1. Higgins, E.T., « Self-Discrepancy: A Theory Relating Self and Affect », *Psychological Review,* 94 (3), 1987, pp. 319-340.

5 Les études de motivations

Les questionnaires sont souvent inadaptés pour révéler ces phénomènes sous-jacents, sources de motivations. Plusieurs méthodes d'investigation ont été développées dans la tradition des études de motivation de E. Dichter en adaptant les techniques psychanalytiques à l'étude des habitudes du consommateur[1]. Pour la première fois, l'étude du consommateur se préoccupe non plus de ce que font les consommateurs, mais des origines de leurs comportements. La motivation et les préférences ne sont pas toujours exprimées et pourtant elles sont centrales. Lors de son introduction sur le marché américain, Nescafé ne rencontra pas le succès escompté. Alors que les études de marché (avec test en aveugle) montraient que les acheteuses rejetaient le produit à cause de son goût, Ernest Dichter, un élève de Freud, démontra qu'il n'en était rien. Au moyen de tests projectifs, il souligna l'importance du signe et du message sous-entendus que véhiculait le nouveau café instantané. Présenté comme rapide à préparer, le café semblait décrire une mère de famille ne s'occupant pas bien de ses proches. En modifiant le positionnement de Nescafé vers une boisson qui permet de mieux s'occuper de sa famille grâce à la rapidité de préparation, la marque suisse façonna le marché[2].

Les méthodes employées aujourd'hui partent du principe qu'il faut faciliter l'expression des motivations généralement inconscientes. Les chercheurs ont donc utilisé des méthodes issues de la psychologie clinique avec une gamme d'outils qui vont des entretiens non directifs en profondeur, aux techniques projectives plus élaborées[3].

Les entretiens non directifs

À partir d'un thème très général défini par l'enquêteur, la personne interrogée va discourir librement sur le sujet proposé en disant tout ce qui lui vient à l'esprit. Celui qui mène l'entretien ne doit pas donner son avis. Il doit chercher à éviter tout silence en reprenant la dernière phrase de l'interviewé ou en la reformulant avec les propres termes de l'interviewé (utilisation des relances). L'interviewer joue le rôle d'un miroir qui renvoie le contenu de ce qui a été dit pour que l'interviewé s'exprime de plus en plus profondément.

Les techniques d'association

On propose aux consommateurs de citer tous les mots qui viennent spontanément à l'esprit quand on leur parle d'un produit. Cette technique est souvent employée pour créer des noms de marques qui révèlent le non-dit. Quelquefois, on utilise

1. Dichter E., *The Strategy of Desire*, New York, Garland Publishing, Inc, 1985.

2. Haire M., « Projective Techniques in Marketing Research », *Journal of Marketing*, vol. 14, pp. 649-656, avril 1950.

3. Dion D. *et al.*, *À la recherche du consommateur : Nouvelles techniques pour mieux comprendre le client*, Dunod, 2008.

également les compléments de phrases et les compléments de récits : il est proposé aux répondants de continuer une phrase avec l'idée qui vient spontanément à l'esprit, ou un récit avec l'action qui est susceptible de suivre.

Le test d'aperception thématique (TAT)

Freud a répandu l'idée que les productions artistiques reflètent la personnalité de l'auteur et ensuite ses motivations[1]. Le test a été formalisé en 1935 par Murray. Au moyen de planches à dessin présentées aux consommateurs, on demande aux individus de décrire la situation et de donner une interprétation (« Imaginez une histoire à partir de chaque planche »). Cette description est orale ou écrite. L'analyse de contenu s'attache autant à la forme que le fond. Pour chaque planche, une description manifeste, *a priori* banale, est préparée à l'avance, ainsi que la description du contenu latent. Lorsque la description faite par l'individu interrogé s'écarte fortement de la description banale, on suggère qu'il existe des défenses caractéristiques de leur organisation psycho-pathologique.

Les tests d'analogie

Plusieurs formes de tests existent. La première consiste à imaginer ce que le produit n'est pas. Une deuxième forme, plus restrictive, est connue sous le nom de « portrait chinois » : il est demandé aux interviewés de comparer un produit, un service ou une marque à un animal, à un air de musique, à un héros, une ville, etc.

Les techniques de collage

On propose aux individus de créer un collage pour représenter une marque ou un produit, en leur fournissant une pile de magazines destinés à être découpés librement[2].

Section 3 CONCEPT DE SOI

La place de l'individu par rapport à la société est source d'interrogations pour chaque personne d'où l'importance de se connaître pour se repérer dans son environnement. Le soi résume ce que la personne voit d'elle-même. Le concept de soi donne sens aux motivations de comportement. Il les oriente vers certains objets privilégiés, qui seront investis par la personne, et l'éloigne d'autres qui seront rejetés ou ignorés.

1. Anzieu D., Chabert C., *Les Méthodes projectives*, Paris, PUF, 1999.

2. Pellemans P., *Recherche qualitative en marketing : perspective psychoscopique*, Bruxelles, De Boeck Université, 1999.

1 Le concept de soi, l'estime de soi, les facettes du soi

L'interaction entre notre individualité et la société ouvre à plusieurs facettes du soi. En effet le concept de soi intègre tout ce qu'une personne perçoit d'elle-même que ce soit juste ou non, partagé ou pas avec d'autres. Il englobe les évaluations des différentes caractéristiques que l'individu s'attribue, une attitude que l'individu a à propos de lui-même, ou de la représentation qu'il a de sa personnalité. L'apparence physique (beauté *vs.* laideur, taille, poids, couleur), les caractéristiques démographiques (célibataire, niveau social notamment) et les souvenirs autobiographiques, sont autant d'attributs d'évaluation. Le concept de soi est une notion subjectivée à laquelle l'individu peut se référer pour motiver son comportement, avec potentiellement de nombreux impacts sur le comportement de consommation. Le questionnement de la vie est également une évaluation de la vie passée par rapport aux objectifs d'aujourd'hui. La réflexion sur le soi n'est point statique et utilise différents moyens pour atteindre ses objectifs.

EXEMPLE – Le projet Dove pour l'estime de soi

Depuis 2004, la mission de la marque Dove est de « donner à la prochaine génération de femmes les outils nécessaires pour construire une relation positive avec leur apparence, renforcer leur estime de soi et les voir se réaliser pleinement ». La marque organise à ce titre des Semaines de l'estime de soi lors desquelles les femmes peuvent s'inscrire pour être un modèle d'estime de soi Dove et inspirer les femmes et les jeunes filles. Les ressources du projet Dove pour l'estime de soi comportent de nombreux experts (psychologues, etc.) ainsi que des initiatives auxquelles les consommatrices peuvent prendre part. En 2015, la marque lance une nouvelle campagne vidéo, la campagne « Pensée qui rend belle », invitant les femmes à transformer leurs pensées intimes négatives en pensées positives.

L'estime de soi mesure la valeur qu'une personne a d'elle-même. C'est une évaluation et un jugement affectif de soi-même alors que le concept de soi est de nature plus cognitive. Le caractère quelque fois inconscient du sentiment rend la notion essentielle à notre conduite. Le terme d'amour propre a été très longtemps employé en lieu et place de l'estime de soi, pour souligner l'aspect affectif de ce sentiment. L'estime de soi repose sur trois piliers qui entretiennent des relations d'interdépendance : la confiance en soi, la vision de soi et l'amour de soi[1]. L'amour de soi qui entretient le respect de soi, est une condition nécessaire pour développer une vision positive de soi-même et par conséquent rehausser la confiance en soi.

Une fragilité de l'un de ces éléments ébranle l'estime globale que l'on a de soi-même. L'estime de soi peut ainsi avoir des répercussions directes sur le processus de décision, notre capacité à agir, à décider, d'autant plus que nous sommes en interaction sociale.

1. André C., Lelord F., *L'estime de soi : s'aimer pour mieux vivre avec les autres*, Paris, Odile Jacob, 1999.

Mesure : L'échelle de l'estime de soi

L'échelle d'estime de soi est administrée avec quatre niveaux d'accord (Tout à fait d'accord/D'accord/Pas d'accord/Pas du tout d'accord). Les énoncés marqués d'une étoile doivent être recodés à l'inverse avant l'analyse. Un score entre 10 et 16 indique une estime de soi plutôt basse. Entre 34 et 40, l'estime est très haute. Entre 17 et 33, le score d'estime de soi est moyen.

1. J'ai le sentiment d'être une personne valable au moins autant que les autres*.
2. Je pense avoir un certain nombre de qualités*.
3. Tout compte fait, j'ai tendance à penser que je suis un raté.
4. Je suis capable de faire des choses au moins aussi bien que la plupart des gens*.
5. Je pense que je n'ai pas beaucoup de quoi être fier.
6. J'ai une attitude positive vis-à-vis de moi-même*.
7. Dans l'ensemble je suis satisfait de moi*.
8. Je souhaiterais avoir plus de respect pour moi-même.
9. Par moments, j'ai vraiment l'impression de me sentir inutile.
10. Je pense parfois que je ne suis vraiment bon à rien.

Dès lors que la consommation est un véhicule des aspirations individuelles, l'estime de soi est centrale pour comprendre les motivations de consommation. Le développement de soi s'analyse autour de trois composantes ; le soi réel, le soi social et le soi idéal. Le *soi réel* est l'ensemble des caractéristiques qu'un individu s'attribue (comment suis-je réellement ?), correspond à l'image que l'individu a de lui-même dans la réalité. L'émergence d'une prise de conscience des objets qui nous entourent et des relations qu'ils entretiennent avec nous développe le soi. Les objets et leurs relations racontent notre histoire, base de notre conscience et de notre soi[1].

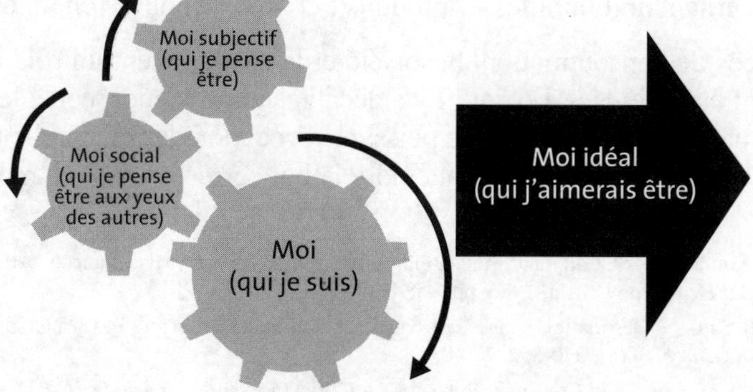

Figure 2.3 – Du « moi » au « moi idéal »

1. André C., « L'estime de soi », *Recherche en soins infirmiers*, S2 (3), 26-30, 2005.
Damasio A., *Le Sentiment même de soi*, Odile Jacob, 1999.

Le soi n'est pas toujours stable, il est également dynamique car malléable par l'environnement social[1]. Le soi *social* est le résultat des interactions avec autrui et des rôles que l'on joue dans notre société. Cependant, le *soi idéal* est défini comme l'ensemble des caractéristiques qu'une personne voudrait posséder, en réponse à la question « comment voudrais-je être dans l'idéal ? ». Il fait référence à l'image que l'individu voudrait avoir dans l'idéal.

La définition de plusieurs soi et les écarts éventuels entre plusieurs visions de soi sont sources de déséquilibre, de manque. L'atteinte des buts via la consommation pousse à l'action. La cohabitation entre trois facettes est régulée par la présentation de soi (importance donnée au soi social), des stratégies de rehaussement (quête du soi idéal) ou de stabilisation du soi (rôle central du soi réel).

EXEMPLE – Le rugby – et ses valeurs – dans la publicité

Le rugby est porteur de nombreuses valeurs « idéales » telles que la force, la combativité, la performance, la solidarité, l'esprit d'équipe, la simplicité mais aussi l'élégance. Les marques comme Dim, Mennen, le parfum Caron, la mutuelle Smatis, etc. mettent ainsi en scène des rugbymen, permettant de vivre ses rêves par procuration

Le concept de soi présente l'intérêt d'offrir une notion subjectivée à laquelle le consommateur se réfère pour réguler ses comportements et ses choix lors de l'achat d'un produit. Il est une source forte d'explications du choix des produits selon le niveau de congruence qui existe entre l'image de soi et l'image de la marque dès lors qu'il y a écart entre ces deux instances du soi. En effet, le consommateur a tendance à choisir le produit, un voyage[2] par exemple, qui a une image congruente par rapport à l'image qu'il a de lui-même[3] dans le cadre d'un ajustement perpétuel entre le réel et l'idéal. L'incidence du concept de soi sur l'expression des préférences et des intentions d'achat est aujourd'hui admise en marketing : le concept de soi explique 17,8 % de la variance au niveau des attitudes générales exprimées envers la marque ; 30,1 % pour les choix concernant huit familles de produits ; et 58,3 % pour le choix de vêtements[4].

Les tendances de consommation, la société et la mode jouent un rôle important sur la construction du moi idéal. Lorsqu'il y a décalage entre le moi réel et le moi idéal, la sensation de manque existante est une puissante évocation dans la publicité. Le produit mis en avant devient le moyen pour atteindre le but correspondant au moi idéal.

1. Markus H., Kunda Z., « Stability and Malleability of the Self-Concept. [Miscellaneous Article] », *Journal of Personality & Social Psychology*, 51, 4, 1986, pp. 858-866.

2. Sirgy M.J. et Su C., « Destination image, self-congruity and travel behavior: Toward an integrative model », *Journal of Travel Research*, 38(4), 340-352, 2000.

3. Sirgy M.J., « Self-Concept in Consumer Behavior : A Critical Review », *Journal of Consumer Research*, 9, 3, 1982, p. 287 ; Sirgy M.J., « Using Self-Congruity and Ideal Congruity to Predict Purchase Motivation », *Journal of Business Research*, 13, 3, 1985, pp. 195-206.

4. Sirgy M.J., Grewal D., Mangleburg T.F., Park J.-O., Kye-Sung C., Claiborne C.B., Johar J.-S., Berkman H., « Assessing the Predictive Validity of Two Methods of Measuring Self-Image Congruence », *Journal of the Academy of Marketing Science*, 25, 3, 1997, p. 229.

Rubens ne considérait pas que la minceur fut un idéal de beauté et valorisait au contraire les rondeurs. En 2007, Dove a cherché à provoquer en proposant quatre visuels décalés. L'un d'eux, joue sur l'image réelle des seniors pour réduire la distance entre l'idéal et le réel en installant de nouveaux critères de beauté.

Repère

4 approches complémentaires des relations entre l'idéal et le réel

Les premiers chercheurs ont tenté de montrer que le consommateur fait plutôt référence à l'image réelle qu'il a de lui-même pour choisir ses produits[1]. Un deuxième ensemble de travaux défend une théorie de la motivation basée sur le soi idéal. La personne agit de manière à se conformer à son image de soi idéale dans le but d'améliorer son estime de soi et de rapprocher l'image qu'elle a d'elle-même de l'idéal recherché[2]. Un troisième groupe de travaux ne réussit pas à arbitrer entre une congruence au soi réel ou au soi idéal[3]. Ils introduisent des variables modératrices dans leurs modèles (catégorie de produits, visibilité sociale du produit, classe sociale, ouverture d'esprit, etc.) pour tenter de différencier les consommateurs influencés par leur soi réel et ceux influencés par leur soi idéal[4]. Un dernier groupe de chercheurs tente de trouver une position consensuelle en montrant que les consommateurs présentent peu d'écarts entre l'image réelle et l'image idéale qu'ils ont d'eux-mêmes et que les deux facettes, réelle et idéale, du concept de soi expliquent toutes les deux, significativement, le choix de produit[5].

1. Stern B.L., Bush R.F. et Hair J.-F. Jr, « The Self-Image/Store Image Matching Process : An Empirical Test », *Journal of Business*, 50, 1, 1977, pp. 63-69 ; Ross I., « Self-Concept and Brand Preference », *Journal of Business*, 44, 1, 1971, pp. 38-50.

2. Malhotra N.K., « Self-Concept and Product Choice : An Integrated Perspective », *Journal Of Economic Psychology*, 9, 1, 1988, pp. 1-28 ; Hong J.W., Zinkhan G.M., « Self-Concept and Advertising Effectiveness : The Influence of Congruency, Conspicuousness, and Response Mode », *Psychology & Marketing*, 12, 1, 1995, pp. 38-77.

3. Ekinci Y., Riley M., « An Investigation of Self-Concept : Actual and Ideal Self-Congruence Compared in the Context of Service Evaluation », *Journal of Retailing & Consumer Services*, 10, 4, 2003, p. 201.

4. Landon E.L. Jr, « Self Concept, Ideal Self Concept, and Consumer Purchase Intentious », *The Journal of Consumer Research*, 1, 2, 1974, pp. 44-51.

5. Dornoff R.J., Ronald L.T., « Congruence Between Personal Image and Store Image », *Journal of the Market Research Society*, 14, 1, 1972, p. 45 ; Kenny D.A., DePaulo B.M., « Do People Know How Others View Them ? An Empirical and Theoretical Account », *Psychological Bulletin*, 114, 1, 1993, p. 145.

2 La relation entre le concept de soi et le choix des produits

Au-delà de la congruence, les produits sont les supports de la présentation de soi.

Prenons l'exemple du téléphone portable. C'est un outil de mise en contact avec les tribus et devient ainsi un outil important de présentation de soi. En projetant son soi idéal au travers de ce nouvel instrument, ce dernier devient un élément du soi. Tout comme le pistolet a longtemps été considéré comme l'organe sexuel masculin, le téléphone développe ces attributs. Tous nos objets et possessions sont des parties intégrantes de nous-même : le soi se définit alors par les objets possédés, aussi bien ce que nous contrôlons que ceux qui nous contrôlent. En effet les objets qui contrôlent et induisent des comportements (le téléphone, la télévision, la voiture) font parties de nous-mêmes et expriment notre personnalité. Le soi étendu aide ensuite l'individu à se définir[1].

La consommation est éminemment identitaire. Depuis Veblen, nombreux ont été ceux qui ont montré que les produits choisis permettent de communiquer sur l'identité souhaitée. L'identification est le phénomène par lequel les individus sont amenés à se percevoir comme semblables aux membres des groupes auxquels ils appartiennent, ou différents de ceux qui n'en font pas partie.

En effet, les consommateurs n'aiment pas se fondre dans la masse et ne veulent pas véhiculer une identité non désirée. Ainsi, l'individu va vers des produits peu conformes lorsqu'il s'agit de produits peu identitaires, mais, lorsqu'il s'agit de produits visibles (à porter dans la rue par exemple), il préfère une solution médiane. En conséquence, les individus abandonnent leurs goûts s'ils découvrent qu'ils sont partagés par une trop grande majorité. Les individus aimeront moins les produits s'ils sont appréciés par un groupe différent du leur. Lorsque Lacoste a été une marque recherchée dans les banlieues populaires, les acheteurs habituels s'en sont peu à peu détournés. Le même phénomène s'est développé à l'encontre de Ralph Lauren. En réponse à ces mouvements, les marques ont proposé de nouvelles gammes sans logo dont les produits se reconnaissent chez les initiés au travers d'une coupe unique ou d'un tissu particulier. Sans logo, le produit redevient identitaire tant que les codes d'appartenance sont partagés par un nombre limité d'individus[2].

Si les produits véhiculent et communiquent l'identité d'un individu, l'existence virtuelle conduit également à créer et communiquer une « identité numérique »[3]. Cette dernière est tout d'abord composée d'un compte, d'un e-mail, d'un mot de passe, d'une adresse IP. Ces attributs sont librement choisis par la personne qui les a créés. L'identité numérique est aussi composée de l'ensemble des traces ou informations qu'un internaute laisse, ses habitudes, les sites qu'il visite, ses achats sur Amazone ou eBay.

1. Belk R.W., « Possessions and the Extended Self », *Journal of Consumer Research*, 15, 2, pp. 139-168, 1988.

2. Berger, Jonah and Chip Heath (2007), « Where Consumers Diverge from Others: Identity Signaling and Product Domains », *Journal of Consumer Research*, 34 (2), 121-34.

3. Belk R.W. « Extended Self in a Digital World », *Journal of Consumer Research*, 40 (3), pp. 477-500, 2013.

Sur Internet, chaque individu devient une personne publique, ce qui donne naissance à un nouveau concept : le « *personal branding* » (ou *self marketing*)[1], autrement dit l'association de l'identité à une marque. Ainsi, l'individu est responsable de l'image qu'il donne et doit gérer sa visibilité sur le Web. S'il peut maîtriser son image en communiquant lui-même ce qu'il souhaite, il peut néanmoins souvent difficilement la gérer, les autres internautes pouvant intervenir et faire circuler une information à son insu.

Dans les conditions générales de l'utilisation du réseau social Facebook, on lit que le réseau se donne le droit de réutiliser les données publiées comme il l'entend, même si le compte est fermé. L'usage des données n'a plus de frontière, ce qui pose de nombreux problèmes dont la question de cet usage après le décès de l'utilisateur. Par définition, un défunt ne peut plus gérer son identité numérique. Il (et souvent ses proches) ne peut plus fermer un compte, une adresse e-mail, récupérer ses photos, etc. L'identité numérique survit à la personne et est déconnectée de l'identité réelle : la « mort virtuelle » est donc impossible. Cela peut poser des problèmes éthiques mais aussi psychologiques pour les proches qui ne peuvent faire leur travail de deuil, voire qui se voient privés du droit à l'oubli. La notion d'identité numérique n'a pas encore de frontière claire. La législation – dont la jurisprudence – devrait se développer à l'avenir sur ces questions importantes.

3 L'extension du soi vers les autres et les objets

Outre les autres personnes significatives, le soi étendu intègre les objets, lieux[2], groupes définis comme « miens ». Les possessions nous servent à cultiver et développer le sens de soi. Ce dernier s'étend à tous les objets ou êtres vivants contrôlés ou auxquels nous sommes attachés. En marketing, ce modèle a été repris principalement par Belk qui montre que certains produits ou marques sont plus à même de développer notre sens de soi[3]. Ce spécialiste du marketing mondialement reconnu, souligne que nous sommes ce que nous avons, ce qui est probablement l'aspect le plus simple mais puissant du comportement du consommateur. Tous nos objets et possessions sont des parties intégrantes de nous-même : le soi se définit alors par les objets possédés, aussi bien ceux que nous contrôlons que ceux qui nous contrôlent. En effet les objets qui contrôlent et induisent des comportements (le téléphone, la télévision, la voiture mais aussi le congélateur, par exemple, qui a transformé nos pratiques d'approvisionnement[4]) font partie de nous-mêmes et

1. Shepherd I.D., « From Cattle and Coke to Charlie: Meeting the Challenge of Self Marketing and Personal Branding », *Journal of Marketing Management*, 21(5-6), pp. 589-606, 2005.

2. Debenedetti A., Oppewal H. et Arsel Z., « Place attachment in commercial settings: a gift economy perspective », *Journal of Consumer Research*, 40(5), pp. 904-923, 2014.

3. Belk R.W., « Possessions and the Extended Self », *Journal of Consumer Research*, 15, 2, 1988, pp. 139-168.

4. Hand M. et Shove E., « Condensing Practices Ways of living with a freezer », *Journal of Consumer Culture*, 7(1), pp. 79-104, 2007.

exprimant notre personnalité. Ainsi, se séparer d'un objet peut être douloureux puisque cela revient, pour certaines personnes, à perdre une partie d'elles. C'est pourquoi, certains consommateurs ont tendance à « tout garder », autrement dit à garder des objets alors qu'ils n'en ont plus l'utilité, comme un vieil ordinateur qui fonctionne toujours mais qui est remisé au grenier et remplacé par un plus récent ou encore notre « doudou », premier cahier d'école, un caillou qui rappelle un lieu de vacances, etc.[1] La perte d'une possession sera d'autant plus douloureusement ressentie que la séparation a été violente (effraction, oubli et perte d'un objet « quelque part »), forcée (cession d'un objet pour des raisons financières ou encore vol), alors que l'abandon de l'objet, sous-entendu volontaire, choisi ne sera pas (au moins) ressenti comme une perte car il n'est plus psychologiquement attaché au soi. On pense aux objets que les personnes abandonnent sur le trottoir les jours d'encombrants pour que les camions poubelle mais aussi et surtout les passants intéressés les prennent[2]. L'attachement aux objets peut être très fort. Notamment lorsque cet objet incarne une personne, lorsqu'il s'agit d'un héritage ou alors d'un don[3]. La perte de ces objets (la bague de sa grand-mère décédée, par exemple) est alors d'autant plus douloureuse. Avoir des objets des générations précédentes participe à la construction du soi de même que transmettre des objets aux générations suivantes. La relation avec ses racines, surtout dans une société postmoderne qui privilégie les nouvelles tribus à la famille, devient importante.

Au-delà de l'individu, l'intérêt suscité par les journées du patrimoine (12 millions de visite chaque 3e week-end de septembre) témoigne de l'importance de la préservation du passé pour forger et maintenir l'identité culturelle d'une nation. L'engouement du public est révélateur d'un besoin de plus de repères mais également de tangibilisation de sa propre histoire au travers des monuments, quelque fois détruits par la révolution mais restaurés par la République.

Le soi étendu aide l'individu à se définir. Nous voulons posséder pour développer notre pour-soi et le seul moyen de savoir qui nous sommes est d'observer ce que nous avons[4] ou le regard d'autrui sur ce que nous avons. Ainsi ce que nous possédons nous permet de créer et donc d'être. Avoir, Faire et Être sont indissociables. La consommation occupe une place centrale dans notre société en intégrant à la fois notre passé et notre futur. Cette conceptualisation du soi étendu présente l'intérêt d'ouvrir le soi au monde avec lequel l'individu est en interaction mais prend le risque d'aboutir à la confusion entre ce qui relève d'une part des interactions

---

1. Guillard V. et Pinson C., « Comprendre et identifier les consommateurs qui ont tendance à tout garder », *Recherche et applications en marketing*, 27(3), pp. 57-79, 2012

2. Guillard V. et Roux D., « Macromarketing Issues on the Sidewalk How "Gleaners" and "Disposers" (Re)Create a Sustainable Economy », *Journal of Macromarketing*, 34(3), pp. 291-312, 2014

3. Price L.L., Arnould E.J. et Curasi C.F., « Older consumers' disposition of special possessions », *Journal of Consumer Research*, 27(2), pp. 179-201, 2000

4. Sartre J.-P., *L'Être et le Néant*, Gallimard, 1976.

humaines et d'autre part de la relation à l'objet. Cependant ce modèle est critiquable par le peu de place qu'il laisse à l'étude des interactions interpersonnelles[1].

Repère

Le concept de nous

La théorie de la congruence appliquée au concept de soi est un des processus principaux qui explique le choix des marques. Un certain nombre d'auteurs ont montré que le choix d'une marque de voiture était significativement influencé par l'idée que l'individu se fait de sa propre personnalité. Ne pouvant faire abstraction de l'influence d'autrui sur les choix individuels et donc d'une certaine influence sociale, certains chercheurs ont développé la notion de soi collectif[2]. Il correspond à une orientation inclusive et subjectivée des autres membres du groupe (j'intègre certains aspects de l'autre dans mon concept de soi). Ainsi, le choix de la marque sera également influencé par certaines idées et opinions des personnes du cercle intime qu'on a acceptées et intégrées comme faisant désormais partie de soi. Cela révèle la transformation de son soi en fonction de certaines influences du groupe. Toutefois, les achats peuvent aussi être influencés par une image globalisante et subjectivée du groupe qui va plus loin que le soi collectif, car il y a une construction cognitive et individuelle de la « personnalité » du groupe au sein de chacun. C'est le concept du nous, élaboré à partir des travaux de Kaës en psychanalyse et des recherches sur l'identité sociale effectuées en psychologie sociale[3]. Le concept du nous est défini comme l'image globale qu'une personne se forge de son groupe d'appartenance[3].

Ainsi, selon l'image que l'individu se forge de son groupe (la famille), il choisit certains produits en y faisant référence. Le concept de nous permet de rendre compte de l'image de son groupe (sa famille) que l'individu intériorise et qui le conduit à agir consciemment et inconsciemment en fonction de celui-ci. L'objectif de cette recherche est de montrer le lien existant entre le nous et un achat. Le nous peut ainsi participer à expliquer les préférences des individus par rapport à de nombreuses catégories de produits à forte implication : équipement et mobilier de la maison, automobile, éléments décoratifs, vacances, etc. Des travaux empiriques dans le secteur automobile montrent, par exemple, qu'au cœur de la question du choix de positionnement, les marques automobiles prennent en compte des dimensions tant individuelles que groupales chez le consommateur. Les différentes études mettent en relief un désir chez le consommateur d'exprimer à travers sa voiture, en plus des valeurs individuelles, des valeurs autour de la solidarité et de la responsabilité envers la famille.

1. Cohen J.B., « An Over-Extended Self ? », *The Journal of Consumer Research*, 16, 1, 1989, pp. 125-128.

2. Aron A., Aron E.N., Tudor M., Nelson G., « Close Relationships as Including Other in the Self », *Journal of Personality & Social Psychology*, 60, 2, 1991, pp. 241-253 ; Aron A., Aron E.N., Smollan D., « Inclusion of Other in the Self Scale and the Structure of Interpersonal Closeness. [Miscellaneous Article] », *Journal Of Personality & Social Psychology*, 63, 4, 1992, pp. 596-612.

3. Baugnet L., *L'identité sociale*, Dunod, 1998.

4 Le corps et le soi

Le concept de soi est multidimensionnel. Outre les concepts de soi réel, idéal et social, on doit prendre en compte le concept de soi corporel. De nombreux produits et services sont liés au corps (parfumerie, cosmétologie, habillement, centre de remise en forme, diététique). Puisque notre corps est visible, il exprime une partie de nous-même et se reflète donc dans notre comportement. La mode est l'expression la plus manifeste. Cependant, le choix des produits est également influencé par le soi corporel. La forme des produits choisis révèle l'attitude de l'individu par rapport à lui-même. En effet, plus la satisfaction corporelle est importante, moins il y a de différence entre les caractéristiques physiques de l'individu et les caractéristiques de la forme du packaging (long ou ramassé). Ainsi un individu satisfait de son apparence physique, choisira un flacon de parfum long et étroit, s'il est lui-même grand et mince, ou bien un petit flacon rond dans le cas contraire. Cependant, s'il y a insatisfaction corporelle, l'écart entre l'individu et la forme du packaging grandit. Un individu petit et lourd choisira un flacon de parfum étroit et fin, s'il n'est pas satisfait de son corps, et inversement il choisira un flacon petit et ramassé, s'il est grand et mince. Plus il y a insatisfaction, plus il y a rejet de son similaire et les femmes semblent sujettes à cette tendance que les hommes[1]. Le corps a enfin un rôle dans l'appropriation des objets (ou encore faire sien un objet) : les individus incorporent en effet les objets. Ces derniers sont façonnés par le corps (un matelas, par exemple) et, réciproquement, le corps répond à la singularité de l'objet (le corps se met dans une certaine position sur une bicyclette, par exemple, dont l'individu a intériorisé la forme, les particularités[2]).

Nous avons vu dans cette section que la possession a un rôle très important pour l'individu, même si le rapport à l'avoir et parfois aux objets (la manière de consommer) tend à évoluer sous l'engouement pour la consommation dite collaborative.

1. Damak L., « Congruence d'image corporelle ou étude de la relation entre le corps du consommateur et ses perceptions et préférences de "corps" de design du produit », *in* XVIe Congrès international de l'AFM, Poitiers, 1996.

2. Julien M.P., Rosselin C. et Warnier J.P., « Le corps : matière à décrire », *Corps*, 1, 1, pp. 45-52, 2006.

Repère

La consommation collaborative

La consommation collaborative désigne un modèle économique dans lequel l'usage prédomine sur la propriété[1]. Proposer ou demander l'usage d'une ressource se fait désormais entre des consommateurs qui vont manifester pour les uns un besoin et pour les autres un service ou un objet. Les plateformes Internet permettent ainsi de mettre en relation des individus (*peer to peer*) qui ne se connaissent pas pour mieux utiliser leurs ressources. Bostman distingue ainsi trois systèmes de consommation collaborative :

- la transformation de produits en service (l'autopartage, la location de vélos en libre-service comme Vélib', la location de bateaux entre particuliers, etc.) ;
- le système de redistribution entre particuliers afin de faire circuler les objets de seconde main en les vendant ou en les donnant (Le Bon Coin, Recupe.net, etc.) ;
- les styles de vie collaboratifs qui visent à partager les ressources entre particuliers :
  - espace (*couchsurfing* ou *coworking* lorsqu'il s'agit de partager un espace de travail) ;
  - temps (via les Accorderies, par exemple, pour échanger du temps en faisant des tâches pour autrui et en recevant des services d'autrui) ;
  - compétences (les Fab lab pour réparer des objets ou encore les AMAP pour le maintien d'une agriculture paysanne) ;
  - argent (financement participatif comme le *crowdfunding*).

Ce changement dans la manière de consommer n'est pas nouveau : l'enseigne Kiloutou, par exemple, propose depuis 1980 des solutions de location pour répondre aux besoins des consommateurs. En revanche, c'est sa diffusion, sa visibilité et son engouement qui sont nouveaux grâce aux plateformes Internet. De plus, le contexte de crise économique et écologique contribue au développement des systèmes de « débrouille » entre particuliers. Enfin, cet engouement est possible grâce aux dispositifs de construction de la confiance qu'offrent la plupart des plateformes. En effet, bénéficier d'un service collaboratif implique d'être en contact avec un « inconnu ». Différents dispositifs permettent ainsi de créer de la confiance entre les personnes : la réputation (système de notation) mais aussi la régulation opérée par les modérateurs des sites. Notons que certains sites ne proposent pas ces dispositifs et connaissent néanmoins une croissance exponentielle : c'est le cas du Bon Coin, par exemple[2].

Selon le niveau de confiance des individus et leur motivation principale à adopter une pratique de consommation collaborative (intérêt économique *versus* préoccupations sociales et environnementales), plusieurs types de consommateurs émergent. ☞

1. Botsman R. et Rogers R., *What's mine is yours: how collaborative consumption is changing the way we live*, Collins, 2011

2. Garcia-Bardidia R., « Se débarrasser d'objets sur leboncoin. fr. Une pratique entre don et marché ? », *Revue du MAUSS*, 44 (2), pp. 271-285, 2014.

☞

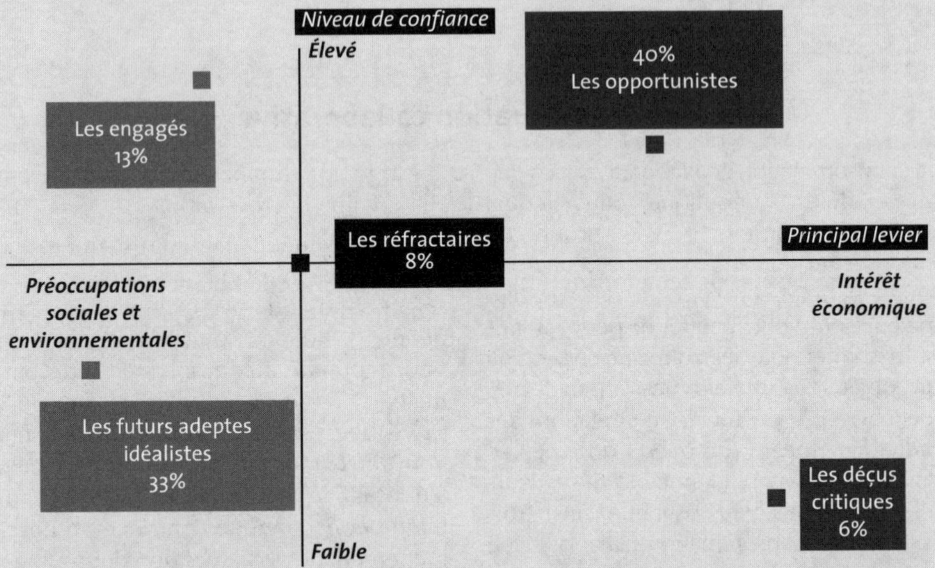

Figure 2.4 – Rapport des consommateurs à la consommation collaborative[1]

Les opportunistes (40 % des personnes interrogées) voient la consommation collaborative comme une opportunité pour faire des économies mais également pour limiter le gaspillage des ressources. Les bénéfices environnementaux ne sont néanmoins pas leur motivation principale et sont davantage en attente de garantie et de sécurité.

Les engagés (13 % de l'échantillon, notamment des femmes) ont de nombreuses pratiques de consommation collaborative partageant des valeurs fortes : solidarité, engagement, communauté. Leur démarche s'inscrit dans une envie de changer le système actuel.

Les futurs adeptes idéalistes (33 % de l'échantillon, personnes de plus de 50 ans) connaissent mal les pratiques de consommation collaborative même s'ils témoignent un vif intérêt à l'égard des pratiques testées et du concept. Les bénéfices qu'ils projettent sont la solidarité, la rencontre avec les autres, apprendre des autres.

Les déçus critiques (6 % de l'échantillon, hommes entre 25 et 35 ans ou encore personnes de plus de 65 ans) : ces individus connaissent la consommation collaborative via le covoiturage et l'achat/revente d'objets d'occasion et se sont heurtés à des expériences négatives. Leur manque de confiance les conduit à associer ce système aux tracas, aux arnaques et donc à l'insécurité.

Les réfractaires (8 % de l'échantillon) s'opposent aux pratiques de la consommation collaborative sans en donner les raisons. Ils ne voient pas vraiment les bénéfices ; ne peuvent pas dire qu'ils ont confiance ni qu'ils n'ont pas confiance. Ce sont notamment des personnes qui n'utilisent pas les réseaux sociaux ou encore des personnes précaires.

L'implication à l'égard de la consommation collaborative est donc différente selon les consommateurs.

1. www.entreprises.gouv.fr/etudes-et-statistiques/enjeux-et-perspectives-la-consommation-collaborative (page 9).

Section 4 L'IMPLICATION

La motivation du consommateur influence les efforts qu'il va consacrer pour parvenir aux buts qu'il juge nécessaires à la satisfaction de ses besoins. Cependant, tous les consommateurs ne sont pas pareillement motivés. Les uns ne peuvent vivre sans l'objet convoité alors que les autres, pour un besoin identique, ne sont pas autant intéressés par le but ou l'objet. L'implication, qui traduit cette différence, est une variable qui influence considérablement le comportement du consommateur. En marketing, on utilise le concept d'implication pour étudier l'intensité et la nature des motivations des consommateurs ; elle se traduit par un état d'intérêt envers une catégorie de produit/service.

EXEMPLE – L'implication d'Olivier envers la micro-informatique

Olivier C. est devenu « LA » référence dans son service pour tout ce qui concerne l'informatique de près ou de loin. Bien qu'Olivier ait décidé de ne plus s'investir dans les décisions d'équipement de son service, il reste informé. Le responsable des achats lui a récemment proposé de reconduire son abonnement à la revue *L'Ordinateur individuel*. Comme par le passé, il continue de retirer sans attendre la protection plastique de ce dernier lorsqu'il arrive sur son bureau. Avec toujours le même intérêt, il feuillette en quelques minutes les différents titres. Il continue d'être un lecteur assidu des toutes dernières nouvelles. En fait, dès qu'un nouvel équipement informatique est acheté, on vient lui demander conseil. Sa large expérience dans ce domaine lui confère une certaine compétence qui se traduit notamment par une bonne connaissance des différentes marques et les qualités associées à chacune d'entre elles. Lorsqu'il s'agit d'acheter un équipement informatique pour lui-même, il analyse tous les sites Internet et il étudie les comparatifs de la Fnac. Il se rend sur le point de vente avec copie des données techniques qu'il a lui-même téléchargées sur Internet. Toutes les informations sont méthodiquement collectées avant de prendre une décision claire et nette.

De très nombreuses définitions de l'implication ont été proposées. Le tableau 2.3 reprend partiellement quelques-unes d'entre elles[1]. La définition la plus généralement admise est celle de Rothschild : « L'implication est un état non observable de motivation, d'excitation ou d'intérêt. Elle est créée par un objet ou une situation spécifique. Elle entraîne des comportements, certaines formes de recherche de produit, de traitement de l'information et de prise de décision. »

1. Ben Miled-Chérif H., « L'implication du consommateur et ses perspectives stratégiques », *Recherche et Applications en Marketing*, 16, 1, 2001, pp. 65-85.

Tableau 2.3 – Sélection de définitions de l'implication

Auteurs	Définitions
Day (1970)	« Le niveau général d'intérêt pour l'objet ou l'aspect central de cet objet dans la structure du moi d'un individu. »
Houston et Rothschild (1978)	« L'implication situationnelle est l'aptitude d'un contexte à susciter l'intérêt des individus pour leur comportement. » « L'implication durable reflète l'étendue de la relation préexistante entre un individu et le contexte dans lequel le comportement se produira. » « L'implication réponse est la complexité ou l'étendue du processus cognitif et comportemental caractérisant le processus de décision global. »
Rothschild (1984)	« Un état… inobservable de motivation, d'excitation ou d'intérêt. Elle est favorisée par des variables externes (contexte, produit, communication) et par des variables internes durables (le moi, les valeurs…). Elle se manifeste par des types de recherche, de traitement de l'information et de prise de décision. »
Zaichkowsky (1984)	« L'implication correspond à la manière dont une personne perçoit un objet comme personnellement important, pertinent. »

1 La nature de l'implication

L'exemple ci-dessus illustre la nature de l'implication. Elle est à la fois cognitive et affective. On peut également distinguer l'implication situationnelle (liée à un processus d'achat particulier) et l'implication durable (indépendante d'un achat en particulier).

L'*implication cognitive* repose sur des bases utilitaristes. L'individu se sent concerné par les coûts et les bénéfices du produit autant que par ses performances fonctionnelles. Le consommateur s'engage dans des activités destinées à optimiser le rapport qualité/prix (« Il analyse tous les sites Internet » ; « Il se rend sur le point de vente avec la fiche technique » ; « Toutes les informations sont méthodiquement collectées »). La *composante affective de l'implication* intègre la capacité du produit à répondre à des besoins hédonistes (valeur de plaisir) et à être un moyen d'expression des valeurs propres des individus, c'est-à-dire la valeur de signe[1].

L'interaction entre les composantes cognitive et affective crée l'implication. Dans notre exemple, Olivier C. est clairement impliqué par les attributs fonctionnels de la catégorie de produit et par l'importance de ses choix sur la productivité de son entourage. Il se sent concerné par le rapport qualité/prix : l'implication cognitive joue un grand rôle. Cependant, son intérêt continu, malgré sa volonté de se désengager des processus de décision, signale le plaisir qu'il retire de son implication (« Comme par le passé, il continue de retirer sans attendre la protection plastique [de *L'Ordinateur Individuel*] lorsqu'il arrive sur son bureau »). Son implication affective

1. Kapferer J.-N., Laurent G., « Les profils d'implication », *Recherche et Applications en Marketing*, 1, 1, 1986, pp. 41-57.

est également renforcée par l'image positive ou négative qui peut rejaillir sur lui selon la satisfaction des utilisateurs par rapport aux produits qu'il aura prescrit. Les composantes affectives et cognitives décrivent bien les antécédents de l'implication. Mais une deuxième distinction existe.

Pour certains, l'implication est durable et/ou situationnelle. *L'implication durable* est indépendante d'un achat en particulier. Elle est reliée à la connaissance antérieure du produit et la « familiarité » du consommateur vis-à-vis de la catégorie. Le produit est impliquant par ses capacités à répondre aux besoins du consommateur. Basée sur l'expérience, l'implication durable est relativement stable. *L'implication situationnelle* est liée à un processus d'achat particulier, tel que les courses de Noël ou bien un cadeau à faire. Elle est par nature provisoire.

Ces différentes composantes ont mis en évidence des causes multiples de l'implication. Les caractéristiques du consommateur, le produit et le contexte sont trois antécédents principaux de l'implication. La figure 2.5 résume l'essentiel des facteurs d'implication qui seront présentés séparément dans ce manuel.

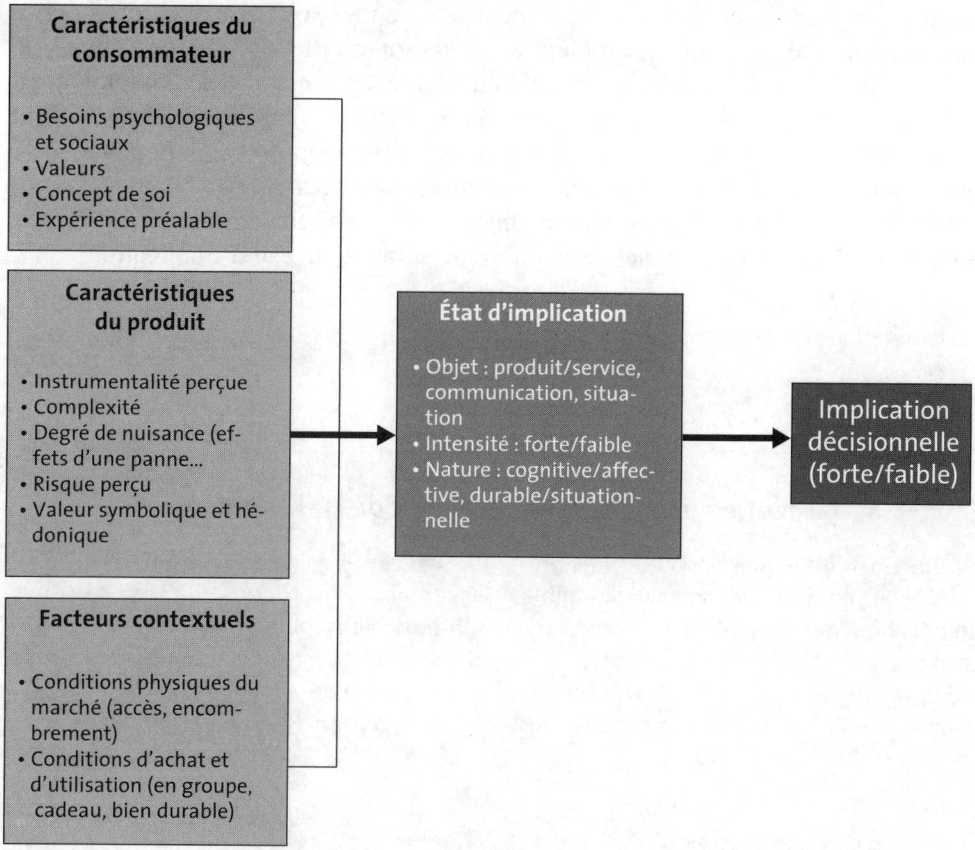

Figure 2.5 – Les antécédents de l'implication

2 L'objet de l'implication

L'implication envers le produit traduit l'intérêt qu'un consommateur porte à une catégorie de produits en fonction des caractéristiques fonctionnelles et des bénéfices qu'il apporte à l'individu. De nombreuses techniques promotionnelles visent à augmenter l'implication produit, comme les jeux-concours ou les offres d'essai gratuites. Par exemple, les chaînes de magasins d'optique proposent souvent une vérification des lunettes et de la vue gratuite pour augmenter l'intérêt dans la catégorie de produit. Autre exemple : les enseignes proposent des produits-partage pour impliquer les consommateurs dans la catégorie de produit mais aussi dans une cause sociale, voire sociétale (l'écologie). La marque Pampers lance avec l'Unicef l'opération « Un paquet, un vaccin » pour venir en aide aux enfants malgaches. Pour chaque paquet de couches acheté, un vaccin antitétanique est donné à l'Unicef.

L'implication envers la publicité caractérise l'intérêt du consommateur à traiter les différentes communications marketing. Cette forme d'implication est indépendante des autres. On peut totalement être impliqué dans la publicité sans l'être dans la catégorie de produit, comme en témoignent les grandes soirées thématiques « Les Nuits des Publivores » qui rassemblent à travers toute la France des passionnés de pub[1]. La publicité à la télévision est considérée comme un média faiblement impliquant, car le téléspectateur ne peut pas exercer de contrôle sur le contenu et reçoit donc le message passivement. Au contraire, le support presse permet une forte implication du lecteur, car il nécessite sa participation pour recevoir le message : il peut évaluer et comparer l'information reçue à ses propres connaissances. La théorie de H. Krugman précise l'impact de la publicité selon le niveau d'implication.

Repère

Théorie de l'apprentissage passif de H. Krugman

H. Krugman fut le premier à considérer la télévision comme un media de faible implication qui conduit à un apprentissage passif[2]. Devant une télévision, le consommateur est détendu et plus ou moins attentif au contenu. Pendant les messages publicitaires, il ne fait pas nécessairement le lien entre ses croyances, ses attitudes et ses futures intentions. Pourtant, il apprend, et lorsqu'il se retrouvera dans les rayons d'un supermarché, la marque lui reviendra à l'esprit. L'information est ☞

1. Voir le site www.publivores.com

2. Krugman H., « The Impact of Television Advertising : Learning Without Involvement », *Public Opinion Quarterly*, 29, 1965, pp. 349-356.

retenue de manière aléatoire, et seule la répétition permet de s'assurer que le téléspectateur retiendra au minimum le nom de la marque. Les publicités télévisées ont un fort taux de reconnaissance sans toutefois modifier les attitudes vis-à-vis des marques.

La télévision est un média de faible implication. Le téléspectateur ne peut contrôler le rythme de diffusion, et donc l'adapter à son propre rythme de compréhension et d'interprétation. Au contraire, on a trouvé que les journaux et les magazines étaient des médias de forte implication, car le lecteur peut s'attarder sur une publicité et l'analyser. La presse est donc un meilleur support pour diffuser un message verbal, alors que la télévision est plus adaptée à des audiences faiblement impliquées qui réagiront à un message visuel[1].

La conception de la publicité doit être adaptée selon la nature de l'apprentissage (passif ou actif) notamment lorsque le consommateur est désintéressé et passif. Dans ces circonstances, il ne juge pas les marques. L'efficacité des messages publicitaires basés sur des bénéfices véhiculés verbalement sera réduite. Il est donc important d'intégrer des éléments non informationnels tels que les logos, les symboles et les images.

L'implication envers la situation est présente lorsque ce sont les conditions de l'achat, le lieu de l'achat, l'utilisation prévue du produit (le temps, le moment de la journée, l'endroit...) qui sont importantes pour l'acheteur. Comme l'implication envers la publicité, elle est indépendante de l'implication envers le produit. Ce type d'implication peut s'appliquer à d'autres objets d'implication. *L'implication envers l'enseigne* peut remplacer l'implication envers la marque, car les marques-enseignes assurent continuité et conseil. C'est le succès des formules de distribution telles qu Marks & Spencer, Zara, Ikea et H & M. *L'implication envers le shopping* est durable et considéré comme à la fois une activité économique (minimiser la dépense), de loisir et socialisante (rencontrer du monde)[2].

3 La mesure de l'implication

La variété des contextes d'étude de l'implication a donné naissance à diverses mesures du concept. On retiendra trois grandes mesures qui correspondent à des orientations différentes.

3.1 L'inventaire d'implication personnelle

La mesure de l'implication durable pour une catégorie de produits ou tout objet est bien captée par l'inventaire d'implication personnelle proposée par

1. Childers T., Houston M.J., « Conditions for a Picture-Superiority Effect on Consumer Memory », *Journal of Consumer Research*, 11, 2, 1984, p. 652.

2. Bergadaà M., Faure C., Perrien J., « Enduring Involvement with Shopping », *The Journal of Social Psychology*, vol. 135, n° 1, 1996, pp. 17-25

J. L. Zaichkowsky[1]. La version réduite de cette échelle de mesure permet de saisir les composantes affective et cognitive de l'implication. Elle est présentée dans le tableau 2.4. On calcule le score d'implication au moyen de réponses à dix différentiels sémantiques en sept points. Cette échelle a été utilisée avec succès pour distinguer les publicités d'après leur score d'implication.

Tableau 2.4 – Version modifiée de l'inventaire d'implication personnelle de J. L. Zaichkowsky[2]

Facettes	« C'est un "objet"... »		
Dimension cognitive	Important	———	Pas important
	Me concerne	———	Ne me concerne pas
	A une grande signification pour moi	———	N'a aucune signification pour moi
	A de la valeur	———	N'a aucune valeur
	Dont j'ai besoin	———	Pas besoin
Dimension affective	Intéressant	———	Ennuyeux
	Passionnant	———	Pas passionnant
	Attirant	———	Pas attirant
	Fascinant	———	Banal
	Impliquant	———	Pas impliquant

3.2 Les profils d'implication

Pour mesurer non seulement l'implication envers une catégorie de produit, mais également en évaluer les causes, afin d'adapter le discours publicitaire ou les types de promotions, on préférera l'approche par les antécédents qui propose plusieurs éléments pour mesurer l'implication[3]. Cinq facettes constituent l'échelle de profil d'implication :

– l'intérêt personnel dans la catégorie de produit (son utilité, son importance) ou encore l'enthousiasme et l'excitation à l'égard de l'objet ;
– la valeur hédoniste (le plaisir lié à l'achat et à l'utilisation) ;
– la valeur de signe attribuée par le consommateur au produit, à son achat ou à sa consommation ;
– le risque perçu associé à l'achat du produit qui se divise en deux éléments : l'importance perçue de conséquences négatives d'un mauvais achat et la probabilité subjective de faire un mauvais achat.

1. Zaichkowksy J.L., « Measuring the Involvement Construct », *Journal of Consumer Research,* 3, 12, 1985, pp. 341-352.

2. Zaichkowsky J.L., « The Personal Involvement Inventory : Reduction, Revision and Application to Advertising », *Journal of Advertising*, 23, 4, 1994, pp. 59-69

3. Kapferer J.-N., Laurent G., « Les profils d'implication », *Recherche et Applications en Marketing*, 1, 1, 1986, pp. 41-57.

Tableau 2.5 – Les facettes de l'implication

Facettes	Items (les vêtements sont pris comme exemple d'objet)
Importance	Les vêtements, j'y attache énormément d'importance Les vêtements, c'est un sujet qui me laisse totalement indifférent On peut dire que les vêtements ça m'intéresse
Valeur de signe	Les vêtements que j'achète disent un peu qui je suis On pourrait se faire une idée de quelqu'un aux vêtements qu'il choisit Les vêtements que j'achète reflètent un peu quel genre de femme (d'homme) je suis
Valeur de plaisir	Les vêtements, c'est un plaisir pour moi Quand on achète un vêtement on se fait un peu un cadeau Je me fais plaisir en m'achetant un vêtement
Risque perçu – conséquences	Cela ne me gênerait pas si je faisais un mauvais choix en achetant un vêtement Quand on choisit un vêtement, ce n'est pas grave si l'on se trompe C'est très ennuyeux d'acheter un vêtement qui ne convient pas
Risque perçu – probabilité d'erreur	Je ne sais pas si je fais un bon choix en achetant un vêtement Je me sens un peu perdu quand je choisis un vêtement Quand on achète un vêtement, c'est très difficile de faire un choix Quand on achète un vêtement, on n'est jamais sûr de son choix

Les profils d'implication permettent de différencier deux produits ayant un score d'implication proche mais qui peuvent avoir des sources d'implication très différentes[1]. C'est ainsi que G. Laurent et J.-N. Kapferer, les créateurs des profils d'implication, ont pu évaluer le score d'implication de plusieurs catégories de produits.

Tableau 2.6 – Score moyen d'implication de quelques catégories de produit

Produits	Intérêt	Plaisir	Signe	Imporisk	Proberr
Robes	123	147	166	129	99
Parfums	120	154	164	116	97
Pâtes	69	73	74	56	80
Champagne	75	128	123	123	119
Piles	36	39	59	65	98
Aspirateur	108	94	78	130	111

Source : D'après G. Laurent et J.-N. Kapferer, 1986.

Chaque facette apporte une information spécifique. Ainsi, le champagne est un produit globalement très impliquant notamment pour le plaisir qu'il apporte (score 128), mais absolument pas pour l'intérêt qu'il génère chez les consommateurs (score 75) qui en fait un produit comparable aux pâtes.

1. Kapferer J.-N., Laurent G., *op. cit.*

Toutefois, pour une catégorie donnée, on constate que les niveaux d'implication varient très fortement d'un consommateur à l'autre. Ainsi, pour les liquides vaisselle, dont le score d'implication se situe dans la moyenne des autres catégories étudiées (102), on identifie un segment dont l'implication se trouve à 50 (45 % des consommateurs), mais aussi un segment dont l'implication monte à plus de 150 (20 % des consommateurs)[1]. Pour ces derniers, le liquide vaisselle est aussi impliquant que le champagne ou les robes. On peut naturellement penser que le prix acceptable, le poids des marques de distributeur, etc., sera très différent entre ces deux segments extrêmes.

3.3 Les autres mesures

La présentation des échelles de mesure ne serait pas complète sans citer les mesures de l'implication durable indépendamment du risque perçu[2] et les mesures de l'implication auprès des enfants-consommateurs[3] ou encore auprès des adolescents[4].

Tableau 2.7 – Échelle de pertinence, d'intérêt et d'attirance (PIA) de A. Strazzieri

Facettes	Items
Pertinence	C'est un(e)… qui compte beaucoup pour moi C'est un(e)… auquel j'accorde une importance particulière
Intérêt	J'aime particulièrement parler de… On peut dire que c'est un produit qui m'intéresse
Attirance	Je me sens particulièrement attiré(e) par… Le seul fait de me renseigner… est un plaisir

4 Les conséquences de l'implication

L'implication durable présente de nombreuses conséquences relatives au profil de la personne impliquée, au processus de traitement de l'information et à la réceptivité des messages publicitaires[5], qui vont avoir de nombreuses conséquences sur la gestion du mix.

1. Kapferer J.-N., Laurent G., *La Sensibilité aux marques*, Paris, Éditions d'Organisation, 1992.

2. Strazzieri A., « Mesurer l'implication durable vis-à-vis d'un produit indépendamment du risque perçu », *Recherche et Applications en Marketing,* 9, 1, 1994, pp. 57-78.

3. Derbaix C., Pecheux C., « L'implication et l'enfant : proposition d'une échelle de mesure », *Recherche et Applications en Marketing,* 12, 1, 1997, pp. 45-65.

4. Derbaix C., Leheut É., « Adolescents, implication envers les produits et attitudes envers les marques », *Recherche et Applications en marketing*, 23(2), pp. 37-66, 2008.

5. Pour une synthèse complète en français voir Valette-Florence P., « Conceptualisation et mesure de l'implication », *Recherche et Applications en Marketing*, vol. 4, n° 1, 1989, pp. 57-78.

4.1 La publicité

Le consommateur impliqué est compétent et ne délègue pas son choix[1]. C'est souvent un leader d'opinion et il désire faire partager son intérêt pour le produit. Il a tendance à s'informer régulièrement sur l'évolution du marché et à acheter des produits nouveaux. En conséquence, son processus de choix est approfondi, car il acquiert une quantité d'information supérieure à la moyenne. Cependant, il prend plaisir dans le traitement de l'information. Il connaît bien les caractéristiques des différentes marques du marché, perçoit les différences entre elles et a une préférence pour l'une d'entre elles[2].

Chez un consommateur faiblement impliqué, la communication publicitaire est destinée à créer la notoriété et la familiarité à travers la répétition. Le mécanisme de mémorisation s'appuie sur les mécanismes de conditionnement classique, en mettant en avant la marque et ses symboles (logo, packaging). Au contraire, lorsque le consommateur est impliqué dans la catégorie de produit, le contenu du message est essentiel : le message peut être plus varié et souligner les bénéfices produits. Enfin, plus il est impliqué, plus il comprendra le message publicitaire[3]. Plus le consommateur est impliqué, plus il sera également critique vis-à-vis du message. Il sera alors en attente d'un contenu précis et pertinent.

On distingue deux traitement de l'information selon le niveau de l'implication illustrés par le tableau 2.8.

Tableau 2.8 – Le consommateur actif et le consommateur passif

Le consommateur actif et fortement impliqué	Le consommateur passif et faiblement impliqué
Recherche et traite l'information Reçoit le message publicitaire activement Est faiblement influencé par la publicité Recherche à maximiser son utilité La personnalité et les valeurs l'influencent Les groupes de références l'influencent	Apprend l'information de manière aléatoire Est fortement influencé par la publicité Achète et évalue ensuite la marque Choisit la marque qui cause le moins de problèmes Pas d'influence des groupes, des valeurs, du style de vie

Source : D'après H. Assael, 1987[4].

4.2 Le positionnement du produit

Les consommateurs impliqués recherchent des produits apportant une maximisation des bénéfices alors que les consommateurs moins impliqués s'orientent vers les

1. Kapferer J.-N., Laurent G., *op. cit.*

2. Zaichkowksy J.L., « Measuring the Involvement Construct », *Journal of Consumer Research,* 3, 12, 1985, pp. 341-352.

3. Celsi R.L., Olson J.C., « The Role of Involvement in Attention and Comprehension Processes », *Journal of Consumer Research*, 2, 15, 1988, pp. 210-224.

4. Assael H., *Consumer Behavior and Marketing Action*, MA, Kent Publishing, 1987.

produits minimisant les problèmes. Cette différence d'attente crée une opportunité de segmentation et un guide pour la communication. Prenons, par exemple, les sacs poubelles, produit peu impliquant : on recherche principalement un sac sans fuite, qui ne laisse pas passer les mauvaises odeurs. On minimise les problèmes. En revanche, lorsqu'on achète du champagne pour l'offrir, on préfère maximiser l'image qu'on donne de soi (le signe) en choisissant la « bonne » marque. Toutefois, si le champagne est commandé pour un mariage ou un baptême le consommateur deviendra moins impliqué, car le produit ne sera pas le seul élément sur lequel la réception sera jugée. En conséquence, il s'orientera plutôt vers un champagne d'un prix plus abordable, moins prestigieux et dont le goût est néanmoins agréable : il choisira le bon « petit » champagne et cherchera à minimiser le risque d'être mal jugé sur la base du champagne servi.

Le responsable marketing peut donc positionner ses produits en fonction du niveau d'implication dans la catégorie de produit.

4.3 Le prix

Le prix est souvent un attribut important quand le consommateur est peu impliqué car il est peu sensible aux différences entre les marques. Au contraire, en situation de forte implication, ce n'est qu'un élément de choix parmi d'autres.

4.4 La distribution

L'implication rend plus intense les expériences de shopping, positives et négatives[1]. Peu motivé à rechercher une marque particulière, le consommateur faiblement impliqué risque de se tourner vers une marque alternative. Le responsable marketing d'un produit faiblement impliquant doit s'assurer d'une couverture maximum (DN, DV) et proposer des activités promotionnelles en magasin pour rappeler la marque (conditionnement classique).

La connaissance des besoins et des désirs est un préalable au développement de produits nouveaux, pour s'adapter à demande des consommateurs. Cependant les motivations d'achat et l'implication dans une catégorie de produit influencent la force du lien qui existe entre les besoins et le comportement. Les conflits de motivations orientent quelquefois l'achat dans un sens contradictoire avec les besoins. L'implication favorise l'intérêt pour le produit. Elle est à ce titre une variable essentielle dans le processus de décision.

1. Swinyard W.R., « The Effects of Mood, Involvement, and Quality of Store Experience on Shopping Intentions », *Journal of Consumer Research*, 2, 20, 1993, pp. 271-280.

Chapitre

3 La perception

OBJECTIFS

> Que voyez-vous sur la photo ? Spontanément, on croit voir une boîte d'allumettes. En réalité, on perçoit un rectangle noir et blanc, avec des formes plus ou moins claires, des formes longilignes avec une terminaison sombre, etc. Mais, naturellement, vous avez nommé ce que vous avez vu en lui donnant un sens. Dans l'acte de perception, la connaissance se mêle à la sensation (ici, via la vue). Comme le déplore Boris Cyrulnik (éthologue, psychiatre et psychanalyste) : « *L'ennui, avec les humains, c'est qu'ils voient l'univers avec leurs idées plus qu'avec leurs yeux.* »

> L'objectif de ce chapitre est de comprendre comment fonctionne la perception et comment les marketeurs peuvent la rendre plus saillante.

SOMMAIRE

SECTION 1 La détection et la perception des stimuli sensoriels

SECTION 2 La perception spatio-temporelle

SECTION 3 Effets de cadrage et de contexte

Les besoins, les motivations ou l'implication ne suffisent pas à rendre compte du comportement du consommateur. Celui-ci agit dans son environnement, au sein duquel il obtient des connaissances nécessaires à l'analyse des problèmes qui se posent à lui. Il choisit, prend des décisions, évalue les opportunités en fonction de ce qu'il perçoit de son environnement. En psychologie, la perception est une lecture de la réalité : c'est la prise de connaissance sensorielle d'objets ou d'événements extérieurs plus ou moins complexes. La perception naît de l'ambiguïté des stimuli qui touchent l'individu. Lorsque le paysage est uniforme, aucune différence n'est perçue. Dès qu'un arbre apparaît il y a perception de cet arbre. Le premier niveau de perception est donc l'apparition de l'objet qui entraîne une *réaction de l'individu.*

L'approche cognitive considère la perception comme des réactions automatiques par rapport à son environnement au travers de ses sens. En fait, le mécanisme perceptuel organise les rapports entre l'individu et le monde qui l'entoure[1]. C'est pourquoi, il n'est pas possible de dissocier la perception du jugement[2]. Le jugement est souvent introduit comme ce qui manque à la sensation pour rendre possible la perception. C'est le second niveau de la perception quand *l'individu accorde une signification particulière au stimulus*[3] (dans l'exemple en tête de chapitre, nommer la boîte d'allumettes avant les formes perçues).

Ce double niveau se conceptualise au travers de la distinction entre la perception-appréhension et la perception-compréhension[4]. La perception-appréhension repose essentiellement sur un traitement sensoriel de l'information et peut inclure un premier niveau de traitement de l'information (c'est agréable, c'est dangereux). La perception-compréhension repose sur un traitement verbal de l'information et est plus facilement accessible à la conscience.

En marketing, les mécanismes perceptuels informent le consommateur sur son environnement au travers des publicités, du packaging, de la musique, des odeurs, des conversations ou encore des promotions. Si les cinq sens renseignent le consommateur sur son environnement, les mécanismes perceptuels vont au-delà de la simple reconnaissance de la couleur, de l'odeur ou de la musique. Le consommateur interprète et analyse. Les deux niveaux perceptuels sont souvent simultanés. Un stimulus fait aussi bien réagir qu'il fait réfléchir. Ainsi, le bruit sourd créé par la fermeture d'une porte de voiture renseigne le client sur la qualité de fabrication et la qualité des aciers utilisés pour construire la carrosserie ; le consommateur sera alors amené à faire des inférences sur la protection offerte en cas de choc[5].

---

1. Dubois B., *Comprendre le consommateur*, Paris, Dalloz, 1994.
2. Merleau-Ponty M., *Phénoménologie de la perception*, Paris, Gallimard, 1976.
3. Pinson C., Jolibert A., « Comportement du consommateur », in *Encyclopédie de gestion,* éds. Y. Simon et P. Joffre, Paris, Économica, 1997.
4. Dumaurier E., *Psychologie expérimentale de la perception*, Paris, PUF, 1992.
5. Krishna A., « An integrative review of sensory marketing : engaging the senses to affect perception, judgement and behaviour », *Journal of Consumer Psychology*, 22(3), pp. 332-351, 2012.

Ce chapitre est divisé en trois parties. Il présente les mécanismes perceptuels et les biais qui y sont associés.

La première partie expose les mécanismes de détection sensorielle. Ensuite les principes de perception de l'espace et du temps ainsi que les biais associés sont développés. Les effets de cadrage et de contexte, biais perceptuels modifiant la décision, sont présentés dans la dernière partie.

Section 1 LA DÉTECTION ET LA PERCEPTION DES STIMULI SENSORIELS

1 La détection sensorielle

À l'origine de la perception, il existe généralement une stimulation physique qui active des récepteurs sensoriels. Une sensation est engendrée lorsqu'une stimulation externe (extéroception, perception du monde extérieur) ou interne (interception, sensation de l'état de notre organisme ; un mal de dent, par exemple) influence le comportement avec des manifestations immédiates ou différées[1]. Nos organes sensoriels jouent un rôle de transmetteur de tous les stimuli marketing que nous recevons dans le but de créer de l'attention.

Nos sensations sont acquises par les yeux, la peau, l'oreille, la bouche et le nez. Or, ces organes sont limités par des phénomènes physiques et leurs capacités propres.

Tableau 3.1 – Capacité et fonctionnement des cinq sens

Sens	Spectre de sensation
Vision humaine	Visibilité des longueurs d'ondes comprises entre 350 nanomètres (nm) et 850 nm. En deçà (ultra-violet, rayons X, rayons gamma) et au-delà (infrarouges, ondes radio) de ces limites, les ondes électromagnétiques ne sont pas visibles par la rétine
Ouïe	Les sons audibles s'étendent de vibrations aériennes comprises entre 20 et 20 000 Hz
Goût et odorat	Absorption de molécules par des récepteurs dans les fosses nasales et la bouche
Toucher	Pression sur certains récepteurs cutanés

Les limites physiques de nos organes sensoriels soulignent l'existence de seuils sensoriels. Ces phénomènes sont au cœur de l'action marketing visant à créer de la différence. Comment le chef de produit peut-il faire entendre sa différence au milieu de tous ses concurrents ? Faut-il accentuer la différence sur les performances et renforcer

1. Piéron H., *Vocabulaire de la psychologie*, Paris, PUF, 2000.

celles-ci ? Faut-il changer le packaging pour un plus saillant, plus esthétique ? À quel niveau doivent se fixer les remises promotionnelles ? Faut-il augmenter le budget publicité ou bien modifier la stratégie de communication ? Ces questions essentielles trouvent un début de réponse au travers de la détermination des seuils sensoriels.

Le *seuil sensoriel* est le niveau à partir duquel la stimulation de l'environnement sera ressentie par l'organisme. On distingue le seuil absolu et le seuil différentiel.

Le *seuil absolu* est théoriquement la plus petite valeur du stimulus qui suscite une réponse du sujet. Par exemple, c'est le niveau à partir duquel un consommateur notera la présence de musique dans un magasin. Ce seuil est naturellement fonction de l'ambiance. Dans un lieu bruyant, le seuil absolu à partir duquel on notera le stimulus sera plus élevé.

Le *seuil différentiel* (*just noticeable difference*) est mesuré par la plus petite différence entre deux stimuli qui soit perçue et détectée par le sujet. L'action marketing repose souvent sur la variation délibérée des stimuli (changement de prix, différenciation, innovation).

La modification des variables du mix doit être détectable par le consommateur. La problématique est double : à partir de quel niveau de réduction de prix, d'augmentation des performances ou de nouveauté, le consommateur perçoit-il une différence ? À partir de quelle magnitude de variation du mix, le consommateur est-il prêt à modifier son comportement ? La loi de Weber résume les effets d'interaction qui existent entre le stimulus initial et la différence de stimulus envoyée à l'individu.

Repère

La loi de Weber

Ce principe a été mis en évidence la première fois par le physicien français P. Bouguer (1760). Le physiologiste allemand E. Weber, qui fit la même constatation en 1831, énonça une loi éponyme, selon laquelle plus le stimulus initial est fort, plus il sera nécessaire d'augmenter le stimulus pour noter une différence. Le seuil différentiel n'est donc pas constant. C'est une proportion constante du stimulus. Cette loi s'exprime sous la forme de l'équation suivante : $\Delta I = K\ I$.

K est la constante (une valeur numérique qui est invariable), I est l'intensité du stimulus d'origine, ΔI est l'accroissement de l'intensité nécessaire pour produire un seuil différentiel.

Le principe de la loi de Weber peut servir de règle de décision dans le cas de l'amélioration de la qualité de service. Les temps de parcours relatifs en TGV fournissent ci-dessous un exemple :

EXEMPLE – Seuil différentiel pour percevoir la durée d'un trajet

> L'évaluation de la qualité de service s'effectue également à la marge. Par exemple, on jugera la qualité du service du TGV non sur la vitesse intrinsèque du service mais sur la durée du voyage. On apprécierait beaucoup plus un gain de 10 minutes sur le trajet Paris-Lille que sur un trajet Paris-Marseille pour lequel le temps de transport est au minimum de 3 heures.

Cet exemple montre que ce n'est pas le changement en valeur absolue qui est significatif pour l'individu mais le changement par rapport au stimulus de départ. Ce n'est pas la variation absolue de 10 minutes qui est perçue, mais sa variation proportionnelle par rapport à la durée totale du voyage.

En pratique, la perception d'une différence est seulement une condition nécessaire au changement de comportement. L'étude des effets de seuil en marketing porte à la fois sur le seuil à partir duquel le comportement est effectivement modifié mais aussi sur le seuil de saturation, c'est-à-dire le niveau au-delà duquel la variation de la variable du mix est inutile voire contre-productive.

2 La perception des variables du mix marketing

2.1 Seuil différentiel de perception et mix marketing

La loi de weber est naturellement appliquée à la perception de caractéristiques physiques du produit, service ou du message[1] (la taille, le poids, la luminosité et l'intensité du son ou du discours publicitaire[2]). Il est intéressant également de l'étudier dans la gestion du mix marketing plus largement et notamment en gestion de gamme, d'innovation, ou de marques. Ainsi, chaque produit au sein d'une ligne de produit doit être suffisamment différent (seuil différentiel, JND) des uns des autres. Cependant on peut préférer faire des innovations invisibles afin de ne pas perturber ses clients les plus fidèles. Lors d'un changement d'un nom de marque on choisira soit la rupture (par exemple d'Itineris à Orange), avec l'accompagnement d'un budget de communication important et d'animations commerciales visibles, soit une évolution plus subtile pour refléter une nécessaire adaptation à un nouveau contexte sans modifier les associations fondamentales à la marque (évolution de l'identité visuelle d'Air France en 2010[3]). Les marques distributeurs qui souhaitent également capter les associations à la marque des marques nationales en imitant ces dernières au sein de leurs gammes. On retrouve d'étranges similarités entre la gamme Garnier et la gamme

1. Quené H., « On the just noticeable difference for tempo in speech », *Journal of Phonetics*, 35(3), pp. 353-362, 2007.

2. Britt S.-H., « How Weber's Law Can Be Applied to Marketing », *Business Horizons*, 18, February 1975, pp. 21-29. ; Britt S.-H. et Nelson V.M., « The Marketing Importance of the "Just Noticeable Difference », *Business Horizons*, 19, August 1976, pp 38-40.

3. Kapferer J.-N., *Ce qui va changer les marques*, Éditions d'Organisation, 2005.

Super U. En étant en-dessous du seuil différentiel de perception, la confusion est possible et l'attribution de valeurs associées à Garnier à Super U est possible.

Figure 3.1 – Transfert d'associations sous le seuil différentiel

2.2 La perception de l'innovation

Les effets de seuil sont observés avec attention par les chefs de produits dans le cadre de la gestion de l'innovation. En effet, la nouveauté perçue affecte directement l'intention d'achat. Plus le produit est perçu comme nouveau, moins il est susceptible d'être acheté[1]. En revanche, plus le produit est perçu comme obsolète par les consommateurs, plus certains d'entre eux – ceux qui ont une forte implication à l'égard de l'innovation – vont le remplacer[2]. Le chef de produit doit donc déterminer le niveau « optimal » d'innovation à introduire pour inciter au renouvellement sans engendrer un effet contraire à celui qui était recherché. La différence de nouveauté perçue est l'écart perçu entre l'innovation et les produits existants.

Exemple – L'obsolescence perçue (OP) des produits

Virginie hésite à remplacer son vieux téléphone mobile pour un smartphone. Dans un sens, elle est séduite par la technologie des smartphones, qui permettent, contrairement à son téléphone, de faire des photos, d'envoyer des textos plus rapidement, d'être connecté à Internet pour trouver son chemin, une station de Vélib', etc. (dimension technologique de l'OP). De plus, elle les trouve plus jolis, plus *smart* (dimension esthétique de l'OP) et cela lui permettra de faire des économies en souscrivant un abonnement incluant box et forfait de téléphonie mobile (dimension économique de l'OP). Elle a également un peu « honte » de sortir son vieux téléphone Sagem devant ses amis et surtout elle a le

1. Roehrich G., « Nouveauté perçue d'une innovation », *Recherche et Applications en Marketing*, 2, 1, 1987, pp. 1-15.

2. Kreziak D. *et al.*, « Obsolescence perçue, décision de renouveler et destinée des produits : le cas du téléphone portable », *Décisions Marketing*, n° 81, 2016.

sentiment de « rater » des choses et de ne pas être incluses dans les conversations lorsque ses amies relatent des expériences *via* leurs smartphones (dimension sociale de l'OP). Elle n'a toutefois pas encore fait la démarche d'aller acheter un smartphone, même si elle a l'intention de le faire. Pourquoi ? Ses convictions écologiques, son attitude à l'égard du gaspillage (en a-t-elle réellement besoin ?), et puis, l'obsolescence programmée devrait bientôt sonner le glas de son téléphone... Voici déjà 8 ans qu'elle l'utilise ! Peut-être vaudrait-il mieux attendre la mort « naturelle » de son vieux téléphone, se dit-elle.

Virginie est dans un état de dissonance cognitive qu'un bon vendeur saura résoudre en mettant en avant les bénéfices d'un smartphone et en l'accompagnant dans sa démarche.

Dans le cadre des développements de nouveaux produits, les tests sensoriels sont menés avant les tests produits afin de vérifier la perception des différences entre un ancien produit et le nouveau ou bien avec les produits de la concurrence.

L'analyse sensorielle permet l'examen des propriétés organoleptiques d'un produit par les organes des sens. Très utilisée dans l'industrie des cosmétiques ou encore dans l'industrie agroalimentaire (IAA), elle étudie les caractéristiques sensorielles des produits en faisant intervenir l'homme comme instrument de mesure. Ce dernier met ainsi à disposition ses 5 sens, que ce soit l'odorat, le goût, la vue, l'audition et le toucher. L'analyse sensorielle permet de vérifier, avant la commercialisation, le bon développement du produit à plusieurs étapes du développement. En phase de recherche et développement l'analyse sensorielle participe au diagnostic (phase exploratoire) et au test des modifications (phase confirmatoire). L'analyse sensorielle permet d'étudier les préférences des consommateurs pour situer son produit et éventuellement s'adapter à leurs goûts. Ensuite l'analyse sensorielle évalue les effets d'un changement de formulation ou de procédé sur les qualités sensorielles du produit, pour situer les changements par rapport aux produits concurrents et aux versions précédentes. En phase de production, l'analyse sensorielle vérifie la constance de la qualité.

Repère

Les tests sensoriels

L'analyse sensorielle[1] précède les tests produits réalisés sur les éléments du mix. C'est un préalable pour vérifier si les nouvelles caractéristiques physiques du produit (granulosité, densité, amertume) sont effectivement perçues. Le test sensoriel intervient dans la séquence des tests avant lancement, après le prototype et avant le test produit. En effet, à la différence de ce dernier, aucun jugement de préférence ou d'hédonisme n'intervient à ce stade. Cette différence avec les tests produits conduit

☞

1. Dorion F., Morin-Delerm S., « Les tests sensoriels », *Décisions Marketing*, 9, 1996, pp. 81-89.

☞

le responsable d'une étude sensorielle à se reposer sur des experts entraînés à la perception des différences sensorielles. De nombreuses méthodes sont utilisées. L'épreuve triangulaire, et l'épreuve [A – Non A] sont les plus faciles à mettre en œuvre. L'épreuve triangulaire consiste à présenter deux produits dont l'un est répété. Le juge reçoit donc trois produits codés et il est invité à déterminer le produit non répété. L'épreuve [A – Non A] démarre par l'apprentissage du produit A. Ensuite, une série de produits est proposée au juge qui doit déterminer pour chaque produit s'il est ou non identique à A.

D'autres tests existent, comme les tests descriptifs (descripteurs sensoriels comme parler de l'odeur d'un camembert par exemple, la texture d'un shampooing) et discriminatifs (différences sensorielles entre deux produits) ou encore, plus subjectifs et donc plus incertains, les tests hédoniques qui s'attachent à la dimension « plaisir » et aux ressentis personnels du testeur (notation par ce dernier selon des items comme « j'aime », « je déteste », etc.).

Les épreuves d'analyse sensorielle sont conduites sur un groupe d'individus experts, entraînés dans des conditions optimales de dégustation : atmosphère calme, température agréable, relatif isolement des experts les uns par rapport aux autres. Des salles sont ainsi spécialement conçues pour les tests sensoriels.

2.3 La perception du mix et l'efficacité des offres promotionnelles

Les principes perceptuels soulignent la nécessité d'une modification du stimulus pour qu'il y ait perception. Le prix est un élément perçu lorsqu'il y a différence de prix entre deux produits ou lors de deux périodes successives dans le temps. Un consommateur ne perçoit le prix de la baguette que lorsqu'il augmente (de 1,05 euro à 1,10 euro) ou bien lorsqu'il achète son pain dans une autre boulangerie que sa boulangerie habituelle. La loi de Weber est parfaitement valable dans le cas de la perception de la différence du prix[1]. Si la différence n'est pas significative, il est fortement probable que le consommateur ne considère pas le prix comme un attribut déterminant. Dans le cas d'une différence significative, le prix peut agir fortement dans le processus de catégorisation, que ce soit au travers d'une échelle de cherté ou bien du prisme de la qualité.

À partir du seuil de 15 % de remise, le consommateur est prêt à modifier son comportement d'achat[2]. En dessous de ce seuil il a tendance à percevoir la remise comme moins élevée. Ce niveau est d'autant plus élevé qu'il s'agit d'une marque de distributeur. La marque joue donc un effet qui atténue le besoin d'une forte remise. Toutefois, un seuil de saturation est atteint au-delà de 30 % de remise. Les remises

1. Desmet P., Zollinger M., *Le Prix : de l'analyse conceptuelle aux méthodes de fixation*, Paris, Économica, 1997.

2. Bitta D., Kent A.J., Monroe B., McGinnis J.M., « Consumer Perceptions of Comparative Price Advertisements », *Journal of Marketing Research* (JMR), 18, 4, 1981, pp. 416-427.

les plus efficaces, permettant une forte élasticité prix se situent entre 15 % et 30 %[1]. Notons enfin que la terminaison du prix en « 9 » peut avoir une incidence sur le comportement du consommateur, notamment lors des promotions[2]. Les prix ronds sont en effet plutôt utilisés pour les produits chers, les consommateurs inférant de cette façon de présenter le prix une meilleure qualité.

Repère

Analyse du mix perçu par le consommateur

Pour une catégorie de produit/service donnée, les consommateurs se distinguent selon leur réaction aux baisses ou aux hausses de prix. Il est donc envisageable de constituer des segments à partir de l'élasticité au prix.

Pourquoi les consommateurs réagissent-ils différemment au même phénomène ? Une première explication réside dans la *hiérarchie des critères de choix*. Si le prix est le critère de choix principal, toute variation est susceptible de modifier le comportement. En revanche, si le prix intervient comme un facteur parmi d'autres – face à la marque et aux diverses fonctionnalités offertes par le produit/service – le consommateur réagira moins aux variations de prix. Par ailleurs, si le prix est utilisé pour évaluer la qualité du produit – ce qui est plus souvent le cas pour des utilisateurs novices que pour les experts – alors une variation du prix aura un double effet : sur le risque financier et sur l'image du produit *via* la qualité perçue. Le *nombre d'alternatives* constitue également une explication de l'élasticité au prix. Par exemple, certains individus continuent à prendre leur voiture malgré les hausses du prix de l'essence, car ils n'ont pas d'alternatives ; alors que d'autres peuvent clairement arbitrer pour un mode de transport différent. Finalement, la *connaissance des prix*, généralement faible, peut également expliquer les différentes réactions aux fluctuations de prix[3].

2.4 La perception subliminale

Un stimulus sera subliminal s'il se « manifeste à une durée ou une intensité telle que plus de 50 % des gens n'en aient pas conscience tout en étant reçu par le système nerveux »[4]. Par définition, le stimulus subliminal est en deçà du seuil absolu de

1. Sunil G., Cooper L.G., « The Discounting of Discounts and Promotion Thresholds », *Journal of Consumer Research*, 19, 3, 1992, pp. 401-411.

2. Ngobo P.V., Legohérel P., Guéguen N., « A cross-category investigation into the effects of nine-ending pricing on brand choice », *Journal of Retailing and Consumer Services*, 17, 5, pp. 374-385, 2010.

3. Wakefield K.L., Inman J.J., « Who Are the Price Vigilantes ? An Investigation of Differentiating Characteristics Influencing Price Information Processing », *Journal of Retailing*, 69, 2, 1993, pp. 216-233.

4. Grégory P., « Notes sur la persuasion subliminale : quelques acquis de la recherche marketing pour éclairer un mythe », *Recherche et Applications en Marketing*, 8, 3, 1993, pp. 79-93.

perception pour une majorité d'individus. La perception subliminale enflamme les débats depuis plus de cent ans autour de ce qui est devenu un mythe, c'est-à-dire le recours à des artifices pour convaincre un individu sans qu'il ait physiquement et intellectuellement conscience d'être manipulé. Au niveau technique, l'introduction d'images subliminales dans un film est relativement simple. En plus des 24 images par minute, on ajoute une 25e image qui apparaît très rapidement (<30 millisecondes, en dessous du seuil absolu). Cette image porte le message subliminal qui ne sera pas perçu, consciemment, mais frappera son subconscient et influencera donc tout de même l'individu. Une expérience fut ainsi menée dans les années cinquante dans un cinéma du New Jersey. Deux images subliminales (« *Eat Popcorn* » et « *Drink Coca-Cola* ») furent introduites dans le film. Les ventes de pop-corn auraient augmenté de 18 % et celles de Coca-Cola de 52 %. Beaucoup de débats eurent lieu. Le stimulus subliminal est-il efficace ?

Il semble que le stimulus subliminal permette de faciliter un lien entre deux connaissances stockées en mémoire. Le stimulus subliminal ne semble donc pas avoir d'effet direct sur le comportement comme le laisserait suggérer l'expérience dans un cinéma présentée ci-dessus[1]. La perception d'un stimulus subliminal est donc possible en respectant un certain nombre de conditions d'exposition. Le problème éthique reste cependant entier.

Repère

Le neuromarketing

« Le neuromarketing est l'étude des processus mentaux, explicites et implicites, et des comportements du consommateur, dans divers contextes marketing concernant aussi bien des activités d'évaluation, de prise de décision, de mémorisation ou de consommation, qui s'appuie sur les paradigmes et les connaissances des neurosciences. »[2] Le neuromarketing se propose donc de découvrir l'attirance pour un produit ou encore l'intention des consommateurs de l'acheter en observant le cerveau de personnes volontaires et ce, au moyen de neuro-imagerie telle que l'IRM fonctionnelle entre autres. Cette technique permet de détecter les zones d'activité du cerveau chez des personnes éveillées qui se livrent à différentes tâches, comme regarder une publicité, toucher le packaging d'un produit, écouter une musique, etc. Il s'agit ainsi d'observer le cerveau des personnes en activité pour connaître leur réaction à l'égard du produit sans pour autant passer par la ☞

1. Droulers O., « Perception subliminale : une expérimentation sur le processus d'activation sémantique des marques », *Recherche et Applications en Marketing*, 15, 4, 2000, pp. 43-59.

2. Droulers O., Roullet B., « Émergence du neuromarketing : apports et perspectives pour les praticiens et les chercheurs », *Décisions Marketing*, 46, pp. 9-21, avril 2007

☞

verbalisation de l'expérience comme le permettent des techniques plus classiques à l'instar du *focus group* ou des *blind-test*. Livrer verbalement une expérience est largement moins puissant que la lecture cérébrale puisque la parole ne permet pas d'identifier des manifestations émotionnelles inconscientes.

Une étude célèbre a été conduite par McLure *et al.* (2005) pour connaître la préférence entre deux marques de sodas (Pepsi et Coca-Cola). Le premier test a consisté à faire goûter les deux boissons sans que les consommateurs soient au courant des marques. Le second a consisté à faire goûter les deux boissons en indiquant aux testeurs une des deux marques : Coca-Cola. Les chercheurs mettent en évidence l'influence de la marque sur l'appréciation du produit : sans connaissance de la marque, il n'y a pas de différence d'appréciation entre les deux boissons, les consommateurs apprécient les valeurs gustatives (le cortex préfrontal ventromédian qui permet les valences hédoniques ou appétitives comme préférer un goût, une odeur par exemple est actif dans ce cas). En revanche, lorsque les consommateurs savaient qu'ils buvaient du Coca-Cola, ils avaient une large préférence pour cette boisson (l'hippocampe, le cortex préfrontal dorsolatéral et le tronc central, médiateurs de la mémorisation, sont actifs dans le second cas et le cortex préfrontal ventromédian ne l'est pas). La recherche montre ainsi l'influence de la mémorisation (ici, la marque Coca-Cola) dans l'appréciation et la prédiction de la préférence pour un produit. Un consommateur peut alors préférer un produit uniquement si la marque est révélée.

Le neuromarketing est alors prometteur pour les professionnels du marketing : il permettrait notamment de mieux connaître le rôle des stimuli environnementaux sur le comportement du consommateur, le rôle de l'esthétique dans le choix d'un packaging, le rôle des émotions dans les mécanismes de préférence et de choix, etc. Seuls les grands groupes pourront toutefois accéder à ces techniques coûteuses. De plus, tenants et adversaires du neuromarketing s'affrontent sur une question majeure : celle de l'éthique. Les premiers voient dans le neuromarketing une meilleure connaissance des relations esprit-cerveau. Selon eux, « se souvenir » d'une marque et de son expérience n'est pas « acheter ». Les seconds comparent le neuromarketing à une forme de manipulation mentale, ce qui conduit à réduire la liberté des personnes et notamment celle du choix, ceci entrant en contradiction avec les valeurs démocratiques[1]. Enfin, on peut se demander s'il est légitime d'utiliser des outils médicaux à des fins commerciales sachant que cela permet aussi de les rentabiliser et de procurer une manne financière dans des centres hospitaliers – parfois – déficitaires...

3 La perception sélective

Tous les stimuli adressés au consommateur qui sont au-delà des seuils absolus et qui sont susceptibles de créer une réaction, ne peuvent pas être reçus. En effet,

1. Courbet D., Benoit D., « Neurosciences au service de la communication commerciale : manipulation et éthique. Une critique du neuromarketing », *Études de communication*, 40(1), pp. 27-42, 2013.

quelque 300 à 600 messages publicitaires par jour sont diffusés à destination du consommateur. La perception repose également sur la capacité de l'individu à se concentrer sur certains stimuli. Seulement 30 à 80 messages par jour sont effectivement perçus. Moins d'une dizaine de messages ont une probabilité de l'influencer[1]. Pour gérer cette surcharge d'informations, l'individu s'adapte en mettant en œuvre jusqu'à sept mécanismes[2] et plus particulièrement la sélectivité, qui nous conduit à ignorer certains stimuli pour en privilégier d'autres. W. McGuire propose sept filtres déterminants regroupés ici en facteurs situationnels et facteurs individuels :

– *déterminants de la perception sélective attachés au stimulus :*
  - intensité du stimulus : le consommateur est plus susceptible de distinguer une annonce forte que trop faible, au risque d'être inaudible ;
  - expérience passée : si le stimulus a déjà été associé à une récompense par le passé, on sera plus attentif lors de la répétition du même stimulus ;
  - dominance physique : la taille du packaging provoque une attention particulière ;

– *déterminants de la perception sélective liés à l'individu :*
  - état des besoins : le consommateur est plus vigilant pour remarquer un message pertinent par rapport à ses besoins ;
  - valeurs de l'individu : les individus sont plus réceptifs aux messages en accord avec leurs valeurs fondamentales ;
  - attentes du consommateur : les individus voient (entendent, sentent) ce qu'ils veulent voir (entendre, sentir) et ne voient pas ce qu'ils ne veulent pas voir… Un consommateur fidèle voit rarement les défauts de son produit ou les relativise : le degré de fidélité à une marque modifie la perception de l'image de marque par le consommateur. Les campagnes anti-tabac sont généralement peu perçues par les fumeurs et au contraire, reçues par les non-fumeurs. Le consommateur se défend face aux stimuli ;
  - recherche de nouveauté : le consommateur tend à remarquer ce qui est nouveau ou incongru dans son environnement.

EXEMPLE – Ne voir que ce que l'on désire le plus profondément.

Olivier souhaite changer de voiture. Il est très orienté vers les sports de plein air nécessitant du volume de rangement (voile côtière et sportive, ski). Il recherche une grande voiture familiale de standing, qui ne soit pas un monospace, tout en respectant la nature. L'ouverture aux autres et l'esprit de découverte l'animent particulièrement. Ses valeurs le font donc rejeter les modèles tout terrain ; il préfère l'esprit nordique. Le break

1. Adams S.C., Britt S.H., Miller A., « How Many Exposures Per Day ? », *Journal of Advertising Research*, december, 12, 1972, pp. 3-9.

2. McGuire W.J., « Some Internal Psychological Factors Influencing Consumer Choice », *Journal of Consumer Research*, 2, 4, 1976, pp. 302-319.

Volvo V70 correspond tout à fait à ses aspirations. La communication du constructeur automobile présente ce véhicule en bord de mer, avec planche de surf et une famille. La vigilance d'Olivier le rend particulièrement sensible à ce modèle. Depuis qu'il a concentré son attention dessus, il ne voit plus que cette voiture dans la rue. Sa vigilance tend à amplifier la part de marché réelle. Son besoin et ses valeurs ne lui permettent plus de percevoir des offres alternatives.

4 La création de l'attention et de la différentiation avec les stimuli sensoriels

Les cinq sens sont utilisés pour nous éveiller aux propositions de l'entreprise[1]. L'action de l'entreprise par les cinq sens doit être étudiée à la fois au travers des réactions aux sensations mais aussi par la signification qui est apportée à ces dernières. L'ajout d'une note citronnée dans un liquide vaisselle crée une sensation de fraîcheur. Au-delà de cette réaction, le consommateur va percevoir le liquide vaisselle comme efficace pour dégraisser. Aussi, les stimuli sensoriels ont un double impact sur le consommateur : ils induisent une réaction première (« cela sent bon », « c'est agréable », « je me sens bien ») et participent à la construction de perceptions dans le sens d'un jugement (« c'est propre », « c'est solide », etc.).

4.1 La vue

Pour créer l'attention, on peut utiliser les couleurs, l'éclairage, la taille du stimulus ou bien sa position par rapport aux autres stimulus. Couleurs et éclairage sont liés. Dans la nuit les couleurs s'estompent. La couleur n'existe que parce qu'il y a de la lumière. Elle est la conséquence d'une vibration de la longueur d'onde émise par le soleil ou une autre source lumineuse. La couleur est la résultante de deux sources : la lumière, évaluée par son intensité, sa clarté et sa teinte, mais également l'objet lui-même qui absorbe plus ou moins le rayon lumineux.

- La *couleur* est un puissant moyen de communication et d'attraction. Lorsque Renault a lancé la Twingo, seules quelques couleurs vives étaient disponibles, pour positionner le nouveau véhicule comme une voiture *fun* et attirer de nouveaux clients. Les publicités en noir et blanc ou sépia retiennent également l'attention lorsque la marque veut créer une différence et une ambiance par rapport à ses concurrents (la série des publicités Guy Degrenne renvoie au passé grâce à la couleur sépia).

1. Maille V., « L'influence des stimuli olfactifs sur le comportement du consommateur : un état des recherches », *Recherche et Applications en Marketing*, 16, 2, 2001, pp. 52-75.

Repère

La symbolique des couleurs[1]

L'huile d'olive se doit d'être jaune pour rappeler le soleil de la Provence alors que l'huile venant d'être pressée et raffinée est incolore. La couleur réfère à un ensemble d'idées préconçues qui trouvent leurs racines dans la culture. Les philosophes et les anthropologues ont lié la philosophie et l'anthropologie. Dans la culture occidentale, les couleurs évoquent certaines valeurs. Le blanc est synonyme de pureté, chasteté, innocence, paix et sagesse. Le bleu évoque l'infini, le détachement, le calme, la fidélité ou la fraîcheur. Le rouge signale le danger, l'amour, l'érotisme, le dynamisme, l'enfance, la guerre mais aussi le matérialisme. Le jaune renvoie à la lumière, à la chaleur et à la richesse. Le vert communique le destin, le hasard, l'espérance, la nature et la liberté. Enfin le noir rappelle la mort, la faute, la haine et la tristesse. Ces codes ne sont pas partagés par toutes les cultures. Les chinois accordent au rouge les valeurs d'héroïsme et de bonheur ; le blanc est alors synonyme de pureté mais aussi de deuil. Le vert est compatible avec les valeurs occidentales car il évoque la vie et l'espoir. Le jaune chinois est la couleur royale d'autrefois, alors qu'elle correspond aujourd'hui à l'érotisme.

- *L'éclairage* est un facteur d'ambiance important en magasin. Il permet de mettre en évidence la largeur de l'assortiment, mais aussi de créer une atmosphère soit intime soit utilitaire (exemple : les magasins de *hard discount*). Pour optimiser l'éclairage intérieur, il faudra prendre en compte le phénomène de réflexion sur les surfaces. Si un mur blanc reflète 76 % de la lumière, un mur violet n'en reflète que 7 %.

La maîtrise de la lumière intervient sur les couleurs et modifie l'ambiance (orientation des spots en magasins, rénovation des éclairages dans le métro).

Exemple – L'influence de la couleur des murs sur l'ambiance du magasin

> Les murs en brique des magasins Nature et Découverte favorisent la recherche de sensations, le butinage et la découverte, alors que les murs satinés blancs de Grand Optical qui réfléchissent toute la lumière aident à présenter toute l'offre rapidement[2].

- La *taille du stimulus* par rapport à celle de la concurrence crée la différence. S'il n'est pas possible d'accroître la taille de l'annonce au-delà du format du magazine servant de support, il est quelquefois opportun de modifier la taille des caractères : celle-ci est déterminante pour la lisibilité des annonces par les seniors[3]. Lorsque

1. Divard R., Urien B., « Le consommateur vit dans un monde de couleur », *Recherche et Application en Marketing*, 16, 1, 2001, pp. 3-24.

2. Roullet B., « Comment gérer les couleurs et les lumières », in *Le marketing sensoriel du point de vente*, éds. S. Rieunier, Paris, Dunod, 2002, pp. 125-158.

3. Tréguer J.-P., *Senior Marketing*, Paris, Dunod, 2002.

la taille du produit réduit, on accroît le packaging pour maintenir un espace équivalent dans les rayons. Par exemple, le remplacement de la vidéo VHS par le DVD se fait à packaging presque constant. De même, les logiciels sont de plus en plus distribués avec une documentation en ligne ou sur un cédérom ; cependant, les packagings sont toujours aussi gros qu'auparavant.

La taille ou la couleur sont des éléments utiles pour accroître l'attention du consommateur. Cependant il est nécessaire d'évaluer la capacité à attirer l'œil en fonction des concurrents présents dans les linéaires mais aussi selon le cadre de la distribution[1]. Les boîtes bleu foncé de Barilla tranchent sur les autres marques de pâtes alimentaires et rehaussent le statut de la marque.

Repère

Le chiffre d'or

Le mythe de l'esthétique parfaite et de la beauté au travers du chiffre d'or (environ 1,62) agite artistes, mathématiciens et philosophes. Le rapport entre la longueur et la largeur d'un rectangle idéal donne le chiffre d'or. Fechner, auteur de la loi de Weber, a popularisé ce chiffre en présentant plusieurs rectangles à un échantillon varié en demandant le modèle préféré. 74 % des personnes interrogées choisirent le rectangle dont le rapport des proportions correspond au chiffre d'or. On l'appelle le « rectangle d'or ». Le Parthénon est reconnu comme un exemple de rectangle pur et parfait. Toutefois un large débat existe pour savoir si le socle du temple de Zeus doit être pris en compte ou non pour calculer les dimensions de l'édifice. La rigueur mathématique et le sens de l'esthétique convergent cependant pour proposer le « rectangle d'or » comme une figure bien proportionnée. On peut observer cependant que peu de produits de grande consommation respectent cette norme. Les recherches portant sur le sujet ont même montré que pour l'achat de produits peu sérieux, le packaging rectangulaire dont les dimensions s'écartent du nombre d'or est préférable[2]. L'attention est plus forte lorsque le produit ne respecte pas le critère d'esthétique pure.

4.2 L'ouie

Les sons et la musique offrent des possibilités de modification du comportement du consommateur. Les thèmes musicaux (*jingles*) rappellent la marque alors que

1. Creusen M.E.H., Schoormans J.P.L., « The Different Roles of Product Appearance in Consumer Choice », *Journal of Product Innovation Management*, 22, 1, 2005, pp. 63-81.

2. Raghubir P., Greenleaf E.A., « Ratios in Proportion : What Should the Shape of the Package Be ? », *Journal of Marketing*, 70, 2, 2006, pp. 95-107.

la musique d'ambiance intervient sur l'humeur[1]. L'humeur générée par la musique publicitaire a un effet direct sur les intentions du consommateur car l'affect se répercute sur les choix du consommateur sans modifier les opinions vis-à-vis des produits[2]. Cette modification de l'humeur est pratiquée depuis des années avec les musiques de Noël dans les rues commerçantes pour attirer les consommateurs. Si la musique occupe une place importante dans l'explication de l'effet publicitaire[3] et de l'influence de la musique d'ambiance[4], d'autres sons sont présents dans l'environnement du consommateur : le bruit est fort, signal de qualité. On juge la qualité d'une voiture au son d'une porte qui se ferme et on reconnaîtra une voiture italienne au son de son moteur. L'absence de bruit est un défi de sécurité des plus importants pour les concepteurs d'automobiles électriques, afin de s'assurer que l'environnement (piétons et cyclistes) peut percevoir l'arrivée du véhicule.

Exemple – Quand la musique d'ambiance augmente le sentiment de sécurité dans les lieux publics[5]

Les ambiances sonores peuvent affecter le sentiment de sécurité dans les lieux publics. Un son vocal (un chant d'oiseau par exemple ou une voix humaine *versus* un son instrumental ou aucun son) perçu comme non menaçant favorise la sécurité ressentie en augmentant le sentiment de présence sociale (autrement dit, la conscience qu'il y a une présence humaine dans notre environnement[6]). Augmenter la sécurité perçue conduit ainsi les consommateurs à être plus satisfaits des lieux publics, comme les parkings ou les métros, voire à davantage consommer dans ces lieux. En revanche, lorsque le son vocal est perçu comme menaçant, le sentiment de présence sociale n'engendre pas d'affects positifs sur le sentiment de sécurité et sur la satisfaction à l'égard du lieu.

---

1. Wallace W.T., « Jingles in Advertisements : Can They Improve Recall ? » *Advances in Consumer Research*, 18, 1, 1991, pp. 239-242 ; Scott L.M., « Understanding Jingles and Needledrop : A Rhetorical Approach to Music in Advertising », *Journal of Consumer Research*, 17, 2, 1990, pp. 223-236.

2. Alpert J.I., Alpert M.I., « Music Influences on Mood and Purchase Intention », *Psychology and Marketing*, 7, 2, 1990, pp. 109-133.

3. Gallopel K., « Contributions affective et symbolique de la musique publicitaire », *Recherche et Applications en Marketing*, 15, 1, 2000, pp. 3-19.

4. Rieunier S., « L'influence de la musique d'ambiance sur le comportement du client : revue de littérature, défis méthodologiques et voies de recherches », *Recherche et Applications en Marketing*, 13, 3, 1998, pp. 57-77.

5. Sayin E., Krishna A., Ardelet C., Decré G.B., Goudey A., « Sound and safe: The effect of ambient sound on the perceived safety of public spaces », *International Journal of Research in Marketing*, 2015.

6. Théorie de la présence sociale : Biocca F., Harms C., Burgoon J.K., « Toward a more robust theory and measure of social presence: Review and suggested criteria », *Presence*, 12(5), pp. 456-480, 2003.

Repère

La misophonie ou les bruits qui rendent fou

Le crissement des ongles sur un tableau, la mastication d'un convive à table, le reniflement, le bruit de quelqu'un qui se coupe les ongles, le clic de la souris d'ordinateur, le tic-tac de l'horloge, le raclement de gorge, la respiration ou le ronflement d'autrui, l'aspiration d'un liquide (« slurp ») mais aussi la simple vision de gestes répétitifs comme un mouvement répété des pieds ou du corps, etc.

Des groupes et des forums en ligne rassemblent des personnes misophones, c'est-à-dire qui ont une détestation très ciblée de certains bruits. La misophonie conduit à éviter des situations ou des personnes associées à ces bruits. Ces stimuli, souvent de faible intensité et présents dans la vie quotidienne, déclenchent une réaction d'aversion immédiate associant stress, agacement, dégoût, colère voire violence. Des chercheurs admettent que cette anomalie se situe dans le système nerveux central.

4.3 L'odorat

L'odorat, souvent présenté comme un cinquième sens, fait l'objet de peu de recherches, car les protocoles de mesure ne sont pas toujours fiables. La mesure des odeurs ne peut se mesurer en lumen comme la lumière ou en décibels comme le son. Mais l'influence des odeurs a été démontrée sur le comportement. Les politiques de produit, de communication et de distribution utilisent les capacités olfactives de l'être humain qui peut détecter 10 000 odeurs différentes. Procter & Gamble a ajouté du citron dans le liquide vaisselle pour renforcer l'idée du pouvoir dégraissant et cacher les mauvaises odeurs. La parfumerie « fonctionnelle » est une industrie beaucoup plus importante que celle des parfums avec des entreprises leaders (Firmenich, Givaudan). L'odeur agit principalement sur l'humeur, la capacité d' attention, la mémorisation. Elle est susceptible de modifier le jugement et les préférences du consommateur, son intention d'achat, le temps passé réel ou perçu et d'intensifier la recherche d'informations[1]. Les odeurs sont utilisées dans les publicités pour parfum dans les magazines. Les odeurs agréables en magasin encouragent les consommateurs à continuer leurs courses. En améliorant leur état d'esprit, les consommateurs sont plus attentifs à l'offre disponible d'autant que la perception du temps diminue dans un tel contexte. Les odeurs créent ainsi l'attention et la relaxation nécessaire.

1. Maille V., « L'Influence des stimuli olfactifs sur le comportement du consommateur : un état des recherches », *Recherche et Application en Marketing*, 16, 2, 2001, pp. 51-75.

Une odeur agréable déclenche une humeur positive[1]. La présence ou l'absence d'odeurs cohérentes avec l'environnement accroît la perception positive que le public a du distributeur. Ainsi les odeurs de sapin, typiques de Noël, renforcent l'attirance pour la visite des magasins pendant le mois de décembre[2].

Exemple – L'odeur du métro

> L'odeur devient un indicateur de propreté lorsqu'elle est intégrée aux produits de nettoyage des stations de métro. Une récente expérimentation a pu montrer que les passagers du métro apprécient les fragrances qui neutralisent les mauvaises odeurs et qui donnent le sentiment de propreté et l'impression de fraîcheur[3]. Cette expérience montre qu'on peut modifier plus fortement les perceptions en utilisant les méthodes olfactives qu'avec des campagnes de publicités[4].

4.4 Le goût

Les récepteurs tactiles et thermiques de la langue associés à la muqueuse olfactive forment la « flaveur ». Le goût s'exprime, depuis l'antiquité, au travers de quatre saveurs ressenties par les papilles : le sucré, le salé, l'acide et l'amer.

Le goût est donc plus qu'un seul sens. Il est en réalité la résultante de plusieurs modalités sensorielles y compris l'ouïe, qui est sollicitée dans la perception de la consistance (le croquant, par exemple). Le mot goût peut aussi avoir cependant une signification plus large, englobant la notion de préférence, alors que la seule perception sensorielle est dépassée. La place importante du goût est démontrée. En effet, alors que l'absence de goût (agueusie) est moins invalidante que la cécité ou la surdité, l'univers sémantique du goût est particulièrement large[5].

Le goût est un sens très intime dès lors qu'il nécessite l'ingestion et donc l'incorporation. Le goût est une faculté sensorielle qui nécessite la confiance : les empereurs de l'antiquité avaient des goûteurs pour protéger leur vie. Grâce au goût, c'est tout un univers indispensable à notre survie qui est ainsi évalué.

L'homme recherche naturellement un meilleur goût et de nouvelles expériences culinaires. Le succès des produits ethniques le démontre.

---

1. Guichard N., Lehu J.-M., Vanheems R., « Marketing du cinquième sens : l'aromachologie au service de la stratégie marketing ? », *Décisions Marketing*, 14, 1998, pp. 7-17.

2. Spangenberg E.R., Grohmann B., Sprott D.E., « It's Beginning to Smell (and Sound) a Lot Like Christmas : The Interactive Effects of Ambient Scent and Music in a Retail Setting », *Journal of Business Research*, 58, 11, 2005, pp. 1583-1589.

3. Jacquemier L., « L'étude de la perception des odeurs : le cas d'une société de transport en commun », *Décisions Marketing*, 22, 2001, pp. 33-41.

4. Pour une lecture plus complète sur les odeurs, nous recommandons : Le Guérer A., *Les Pouvoirs de l'odeur*, Paris, Odile Jacob, 1998.

5. Fishler C., *L'Homnivore*, Odile Jacob, 1990.

Le goût est culturel quel que soit le niveau d'analyse : au niveau micro (des pratiques, de l'infraordinaire) ou au niveau macro (à l'échelle d'un pays ou d'une région). S'agissant du premier niveau, les régimes de goûts (autrement dit, pourquoi les gens gravitent autour de certaines catégories esthétiques comme l'art contemporain ou la musique classique, par exemple) sont des systèmes normatifs construits par les institutions du marché telles que les magazines, les sites Internet et les marques présentes sur les réseaux sociaux, à la télévision, dans la rue, etc. Par exemple, lire les magazines de mode, de gastronomie chaque semaine, s'immerger dans les séries télévisées de DIY, s'engager dans des communautés sur Internet ne sont pas des activités passives mais des pratiques qui influencent la façon dont les consommateurs sont liés aux produits, ce qu'ils font de ces objets et la manière dont ils se construisent des répertoires de goûts. Étudier ces pratiques quotidiennes permet certes de confirmer que les régimes des goûts permettent une distinction symbolique, autrement dit de se différencier selon sa volonté d'appartenir à une classe sociale (les goûts des « bobo » par exemple, Bourdieu), mais cela permet aussi de comprendre comment les consommateurs « pratiquent/exercent/forment » leurs goûts dans leur vie quotidienne[1].

Au niveau macro, les goûts dépendent de l'appartenance à la culture d'un pays ou d'une région. Les gens voyagent toutefois de plus en plus et sont ouverts vers de nouveaux goûts. Les plats et saveurs venus d'ailleurs permettent de répondre à une demande d'évasion. L'ingestion permet de s'approprier des morceaux de cultures comme l'entomophagie, autrement dit la consommation d'insectes. Les représentations positives d'une telle consommation sont les bénéfices nutritionnels et environnementaux. Certains, par défi, transgression ou valorisation sociale, en consomment. Les représentations négatives sont le dégoût, le danger[2]. La liberté gustative est toutefois limitée par des interdits religieux ou culturels.

Tableau 3.2 – Classement selon les cultures de certaines espèces animales (Fishler, 1990)

	Comestible	Non comestible
Insecte	Amérique latine, Asie, Afrique	Europe de l'Ouest, Amérique du Nord
Chien	Corée, Chine, Océanie	Europe, Amérique du Nord
Cheval	France, Belgique, Japon	Grande-Bretagne, Amérique du Nord
Lapin	France, Italie	Grande-Bretagne, Amérique du Nord
Escargot	France, Italie	Grande-Bretagne, Amérique du Nord
Grenouille	France, Asie	Europe, Amérique du Nord

1. Arsel Z., Bean J., « Taste regimes and market mediated practice », *Journal of Consumer Research*, 39 (5), 899-917, 2013.

2. Gallen C., Pantin-Sohier G., La comestibilité des insectes : étude exploratoire chez les jeunes consommateurs français, 2015.

Repère

Les sens du goût ou l'image du goût

Le goût[1] est au centre d'un réseau de signes sociaux. Il participe à un jugement esthétique autant qu'à la catégorisation des aliments. Plusieurs organes sensoriels sont sollicités : on regarde le plat, on le sent, on l'entend cuire, on le touche, avant de l'absorber. L'expérience œnologique résume la complexité du goût. Le goût fait le lien entre la perception pure, les valeurs idéales, les références et le plaisir. Le carré sémiotique permet d'établir des relations qui existent entre ces différents instants du goût.

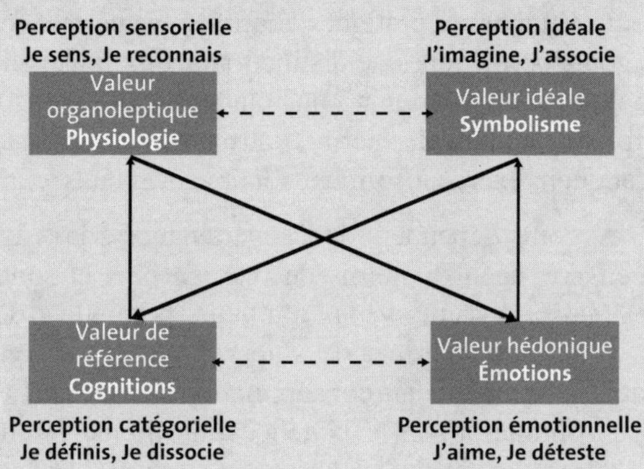

Source : Boutaud, 1999

Figure 3.2 – Les valeurs du goût

En différenciant le physiologique du symbolique, on contraste la valeur organoleptique du goût, fondée sur les quatre saveurs, de la valeur idéale, construite à partir d'usages dépendantes du contexte culturel. À l'opposé les registres cognitif et émotionnel contrastent la valeur référentielle (classification et association) et la valeur hédonique (plaisir de la découverte, manger). La valeur référentielle est un complément de la valeur organoleptique car elle aide à reconnaître. Parallèlement la valeur hédonique construit les préférences en association avec la valeur idéale.

L'image du goût n'est pas construite autour des quatre saveurs mais à partir de quatre pôles de reconnaissance du goût. Le goût des produits n'est pas seulement physiologique. Il révèle des interactions entre nos connaissances, nos plaisirs, nos idéaux et nos interdits. Ainsi la gastronomie française n'est pas uniquement une affaire de goût. Elle véhicule aussi la tradition, les valeurs et le plaisir. La marque Bonne Maman a développé son positionnement au-delà de la simple qualité organoleptique de ses ingrédients en investissant le terrain de la nostalgie et des saveurs passées.

1. Boutaud J.-J., « Sensory Analysis : Towards the Semiotics of Taste », *Advances in Consumer Research*, 26, 1, 1999, pp. 337-340.

Cependant, le goût peut également être un élément de sécurité. Casino, avec l'aide de ses fournisseurs, a été la première marque à introduire un additif dans les produits ménagers destinés à limiter les accidents ménagers avec les jeunes enfants.

4.5 Le toucher

Le toucher est la sensation développée par la stimulation des récepteurs cutanés. Les doigts sont naturellement les premiers récepteurs, mais tout le corps ressent l'environnement. Le toucher est un sens important pour le sentiment de confort. Par le toucher on éprouve le froid ou la chaleur. Le soleil sur la peau influence l'humeur alors que le froid crée une attente pour des couleurs bleues et crues. L'organisation de Océaonopolis à Brest décrit ainsi différents environnements de la planète dont un pavillon polaire dans laquelle la climatisation simule le froid afin d'être plus réceptif au discours.

Le toucher crée la familiarité. La marque de cosmétiques Yours, est la première marque du groupe de luxe LVMH à intégrer les rayons des hypermarchés et des Monoprix. Le produit est introduit avec des codes du haut de gamme, qui s'expriment notamment par l'aspect doux et caoutchouteux au toucher, alors que ce *soft touch* était réservé au circuit de distribution sélectif[1]. Le toucher ne passe pas uniquement par les doigts. La rénovation des magasins Sephora a permis d'installer un sol confortable au travers de son tapis rouge moelleux, qui renforce l'impression de luxe.

EXEMPLE – La perception du genre à travers la texture des crèmes

Les crèmes grasses sont perçues comme féminines. Le développement du marché des cosmétiques pour les hommes a intégré cette donnée. Vichy, une des marques du groupe l'Oréal, propose des produits de soin pour hommes avec une texture non grasse. La formulation est semblable mais c'est la texture qui crée la différence.

Le corps, pris dans son intégralité, peut également toucher. Lors de l'achat d'un matelas c'est ce que nous faisons. Le choix d'un matelas est impliquant car il est difficile de faire la différence entre les marques pour un achat fait pour plusieurs années. C'est un produit sur lequel de nombreux fantasmes sont également projetés. Traditionnellement l'évaluation d'un matelas se fait par le toucher des doigts en premier lieu, pour tester le soyeux et le confort, et ensuite par le toucher de tout le corps en s'allongeant sur les lits proposés dans les magasins. En allant de matelas en matelas, l'acheteur compare le confort, tout étant tout habillé. C'est une étape sensorielle cependant importante qui pouvait limiter le succès du magasin internet, Matelsom. Le choix au travers d'une sensation rapide n'est pas possible sur internet.

1. « Marketing des sens : jusqu'ou faut-il aller », *LSA*, n° 1776.

Matelsom remplace l'évaluation en magasin par une garantie de reprise sous 30 jours en argumentant qu'il 'n'est pas possible d'apprécier le confort d'un matelas en moins de 10 nuits. Le toucher fugace est donc inutile dans un tel achat et peut être trompeur. L'achat est alors intellectualisé pour échapper au registre sensoriel. La vente de produits nécessitant le toucher via Internet doit s'accompagner d'une alternative à l'expérience tactile[1].

Repère

Le besoin de toucher

Tous les individus n'ont pas la même appétence pour le toucher. On distingue deux manifestations du « besoin de toucher[1] ». Premièrement un besoin instrumental et fonctionnel pour collecter de l'information afin de former un jugement de préférence en pesant, pressant ou soulevant. Lorsque le consommateur a un fort besoin de toucher de nature instrumentale, il privilégie l'information tactile à l'information écrite, et conclura par exemple qu'un pull épais est un pull chaud, quelle que soit la matière. Une deuxième facette exprime le besoin de toucher : la dimension autotélique, dont le but est juste « toucher pour toucher ». C'est un besoin de contact affectif pour se rassurer et apprendre. Les consommateurs qui éprouvent un grand besoin de toucher autotélique éprouvent un grand plaisir à prendre les produits et les toucher, juste parce que c'est agréable sans aucune intention d'achat particulière.

La relation commerciale devrait impliquer plus souvent le contact physique entre le vendeur et le client, car le toucher est synonyme d'affection et de chaleur. Lorsque le client est touché, il a toujours une attitude plus positive vis-à-vis du magasin, notamment lorsqu'il s'agit d'une cliente[3]. Il existe toutefois des différences individuelles entre les consommateurs concernant ce besoin/plaisir d'être touché et, au-delà, ce besoin de créer une « certaine intimité » physique mais aussi sociale, émotionnelle, psychologique dans l'environnement commercial, certaines personnes ne souhaitant avoir aucune sorte d'intimité avec le vendeur[4].

1. Citrin A.V., Stem D.E. Jr, Spangenberg E.R., Clark M.J., « Consumer Need for Tactile Input : An Internet Retailing Challenge », *Journal of Business Research*, 56, 11, 2003, pp. 915-922.

2. Peck J., Childers T.L., « Individual Differences in Haptic Information Processing : The "Need for Touch" Scale », *Journal of Consumer Research*, 30, 3, 2003, pp. 430-442.

3. Hornik J., « Tactile Stimulation and Consumer Response », *Journal of Consumer Research*, 19, 3, 1992, pp. 49-458.

4. Beetles A.C., Harris L.C., « The Role of Intimacy in Service Relationships: an exploration », *Journal of Services Marketing*, 24(5), pp 347-358, 2010.

Mesure : L'échelle de mesure du besoin de toucher[1]

L'échelle est auto administrée sur une échelle de Likert en cinq points. Elle propose les deux dimensions « autotélique » et « instrumentale ». (I) rassemble les items de la dimension instrumentale alors que (A) distingue les items de la dimension autotélique.

1. Quand je marche dans les magasins, je ne peux m'empêcher de toucher toute sorte de produit (A).
2. Toucher les produits peut être amusant (A).
3. J'ai plus confiance dans les produits que je peux toucher avant d'acheter (I).
4. J'aime mieux acheter un produit après avoir eu la possibilité de l'examiner physiquement (I).
5. Quand je me promène à travers les magasins, il est important que je puisse prendre en main les produits (A).
6. Si je ne peux pas toucher un produit en magasin je suis un peu hésitant avant d'acheter (I).
7. J'aime toucher les produits même si je n'ai pas l'intention de les acheter (A).
8. Je me sens plus à l'aise de faire un achat après avoir toucher le produit (I).
9. Quand je traverse les magasins, je touche pleins de produits (A).
10. Le seul moyen de s'assurer qu'un produit vaut la peine d'être acheté est en fait de le toucher (I).
11. Il y a beaucoup de produits que j'achèterais seulement si je pouvais les toucher au préalable (I).
12. Je me rends compte que je touche toute sorte de produits dans les magasins (A).

Repère

Le marketing sensoriel du point de vente

Le marketing sensoriel[2] utilise les cinq sens comme facteurs d'ambiance du magasin (musique, senteurs, couleurs, sensations tactiles et gustatives), afin de susciter chez le consommateur des réactions favorables à l'acte d'achat. En adaptant l'environnement physique du magasin par rapport aux sens du client, il n'est pas rare de générer un chiffre d'affaires additionnel de 30 % à 50 %. Le marketing sensoriel participe à l'élaboration de l'identité du magasin. Le choix de la musique d'ambiance doit être rigoureux sur trois éléments clés : le style de musique (classique, rock, jazz, country, etc.), le tempo (lent, moyen ou rapide) pour ☞

1. La traduction de cette échelle n'a pas été testée sur un échantillon francophone.
2. Rieunier S., *Le Marketing sensoriel du point de vente*, 4e éd., Paris, Dunod, 2013.

☞

détendre ou stimuler le client et la notoriété (musique connue ou non) pour refléter le caractère populaire ou distinctif de l'enseigne. L'odeur permet d'attirer l'attention sur un rayon ou de couvrir les « mauvaises » odeurs. Les couleurs chaudes et vives stimulent le consommateur alors que les couleurs froides détendent le client. Les points de vente destinés aux seniors doivent également prévoir une signalétique suffisamment grande.

4.6 L'évocation des sens en communication

La transformation des émotions en mots susceptibles d'être interprétés est un exercice d'argumentation essentiel pour le chef de produit. L'évocation des sens permet de transmettre sur le packaging, dans la communication ou bien via le prix toutes les sensations qu'un client ressentira en consommant le produit. Cette évocation est d'autant plus importante lorsque le consommateur achète en ligne et que son évaluation ne repose que sur des éléments textuels et visuels[1]. Les textes mentionnant plus d'un sens accroissent significativement le nombre d'idées positives par rapport au produit : lorsque plusieurs sens sont induits dans une communication relative à un produit agroalimentaire (goût, odeur – senteurs, texture – croquant), l'impression de goût est renforcée par rapport à un message ne soulignant que l'aspect goût (variétés de goûts, salé ou sucré, etc.). Si on applique cette démarche à la promotion d'une croisière par exemple, on évoquera les cinq sens en insistant sur la qualité des menus gastronomiques, la beauté d'un coucher de soleil sur l'horizon, le bruit relaxant des vagues et les concerts à bord, le bercement du roulis du paquebot, les frissons du vent et la douceur du soleil sur le solarium, les sensations olfactives apportées par les diverses escales et le voyage en mer.

Section 2 LA PERCEPTION SPATIO-TEMPORELLE

La perception spatio-temporelle se distingue de la perception sensorielle par les mécanismes d'interprétation qu'elle suppose.

La perception de notre environnement s'appuie sur les connaissances que nous avons en mémoire, mais est également sujette à des illusions perceptuelles. La perception est donc façonnée par des principes d'organisation des stimuli (*Gestalt*), des biais de perception de l'espace et du temps.

1. Elder R.-S. et Krishna A., « The Effects of Advertising Copy on Sensory Thoughts and Perceived Taste », *Journal of Consumer Research*, 36, 5, 2010, pp. 748-756

1 Les principes de la psychologie de la forme

Les principes de la *gestalt* ont été conceptualisés par l'école de la psychologie de la forme. Ils facilitent la compréhension du message par une organisation adéquate des stimuli et réduisent le temps dédié au traitement de l'information, ce qui, par conséquent, facilite le processus perceptuel et enfin la mémorisation[1].

Les individus font une liaison entre les stimuli qu'ils perçoivent et des éléments déjà mémorisés. Le sens naît d'un assemblage. W. Kohler précise la genèse du sens :

« Un événement n'est une « perturbation » que par rapport à un ensemble, plus grand, qu'il interrompt… ; [de même] une note n'a de caractère tonal qu'à l'intérieur d'un développement musical où elle joue un rôle particulier… »[2]

C'est à partir de l'idée d'assemblage que les principes de la *gestalt* se sont donc forgés. Ils soulignent que les individus perçoivent les stimuli associés les uns aux autres et non individuellement. Le sens naît lorsque les éléments sont mis en relation entre eux. Considérés ensemble, ils ont plus de signification que séparés : « l'union fait la force ». Ainsi, un triangle a une signification plus forte que chacun des côtés séparés ; une mélodie est plus qu'une suite de notes émises individuellement.

Trois principes d'organisation sont proposés :

- le *principe de continuité* postule que l'individu voit une figure incomplète comme complète. Ainsi, une phrase dont quelques lettres manquent sera facilement comprise. L'utilisation de ce principe de continuité permet de faciliter la mémorisation du message en requérant la participation du destinataire du message ;
- le *principe de similarité* implique que les consommateurs ont tendance à regrouper les objets partageant des caractéristiques physiques similaires. C'est un principe clé pour l'organisation des linéaires et la conception des packagings. Le développement des marques ombrelles et des marques caution reposent sur ce principe ;
- le *principe de la figure et du fond* repose sur l'idée qu'un élément du stimulus (la figure) va dominer les autres éléments en fond. L'élément le plus familier ou le plus connu ressort donc du contexte. La Poste met en scène la fourgonnette de livraison et les boîtes aux lettres en figure et en fond. Selon la perspective adoptée, le lecteur perçoit l'intérieur de la voiture des postes ou les murs de boîtes aux lettres. L'alternance crée un dialogue mutuel et renforce le lien avec La Poste.

1. MacInnis D.J., Moorman C., Jaworkski B., « Enhancing and Measuring Consumer's Motivation, Opportunity, and Ability to Process Brand Information from Ads », *Journal of Marketing*, 55, october, 1991, pp. 32-53.

2. Kölher W., *La Psychologie de la forme*, Paris, Gallimard, 1964 ; cité in Mucchielli A., *L'Art d'influencer*, Paris, A. Colin, 2000.

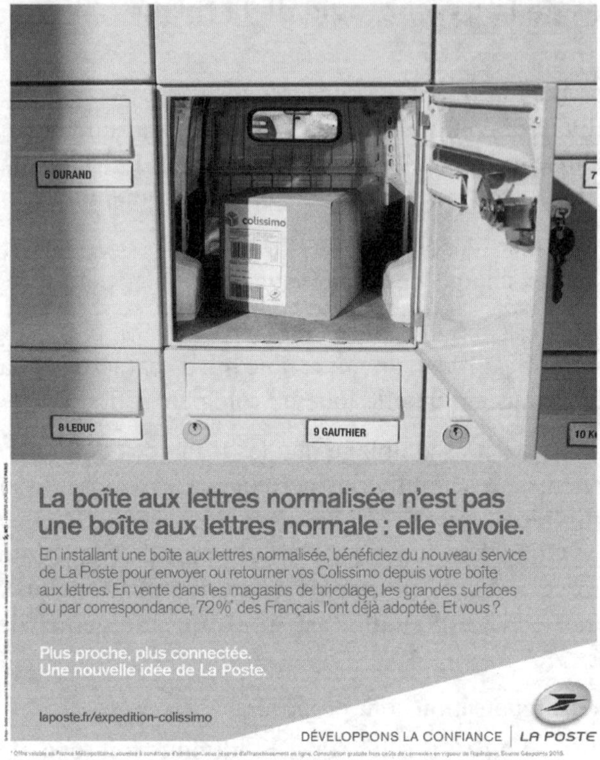

Figure 3.3 – La Poste : la figure et le fond

Repère

Le besoin de clôture

Dès qu'un ensemble est perçu comme inachevé, incomplet, un manque est alors perçu. La tension qui en résulte est source de motivation pour rendre la perception complète. Le comportement est alors dirigé vers un but qui conduira à une situation de clôture pour ramener à tension à zéro. Résoudre le problème soulevé par l'information incomplète au travers de la clôture est une récompense. L'apprentissage est facilité. On se concentre sur ce qu'on perçoit de différent, c'est-à-dire ce qui manque. La mémorisation est améliorée.

Les psychologues ont cependant mis en évidence des différences individuelles en rapport avec le besoin de clôture.

2 La perception de l'espace

2.1 La perception des distances

La perception des distances est perturbée par des illusions perceptives. La figure 3.4 montre qu'une ligne d'une même distance entre deux points peut être perçue comme plus ou moins longue.

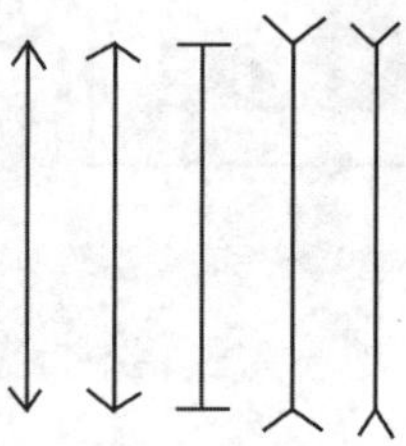

Figure 3.4 – L'illusion des flèches

La lecture des plans des centres commerciaux ou le choix d'un itinéraire dans un magasin sont influencés par de telles illusions perceptives. La figure 3.4 illustre ce problème.

Votre perception de la distance est modifiée par la nature des angles et la direction de l'itinéraire[1]. En effet, la distance entre deux points s'évalue par un jugement en ligne droite entre les deux extrémités de la distance à évaluer. La perception de la distance se réalise donc au travers d'un « biais de la distance directe ». Comme le montre la figure 3.5, le parcours à l'intérieur du magasin s'en trouve affecté. On perçoit fréquemment un point comme plus proche lorsque plusieurs zigzags sont nécessaires pour l'atteindre, que lorsque la ligne est droite. Plus les angles sont aigus, plus la perception de distance sera également raccourcie.

1. Raghubir P., Krishna A., « As the Crow Flies : Bias in Consumers'Map-Based Distance Judgments », *Journal of Consumer Research*, 23, 1, 1996, pp. 26-39.

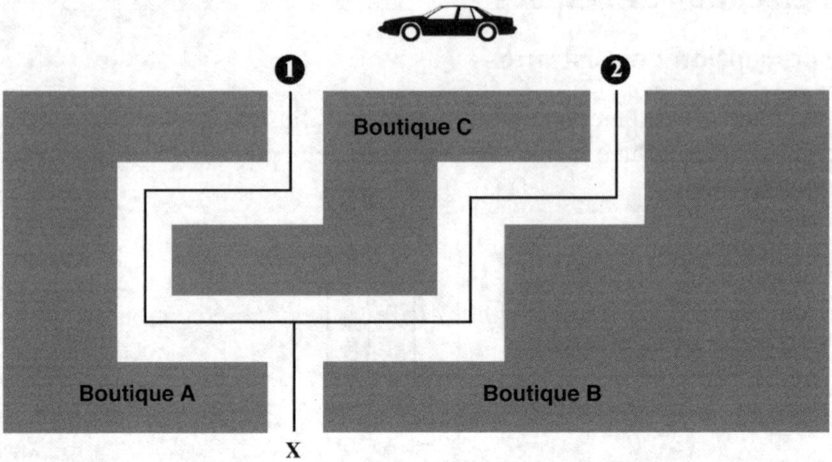

Supposez que vous vous trouvez au point marqué X dans un centre commercial bondé. Vous transportez deux paquets volumineux que vous devez ramener à votre voiture. Vous pouvez emprunter aussi bien la sortie 1 que la sortie 2. Quel chemin choisissez-vous ?

Figure 3.5 – Perception du plus court chemin

Ces principes sont applicables aux files d'attente. Il est préférable d'organiser, comme dans certains bureaux de poste, la queue en « serpentin » pour donner l'impression d'une queue relativement courte. Cette pratique comporte également l'avantage de mieux évaluer la durée d'attente sur la base des débits habituels.

La hauteur sous plafond influence également les perceptions et le traitement de l'information. On savait déjà que les chapelles appellent le sentiment de confinement alors que les cathédrales, ouvrant sur l'espace, appellent la liberté[1]. Les magasins sont également œuvres d'architectes et exploitent la hauteur sous plafond, quelques fois de manière contrainte mais souvent avec une intention. Le volume lié à la hauteur sous plafond est susceptible de modifier les attitudes du consommateur[2]. Les plafonds hauts développent un mode de pensée relationnel et les abstractions, alors que les plafonds bas stimulent une analyse par attributs des éléments présents.

1. Hall E., *La dimension cachée*, Paris, Seuil, 1978.

2. Meyers-Levy, Joan and R. U. I. Zhu, « The Influence of Ceiling Height: The Effect of Priming on the Type of Processing That People Use », *Journal of Consumer Research,* 34 (2), 2007, pp. 174-86.

2.2 La perception des volumes

J. Piaget a montré dans une série d'expériences avec des enfants que ces derniers ne percevaient le volume qu'au travers de la hauteur du récipient. Une certaine quantité de liquide coloré est versé dans un premier verre. Le liquide est ensuite versé dans un second verre plus bas mais plus large. Les participants à l'expérience ont cru que le volume avait été réduit.

En effet, l'élongation d'un contenant influence la perception du volume. Une étude comprenant différentes marques de sodas, de bières et d'eaux minérales a permis de confirmer auprès des adultes l'illusion de la perception du volume. Les consommateurs jugent le volume plus en fonction de la hauteur du contenant que sa largeur[1]. En pratique, cela signifie que pour un volume réel identique, les bouteilles sont perçues comme contenant plus de liquide que les cannettes. Ce biais perceptuel peut justifier qu'une compagnie aérienne qui offre du champagne à ses clients préfère servir dans des flûtes plutôt que dans des coupes. Aujourd'hui, la firme Coca-Cola continue d'imprimer la forme de la bouteille de Coke sur les cannettes, autant pour maintenir une identité de marque que pour visuellement allonger la perception de la cannette.

Le biais d'élongation modifie également le comportement des individus, lorsqu'ils se versent eux-mêmes une boisson : dans un verre court, les consommateurs pensent se verser moins de liquide qu'ils ne le font en réalité, et inversement ils perçoivent se verser plus de liquide dans un verre haut qu'ils le font. Par ailleurs les quantités réellement versées sont 15 % moins importantes dans un verre haut[2]. Ce type de biais est important à évaluer autant pour les clubs de vacances pratiquant un *open bar* pour diminuer la consommation sans modifier la fréquence de consommation que pour les organismes de santé souhaitant modifier les comportements déviants.

Au delà des volumes, ce sont les formes qui prêtent à des interprétations variées. Les formes du conditionnement (massif, naturel, délicat, contrasté, ou indéfini) influencent les perceptions de la marque[3]. Riegl a distingué deux types de design : le style cristallin et le style organique[4]. Ce sont deux visions du monde que renvoient ces formes qui sont perçues par les individus.

---

1. Raghubir P., Krishna A., « Vital Dimensions in Volume Perception : Can the Eye Fool the Stomach ? », *Journal of Marketing Research*, august, 36, 1999, pp. 313-326.

2. Wansink B., Van Ittersum K., « Bottoms Up ! The Influence of Elongation on Pouring and Consumption Volume », *Journal of Consumer Research*, 30, 3, 2003, pp. 455-463.

3. Orth U. R. et Malkewitz K., « Holistic Package Design and Consumer Brand Impressions », *Journal of Marketing,* 72, 3, 2008, pp. 64-81.

4. Riegl A., *Grammaire historique des arts plastiques,* Klincksieck, 1978.

Tableau 3.3 – Caractéristiques des styles organique et cristallin

	Expression	Dynamique	Temporalité	Rapport Homme/ Nature
Style cristallin	Surfaces planes, angles, zigzags Symétrie, proportions, Harmonie Précision, netteté, compacité	Inertie, immobilité	Eternité Tradition	Homme égal de la nature, Création sans modèle Non-acceptation de l'imperfection des choses naturelles
Style organique	Incurvation, arrondi Symétrie peu visible, asymétrie Aspect fortuit Imprécision	Mouvement, vie, animation	Ephémère, instantané Nouveauté	Homme dépendant de la nature Imitation Acceptation de l'imperfection des choses naturelles

Source : D'après Riegl.

2.3 La perception de la foule

L'impression de foule est une sensation d'être à l'étroit, d'être entassé ou de manquer d'espace[1]. On distingue trois types d'impression de foule : la perte de repère, l'impression de cohue et le malaise. Les magasins bondés créent du stress qui rend quelquefois difficile la localisation des produits.

La foule attire et repousse à la fois. Un espace commercial populaire crée de la stimulation et donne l'impression d'un vrai dynamisme. On entre plus volontiers dans un restaurant où il y a de la foule. Cependant, les inconvénients de la foule peuvent être ressentis : files d'attentes, sentiment de ne pas être un client privilégié…

Face à l'impression de la foule, les consommateurs perçoivent une perte d'autonomie et d'indépendance. Cette perte de liberté les conduit à quitter le lieu de vente. La réaction est parfois plus instantanée : la foule rend le client agressif. Il force le passage, bouscule ses voisins. Cependant, il lui est difficile de repérer les promotions en cours. En définitive, il culpabilise d'être venu aux heures d'affluence.

Compte tenu de l'absence de choix des horaires des courses, il appartient au distributeur de rétablir une sensation d'équilibre par rapport à la foule. Le problème est également partagé par toutes les sociétés de services et les administrations en contact avec de nombreux clients. Pour agir sur la densité de la foule, on peut réduire l'impression de foule en aérant les rayons et en fluidifiant la circulation. Les incertitudes relatives aux conséquences de la foule (temps d'attente, notamment) peuvent être réduites en faisant des annonces sur les durées d'attente dans les files de caisses.

1. Dion D., « L'influence de la foule sur les comportements dans un contexte commercial », in Volle P., *Études et Recherche en Distribution*, Paris, Économica, 2000, pp. 167-183.

3 La perception du temps

Les activités sans intérêt ou désagréables ont généralement une durée perçue plus longue que les activités agréables. La file d'attente entre dans la première catégorie. Dans cette situation, les consommateurs ont effectivement tendance à surestimer le temps d'attente, ce qui influence leur satisfaction et leur fidélité à l'entreprise, plus ils attendent, moins ils sont satisfaits du service et moins ils sont fidèles[1]. L'absence d'activité a tendance à allonger le temps perçu, comme a pu le constater toute personne ayant marqué une minute de silence.

L'attente doit être décomposée en deux problèmes : d'une part, celui peu gratifiant du temps de la prestation et, d'autre part, l'impatience de certaines personnes par rapport à certaines situations. L'impatience provient d'un écart constaté entre l'activation de l'individu (désir d'aboutir) et l'activité réelle qui est parfois nulle. Cet écart crée l'impatience. Le temps est alors perçu comme une contrainte et une perte de temps. On est prêt, sans pouvoir agir.

Afin de réduire l'impatience, il est possible d'intervenir dans deux directions. Premièrement, en proposant une activité de dérivation pour absorber l'énergie. Dans les parcs d'attraction, des animateurs et des marionnettes occupent les familles qui forment une file d'attente pendant quelquefois plus de soixante minutes. On intègre ainsi la file d'attente dans l'activité. Deuxièmement, en créant un climat de décontraction pour réduire l'activation du client. On favorise le confort physique (aire d'accueil, confort des sièges, salons réservés dans les aéroports à l'attention des voyageurs fréquents, propreté) et le confort intellectuel en assurant un déroulement sans aspérités et sans stress de la file d'attente[2]. Ainsi, on fera attention à informer les clients sur le temps d'attente au travers d'écrans vidéo et non par des annonces sonores qui éveillent l'impatience de ceux qui ne ressentaient pas le retard. Seules les personnes qui souhaitent être informées ont l'opportunité de l'être. Enfin, en ce qui concerne l'attente téléphonique, les clients sont davantage satisfaits et le nombre d'abandons plus faibles lorsqu'on les tient informé régulièrement de leur progression dans la queue[3].

1. Hornik J., Zakay D., « Psychological Time : the Case of Time and Consumer Behavior », *Time & Society*, 5, 3, 1996, pp. 385-397.

2. Durrande-Moreau A., « L'attente d'un service, quelles recommandations ? », *Décisions Marketing*, 11, 1997, pp. 69-79.

3. Minichor N., Rafaeli A., « Numbers or apologies ? Customer reaction to telephone waiting time fillers », *Journal of Applied Psychology*, 92 (2), pp. 511-518, 2007.

Repère

La perception du temps : problème culturel ?

L'attente perçue comme une perte de temps est une opinion largement répandue dans le monde occidental (Europe et Amérique du Nord). Elle s'appuie sur la compréhension du temps comme une ressource qui peut se gagner, se perdre et même se gâcher. Elle est cohérente avec une approche linéaire du temps. On distingue culturellement trois approches de la perception du temps[1] :

– le temps linéaire, considère qu'il y a un passé, un présent et un futur. Le temps s'écoule selon une ligne continue découpable en sections d'égales distances. L'activité est tendue vers le futur. Le temps a une valeur ;
– le temps circulaire conçoit le temps et la vie comme un cercle qui revient toujours sur lui-même construit autour d'événements récurrents. Cette perception est commune dans les cultures dont le rythme est conditionné par les phases de la lune ou la succession régulière des saisons. Le temps fait partie du rite. Si on respecte le rite, alors on respecte les étapes prévues par le temps circulaire. Dans cette approche, seul le présent est important. Il n'y a donc pas de perception de temps perdu ou d'attente car le temps était prévu et est vécu dans le présent ;
– avec le temps procédural, la notion de temps passé n'est absolument pas pertinente. En effet, le temps est réglé par réalisation qualitative des activités et on ne débute une nouvelle activité que lorsque la précédente est achevée de manière satisfaisante.

La perception du temps selon l'une de ces trois approches est fonction de la culture, mais également des ressources financières. Un foyer qui épargne suffisamment d'argent, va interpréter son environnement selon un temps linéaire car l'épargne est une projection dans l'avenir, et répond à un besoin de sécurité. Cependant, un ménage pauvre ne se projette pas ainsi dans l'avenir car il sera nettement plus dans un temps circulaire où le temps présent est toujours plus important. On peut ainsi expliquer pourquoi les dépenses de cadeaux de Noël sont toujours plus élevées dans les familles les plus modestes, car il n'y a pas d'arbitrage entre l'épargne future et le présent.

La perception du temps et de l'attente se fait toujours par rapport à un contexte. Les clients d'un restaurant particulièrement chargé acceptent plus facilement l'attente, car ils comprennent la contrainte de l'attente.

1. Graham R.J., « The Role of Perception of Time in Consumer Research », *Journal of Consumer Research*, 7, 4, 1981, pp. 335-342.

Mesure : Échelle individuelle d'orientation temporelle

Cette échelle est fondée sur la recherche en anthropologie et en psychologie relative aux composantes du temps et à sa perception par les individus. Elle propose quatre dimensions avec chacune deux sous-dimensions.

1/Dimension de linéarité et économicité du temps

a) *Temps économique*

– Je planifie mes activités de telle sorte qu'elles se placent de façon déterminée dans la journée.

– J'aime avoir un emploi du temps précis et m'y tenir.

– J'aime organiser mes activités quotidiennes de telle façon que je sache exactement quand faire chaque chose.

– J'aime suivre un emploi du temps.

b) *Temps non-organisé*

– Je déteste suivre un emploi du temps.

– J'ai plus de plaisir à faire les choses comme elles viennent, qu'à planifier ma journée à l'avance.

– Je déteste faire la moindre sorte de plans bien définis des semaines ou des mois à l'avance.

2/Dimension de projection temporelle

a) *Orientation vers le passé*

– J'ai la nostalgie du passé.

– Lorsque je suis seul mes pensées se tournent souvent vers le passé.

– Je pense très souvent à la vie telle qu'elle était avant.

– Je me retrouve parfois plongé dans le passé.

b) *Orientation vers le futur*

– Je passe du temps à penser à ce que mon futur pourrait être.

– Je pense beaucoup à ce que ma vie sera un jour.

– Beaucoup d'entre nous tendent à faire des rêves éveillés sur leur futur. Cela m'arrive aussi.

– Je pense souvent aux choses que je vais faire dans le futur.

3/Dimension d'obéissance au temps

a) *Maîtrise du temps*

– Peu importe quels efforts je peux faire, je suis presque toujours en retard.

– Je ne suis pratiquement jamais en retard pour le travail ou les rendez-vous.

☞

1. Usunier J.-C., Valette-Florence P., « Individual Time Orientation : a Psychometric Scale », Time and Society, 3, 2, 1994, pp 219-241.

☞

– Si la seule manière d'arriver à un rendez-vous est de me presser, je préfère être en retard.

– J'aimerais mieux arriver en avance et attendre plutôt qu'être en retard à un rendez-vous.

b) *Sentiment d'inutilité du temps*

– En examinant un jour typique de ma vie, je pense que la plupart des choses que je fais ont un but.

– Il m'arrive de ressentir que ma manière d'utiliser mon temps a peu d'utilité ou de valeur.

– Mes activités quotidiennes m'ennuient.

– Je ressens souvent que ma vie est sans but, sans objet précis.

4/Dimension de persistance temporelle

a) *Ténacité*

– Une fois que j'ai démarré une activité, je persiste jusqu'à sa réalisation complète.

– Quand je commence un projet, je n'aime pas m'arrêter avant qu'il ne soit terminé.

– Quand on m'interrompt dans une activité, j'y reviens presque toujours aussi vite que possible.

b) *Préférence pour des résultats rapides*

– Je préférerais réaliser plusieurs petits projets qu'un seul de grande dimension.

– Je préférerais faire un projet très important que plusieurs petits.

– J'aimerais mieux essayer de réaliser deux ou trois choses rapidement que de passer mon temps à réaliser un grand projet.

Section 3 LES EFFETS DE CONTEXTE ET DE CADRAGE SUR LE CHOIX

L'histoire de la peinture peut se résumer à une confrontation de la recherche de perspective dans un cadre. La découverte de la technique de la perspective par les peintres de Renaissance révolutionna la perception du monde. Dès lors les artistes n'ont eu de cesse de représenter la perspective dans leur œuvre tout en cherchant à s'en affranchir pour renforcer un élément plutôt qu'un autre. Tout tableau doit être interprété par rapport aux éléments inscrits dans le cadre et leur traitement par rapport aux lignes de fuites[1]. *La Cène* de Léonard de Vinci est un exemple éclatant de ces manipulations : Jésus et les apôtres sont attablés au-devant d'une perspective. La perspective arrière est respectée, alors qu'elle ne l'est pas au premier plan. Ainsi

1. Arasse D., *Histoires de peintures*, Gallimard, 2006.

les apôtres et le Christ « sortent » du tableau. *La Cène* est ainsi vivante[1]. Cadrage et perspective sont intimement liés et le seront jusqu'à l'apparition de la photographie, qui rendra inutile une représentation figurative.

La théorie des perspectives de Kahneman et Tversky emprunte à bien des égards des éléments picturaux. C'est une approche qui cadre les propositions (comme les personnages d'un tableau) les unes par rapport aux autres, dans la perspective d'une décision à prendre. Le cadrage induit les biais de perception éventuels.

Les recherches menées sur les effets de contexte et de cadrage les mettent en évidence.

1 Les effets de contexte

La situation de choix est affectée par la présence de nouveaux produits lors du choix, alors qu'ils n'avaient pas été pris en compte dans la formation antérieure de la préférence. Par exemple, vous découvrez une nouvelle paire de chaussures sur le lieu de vente, qui rend subitement démodé le modèle que vous escomptiez acheter avant d'entrer dans le magasin. Ce sont les effets de contexte. Le contexte est l'environnement du choix. De nombreux facteurs environnementaux peuvent ainsi être modifiés pour influencer le client à choisir un autre produit.

1.1 Les effets de contraste

L'effet de contraste est l'un des premiers effets de contexte rencontrés. Il arrive souvent qu'un produit initialement jugé adéquat par rapport aux besoins ou de bonne qualité se trouve moins bien jugé dès lors qu'il est comparé à des produits d'un niveau supérieur sur les caractéristiques entrant dans le choix. Le point de référence, c'est-à-dire l'objet initial, est plus ou moins bien noté, selon les objets avec lequel il est comparé. La théorie du niveau d'adaptation explique ce phénomène. Lorsque le premier produit est jugé acceptable en premier lieu, puis est comparé à de nouveaux produits plus attirants, le premier d'entre eux paraît alors moins attractif. Inversement, un contexte créant une comparaison avec des objets peu attirants, renforce l'attrait de l'objet initial[2].

1. http://www.cenacolovinciano.it

2. Meyers-Levy J., Sternthal B., « A Two-Factor Explanation of Assimilation and Contrast Effects », *Journal of Marketing Research*, 30, 2, 1993, pp. 359-368.

Repère

L'effet de contraste sur la probabilité de non-choix

A. Tversky et E. Shafir (1992)[1] montrent que la décision de différer le choix augmente lorsqu'il faut choisir parmi plus d'un produit. Ce résultat est apporté en comparant les résultats de deux expériences portant sur deux groupes d'étudiants de Stanford et Princeton, de taille équivalente (n1 = 121 et n2 = 124). Dans une première expérience, on propose aux sujets de choisir entre un lecteur CD Sony en promotion et le non-choix ; dans une seconde expérimentation les sujets doivent faire leur choix entre le même lecteur SONY, un lecteur plus haut de gamme de chez AIWA et le non-choix (les deux lecteurs sont en promotion).

Les résultats sont éclatants. Ainsi, si 64 % des consommateurs sont prêts à acheter un lecteur de CD lorsqu'on leur propose de choisir entre un modèle SONY ou l'attente (34 % des réponses), ils ne sont plus que 54 % au total à choisir d'acheter lorsque le choix est entre deux marques de lecteur de CD, Sony et Aiwa (27 % des réponses pour chacune des marques), et l'attente (46 % des réponses). La somme des réponses favorables à l'achat est donc inférieure lorsque trois options plutôt que deux sont proposées. Si l'achat était préféré par 64 % des consommateurs face à deux options, le taux d'achat devrait être similaire lorsque trois options sont proposées. L'ajout d'une option aussi intéressante que l'autre rend le choix plus difficile et induit donc le consommateur à attendre.

Les consommateurs sont plus ou moins conscients de cet effet, mais ne perçoivent pas toujours à quel point il influence ce qu'ils achètent, comment ils achètent, ainsi que leur niveau de satisfaction.

Le vendeur met souvent en œuvre l'effet de contraste dans sa relation commerciale avec le client. Observons par exemple un homme qui complète l'achat de son costume avec des accessoires tels qu'une ceinture ou une cravate. Si une cravate à 30 euros peut sembler chère en valeur absolue, lorsqu'elle est évaluée indépendamment du contexte, elle devient bien plus abordable dès qu'elle est comparée à un costume à 300 euros. C'est la technique couramment utilisée par le vendeur qui dans un premier temps propose le costume et une fois la décision acquise sur la pièce la plus onéreuse, propose ensuite les accessoires. Dans un contexte de dépense de 300 euros, une dépense additionnelle de 30 euros est faible. C'est le même principe qui s'applique lors de la vente d'options complémentaires pour une voiture de 15 000 euros. L'ordre de présentation est donc fondamental. Le processus de vente conduit à proposer le produit le plus cher en premier, suivi des services complémentaires.

1. Tversky A., Shafir E., « Choice Under Conflict : the Dynamics of Deferred Decision », *Psychological Science*, 3, 6, 1992, pp. 358-361.

1.2 Les effets d'assimilation

L'effet d'assimilation exerce une force opposée à l'effet de contraste. Alors que l'effet de contraste éloigne le jugement du point de référence initial, l'effet d'assimilation rassemble le point de référence initial et la nouvelle attitude si les deux tombent dans la zone d'acceptation. Il y a un effet d'assimilation, lorsque l'individu à qui le message est destiné est d'accord avec son contenu au point de l'interpréter plus positivement qu'il ne l'est en réalité. Au contraire, il y aura un effet de contraste lorsque le message destiné à l'individu est interprété plus négativement qu'il ne l'est en réalité.

Repère

La théorie du jugement social

La théorie du jugement social pose que les individus intègrent toute nouvelle information à propos des objets qui les concernent en fonction de leurs croyances et attitudes. Cette théorie, développée par C. Sherif, explique que le stimulus destiné à modifier l'attitude est filtré par les croyances initiales de l'individu pour créer des effets de contrastes ou d'assimilation selon la position originale de l'individu.

La théorie s'articule autour de trois concepts :

- une attitude originale est le point de référence ou le point d'ancrage pour l'évaluation de toute perception ultérieure. C'est un standard par lequel on évalue les objets alternatifs et sont sources de distorsions de jugements. Il y a assimilation lorsque le jugement se déplace vers le point d'ancrage (l'alternative apparaît plus proche qu'elle ne l'est en réalité). Il y a contraste lorsque la comparaison modifie le jugement loin de son point d'ancrage (il apparaît plus loin qu'il ne l'est en réalité) ;
- le jugement individuel des différentes alternatives selon son degré d'acceptabilité pour l'individu. Ce dernier entretient alors une zone d'acceptation (absolument d'accord), une zone de rejet (absolument pas d'accord) et une zone d'indifférence (pas d'intérêt) autour de ses points d'ancrage. Ainsi, un message ou un stimulus proche de la position initiale de l'individu à qui il est destiné, assimilera la nouvelle information jusqu'à la convergence entre les deux opinions. C'est le mécanisme de l'effet d'assimilation largement utilisé en communication pour convaincre graduellement les individus. Cependant, si l'information diffusée tombe dans la zone de rejet, le message plus éloigné, qu'il ne l'est en réalité, du point d'ancrage du destinataire du message. Un effet de contraste en résulte ;
- le niveau d'implication personnel dans le sujet. Plus l'individu devient impliqué plus la latitude de sa zone d'acceptation rétrécie. Par conséquent, une personne fortement impliquée devient peu tolérante à des opinions contraires. Au contraire, une personne faiblement impliquée trouvera beaucoup plus de positions acceptables (large zone d'acceptation) ou se trouvera faiblement intéressée par le sujet (large zone d'indifférence)

La théorie du jugement social permet ainsi de prédire qu'un consommateur fortement impliqué trouvera peu de marques acceptables alors que la gamme de produits acceptée par le consommateur faiblement impliqué sera plus large. De plus, elle souligne que le client impliqué sera particulièrement attentif aux messages publicitaires et sera plutôt susceptible de les interpréter selon ses attitudes présentes et ses expériences récentes. Le client moins impliqué sera moins attentif aux annonces, mais facilement persuadé.

1.3 Les effets de compromis

L'effet de compromis est la résultante d'un choix entre trois options de bas, moyen et haut de gamme. Alors que les effets de contrastes ou d'assimilation tendent à favoriser les extrêmes, l'effet de compromis joue pleinement pour divertir le consommateur de produit bas de gamme vers le produit moyen de gamme, en ajoutant dans le choix un produit de très haut de gamme[1]. Le consommateur perçoit une égalité entre le bas de gamme et le moyen de gamme d'une part et le moyen de gamme et le haut de gamme, même si en fait la distance est plus faible pour le second intervalle que le premier. Ce biais de perception de l'individu conduit l'entreprise à proposer un troisième produit très haut de gamme, pour favoriser le choix du moyen de gamme qui est cependant d'un niveau de gamme élevé. Toutes les organisations de gamme de produit suivent ce principe.

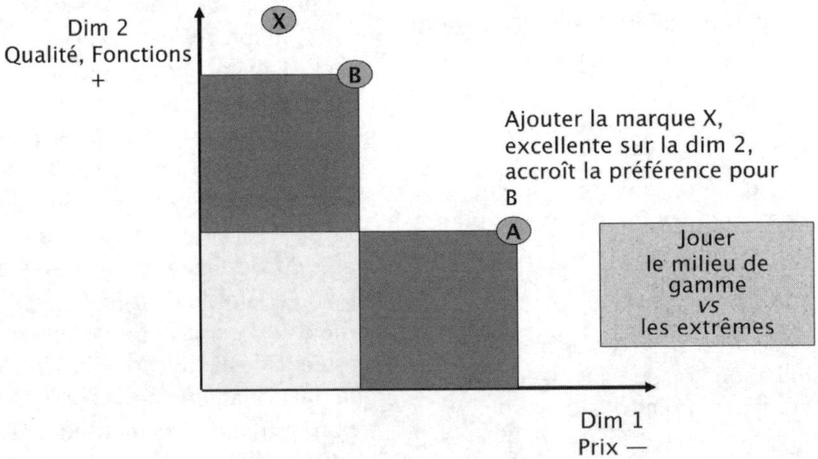

Figure 3.6 – Effet de compromis

1. Tversky A., Simonson I., « Context-Dependent Preferences », *Management Science*, 39, 10, 1993, pp. 1179-1189 ; Kivetz R., Netzer O., Srinivasan V., « Alternative Models for Capturing the Compromise Effect », *Journal of Marketing Research* (JMR), 41, 3, 2004, pp. 237-257.

Exemple

Les sites de commerce en ligne, et particulièrement le site de Dell, permettent la comparaison de plusieurs modèles simultanément. Par exemple, sur le site de Dell, les ordinateurs portables sont proposés selon trois niveaux de performance : le modèle « Performance » à 899 €, le modèle « Multimédia » à 699 € et enfin le modèle « Premiers Pas » à 499 €. L'effet de compromis joue pleinement pour le modèle intermédiaire à 699 €.

2 Les effets de cadrage

Par ailleurs, le choix est également affecté par la présentation des conséquences que le choix peut avoir pour l'individu. Ce sont les effets de cadrage.

2.1 La théorie des perspectives

Selon les effets de cadrage[1], les individus vont juger différemment une alternative de choix et décider en sens opposé selon qu'on se concentre sur les conséquences négatives ou positives du choix. Le premier effet de cadrage a été mis en évidence par le mathématicien français J. Bernoulli.

Repère

L'effet de J. Bernoulli

La formulation du choix est un pari présenté soit avec un gain relatif ou une perte relative. En effet, J. Bernoulli a montré dès 1738 que les individus réagissent de manière non optimale face au risque mettant en évidence l'aversion au risque. Pour illustrer le principe de J. Bernoulli, prenons le choix entre la perspective d'avoir 85 % de chances de gagner 1 000 € (avec 15 % de chances de ne rien gagner), et la perspective de recevoir à coup sûr 800 €. Une grande majorité préfère opter pour le gain sûr alors que l'espérance mathématique de gain est supérieure si le pari était choisi. Les individus préfèrent donc en majorité un gain sûr plutôt que de risquer de perdre, même si la probabilité de gagner est plus élevée.

1. Pour plus de compléments, le lecteur se référera à l'ouvrage édité par Kahneman D. et Tversky A., *Choices, Values and Frames*, Cambridge, Cambridge University Press, 2000.

En développant ce principe aux espérances de pertes et de gains, D. Kahneman et A. Tversky ont testé une approche théorique des effets de cadrage qu'ils ont appelée théorie des perspectives (*prospect theory*), qui est une fonction de la valeur dépendante de la variation marginale des gains ou des pertes par rapport au point de référence de départ. Selon cette théorie, les individus valorisent plus le risque de perte que l'espérance de gain, même si la valeur nominale est de la même grandeur absolue et relative. La fonction est concave pour les gains alors qu'elle est convexe pour les pertes. La pente est cependant plus forte pour les pertes que les gains (figure 3.7).

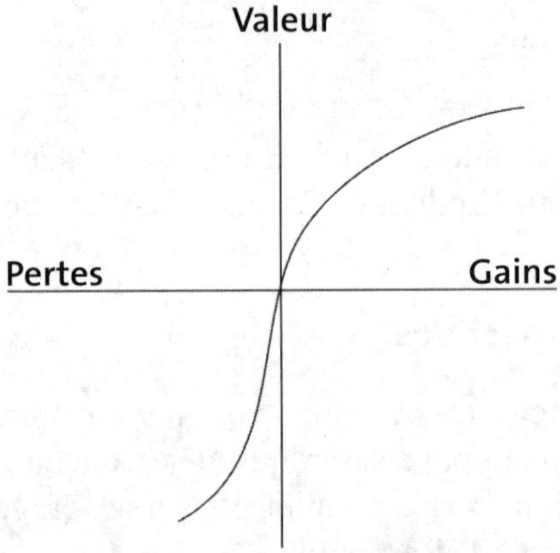

Figure 3.7 – La fonction de valeur de la théorie des perspectives

Pour expliquer cette différence qui a de nombreuses implications en comportement du consommateur, nous reprenons l'exemple des auteurs de cette théorie[1]. Il y a une épidémie qui peut tuer jusqu'à 600 personnes et les hôpitaux peuvent choisir entre deux programmes de recherche pour combattre la maladie. Le programme A, s'il est adopté, peut sauver 200 vies, alors que le programme B évalue à 1/3 la probabilité que les 600 vies soient sauvées, à 2/3 la possibilité qu'aucun des malades ne survive. Après avoir interrogé un échantillon d'individus auquel on demande de choisir, 72 % des personnes interrogées préfèrent le programme A au programme B. Comme le principe de J. Bernoulli le laissait prévoir, les individus préfèrent une réponse sûre assurant 200 vies sauves plutôt qu'un pari qui permettrait d'épargner 600 vies avec une chance sur trois de réussite.

Maintenant, remplaçons les deux programmes A et B par les programmes C et D en modifiant la formulation. Le programme C, s'il est adopté, impliquera la mort de 400 personnes, alors que programme D prévoit qu'il y a une chance sur trois que personne ne meure et deux chances sur trois que 600 personnes disparaissent. Face à ce choix, 78 % des personnes interrogées préfèrent le programme D contre 22 % le programme C.

1. Kahneman D., Tversky A., « Choices, Values, and Frames », *American Psychologist*, 39, 4, 1984, pp. 341-350.

Bien que ces deux résultats paraissent en contradiction, ils s'expliquent par la théorie des perspectives. Les conséquences des programmes A et C sont identiques, de même que les programmes B et D. Lorsque les conséquences sont présentées sous forme de gains (vies sauvées, ventes additionnelles, remise supplémentaire) les gens développent une aversion au risque. En se concentrant sur deux options qui apportent un gain dont l'une est sûre et la seconde un pari, on préfère un résultat sûr, c'est-à-dire le programme A. Cependant, lorsque les conséquences sont présentées sous forme de pertes (vies perdues, part de marché cédée…) les individus vont rechercher le risque et choisissent le pari qui peut éventuellement rapporter plus que la perte sûre (programme D *versus* programme C).

Le mode de pensée est donc très différent selon qu'on est concentré sur l'aspect positif d'un choix ou sur ses aspects négatifs.

EXEMPLE

Faut-il donner à ses clients les plus fidèles un chèque cadeau de 20 € ou deux chèques cadeaux de 10 € ?
Le chèque cadeau de 10 € a une utilité v(10) alors que le chèque cadeau de 20 € a une utilité v(20). Compte tenu de la fonction concave des gains v(10)+v(10)>v(20).

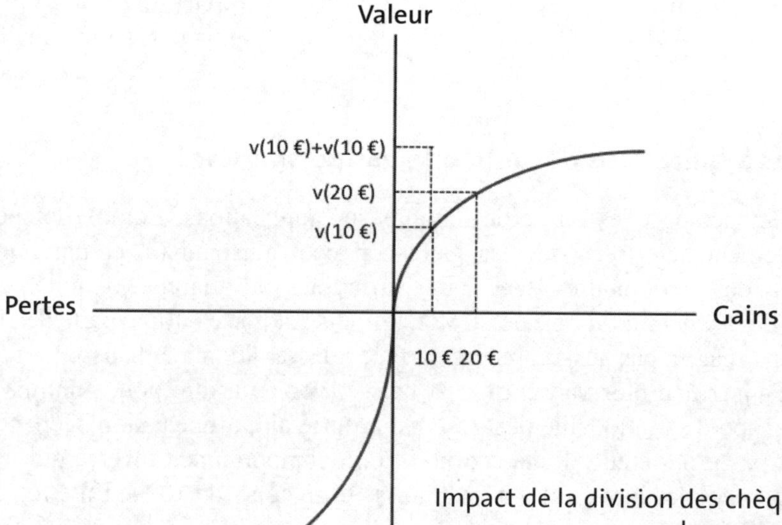

Impact de la division des chèques cadeaux sur la perception du gain

Que recommandez-vous à un directeur d'un magasin d'ameublement et de décoration qui envisage d'intégrer le coût du crédit dans sa politique de prix en vous demandant de réfléchir aux deux options ?
1) Afficher une commode au prix de à 120 € avec un supplément de 10 € si le client paie en trois fois.

2) Afficher une commode à 130 € et donner une remise de 10 € si le client paie en une seule fois.

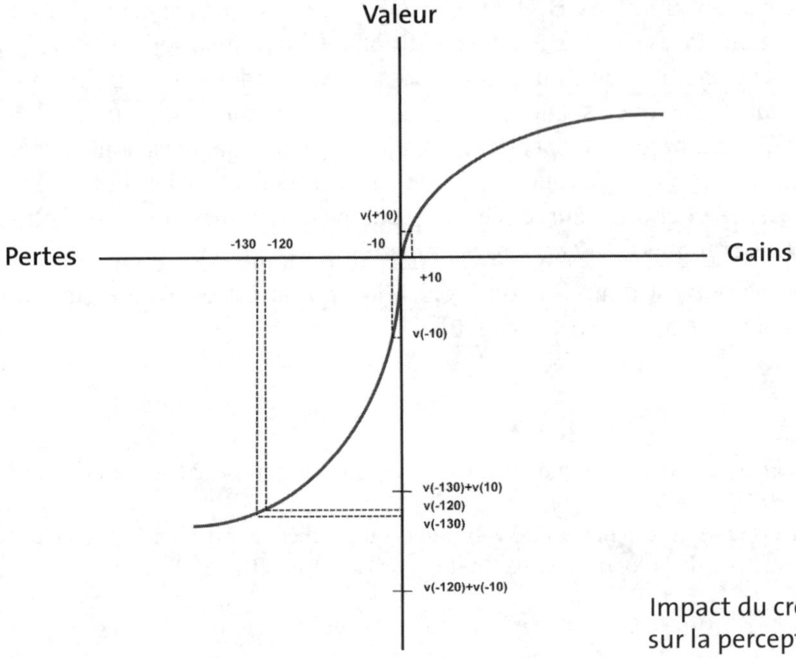

Impact du crédit gratuit sur la perception de prix

2.2 Quelques applications de la théorie des perspectives

La théorie des perspectives ouvre de nombreuses applications. Comme les pertes sont plus fortement valorisées que les gains, on peut ainsi mieux comprendre le comportement des actionnaires face aux variations du marché boursier. Une augmentation de la valeur d'un titre de 10 % est moins valorisée qu'une perte de 10 %. L'actionnaire ne réagira pas aussi rapidement face à la variation à la hausse (vente du titre afin de réaliser une plus-value) qu'à la baisse (vente du titre pour minimiser la moins-value). Il perd sa rationalité dès qu'il est propriétaire d'une action. Cependant, lorsqu'il n'est pas propriétaire d'une action, il a un comportement inverse qui le fait agir plus rapidement dès lors qu'il y a une hausse d'un cours de 10 %. En effet, dans le cas d'un individu qui ne possède pas encore l'action, la hausse du titre est en fait une perte, qui sera plus valorisée qu'une baisse du titre. La position de l'actionnaire ayant changée par rapport aux variations des cours de bourses, les conséquences négatives deviennent positives et vice et versa. Cette différence illustre le cadrage. Selon la présentation du choix et la position de l'individu au moment du choix, la réaction sera différente.

Un actionnaire individuel est également un consommateur. Il réagit de la même façon par rapport aux variations de prix. La théorie des perspectives explique ainsi l'asymétrie de l'élasticité des prix. Le consommateur est plus sensible à l'augmentation des prix (qui sera ressentie comme une perte) qu'à une baisse des prix (qui est perçue comme un gain)[1].

L'un des aspects les plus immédiatement opérationnel des effets de cadrage en comportement du consommateur est la description des attributs des produits selon une formulation positive ou négative. Selon la théorie des perspectives, une formulation négative va générer le sentiment d'une perte. Il sera alors moins probable que le consommateur choisisse un produit qui procure cette perte. Cet effet fut mis en évidence en proposant à des consommateurs de juger une viande hachée sur sa maigreur et sa qualité. La viande hachée fut présentée soit comme à « 75 % maigre », soit comme à « 25 % grasse ». Les résultats des formulations sont identiques, mais le premier est accompagné d'un cadrage positif alors que le second présente un cadrage négatif. Les individus ayant eu à évaluer la viande à « 75 % maigre » ont nettement jugé le produit comme plus maigre, de meilleure qualité et de goût meilleur que les consommateurs ayant eu à juger la viande à « 25 % grasse »[2].

La théorie du cadrage est également utilisée dans le domaine de la santé[2]. Par exemple, une expérimentation a été conduite auprès de deux groupes d'étudiants sur l'usage du fil dentaire par des individus orientés promotion (recherche de gains) et un second groupe orienté prévention (éviction des pertes). Le premier groupe d'étudiants a été exposé à un message cadré positivement « *flossing your teeth daily removes particles of food in the mouth, avoiding bacteria, which promotes great breath* ». Le second groupe a été exposé à un message cadré négativement « *If you don't floss your teeth daily, particles of food remain in the mouth, collecting bacteria, which causes bad breath* ». Les résultats montrent une congruence entre la disposition de personnes selon leur recherche de gains/pertes et la valence du message. Lorsque le message est cadré négativement, les étudiants qui ont une aversion pour les pertes utilisent davantage le fil dentaire que lorsque le message est cadré positivement (et inversement)[3].

Toutefois, cet effet persuasif supérieur de la formulation positive n'est vérifié que dans le cadre de produits de faible implication. En effet, pour les sujets fortement

1. Hardie B.G.S., Johnson E., Fader P.S., « Modeling Loss Aversion and Reference Dependence Effects on Brand Choice », *Marketing Science*, 12, 1993, pp. 378-394.

2. Levin I.P., Gaeth G.J., « How Consumers are Affected by the Framing of Attribute Information Before and after Consuming The Product », *Journal of Consumer Research*, 15, 3, 1988, pp. 374-378.

3. Mann T., Sherman D., Updegraff J., « Dispositional Motivations and Message Framing: a test of the Congruency Hypothesis in College Students », *Health Psychology*, 23(3), pp. 330-340, 2004.

Mourre M.L., Gurviez P., « Proposition d'un modèle intégrateur de la résistance aux messages anti-tabac », *Recherche et applications en marketing*, 30(3), pp. 35-62, 2015.

Werle C.O.C., Boesen-Mariani S., Gavard-Perret M.L., Berthaud S., « Prévention de l'obésité auprès des adolescents : l'efficacité de l'argument " risque social" sur les intentions et comportements alimentaires ». *Recherche et applications en marketing*, 27(3), pp. 3-29. 2012.

impliquants, et notamment les thèmes de santé publique (cancer, tabac, Sida, etc.), une formulation négative permettra de convaincre plus facilement le destinataire du message[1].

2.3 La comptabilité mentale

Tous les consommateurs planifient d'une manière ou d'une autre leurs revenus et dépenses. Même si ce processus n'est pas toujours efficace, le consommateur réalise une catégorisation de ses dépenses en comptes thématiques et établit des limites à ne pas dépasser. Ce sont quelques-uns des principes de la comptabilité mentale. Les choix sont influencés par ces principes : 100 euros affectés à un compte mental ne sont pas aisément transférables à un autre compte mental[2]. Un exemple classique de comptabilité mentale est le ticket de théâtre qui a été perdu.

On demande à un premier groupe de 200 individus, d'imaginer qu'ils avaient décidé d'assister à une pièce de théâtre et déjà payé leur place de 10$. Alors qu'ils arrivent à l'entrée du théâtre, ils découvrent qu'ils ont perdu le ticket. 54 % des personnes interrogées refusent de payer à nouveau 10 $ pour acheter un nouveau ticket.

On demande à un deuxième groupe de 183 individus, d'imaginer qu'ils avaient décidé d'assister à une pièce de théâtre et que le prix de la place est de 10 $ à acquitter à l'entrée du théâtre. À l'arrivée au théâtre, les sujets de l'expérience s'aperçoivent qu'ils ont perdu un billet de 10$. Alors qu'ils ont la possibilité de renoncer à assister à la pièce, seulement 12 % des personnes interrogées refusent de payer 10 $ pour le ticket.

Bien que dans les deux cas, la perte est de 20 $, la réaction est différente. D. Kahneman et A. Tversky expliquent la différence par le fait que la perte du ticket affecte la catégorie « loisirs et sorties », alors que le billet de 10 $ n'était affecté à aucune catégorie. Dans le premier cas ci-dessus, la perte est évaluée à 20 $ alors que dans le second cas, la perte est limitée à 10 $.

Le consommateur utilise des jugements perceptuels pour comprendre son environnement. Leur analyse par l'entreprise permet d'aller à la rencontre des besoins du consommateur. Les perceptions ne sont cependant pas fugaces. Après de multiples expositions aux stimuli, le consommateur mémorise ses perceptions. La maîtrise des mécanismes perceptuels qui façonnent le choix du consommateur détermine la mémorisation correcte des informations et des éléments de choix soumis au consommateur. Les mécanismes d'apprentissage et de mémorisation font l'objet du quatrième chapitre.

---

1. Maheswaran D., Meyers-Levy J., « The Influence Of Message Framing And Issue Involvement », *Journal of Marketing Research*, 27, 2, 1990, pp. 361-367.

2. Thaler R.H., « Mental Accounting Matters », *Journal of Behavioral Decision Making*, 12, 1999, pp. 183-206.

Chapitre

4 L'apprentissage et la mémorisation

OBJECTIFS

- Nous sommes samedi. La journée de Juliette débute avec son cours de Zumba. Surprise en arrivant : le professeur a changé la chorégraphie. Il va falloir l'apprendre ! Pendant tout le cours, elle ne quitte pas des yeux les pieds du professeur afin de « faire pareil ». À chaque pause, elle prend une gorgée d'eau gazeuse aromatisée : elle a changé, d'habitude, elle prend de l'eau plate qui désaltère davantage. « Learning by doing », se dit-elle. La prochaine fois, elle reviendra à de l'eau plate, la marque Évian, celle qui, pour elle, représente le mieux la catégorie de ce produit. Le cours fini, Juliette doit réfléchir à une tenue pour la soirée déguisée à laquelle elle est invitée. L'année dernière, pour la même soirée, elle avait loué une robe de soirée et on l'avait félicitée sur son choix. Cette année, Juliette aimerait faire comme sa meilleure amie, dont elle perçoit et valorise le bon goût, en portant une tenue dans le même esprit.
- Toutes ces situations de la vie courante convoquent des formes d'apprentissage différentes. L'objectif de ce chapitre est de les identifier et d'en comprendre les mécanismes.

SOMMAIRE

SECTION 1 L'apprentissage

SECTION 2 La mémorisation et l'organisation des connaissances

Les recherches conduites en psychologie ont permis de montrer que le comportement d'un organisme (individu, animal, organisation) dépend pour une grande part de son expérience antérieure. Cela signifie que le consommateur apprend au travers de sa consommation. De façon générale, on dit qu'il y a apprentissage lorsqu'un organisme, placé plusieurs fois dans la même situation, modifie sa conduite de façon systématique et relativement durable[1].

Section 1 L'APPRENTISSAGE

L'apprentissage est un préalable à toute acquisition de connaissances. On distingue généralement deux écoles de pensées.

La première, représentée par *l'approche béhavioriste*, explique la modification du comportement au travers des mécanismes de conditionnement classique et instrumental. Ce sont des éléments externes au consommateur qui provoquent la stimulation. Ils montrent l'impact des facteurs environnementaux pour influencer le comportement.

La seconde est *l'approche cognitive*, qui met en relief les processus mentaux internes de l'individu et qui repose principalement sur les processus de mémorisation et de traitement de l'information. L'apprentissage cognitif et l'apprentissage vicariant présentent des processus psychologiques élaborés au travers desquels le comportement est une réponse qui associe les éléments externes et les connaissances internes. Le but principal de l'apprentissage cognitif est de résoudre un problème.

1 L'apprentissage classique

En reprenant le thème musical *The Night of the Fox* de Mark Rydell, réorchestré par Ugo Montenegro dans le disque *Pendez-les haut et court* et en l'associant à ses produits, DIM a créé un hymne à sa marque. Les quelques notes du thème (ré, sol, la, si, ré, mi) appellent automatiquement la marque DIM à l'esprit. Similairement, la musique de Noël en magasin crée une ambiance propice à la détente et à la joie. Selon quels principes ces associations se créent-elles ?

1.1 Principes

Le conditionnement classique est un mode d'apprentissage par association, dans lequel on crée un lien entre, d'une part un élément (produit, marque), appelé

1. Reuchlin M., *Psychologie*, Paris, PUF, 2002.

stimulus conditionné, qui, lorsqu'il est présenté à un organisme (individu, consommateur), génère une réponse neutre, et, d'autre part, un facteur externe, appelé *stimulus non conditionné*, qui génère habituellement une réaction (ou réponse comportementale). L'association du stimulus non conditionné (SNC) au stimulus conditionné (SC), conduit à ce que le stimulus conditionné (SC) produise la même réponse comportementale que le stimulus *non* conditionné (SNC). Le conditionnement classique apparaît donc comme une méthode fréquemment utilisée en publicité. Le stimulus conditionné est le stimulus qui a une réponse *a priori* neutre auquel on transfère par association l'émotion, le sentiment, la réponse que génère le stimulus non conditionné.

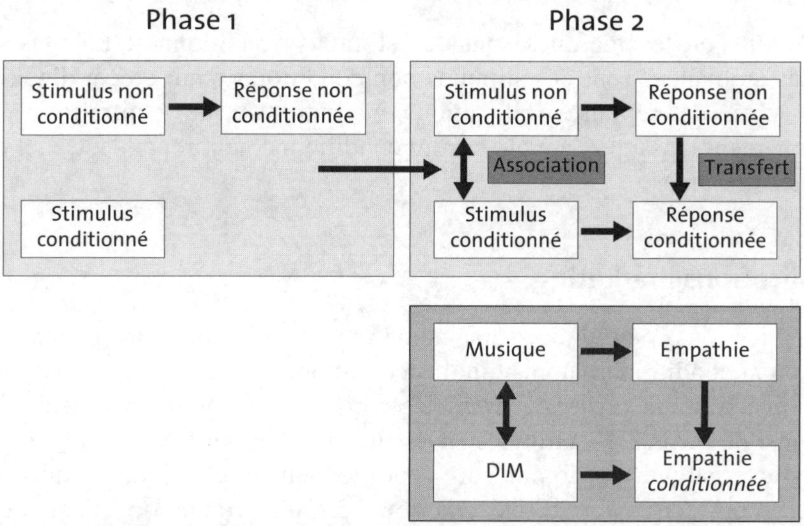

Figure 4.1 – Le processus de stimulation du conditionnement classique

Repère

L'expérience de I. Pavlov

Le physiologiste russe I. Pavlov (1849-1936) a mené des études expérimentales sur des chiens pour montrer la réponse conditionnée au son d'une clochette. Le mécanisme est le suivant : dans un premier temps, on observe un lien « naturel » entre un stimulus *non* conditionné (le morceau de viande pour le chien) et une réponse comportementale (la salive du chien) ; dans un deuxième temps, on associe systématiquement, de nombreuses fois, un stimulus conditionné (le son d'une cloche) ☞

☞

au stimulus non conditionné (en présentant le morceau de viande précédé du son de cloche ; l'ordre d'apparition des stimuli est important). Au bout d'un certain nombre d'associations entre le stimulus conditionné (le son de cloche) et le stimulus *non* conditionné (la viande), le stimulus conditionné produit la même réponse comportementale (la salive) que le stimulus non conditionné. À l'issue du processus de conditionnement, le chien salive lorsque la cloche sonne, sans que l'on présente le morceau de viande. Cependant, cette réaction n'est pas définitivement acquise. Ce processus d'apprentissage va disparaître si le stimulus non conditionné n'est plus jamais présenté (au bout d'un certain nombre de fois, le chien va s'arrêter de saliver au son de la cloche si on ne lui présente plus le morceau de viande).

Les produits ou les marques sont des stimulus conditionnés. La musique, les odeurs, les ambiances sont des stimulus non conditionnés qui créent d'eux-mêmes certains types de réponse (relaxation, bien-être ou au contraire rejet). Le conditionnement classique, appelé encore conditionnement répondant, met donc en scène deux stimuli.

1.2 Applications marketing

Les applications marketing sont nombreuses[1]. L'association d'une émotion (stimulus non conditionné) à un stimulus conditionné génère une réponse affective, qui crée une attitude positive envers la marque[2]. Le conditionnement classique permet ainsi de former des attitudes envers les produits sans qu'il y ait de réflexion sur les caractéristiques du produit[3]. Le conditionnement classique est ainsi le socle théorique pour le transfert d'une émotion vers un produit ou une marque. Ce mécanisme est le premier moyen d'attirer l'attention sur une marque, mais au fil de la répétition de l'association entre le stimulus non conditionné et le stimulus conditionné, les informations sur les caractéristiques prennent plus d'importance dans le traitement de l'information. Le conditionnement classique est donc utile pour accrocher le consommateur mais doit être rapidement relayé par un message structuré[4]. On retrouve ici la distinction entre la route périphérique et la route centrale d'élaboration du modèle ELM.

1. Nord W.R., Peter J.P., « A Behavior Modification Perspective on Marketing », *Journal of Marketing*, 44, spring, 1980, pp. 36-47.

2. Shimp T., « Neo-Pavlovian Conditioning and its Implications for Consumer Research and Theory », in *Handbook of Consumer Research*, éds. Robertson T.S. et Kassarjian H.H., New Jersey, Prentice Hall, 1991, pp. 62-187.

3. Eagly A.H., Chaiken S., *The Psychology of Attitudes*, TX, Harcourt Brace Javanovich, 1993.

4. Kim J., Lim J.-S., Barghava M., « The Role of Affect in Attitude Formation : a Classical Conditioning Approach », *Journal of the Academy of Marketing Science*, 26, 2, 1998, pp. 143-152.

Exemple 1 – Utilisation du parrainage

Le parrainage qui s'est considérablement développé ces dernières années, est une des applications marketing du principe de conditionnement classique[1]. Le parrainage consiste à associer une entité externe à son activité centrale, tel qu'un événement sportif (Coupe du monde de football, Jeux olympiques, courses transatlantiques, etc.), une personnalité, une équipe (Les Bleus) ou une discipline (Lancôme et le golf, BNP et le tennis). Les sentiments favorables à l'événement, à la personnalité ou à la discipline (stimulus non conditionnés) vont être transmis selon la théorie du conditionnement à la marque (stimulus conditionné). Lorsqu'un consommateur pense « Équipe de France », « Roland Garros », ou « golf », il pense automatiquement, « Adidas », « BNP », ou « Lancôme »[2].

Exemple 2 – Utilisation d'une égérie

Autre exemple de stimulus conditionné : le recours à une célébrité dans une publicité. Ce type de stimulus est d'autant plus efficace qu'il y a une correspondance entre la célébrité et le produit. Par exemple, Lily-Rose Depp pour le parfum Chanel en 2015, qui renouvelle le mythe de Marylin Monroe. Le conditionnement par une célébrité crée une attitude à la marque plus robuste et durable[3].

Figure 4.2 – Lily-Rose Depp pour le parfum Chanel en 2015

1. Ganassali S., Didellon L., « Le transfert comme principe central du parrainage », *Recherche et Applications en Marketing*, 11, 1, 1996, pp. 37-48.

2. Ganassali S., Didellon L., « Le transfert comme principe central du parrainage », *Recherche et Applications en Marketing*, 11, 1, 1996, pp. 37-48.,

3. Till B.D., Stanley S.M., Priluck R., « Classical Conditioning and Celebrity Endorsers: An Examination of Belongingness and Resistance to Extinction », *Psychology & Marketing*, 25, 2, pp. 179-196, 2008.

Repère

Conditions d'efficacité du conditionnement classique en publicité[1]

Quelques principes sont à respecter pour obtenir un effet maximum :
- le stimulus conditionné doit être présenté avant le stimulus non conditionné. Ainsi, il sera préférable de présenter le produit ou d'énoncer le message avant de faire écouter la musique ;
- le stimulus conditionné est plus efficace dans des catégories moins familières ;
- le stimulus conditionné doit toujours être associé au stimulus non conditionné. Si le stimulus non conditionné est musical, il doit être présent dans toutes les formes de communication. Dans l'élaboration d'un plan média d'une publicité utilisant le conditionnement classique, il ne faudra donc pas cibler la presse écrite qui ne permet pas l'association ;
- le stimulus non conditionné (la musique par exemple) doit être aussi peu familier que possible.

Cependant certaines situations peuvent conduire à l'absence d'effet :
- l'effet d'éclipse : lorsque deux stimuli conditionnés sont présentés simultanément et que l'un est dominant, il n'y a pas de changement dans la réponse du consommateur ;
- l'effet de blocage : si la réponse est déjà liée à un stimulus conditionné, un nouveau stimulus conditionné ne pourra pas être appris en association avec le même stimulus non conditionné ;
- l'effet de pré-exposition : si le consommateur a déjà été exposé au stimulus non conditionné, un stimulus conditionné ne pourra pas être associé ultérieurement.

2 Le conditionnement instrumental

2.1 Principes

Le conditionnement instrumental explique le comportement du consommateur comme une fonction de son propre comportement d'achat et de la satisfaction qu'il retire de son achat. La satisfaction conduit alors à un renforcement et un accroissement de la probabilité de ré-achat.

Le conditionnement instrumental est un apprentissage par renforcement. Il est encore appelé conditionnement opérant. Le renforcement est un stimulus qui possède une valeur, positive ou négative (à l'instar de la carotte et du bâton). Ce mécanisme a été mis en évidence par le psychologue américain B. Skinner dans les années trente, puis a fait l'objet d'un très grand nombre d'expériences par la

1. McSweeney F.K., Bierley C., « Recent Developments in Classical Conditioning », *Journal of Consumer Research*, 11, 2, 1984, pp. 619-631.

suite, auprès de nombreuses espèces (pigeons, rats…). Le conditionnement instrumental diffère du conditionnement classique sur deux points. Premièrement, les réponses sont conscientes et non plus involontaires. Deuxièmement, les destinataires du conditionnement sont conditionnés par les conséquences d'un comportement *avant* que celui-ci n'intervienne[1]. Il ne s'agit pas d'une simple association entre deux stimuli (conditionné et non conditionné), mais d'un véritable apprentissage conscient et articulé. Un lien est crée entre un renforcement et une réponse comportementale, en fonction de ses conséquences positives ou non.

Le mécanisme est le suivant : avant le processus de conditionnement, plusieurs réponses ont la même probabilité d'être données par le sujet (les réponses A et B ont chacune 50 % de chances d'être données) ; si l'on associe l'une des réponses à un renforcement positif (disons A est associée à la délivrance d'un coupon de réduction sur un prochain achat), au bout d'un certain temps, cette réponse sera plus fréquente, voire exclusive. À l'inverse, si l'on associe l'autre réponse à un renforcement négatif (disons B est associée à un vendeur peu aimable), au bout d'un certain temps, cette réponse aura une faible probabilité d'apparition, voire une probabilité nulle.

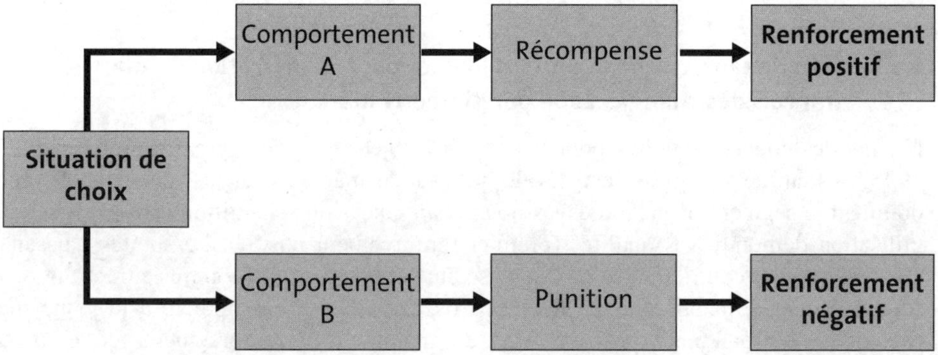

Figure 4.3 – Conditionnement par renforcement instrumental

Le conditionnement instrumental repose alors sur un double principe :

- les conséquences qui apportent une récompense augmentent la probabilité de renouvellement du comportement ;
- les conséquences qui apportent une punition réduisent la probabilité de nouvelle occurrence du comportement.

1. Nord W.R., Peter J.P., « A Behavior Modification Perspective on Marketing », *Journal of Marketing*, 44, Spring, 1980, pp. 36-47.

2.2 Applications marketing

Le conditionnement instrumental est important en marketing, car il se concentre sur le renforcement. Plus les clients sont satisfaits, plus ils rachèteront. Nombre de clients seront prêts à marcher trois minutes de plus pour aller acheter leur pain dans une boutique où la boulangère sera plus aimable (renforcement positif). Au contraire, de nombreux clients préfèrent ne pas acheter de pain chez le boulanger, car la queue est toujours trop longue (renforcement négatif).

Trois techniques marketing découlent du conditionnement opérant : le plan de renforcement continu, le plan de renforcement partiel et le façonnage (*shaping*).

Le plan de renforcement continu

Il prévoit qu'à chaque occurrence du comportement, une récompense soit fournie. Ce modèle explique le développement de l'habitude. Le renforcement positif accroît à chaque achat la probabilité de choisir une nouvelle fois le comportement recherché, jusqu'à ce que cela devienne une habitude. Dès que le renforcement positif est continu, la recherche d'information diminue, le comportement devient une habitude. Le consommateur est ainsi fidélisé.

EXEMPLE – Plan de renforcement continu illustré par la pénétration du marché français des changes bébé par Kimberly Klark

> L'achat des couches-culottes pour bébés fait l'objet de modelage par renforcement. En 1995, la marque Huggies s'est développée sur le marché français alors que Pampers dominait le segment. Dans toutes les boîtes-naissances un échantillon était proposé : son utilisation démontre ses qualités (premier renforcement positif). Les boîtes naissances étant distribuées contre remise de l'adresse, un coupon de réduction très attractif (4 euros sur un paquet d'un prix moyen de 19 euros) est adressé directement à la jeune mère (deuxième renforcement positif). Afin de maintenir le renforcement, de nouveaux coupons de réductions de valeurs inférieures sont adressés (troisième renforcement positif). Après deux mois, les opérations promotionnelles de marketing direct s'arrêtent, mais sont remplacées par des coupons de réduction sur les paquets présents en linéaire à valoir immédiatement (quatrième renforcement positif). Enfin, l'utilisation régulière permet de convaincre les parents des qualités intrinsèques du produit (cinquième renforcement positif). La qualité du produit devient alors le renforcement positif qui permet de maintenir l'achat. En deux ans, Huggies a gagné 30 % du marché. L'achat de la marque Huggies est devenu un automatisme pour certains consommateurs.

Le plan de renforcement partiel

Il prévoit de donner une récompense à un individu parmi 5 ou 10. C'est le principe des techniques promotionnelles à base de tirage au sort.

L'entreprise EasyJet, par exemple, a lancé, *via* un ballon dirigeable aux couleurs de la compagnie, un millier d'avions orange en papier sur le parvis de la Défense à Paris. Vingt d'entre eux étaient des billets d'avion aller/retour.

Le façonnage

C'est un processus dans lequel les conditions sont arrangées pour changer la probabilité d'occurrence d'un comportement final, étape par étape. Par exemple, pour conduire un client à acheter des produits à la marque d'un distributeur, il faut d'abord créer les conditions qui l'amènent à venir dans l'hypermarché, car la probabilité qu'il soit en situation d'achat d'une MDD (marque de distributeur) sera d'autant plus forte. Ensuite, il faut créer les conditions sur le lieu de vente pour le récompenser de s'intéresser à une catégorie de produits spécifique. Par approximations successives, on peut ainsi conduire le client vers l'objectif désiré, l'achat de produits sous marque de distributeurs.

Exemple – Le façonnage et le renforcement partiel dans le lancement de la nouvelle Renault Clio

La probabilité d'essayer une voiture est augmentée lorsque le client vient chez le concessionnaire automobile. Pour amener le prospect sur le lieu de vente, des clés de voiture sont distribuées dans toutes les boîtes aux lettres du quartier avec l'invitation de venir découvrir la Nouvelle Clio (façonnage), ce qui montre une marque d'attention (renforcement positif). L'une des clés distribuées doit permettre d'ouvrir la voiture et de la gagner (plan de renforcement partiel). Même si la clé n'ouvre pas la voiture (punition), il sera offert au client la possibilité de faire un essai (façonnage), dont il retirera une satisfaction (renforcement positif). Il est désormais plus proche d'un achat éventuel. Cependant, tous les participants se voient offrir la possibilité d'entrer dans un grand tirage au sort national pour gagner différents prix (plan de renforcement partiel).

Les principes du conditionnement instrumental peuvent autant être appliqués à la publicité qu'aux programmes promotionnels. On les retrouve aussi bien dans les programmes de marketing de stimulation que dans les programmes de marketing d'entretien, tels que les programmes de fidélisation gérés par les compagnies aériennes.

Exemple – Le programme de fidélisation Flying Blue d'Air France

Tous les passagers d'Air France sont conviés à joindre le programme de fidélisation de la compagnie aérienne. À chaque vol, le client est récompensé par l'octroi de *miles* qu'il pourra faire valoir pour obtenir des billets d'avion gratuits. Dès son arrivée dans le programme, il reçoit des miles de bienvenue (premier renforcement positif). À chaque vol, il reçoit des miles en cadeau selon la destination et le niveau de prestation choisis (deuxième renforcement positif). Chaque trimestre, il reçoit à domicile un récapitulatif de son activité et un magazine présentant les cadeaux qu'il pourrait avoir s'il continue à voyager sur les lignes aériennes d'Air France ou de ses partenaires (troisième renforcement positif). Enfin, lorsqu'il transforme son solde de miles en un vol gratuit, il est satisfait de son voyage avant le vol (quatrième renforcement positif) et de la qualité de la prestation, perçue peut-être comme supérieure, car le vol est gratuit (cinquième renforcement). Il est peut-être également heureux de partager ce moment avec sa famille s'il est accompagné. Le nombre de miles acquis au cours d'une année lui permet également d'accéder selon sa fréquence d'achat à des salons privés avant l'embarquement. Son statut est matérialisé par des cartes de couleur bleue ou rouge. Lorsqu'il voyage moins souvent, son statut est rétrogradé (renforcement négatif) : les bénéfices qu'il peut retirer alors de sa carte sont limités (punition). Un programme de fidélisation peut ainsi utiliser toutes les facettes du conditionnement instrumental.

3 L'apprentissage cognitif

Les mécanismes d'apprentissage par association (conditionnement classique) ou par instrumentation reposent sur une vision un peu étroite de l'individu : un sujet plutôt passif, très influencé par son entourage, qui réagit avec automatisme aux sollicitations de son environnement. À l'inverse, l'apprentissage cognitif repose sur le mécanisme de l'élaboration par essais et erreurs (une construction mentale). Ce mode d'apprentissage suppose de la motivation de la part de l'individu (un but) ; les activités mentales sont nombreuses et l'individu est actif, car il met en place une stratégie pour résoudre un problème. En fait, il s'agit plus d'une expérience que d'un apprentissage[1], qui fournit au consommateur des hypothèses, des règles d'élaboration et de conduite indépendantes des stimuli actuels.

Repère

L'expérience de E. Thorndike

Un mode d'apprentissage par essais-erreurs a été mis en évidence dans les expériences de E. Thorndike[2] ; par tâtonnement, un chat réussit à découvrir le mécanisme qui lui permet d'ouvrir la boîte dans laquelle il est enfermé ; replacé plusieurs fois dans la boîte, il va reproduire de plus en plus rapidement la solution pour en sortir (actionner

1. Dubois B., *Comprendre le consommateur*, Paris, Dalloz, 1994.

2. Thorndike E.L., *Animal Intelligence : Experimental Studies*, Londres, Macmillan, 1911 ; cité dans Sternberg R.J., *In Search of the Human Mind*, Harcourt Brace, 1995.

☞

montrent que ces animaux construisent des véritables « cartes mentales » pour sortir de plus en plus facilement d'un labyrinthe. De même, W. Köhler[1] a montré qu'un singe apprend à empiler des boîtes pour atteindre des bananes suspendues au plafond, alors qu'il n'arrive pas à les attraper avec un bâton ; confronté plusieurs fois au même problème, le singe abandonne de plus en plus rapidement la solution du bâton (les bananes sont inaccessibles de cette façon), pour empiler les boîtes et attraper les fruits. Dans une seconde expérience, les difficultés ont été accrues et une comparaison est également faite entre le singe et l'enfant : si on apprend à un singe à ouvrir une serrure pour prendre une banane, il repart de zéro si on rajoute une deuxième serrure, alors que l'enfant qui a appris à se servir de la clef pour la première serrure est capable de transférer son savoir à la deuxième. Il y a eu cette fois-ci apprentissage cognitif.

Avec naturellement plus de perspicacité qu'un chat ou qu'un singe, le consommateur met aussi en œuvre de nombreuses stratégies cognitives, particulièrement pour évaluer les solutions alternatives et prendre des décisions. Le consommateur développe ainsi des raccourcis cognitifs, appelés des heuristiques. Les heuristiques de consommation sont des raccourcis cognitifs que le consommateur a développés au fil de son expérience[2]. Ce sont des connaissances apprises dans un contexte de marché particulier. Ainsi, les heuristiques de consommation synthétisent les perceptions des actions marketing sur les produits. Les phénomènes marketing (surproduction, publicité) ou les tactiques marketing (promotion, modification du packaging) rappellent au consommateur un réseau d'idées qui lui permet de se former une opinion et de résoudre plus rapidement un problème. En effet, les connaissances disponibles en mémoire jouent un rôle important dans la formation des attitudes et dans l'acquisition de nouvelles connaissances[3].

Les heuristiques de consommation jouent un rôle clé pour expliquer la simplification que les consommateurs appliquent aux décisions les plus complexes.

Tableau 4.1 – Heuristiques de consommation

Exemples d'heuristiques de consommation
Toutes les marques se valent
En cas de doute, une marque nationale est une sécurité
Les produits les moins chers sont de mauvaise qualité
Les produits vendus en grande quantité sont vendus moins chers à l'unité
Les meilleurs produits coûtent plus cher à fabriquer, ce qui explique qu'un prix élevé indique une qualité supérieure
Les produits en tête de gondole sont en promotion
Plus le magasin est grand, moins il est cher
La vitrine indique ce que contient le magasin

1. Köhler W., *The Mentality of Apes*, Harcourt Brace, 1927.

2. Phan M.T., « Heuristiques et biais décisionnels en marketing », *Recherche et applications en marketing*, 11, 4, pp. 53-69, 1996.

Corneille O., *Nos préférences sous influences*, Éditions Mardaga, vol. 2, 2010.

3. Bettman J., Park C.W., « Effects of Prior Knowledge and Experience and Phase of Choice Process as Consumer Decision Process : a Protocol Analysis », *Journal of Consumer Research*, 7, 1980, pp. 234-248.

Une étude a permis de vérifier si ces heuristiques recevaient une forte adhésion de la part des consommateurs[1]. Ainsi, il est possible de recommander aux entreprises une démarche en cohérence avec les consommateurs. Il apparaît que ces derniers sont très favorables aux marques nationales et adhèrent fortement à l'idée qu'une marque nationale est toujours un choix sûr. D'ailleurs, seulement 30 % des consommateurs pensent que « toutes les marques se valent ». Toutefois, l'heuristique rapport qualité/prix si utilisé en marketing, n'est pas sérieusement accepté par les consommateurs : seulement un tiers d'entre eux pense que « les meilleurs produits coûtent plus cher à fabriquer, ce qui explique qu'un prix élevé indique une qualité supérieure ».

4 L'apprentissage vicariant

Très utilisés en marketing, les effets vicariants permettent de contrôler le comportement du consommateur, en le plaçant en situation d'imiter un comportement positif plutôt que négatif vis-à-vis des autres. Le mécanisme consiste à montrer au sujet un modèle dont il se sent plus ou moins proche (parent, ami, collègue, personnalité connue, etc.) et dont les comportements sont valorisés socialement (réussite, récompense, admiration…). Le fait de pouvoir apprendre par observation rend les individus capables d'acquérir des comportements ou des savoir-faire sans avoir à les élaborer graduellement par un processus d'essais et d'erreurs.

Par imitation, l'individu va adopter le comportement valorisé ; à l'inverse, il va éviter les comportements dévalorisants. Ce type d'apprentissage est aussi fréquent dans les situations de forte implication que de faible implication. Dans une situation fortement impliquante telle l'achat d'un nouveau costume, peu après son intégration dans une nouvelle entreprise, le consommateur observera délibérément le style suivi par les autres employés, selon leur rôle dans l'organisation ainsi que les annonces publicitaires consacrées à la mode. L'observation du comportement de toutes les personnes qui nous entourent fournit autant d'informations qui seront utilisées lors d'un achat à faible implication.

Le développement du coaching télévisé *(Un dîner presque parfait, D&CO sur M6 ou encore Silence, ça pousse ! sur France 5)* s'appuie sur l'apprentissage vicariant. Les émissions sont conçues pour mettre en situation des individus qui ressemblent aux téléspectateurs (les jeunes trentenaires qui invitent à dîner leurs amis, les quadras qui se consacrent à leur jardin), avec des séquences courtes pour faciliter l'apprentissage, la répétition des gestes et enfin un résumé en fin d'émission pour revenir sur les éléments importants. L'émission *Silence, ça pousse !* propose

1. Alpert F., « Consumer Market Beliefs and their Managerial Implications », *Journal of Consumer Marketing*, 10, 2, 1993, pp. 56-70.

également des séquences « Chez vous » pour montrer que tout un chacun peut réussir dans la création d'un jardin.

EXEMPLE – Un script de base : Les Reines du shopping

Les Reines du shopping est une émission proche de son public, les femmes, donc de passionnés et non d'experts. Le script est identique d'une émission à l'autre : sommaire (4 min), présentation de la candidate du jour (dressing, conseil de Cristina, objectif : 12 min), shopping commenté de la candidate du jour (20 minutes), défilé de la candidate et facture finale (3 min), critiques des concurrentes et moyenne de la candidate (8 min), conseils de Cristina (2 min), extraits de l'émission du lendemain (1 min) et, le vendredi, une séquence supplémentaire, la grande finale (10 min). En proposant une alternance de séquences très répétitives, le script facilite la mémorisation en s'appuyant sur l'humour et surtout sur les fameux « fashion faux pas », erreurs de goût que retiennent surtout les téléspectatrices même si elles ne les respectent pas toujours. Plusieurs raisons peuvent en effet conduire les téléspectatrices à ne pas suivre les conseils de Cristina Cordula : la difficulté de se juger soi-même devant son poste de télévision, la réticence au changement (certaines personnes assument avoir un look affirmé et ne souhaitent pas en changer), elles ne peuvent pas s'identifier aux candidates trop « excentriques » selon elles, ou encore le changement trop coûteux en temps et en argent. Il n'empêche que les boutiques conseillées par l'émission voient leur taux de fréquentation augmenter… Preuve en est que l'apprentissage vicariant peut être efficace !

Section 2 LA MÉMORISATION ET L'ORGANISATION DES CONNAISSANCES

« C'est notre mémoire qui attribue aux objets et aux événements présents une connotation d'angoisse ou de plaisir venue de notre passé », Boris Cyrulnik.

Très peu de décisions d'achat ne sont fondées que sur les stimuli marketing présentés lors de l'achat. L'expérience acquise est souvent un facteur important de la décision. Le consommateur se fie à sa mémoire, d'où l'importance de comprendre son fonctionnement, aussi bien lors de l'acquisition de connaissances que lors de la récupération d'informations nécessaires à l'achat. Lorsque le consommateur pousse son chariot dans les allées du supermarché, il y au moins trois raisons pour lesquelles la mémoire joue un rôle crucial[1] :

– la complexité et le nombre important de stimuli conduisent le client à se fier à ses propres points de repères mémorisés ;

1. Alba J.W., Hutchinson J.W., Lynch, J.G., « Memory and Decision Making », in *Handbook of Consumer Research*, éds. Robertson T.S. et Kassarjian H.H., NJ:Prentice Hall, 1991, pp. 1-40.

– lorsque l'individu regarde les linéaires autour de lui, il est submergé par différentes marques. Seules les marques connues (donc en mémoire) sont facilement repérées ;
– pour les produits à faible implication, les consommateurs consacrent peu d'efforts à la lecture des informations sur le packaging. Dans le cas du café, des conserves et du dentifrice, il s'écoule en moyenne 12 secondes entre l'arrivée face au linéaire et le dépôt du produit dans le chariot (42 % des consommateurs prennent moins de 5 secondes pour cette opération)[1].

Repère

La théorie des niveaux de représentation

La théorie des niveaux de représentation explicite la perception des individus, des situations, des objets selon leur essence même ou en fonction d'éléments descriptifs plus concrets. On dit ainsi que les représentations se caractérisent soit par un niveau élevé d'élaboration ou abstrait, soit par un niveau faible d'élaboration ou concret. Plus l'objet, la situation ou l'individu sont psychologiquement éloignés, plus l'évaluation sera abstraite

Donner de l'argent à un mendiant dans la rue ou donner de l'argent à une association qui lutte contre la faim dans le monde sont deux décisions qui visent le même but mais qui diffèrent par le niveau d'abstraction. Selon la théorie des niveaux d'interprétation/d'abstraction (*construal level theory* — CLT) les objets, les événements et les individus sont perçus psychologiquement plus ou moins proches sur des dimensions temporelles, spatiales ou sociales. Cette théorie décrit la relation existant entre le niveau d'abstraction que chaque individu se fait d'un objet et la distance psychologique qui existe avec ce même objet. Les individus utilisent des attributs concrets, d'élaboration faible, pour se représenter des évènements proches, des attributs abstraits, d'élaboration élevée, pour représenter des événements éloignés. La représentation d'un objet proche, d'un événement à venir dans le court terme ou d'une personne intime sera riche de détails, y compris anecdotiques et périphériques, alors que les représentations d'événements lointains seront plus abstraites en omettant des caractéristiques secondaires. La décision de se rendre chez le coiffeur pour une coupe de cheveux peut répondre au besoin de bien-être. C'est une pensée abstraite qui guide la décision. Une fois le client installé dans le salon de coiffure, les éléments de choix deviennent plus concrets : longueur et forme de la coupe, éventuellement couleur, sont autant de détails importants qui sont utilisés pour le choix. Les attributs abstraits liés au désir (préservation de la santé ou du bien-être, le bonheur, la sécurité) alors que les attributs de niveau concret sont plus descriptifs, plus utilitaires. Le choix ou la décision sont plus ou moins éloignés dans le temps, l'espace ou de soi-même.

☞

1. Dickson P.R., Sawyer A.G., « The Price Knowledge and Search of Supermarket Shoppers », *Journal of Marketing*, 54, July, 1990, pp. 42-53.

☞

Selon la distance temporelle, spatiale ou sociale perçue entre l'individu et son choix, l'attention se porte sur des attributs concrets ou abstraits. Selon que le choix est proche dans l'avenir ou non, qu'il est lointain ou non en distance à parcourir, ou qu'il concerne le premier cercle de connaissances ou non, le consommateur évalue sa faisabilité. La théorie des niveaux de représentation explique que plus la distance psychologique, temporelle, spatiale est importante, moins on aura un jugement précis (notamment sur la faisabilité[1]), et inversement

Futur proche	Futur lointain
Le message est faiblement élaboré avec des éléments très concrets. Le concret domine l'essence	Message avec une élaboration élevée des éléments essentiels. L'essence domine l'anecdotique Pensée plus abstraite
Description	Désir
Les moyens sont mis en avant (comment faire)	Les fins sont avancées (Objectifs stratégiques, pour quoi faire)
Caractéristiques	Bénéfices
Jugement sur la faisabilité. Le processus est parcimonieux	Jugement sur la pertinence. Le processus est moins structuré et laisse place à des connexions éloignées entre les thèmes

1 Le fonctionnement de la mémoire

Dans le processus d'acquisition des informations, la mémoire joue le rôle du disque dur d'un ordinateur. On y grave toutes les informations susceptibles d'être réutilisées. La mémorisation est donc un processus par lequel l'information se trouve retenue suite au processus perceptuel, codée pour le stockage et ensuite décodée pour utilisation dans une décision d'achat. Trois types de mémoires fonctionnent conjointement pour assurer la mémorisation.

1.1 La mémoire sensorielle

Elle permet de stocker l'information que reçoivent nos cinq sens. Ce sont plusieurs millions de stimulations par seconde que reçoit l'individu. Au sein de cette mémoire, une rapide analyse de l'ordre de 0,1 à 0,5 seconde est effectuée pour juger si les

1. Kim, Yeung-Jo, Jongwon Park, Robert-S Wyer Jr, « Effects of Temporal Distance and Memory on Consumer Judgments », *Journal of Consumer Research*, 36 (4), 2009, pp. 634-645 ; Trope Y., Liberman N., Wakslak C., « Construal Levels and Psychological Distance : Effects on Representation, Prediction, Evaluation, and Behavior », Journal of Consumer Psychology, 17 (2), 2007, pp. 83-95 ; Liberman N., Trope Y., Wakslak C., « Construal Level Theory and Consumer Behavior », Journal of Consumer Psychology, 17 (2), 2007, pp. 113-117.

capacités de traitement additionnelles doivent être disponibles, lorsque l'information est pertinente (par rapport aux besoins explicites et cachés). La mémoire sensorielle est le lieu des mécanismes de perception et d'attention. Elle ne conserve donc les éléments que quelques instants avant un transfert vers la mémoire à court terme. La mémoire olfactive serait la meilleure. En effet, bien que l'on n'ait pas pris conscience d'une certaine odeur, celle-ci reste enregistrée pour toute sa vie. Marcel Proust l'a très bien illustré en décrivant le parfum des petites madeleines trempées dans le thé.

1.2 La mémoire à court terme

Le stockage temporaire de l'information s'effectue dans la *mémoire à court terme*. On estime que l'information y reste de 20 à 40 secondes avant son transfert en mémoire à long terme. En jouant un rôle de tampon, la mémoire à court terme donne du sens à l'information (phase d'interprétation). Cependant, la quantité importante d'information qui y transite implique que lorsqu'il n'y a pas de traitement l'information est effacée.

La mémoire à court terme est plus apte à retenir les informations présentées en début ou en fin de séquence (effets de primauté et de récence). Cet effet a été vérifié dans des situations d'exposition à du matériel publicitaire[1]. Pour cette raison, les spots publicitaires présentés en début ou en fin d'une séquence de publicités sont mieux mémorisés et sont donc plus chers pour l'annonceur.

La capacité de stockage de la mémoire à court terme est également limitée. Les individus ont des capacités cognitives et intellectuelles limitées à consacrer à la fois au traitement de l'information, à l'évaluation des alternatives et à la prise de décision. Le psychologue G. Miller montre que les êtres humains peuvent accepter jusqu'à 7 (plus ou moins 2) unités d'informations simultanément[2]. Une unité d'information peut être très petite (une lettre, un chiffre, une idée) ou bien plus grande (des mots associés, des idées).

Testez-vous ! Testez votre mémoire à court terme en faisant l'expérience suivante avec vos amis ou votre famille. Dressez une liste de 20 mots ou nombres, et lisez-la à votre entourage. Demandez ensuite d'écrire dans l'ordre sur une feuille de papier les mots ou les nombres cités. Combien d'éléments sont-ils rappelés ? Cela confirme-t-il la loi du chiffre 7 plus ou moins 2 ?

La mémoire à court terme n'est pas seulement un lieu de transition. C'est le lieu du traitement de l'information. C'est pourquoi elle est également appelée mémoire de travail.

---

1. Joncour M., « Analyse expérimentale du phénomène d'interférence des informations en mémoire », *Recherche et Applications en Marketing*, 7, 3, 1992, pp. 1-22.

2. Miller G.A., « The Magical Number Seven, Plus or Minus Two : Some Limits to our Capacity for Processing Information », *Psychological Review*, 63, 1956, pp. 81-97.

EXEMPLE – Préparation d'une lettre de mailing en fonction des différentes mémoires[1]

Une lettre de *mailing* doit convaincre le lecteur de prendre une action (renvoi d'un coupon-réponse, appel téléphonique pour obtenir plus d'informations). Le choix du papier, sa couleur, le type de caractères d'imprimerie sont destinés à impressionner la mémoire sensorielle. Les phrases doivent rester courtes (15 mots) avec des mots courts (5 à 6 lettres) pour que les arguments soient facilement reconnaissables, compte tenu des limites de traitement de la mémoire à court terme (le chiffre magique 7 plus ou moins 2). On conseille également de ne pas dépasser 5 paragraphes par page.

1.3 La mémoire à long terme

La *mémoire à long terme* stocke les informations de manière durable. La mémorisation à long terme nécessite l'organisation de l'information afin de faciliter sa récupération. Pour expliquer que la réalisation de certaines tâches peut être facilitée par des expériences passées sans que le sujet ne s'en souvienne, alors que d'autres tâches s'appuient sur des souvenirs conscients, on distingue la mémoire implicite et mémoire explicite[2], mais également la mémoire sémantique et la mémoire épisodique.

La *mémoire implicite* retient des mots, des noms de marques des représentations, des images sans que l'individu en soit conscient. L'apprentissage classique correspond à ce mode d'acquisition d'informations. En marchant dans la rue, en prenant le métro, en feuilletant les pages d'un magazine dans la salle d'attente du médecin ou chez le coiffeur, le consommateur est exposé à un grand nombre de messages de manière accidentelle. La simple exposition à ces marques crée de la familiarité, qui développera un sentiment positif à l'égard de la marque, lorsque le consommateur sera de nouveau exposé au même stimulus (cette fois-ci dans les linéaires du magasin par exemple), alors qu'il n'a pas nécessairement le souvenir de la première exposition[3]. La familiarité ainsi créée favorise la mémorisation implicite[4]. Pour augmenter la probabilité de mémorisation, notamment implicite, des attributs, bénéfices et noms de marque, on peut mettre en œuvre deux types de stratégies[5] :

---

1. Oriou C.-L., « La lettre du *mailing*. Mémorisation et compréhension d'un texte persuasif », *Recherche et Applications en Marketing*, 9, 3, 1994, pp. 21-43.

2. Pinson C., Jolibert A., « Comportement du consommateur », in *Encyclopédie de Gestion*, éds. Y. Simon et P. Joffre, Paris, Économica, 1997, pp. 372-475.

3. Zajonc R.B., « The Attitudinal Effects of Mere Exposure », *Journal of Personality and Social Psychology Monograph*, 9, 2-2, 1968, cité dans Pinson C. et Jolibert A., « Comportement du consommateur », in *Encyclopédie de Gestion*, éds. Y. Simon et P. Joffre, Paris, Économica, 1997, pp. 372-475.

4. Janiszewski C., « The Influence of Print Advertisements Organization on Affect Toward a Brand Name », *Journal of Consumer Research*, 15, 2, 1990, pp. 53-65.

5. Janiszewski, C., « Preattentive Mere Exposure Effects », *Journal of Consumer Research*, 20, 3, 1993, pp. 376-392.

– augmenter l'attention en répétant le stimulus ou en augmentant la durée d'exposition. Ainsi, la répétition des campagnes publicitaires et leur allongement (de 15 à 30 secondes) offrent plus d'opportunités de traitement de l'information ;
– augmenter la probabilité d'un traitement implicite. Le cerveau humain est organisé autour de deux hémisphères cérébraux. L'hémisphère gauche est plus apte au traitement analytique des éléments verbaux, alors que l'hémisphère droit est dédié à l'analyse globale et holistique des images et de tous les éléments non verbaux. La neurobiologie a mis en évidence une dissymétrie fonctionnelle du cerveau qui implique que l'acquisition des informations est plus facile lorsque les éléments verbaux sont à droite et les éléments non verbaux à gauche. On a ainsi montré que les publicités avec une figure (dessin ou photo) sur la gauche et un texte sur la droite étaient plus appréciées[1]. On peut ainsi rendre la marque plus facilement familière.

Le critère de « rétention intentionnelle » permet de distinguer la mémoire implicite de la mémoire explicite. Ainsi, la mémorisation des marques placées dans les films s'effectue sans traitement conscient par l'individu au travers de la mémoire implicite.

Repère

Le placement des marques

Le cinéma est l'un des médias les plus captif[2]. D'une part le spectateur a choisi et payé sa séance de cinéma et d'autre part il est concentré sur l'intrigue sans la possibilité de parler ou de bouger pendant la projection. C'est un média alternatif intéressant pour mettre en situation des marques et produits en étant assuré que 100 % des spectateurs seront touchés. Ford a ainsi été la première société à placer ses voitures dans les premiers films muets. Dans les années soixante-dix, lors de la première crise du pétrole, les pouvoirs publics ont signé un accord avec les producteurs pour que les héros des films éteignent la lumière chaque fois qu'ils quittaient une pièce. C'est donc un effet inconscient qui est recherché. Aujourd'hui le placement de produits représente 1 à 5 % du budget de production avec cinq à dix marques[3]. La présence d'une marque se joue sur le long terme au travers de la création de familiarité, premier but de cette pratique marketing. La familiarité se crée par mémorisation implicite. Par exemple, les confitures

☞

1. Janiszewski C., « Preconscious Processing Effect : the Independence of Attitude Formation and Conscious Thought », *Journal of Consumer Research*, 15, 2, 1988, pp. 199-209.

2. Brée J., « Le placement de produit dans les films : une communication originale », *Décisions Marketing*, 8, 1996, pp 65-74.

Lehu J.-M., « Le placement de marques au cinéma : proposition de la localisation du placement à l'écran comme nouveau facteur d'efficacité potentielle », *Décisions Marketing*, pp. 17-31, 2005.

3. *Stratégie* n° 1441 du 25 janvier 2007.

☞

Bonne Maman sont systématiquement présentes dans les films français, dès que la scène est tournée dans une cuisine. Le packaging caractéristique de la marque, avec son damier Vichy rouge et blanc, est vu par le spectateur mais le traitement de l'information est inconscient. Le développement des médias et produits interactifs (musique en ligne, vidéo à la demande) réduit l'exposition des téléspectateurs aux publicités. De nouveaux systèmes d'enregistrement des programmes télévision peuvent intelligemment sauter les séquences publicitaires. Par ailleurs la résistance croissante des consommateurs aux publicités diminue l'impact de la communication publicitaire. Le placement des marques est une réponse innovante pour intégrer des messages dans un scénario. Lorsque les marques jouent un rôle central dans le script (par exemple le régime comme j'Aime) le traitement de l'information est à dominante cognitive. La marque est mémorisée explicitement car l'implication du spectateur est forte. Cependant lorsque la marque est présente, de manière répétitive mais sans rôle central dans l'intrigue la réaction est plus affective. La mémorisation implicite est sollicitée. Aucune récupération d'information n'est consciente. Les recherches sur le placement des marques ont pu montrer que l'exposition aux marques peut s'effectuer de manière implicite dans un contexte fortement émotionnel[1].

La mesure de la mémorisation implicite utilise des protocoles de recueil de données non centrés sur l'objet. Les mesures les plus courantes sont la restitution mémorielle d'un concept unique et la restitution mémorielle d'associations par le Test d'Associations Implicites. Ces mesures sont notamment employées pour tester la capacité persuasive des communications, tester les associations aux marques, évaluer l'importance de l'apprentissage classique et étudier les inférences des consommateurs[2].

La *mémoire explicite* (ou déclarative) est ainsi qualifiée, car la restitution de l'information en mémoire est effectuée explicitement et les consommateurs sont conscients de l'information mémorisée[3]. Elle correspond au souvenir conscient et explicite des faits et des événements à la fois au plan sémantique (mémoire sémantique) et au plan épisodique (mémoire épisodique).

La *mémoire sémantique* stocke au fil de la vie des connaissances factuelles et universelles. Dans cette mémoire, se trouvent les marques connues, les attributs du produit ainsi que leur structure d'organisation (notamment les catégories de produits). Les informations sont organisées sous forme de schèmes et de réseaux d'association. C'est une mémoire indépendante du contexte.

1. Fontaine I., « Attitude du changement d'attitude pour les marques placées dans les films : persuasion ou effet d'exposition ? », *Recherche et Application en Marketing*, 21, 1, 2006, pp 1-18.

2. Trendel O., Warlop L., « Présentation et applications des mesures implicites de restitution mémorielle en marketing », *Recherche et Applications en Marketing*, 20, 2, 2005, pp 77-104.

3. Jolibert A., Didellon-Carsana L., « La mesure hiérarchique de la structure mémorielle des connaissances », *Décisions Marketing*, 21, 2000, pp. 89-97.

La *mémoire épisodique* enregistre les événements personnels (une naissance, une rencontre de vacances, le déjeuner de ce midi, une sortie). Cette forme de mémoire est attachée au contexte dans lequel la mémorisation de l'épisode s'est effectuée. La mémoire épisodique est plutôt de nature autobiographique. Pour accéder à l'information stockée, il est alors nécessaire de rappeler le contexte d'origine de mémorisation pour récupérer toute l'histoire. En encourageant le rappel d'événements heureux, on peut orienter le jugement des consommateurs en fonction des émotions et sentiments contenus dans la mémoire autobiographique au lieu d'une analyse rationnelle des informations produits[1]. Les marques Petit Bateau ou Ricoré utilisent les possibilités de la mémoire épisodique et plus généralement toutes les marques qui s'inscrivent dans le marketing régressif.

Exemple – Adulescents et marketing régressif (ou le marketing pour les kidult)

Rouler en Fiat 500, boire un Orangina avec une paille, manger un bonbon Haribo ou un Kinder Surprise, mettre des Converse ou encore acheter des vêtements chez Petit Bateau, certains consommateurs, nommés les adulescents, se laissent volontiers aller un jour ou l'autre à acheter des produits régressifs. Les adulescents (ou kidult), âgés entre 20 et 35 ans environ, présentent pour certains le syndrome de Peter Pan, autrement dit leur vie émotionnelle est de façon plus ou moins durable celle d'un adolescent. Le contexte les incite à devenir/être des adulescents[2] : angoisse, environnement médiatique infantilisant, objet dont le design est, si ce n'est enfantin, du moins à fort capital sympathie, culte (et marchandisation[3]) de la jeunesse mais aussi du jeu, utilisation d'emballages d'antan, retour de certaines opérations marketing comme les cadeaux Bonux qui se digitalisent…

Le sens de l'information est alors lié à d'autres informations disponibles dans la mémoire, sous la forme de schéma et de réseaux d'associations.

1.4 Le processus de mémorisation

L'échange d'informations entre les mémoires à court terme et à long terme est essentiel au traitement de l'information. L'information stockée en mémoire à long terme est ramenée en mémoire de travail (ou mémoire à court terme) pour être associée à de nouvelles informations et en faciliter l'interprétation. En retour, il y a nécessité de transférer le résultat de ce travail vers la mémoire à long terme pour une utilisation ultérieure. Une suite de processus gère les échanges entre les deux mémoires[4] :

1. Sujan M., Bettman J., Baumgartner H., « Influencing Consumer Judgments Using Autobiographical Memories : a Self-Referencing Perspective », *Journal of Marketing Research*, november, 30, 1993, pp. 422-436.

2. Grossman L., « Grow up? Not so fast », *Time*, 165(4), pp. 42-54, 2005.

3. Brooks K., « Nothing sells like teen spirit: the commodification of youth culture », *Youth Cultures: texts, images and identities*, pp. 1-16, 2003.

4. Bettman J.R., « Memory Factors in Consumer Choice », *Journal of Marketing*, spring, 43, 1979, pp. 37-53.

– la *répétition mentale* : la répétition mentale permet la rétention de l'information en mémoire de travail avant qu'elle ne disparaisse. On peut aider le consommateur à répéter mentalement l'information en proposant des slogans (« Du pain, du vin et du Boursin » ; « Un Mars et ça repart » ; « Les jambes ont la parole », de Well) ;
– le *codage* : c'est la méthode de structuration des informations pour l'individu. Le consommateur recherche alors des associations ou des procédés mnémotechniques. Pour se souvenir d'une nouvelle marque, le consommateur tentera également une association avec une image mentale qui suggère le nom ;
– le *transfert* : le transfert sera optimal lorsque l'information est soit importante, soit simple. Si le consommateur connaît l'utilisation qu'il fera de l'information, le stockage permanent sera facilité. Au contraire, lorsque l'information ne correspond pas à une attente particulière, c'est la nouveauté ou la surprise qui sont les plus sûrs moyens pour s'assurer de la mémorisation ;
– le *stockage* : l'information est stockée en association avec d'autres éléments. La proximité avec des informations voisines ou complémentaires influencera favorablement la qualité de la récupération ultérieure ;
– la *récupération* : c'est le processus d'accès à l'information stockée dans la mémoire à long terme pour un nouveau traitement dans la mémoire à court terme ou son utilisation par rapport à de nouvelles informations atteignant le consommateur. Ce processus peut être altéré par un mauvais stockage et des interférences qui ont généré l'oubli[1].

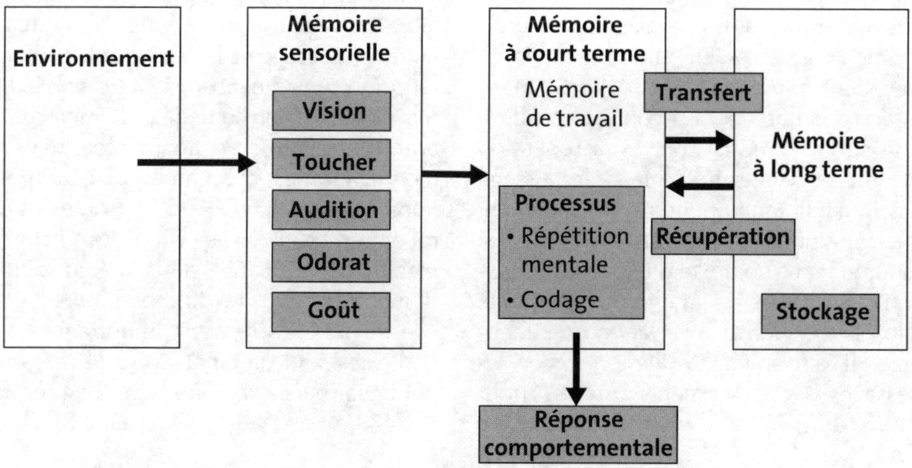

Figure 4.4 – Les processus de mémorisation

L'efficacité de la mémorisation se mesurera par la capacité à restituer la bonne information dans son intégralité au moment souhaité. Son fonctionnement optimal

1. Joncour M., « Interférence des informations en mémoire et concurrence publicitaire », *Recherche et Applications Marketing*, 7, 2, 1992, pp. 67-81.

nécessite l'utilisation de clés de codage et décodage communes entre l'émetteur et le récepteur.[1]

Exemple – L'utilisation des clés de codage du luxe par l'enseigne McDonald's

Le produit, rien que le produit. La campagne de publicité de McDonald's en double page dans la presse, affichage et à la télévision consiste en la présentation des produits phares de la marque, autrement dit des produits iconiques portant la marque en eux-mêmes, sans aucune mention de logo ni de marque. L'imaginaire commun se charge de mettre un nom au produit, confirmant son importance au sein de la culture. L'enseigne se permet ainsi d'utiliser les codes jusqu'alors attribués au domaine du luxe : Dior, Chanel ou encore Audi présentaient leurs produits de la même façon, en double page dans la presse.

Repère

Les effets combinés de la répétition et de l'espacement des publicités sur la mémorisation

Dès la fin du XIXe siècle les psychologues ont montré l'importance de la répétition du message sur la mémorisation. Cependant cette dernière sera d'autant plus importante si les messages sont suffisamment espacés. En effet lorsqu'ils se succèdent de manière rapprochée, l'attention est affaiblie dès la seconde exposition et donc la mémorisation. Si la répétition est utile et nécessaire (voir apprentissage classique), la temporalité de l'espacement des expositions est une variable tout aussi importante. Le contexte d'exposition intervient également de manière importante. Selon la théorie de la variation de l'encodage, il est préférable de présenter les messages à des moments espacés pour tirer avantage de contextes d'exposition variés. Une première exposition peut être inefficace si le contexte de réception ne contient pas les éléments clés du message, alors qu'il peut exister une congruence entre le message et le contexte lors d'une diffusion suivante. En variant les contextes d'exposition, non seulement la mémorisation à long terme est augmentée, mais la récupération est aussi améliorée. La répétition, l'espacement, et le contexte de réception sont trois variables indissociables de l'efficacité de la mémorisation d'une publicité. Plus la répétition est élevée et plus l'espace est important et les contextes sont différents, plus le message publicitaire sera retenu sur le long terme.

☞

1. Zielske H.A., « The Remembering and Forgetting of Advertising », *Journal of Marketing*, 23, 3, 1959, p. 239 ; Janiszewski C., Hayden N., Sawyer A.G., « A Meta-Analysis of the Spacing Effect in Verbal Learning : Implications for Research on Advertising Repetition and Consumer Memory », *Journal of Consumer Research*, 30, 1, 2003, pp. 138-149 ; Appleton-Knapp S.L., Bjork R.A., Wickens T.D., « Examining the Spacing Effect in Advertising : Encoding Variability, Retrieval Processes, and Their Interaction », *Journal of Consumer Research*, 32, 2, 2005, pp. 266-276.

☞

En termes pratiques, cela souligne la nécessité de varier les supports de communication du moins au plus impliquant (panneau d'affichage 4 x 3, publicité radio ou TV, annonce presse et brochure). Toutefois lorsqu'il s'agit de faire une annonce pour une promotion limitée dans le temps, il est préférable d'augmenter la répétition et surtout de réduire l'espacement, pour faciliter la mémorisation à court terme plutôt qu'à long terme afin de déclencher rapidement une action. C'est un effet d'interaction entre répétition du message et espacement des diffusions que tout publicitaire doit apprendre à anticiper.

2 L'organisation des connaissances

2.1 Les modèles d'organisation des connaissances

Le consommateur utilise plusieurs structures cognitives pour organiser ses connaissances : les catégories (une liste d'entités plus ou moins similaires) ; les prototypes (une entité particulièrement représentative d'une catégorie) ; les réseaux sémantiques (un ensemble de connaissances reliées entre elles) ; les scripts (un mini-scénario, ou une séquence d'actions probables).

Exemple

McDonald's est une marque américaine de *fast-food* ; on peut y manger des hamburgers, dont le fameux Big Mac et y boire du Coca-Cola, mais pas du Pepsi-Cola ; Ronald est un personnage associé à la marque ; le logo est une arche dorée… (un réseau sémantique) ; Quick, Taco Bell, Burger King, Kentucky Fried Chicken, McDonald's… sont des marques de *fast-food* (une catégorie) ; McDonald's est la marque la plus représentative de la catégorie *fast-food* (un prototype) ; pour commander, on ne reste pas à sa place mais on fait la queue devant le comptoir… puis on ramène son plateau (un script).

Deux modèles décrivent l'organisation de ces éléments et connaissances : le modèle hiérarchique et le modèle des réseaux sémantiques.

La catégorisation est une opération intellectuelle qui regroupe les objets, les individus ou les processus selon leur similarité. Une catégorie existe dès lors que deux ou plusieurs objets ou événements distincts peuvent être traités de manière équivalente[1]. Ce traitement équivalent peut prendre des formes variées, comme attribuer un nom commun à plusieurs éléments équivalents (par exemple, les « branduits » Kleenex, Frigidaire, etc.) ou buts communs (laver). Elle permet de simplifier la reconnaissance des objets, d'accélérer la récupération de l'information, de faciliter la prise de décision. La catégorisation permet aux individus de réagir à de nouveaux stimuli (produits, idées, prix) comme membres de catégories existantes en mémoire. Plus l'événement

1. Ingarao A., « La théorie de la catégorisation : un concept de psychologie cognitive en marketing », *Recherche et applications en marketing*, 10, 2, pp. 89-100, 2005.

est complexe plus la catégorisation est importante[1]. C'est une opération essentielle pour comprendre les modes, la force de l'image de marque et les extensions de gammes et de marques. Trois modèles décrivent l'organisation des connaissances. Le modèle des réseaux sémantiques s'appuie sur la similitude entre les objets, tout comme le modèle de catégorisation hiérarchique. Lorsque la catégorisation s'appuie sur les situations, des schémas de processus ou des scripts[2] sont alors élaborés.

Les réseaux sémantiques organisent les informations sous la forme de nœuds (ou concepts) et d'arcs établissant les relations entre les concepts. Les données sont hiérarchisées selon le degré de généralité[3]. Les concepts ont des propriétés très générales à un niveau élevé ; plus le concept est spécifique, plus ses propriétés sont particulières et moins généralisables. L'exemple classique propose au niveau le plus élevé l'animal qui est vivant, fait de chair et recouvert d'une peau. L'oiseau est un animal, qui possède des ailes, des plumes et est capable de voler. Le canari est un oiseau (mais aussi un animal), est jaune et chante. Selon cette organisation, la vitesse de récupération de l'information et de jugement est dépendante de la localisation dans un réseau de nœuds hiérarchisés. Plus les associations d'informations sont éloignées des unes des autres dans le réseau, moins l'individu sera rapide à établir un lien. Ainsi la phrase « un canari est jaune » est jugée vrai plus rapidement que la phrase « un canari est un oiseau » et encore plus rapidement que la phrase « un canari est un animal ».

Sur le même modèle, on peut concevoir un réseau sémantique avec « Italie » comme nœud supérieur, relié à cuisine et économie, et ensuite à pâtes, pizzas, mode et automobile.

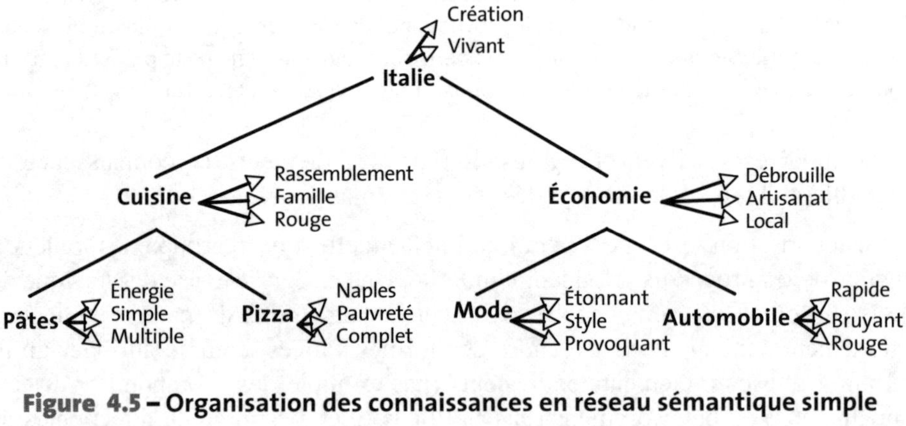

Figure 4.5 – Organisation des connaissances en réseau sémantique simple

1. Mita S., Tybout A.M., « Applications and Extensions of Categorization Research in Consumer Behavior », *Advances in Consumer Research*, 15, 1, 1988, pp. 50-54.

2. Sales-Wuillemin E., *La Catégorisation et les stéréotypes en psychologie sociale*, Dunod, 2006.

3. Collins A.M., Quillian M.R., « Retrieval Time from Semantic Memory », *Journal of Verbal Learning and Verbal Behavior*, 8, 2, 1969, pp. 240-247.

Les pâtes sont tout d'abord un plat alimentaire de base, et ensuite sont italiennes. La liaison entre les pâtes et l'univers italien est encore plus simple à établir dès que plusieurs relations ou arcs sont établies entre les nœuds. Le réseau sémantique est organisé autour de lignes de similarité sémantiques : plus les nœuds ont des liens en communs plus ils seront activés simultanément[1]. Les marques peuvent ici jouer un rôle essentiel pour augmenter les arcs de lien entre concepts et réduire le temps d'activation entre les nœuds. Le schéma ci-dessous illustre comment Barilla peut faire le lien entre l'Italie et les pâtes. La légitimité de l'image de marque est d'autant plus forte et la marque s'approprie ainsi un territoire.

Comme pour le territoire-produit des marques[2], on peut évoquer ici les territoires d'image de la marque. Le territoire d'image de la marque est une structure sous-jacente aux réseaux sémantiques qui peuvent regrouper des éléments de mémoire épisodique et des items de mémoire sémantique. La force des réseaux sémantiques tels que présentés ci-dessous se révèle dans des applications marketing régulières que sont la création des noms de marque ou les changements de noms de marque, de plus en plus courants dans les phénomènes de fusion d'entreprise.

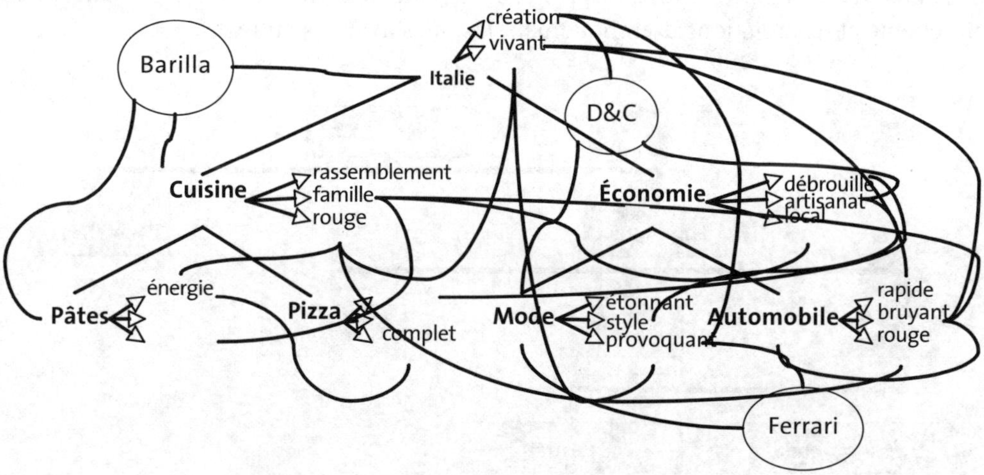

Figure 4.6 – Organisation des connaissances en réseau sémantique à plusieurs nœuds d'activation

1. Collins A.M., Loftus E.F., « A Spreading-Activation Theory of Semantic Processing », *Psychological Review*, 82, 6, 1975, pp. 407-428.

2. Changeur S., Chandon J.-L., « Le territoire-produit : études des frontières cognitives de la marque », *Recherche et Application en Marketing*, 10, 1, 1995, pp. 31-51.

Exemple – Les raviolis Buitoni deviennent les raviolis Zapetti

En 2005, Raynal & Roquelaure, leader de la conserve de cuisine traditionnelle (notamment le cassoulet), a acquis le portefeuille de produits conserve de Buitoni détenu par Nestlé. Ce dernier souhaitait céder les conserves sous marque Buitoni et Maggi car elles ne correspondaient pas à l'image du groupe suisse. Cette cession impliquait à terme la perte de la marque Buitoni pour les conserves de ravioli et de cannelloni. Compte tenu de la forte notoriété de la marque et de son installation dans l'imaginaire du consommateur français (de « Les raviolis c'est Buitoni » à « C'est lundi, c'est ravioli » dans *La Vie est un long fleuve tranquille*) la transition est difficile. Dans un tel contexte il était impossible d'étendre la marque Raynal et Roquelaure à ces nouveaux produits. Seule la création d'une marque utilisant le même territoire d'image était possible pour reprendre les liens existant avec la marque Buitoni. La marque Zapetti, ainsi créée, se substitue peu à peu sur le territoire d'image initial en reprenant les liens avec l'Italie, la sympathie, la simplicité et la facilité. Pour faciliter le transfert des associations, les nouvelles boîtes sont marquées Zapetti, avec un rappel de la marque précédente susceptible de rassurer (« le savoir-faire Buitoni ») le temps nécessaire pour le consommateur de mémoriser la nouvelle marque[1].

Le *modèle catégories hiérarchiques* structure les informations sous formes de *catégories* plus ou moins abstraites. Les concepts les plus généraux sont au sommet de la hiérarchie et ils sont liés à des concepts directement subordonnés. Les catégories entretiennent des relations d'emboîtement les unes avec les autres[2].

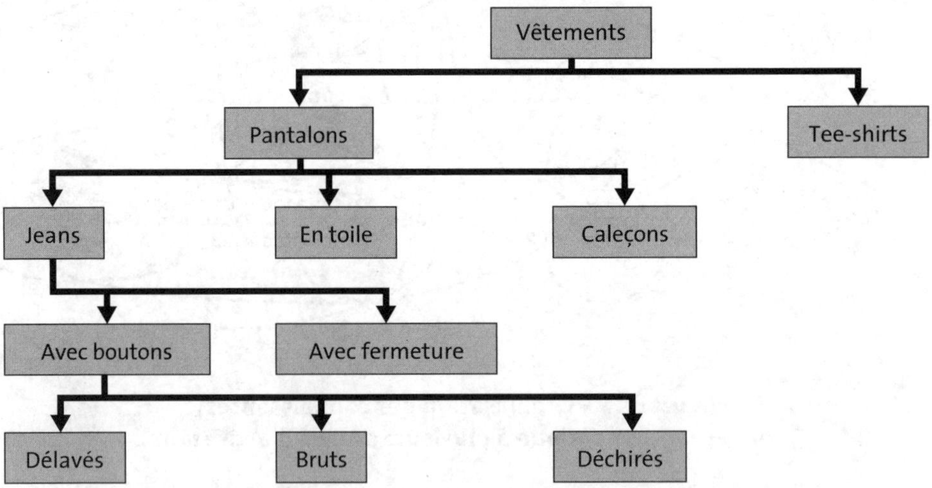

Figure 4.7 – Organisation hiérarchiques des connaissances

1. Collange V., Chandon J.-L., Roux E., « L'impact du changement de nom de marque sur l'attitude vis-à-vis d'un produit », *in* XXe Congrès international de l'AFM, St-Malo, 2004.

2. Rosch E., Mervis C.B., Gray W.D., Johnson D.M., Boyes-Braem P., « Basic Objects in Natural Categories », *Cognitive Psychology*, 8, 3, 1976, pp. 382-439.

Les catégories intermédiaires jouent le rôle le plus important car nous appréhendons le monde par leur intermédiaire. Une catégorie supérieure contient des exemplaires (Les pantalons regroupent 3 exemplaires : jeans, toile et caleçons). Des attributs sont associés à chaque exemplaire : certains sont des attributs communs, subordonnés à la catégorie supérieure (les jeans ont deux jambes) et des attributs spécifiques (bleus, délavés, pour les jeans). La catégorisation peut s'effectuer à partir des produits ou bien sur la base des marques.

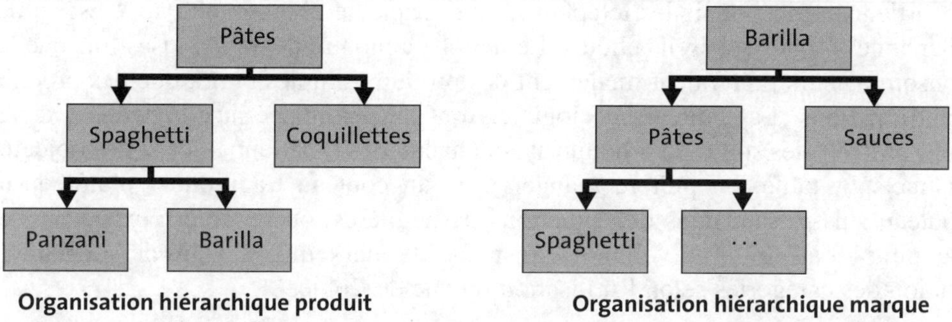

Figure 4.8 – Organisation hiérarchique des connaissances par produit ou par marque

Mesure : Capital de marque et catégorisation

Le capital de marque représente la part de la valeur de l'entreprise qui s'ajoute à celle de ses actifs physiques et dont la justification repose sur la position, que sa marque occupe sur le marché, et le potentiel d'extension qu'elle représente. La mesure du capital de marque met en évidence la capacité de la marque à se différencier des concurrents de la même catégorie[1]. L'échelle de Likert à 5 échelons en 4 items ci-dessous mesure cet aspect :

1. C'est normal d'acheter X plutôt que toute autre marque, même si leurs produits sont très similaires.
2. Même si le produit d'une autre marque a les mêmes caractéristiques que celui de la marque X, je préférerais acheter X.
3. Si je trouve une autre marque dont le produit est aussi bon que celui de X, je préfère quand même acheter X.
4. Si le produit d'une autre marque ressemble à celui de X en tout point, c'est quand même mieux d'acheter X.

1. Yoo B., Donthu N., Lee S., « An Examination of Selected Marketing Mix Elements and Brand Equity », *Journal of the Academy of Marketing Science*, 28, 2, 2000, pp. 195-211 ; Yoo B., Donthu N., « Developing and Validating a Multidimensional Consumer-Based Brand Equity Scale », *Journal of Business Research*, 52, 1, 2001, pp .1-14.

Plus un objet partage d'attributs en commun avec les autres éléments d'une catégorie et moins il a d'attributs communs avec une catégorie différente, plus on jugera qu'il s'agit d'un prototype[1]. Les prototypes sont des membres d'une catégorie qui apparaissent le plus redondant avec la catégorie. Ainsi, la Twingo est aujourd'hui le prototype même de la petite voiture, comme la Mini l'était de 1960 à 1980.

La catégorisation aide également le consommateur à choisir un produit plutôt qu'un autre lorsque les catégories ont tendance à fusionner. À quelle catégorie appartiennent désormais les téléphones avec capacité photographique ? Est-ce des téléphones ou des appareils photos. Le marché a montré de nombreuses fois que les consommateurs préféraient finalement des produits simples plutôt que des produits multifonctions. Les éditeurs de logiciels ont ainsi renoncé aux logiciels intégrés pour préférer des suites de produits ayant chacun des fonctionnalités et des objectifs distincts. À table, on préfère manger avec un couteau traditionnel plutôt qu'un couteau suisse, sauf dans des situations particulières, où la table n'existe pas, en camping ou à bord d'un voilier. Le responsable marketing choisira de s'affranchir ou non des catégories selon l'utilisation prévue de l'objet.

Le *modèle des schémas et scripts* catégorise les objets selon le but recherché. La catégorisation est considérée sous la forme à partir d'une planification des buts poursuivis par l'individu. Elle est ainsi déterminée par le contexte[2]. La planification d'un événement est une conceptualisation qui décrit les étapes, les objets nécessaires et les attentes. Par exemple, le projet d'une croisière en voilier s'organise autour d'un schéma en mémoire. Il est tout d'abord nécessaire de choisir le bassin de navigation (la Manche, le golfe du Morbihan, la Méditerranée), de prévoir ensuite les équipements à emporter qu'il faut soit vérifier ou racheter. Parallèlement on s'assure de l'assentiment de l'entourage, la durée est précisée ainsi que le budget. Tous ces éléments forment une catégorie mobilisée pour la réalisation du projet. C'est ainsi que plusieurs objets ou événements peuvent être rassemblés, même s'ils sont dissimilaires au sens hiérarchique du terme, lorsqu'ils poursuivent un même but[3].

2.2 Les relations entre catégories : instances catégorielles et typicalité

Les deux modèles d'organisation des connaissances soulignent surtout que les informations sont dépendantes les unes des autres[4]. Les relations qui existent entre

1. Rosch E., Mervis C.B., « Family Resemblances : Studies in the Internal Structure of Categories », *Cognitive Psychology*, 7, 4, 1975, pp. 573-605.

2. Barsalou L.W., Hutchinson J.W., « Schema-Based Planning of Events in Consumer Contexts », *Advances in Consumer Research*, 14, 1, 1987, pp. 114-118.

3. Ratneshwar S., Barsalou L.W., Pechmann C., Moore M., « Goal-Derived Categories : The Role of Personal and Situational Goals in Category Representations », *Journal of Consumer Psychology*, 10, 3, 2001, pp. 147-157.

4. Ladwein R., « Catégories cognitives et jugement de typicalité en comportement du consommateur », *Recherches et Applications en Marketing*, 10, 2, 1995, pp. 89-100.

elles sont utilisées pour capitaliser sur la valeur d'une marque et développer des extensions de marques.

La typicalité se substitue à la notion de prototype, car elle permet de positionner tous les éléments de la catégorie les uns par rapport aux autres. Un élément peut être perçu comme appartenant à plusieurs catégories avec un degré de typicalité plus ou moins fort.

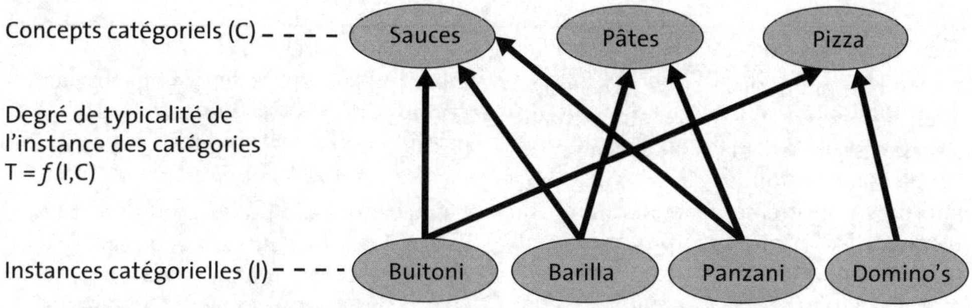

Figure 4.9 – Relations de typicalité et instances catégorielles

Le degré du jugement de typicalité est mesurable à partir du nombre d'attributs qui sont partagés entre la catégorie et l'instance. Moins il y a d'attributs spécifiques au produit (ou à une catégorie secondaire), plus l'instance de la catégorie partage des attributs, et plus le degré de typicalité est fort[1]. L'intensité du jugement de typicalité est largement corrélée avec l'attitude à l'égard de la marque. Plus une marque est perçue comme typique, plus elle sera préférée.

La typicalité est également un outil pour préparer les extensions de marque, en repérant les catégories de produits dans lesquels la marque peut développer de nouveaux produits, avec un jugement de typicalité assez fort et donc une préemption de préférence. Le jugement de typicalité ne se limite pas aux produits. Il est applicable aux catégories d'usage, aux situations ou à des classifications telles que le pays d'origine.

Repère

Typicalité et pays d'origine

De nombreux consommateurs vérifient l'étiquette *made in* avant d'acheter des vêtements, une voiture, du raisin sur le marché, etc. La provenance des produits semble entrer directement dans le processus de sélection des produits. L'origine étrangère est même une demande, notamment dans la restauration : un « vrai » restaurant italien se doit d'avoir un cuisinier italien.

☞

1. Tversky A., « Features of Similarity », *Psychological Review*, 84, 1977, pp. 327-352.

☞

Le label « origine pays » traduit l'effort du pays d'origine pour fournir la meilleure qualité possible, notamment pour compenser quelquefois une origine lointaine ; certains *made in* sont ainsi synonymes de qualité. Ce label peut constituer également le signal d'une tradition d'excellence, comme l'est la France pour les parfums ou la cuisine. C'est alors un attribut du produit.

L'origine lointaine favorise le développement des stéréotypes nationaux. Un stéréotype est un schéma d'organisation des connaissances fondé sur des attributs inférés et fortement dépendant du contexte. Par exemple, le prototype « les voitures suédoises sont sûres », repose sur des attributs très liés au contexte (« une voiture construite pour des conditions extrêmes doit être sûre »), non observables (« les clients français ne savent pas si les statistiques routières suédoises sont la conséquence des voitures ou du comportement des automobilistes ») et qui peuvent varier en fonction des situations. Le stéréotype selon lequel les voitures suédoises sont sûres repose plus sur des inférences que sur des observations.

Les stéréotypes nationaux influencent le jugement du consommateur lorsque c'est la seule information disponible ou la première à l'atteindre : les produits sont jugés plus favorablement s'ils proviennent du Japon ou d'Allemagne plutôt que des Philippines ou du Mexique[1]. Cependant, si le pays d'origine est présenté en même temps que les autres attributs, l'information nationale augmente la réflexion à propos du produit et ses attributs intrinsèques.

Lorsque l'information nationale est présentée simultanément aux autres attributs, les stéréotypes nationaux influencent le jugement du consommateur selon que ce dernier est plus ou moins familier avec la catégorie de produit. Ainsi, un consommateur expert ne prend pas en compte le pays d'origine dans son jugement, surtout lorsque les autres attributs sont saillants et forts. Au contraire, un consommateur non-expert de la catégorie de produits, se reposera largement sur l'origine pays pour donner un jugement[2].

Enfin, l'innovation d'un produit traditionnel (qui est d'ailleurs un peu paradoxale) influence deux variables clés du processus de décision du consommateur à l'égard de ce type de produit : l'authenticité perçue et le jugement de typicalité. Le produit est d'autant plus perçu comme typique que l'innovation concerne le packaging *et* l'arôme (et non l'innovation de l'un *ou* de l'autre). Le degré de typicalité est plus fort lorsque l'innovation est incrémentale *versus* radicale (pour l'arôme et le packaging). Les auteurs ont également étudié le rôle de l'innovation packaging sur les deux dimensions de l'authenticité : origine et singularité. L'innovation packaging influence la dimension « origine » de l'authenticité lorsqu'elle est incrémentale. L'innovation arôme influence la dimension « singularité » de l'authenticité lorsqu'elle est radicale. Le jugement de typicalité influence également l'attitude : plus les produits sont reconnus comme typiques, plus les consommateurs ont une attitude positive à leur égard[3].

1. Hong S., Wyer R.S., « Effects of Country of Origin And Product-Attribute Information on Product Evaluation : an Information Processing Perspective », *Journal of Consumer Research*, 16, 1989, pp. 175-187.

2. Maheswaran D., « Country of Origin as a Stereotype : Effects of Consumer Expertise and Attribute Strength on Product Evaluations », *Journal of Consumer Research*, september, 21, 1994, pp. 354-365.

3. Pantin-Sohier G., Miltgen C.L., Camus S., « Innover dans le secteur traditionnel : L'importance de l'authenticité et de la typicalité perçues », *Décisions Marketing*, 77, pp. 63-84, 2015.

Le jugement de typicalité est utilisé encore en communication publicitaire pour contextualiser le produit. Par exemple, la marque Cajoline est présentée avec un ourson. Ikea met toujours ses accessoires en situation dans des endroits de vie (revues ouvertes, aliments). Enfin, la typicalité est à la base du développement des « univers » en distribution, pour sélectionner le rayon dans lequel le produit est perçu comme le plus typique.

2.3 L'ensemble de considération

La catégorisation et la mémorisation des marques sont un enjeu marketing primordial pour le succès de l'entreprise. Les capacités limitées de la mémoire et le contexte concurrentiel influencent la perception et la mémorisation des marques, donc la probabilité de les choisir lors d'un achat ultérieur. On s'attache donc à comprendre les ensembles de marques connues.

L'ensemble de considération rassemble les alternatives de choix (produits ou marques) que le consommateur compare lors d'une évaluation. Il prend en compte le contexte de consommation envisagé par le consommateur et les contraintes financières de l'individu. Ainsi, l'ensemble de considération des marques de champagne, par exemple, sera différent selon qu'il s'agit d'offrir une bouteille lors d'une invitation à dîner ou d'acheter plusieurs cols pour célébrer un repas de mariage, car les contraintes financières et le symbole lié à sa consommation sont différents[1].

EXEMPLE – Intégrer l'ensemble de considération en s'appuyant sur la situation

Les moyens de communication pour attirer l'attention du consommateur vers une marque sont innombrables. Nouvelles Frontières a ainsi transformé ses étiquettes de bagages en support média exploité par la marque MIR. C'est un choix judicieux qui allie positionnement de la marque (peu encombrant et multi-usages) et situation de consommation (en voyage !). Ceci est un exemple de tactique utilisée par l'entreprise pour entrer dans l'ensemble de considération du consommateur.

Afin de catégoriser toutes les marques connues, à côté de l'ensemble de considération, il existe un ensemble dit « inepte » (marques jugées inacceptables ou non envisageables pour l'acheteur) et un ensemble « inerte » (marques pour lesquelles on n'a pas de position ferme). Le modèle Categorisator propose une méthode de détermination des marques qui entrent dans l'ensemble de considération.

---

1. Aurier P., Jean S., « L'ensemble de considération du consommateur : une approche "Personne x Objet x Situation" », *Actes du 12e Congrès de l'Association Française du Marketing, Poitiers*, 1996, pp. 600-614.

Repère

Categorisator[1]

Le modèle Categorisator propose une analyse du positionnement fondé sur la mesure de l'ensemble de considération. Quatre étapes sont nécessaires pour aboutir à une « carte de positionnement concurrentiel »[2] :

- la constitution de l'ensemble de considération à partir de questions destinées à fournir l'ensemble des marques connues (« quelles sont les marques qui vous viennent à l'esprit ? »), l'ensemble de rejet (« quelles sont les marques que vous n'achèteriez certainement pas ? »), l'ensemble de considération (« quelles sont les marques que vous envisageriez sérieusement d'acheter ? ») et l'ensemble d'indifférence ou inerte (« vous n'avez pas cité XY, est-ce parce que les informations disponibles ne sont pas assez précises ? ») ;
- la mesure de l'intensité de la concurrence pour comprendre la vraie concurrence qui existe entre les marques au sein de l'ensemble de considération. Elle est mesurée à partir de la fréquence des considérations simultanées des deux marques concernées ;
- la représentation des « champs de concurrence », sous-ensembles distincts de marques en sur-concurrence ;
- en appliquant à la matrice des intensités de concurrence la technique MDS (Multi Dimensional Scaling), on obtient une carte sur laquelle deux alternatives sont d'autant plus proches que leur intensité de concurrence est élevée.

La figure 4.9 présente des groupes distincts d'enseignes généralistes ou spécialisées dans le vêtement. Les axes indiquent que 0 correspond à une sous-concurrence alors que 1 signifie une sur-concurrence. Logiquement, les grands magasins sont proches et participent au même ensemble évoqué. La place de Monoprix est cependant illustrative d'une tentative de démarquage à la fois des grands magasins, des hypermarchés et des surfaces *discount* du vêtement.

Une telle carte diffère des cartes de positionnement basées sur les perceptions des consommateurs à partir des croyances relatives aux attributs déterminants ou des proximités perceptuelles entre les marques La carte de positionnement concurrentiel produite par Categorisator complète l'analyse de la carte de positionnement perceptuel en fournissant au responsable marketing des informations sur la structure du marché.

Une telle carte diffère des cartes de positionnement basées sur les perceptions des consommateurs à partir des croyances relatives aux attributs déterminants ou des proximités perceptuelles entre les marques La carte de positionnement concurrentiel produite par Categorisator complète l'analyse de la carte de positionnement perceptuel en fournissant au responsable marketing des informations sur la structure du marché.

1. Strazzieri A., « Categorisator », *Décisions Marketing*, 1, 1994, pp. 69-85.
2. Chandon J.-L., Strazzieri A., *op. cit.*

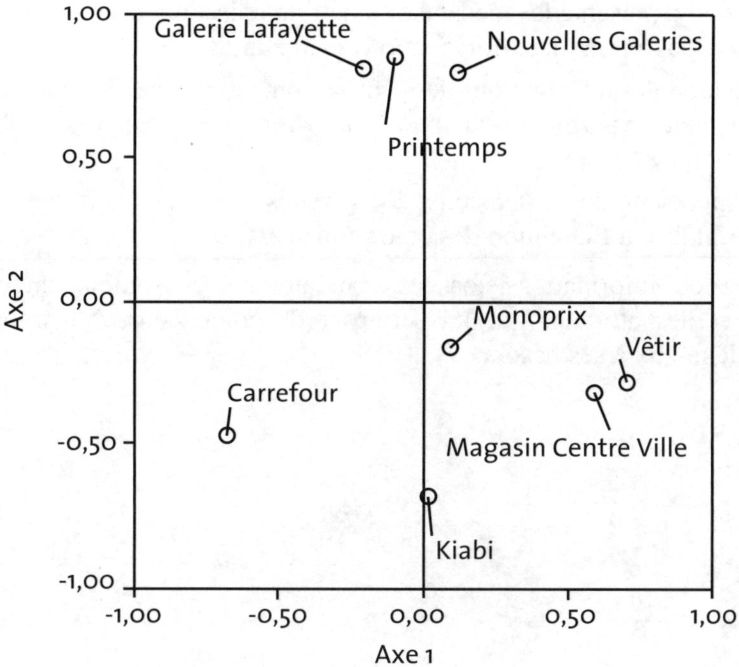

Source : d'après Strazierri, 1994.

Figure 4.10 – Carte de positionnement concurrentiel de magasins de vêtements

Une étude a permis d'évaluer le nombre moyen de produits au sein de l'ensemble autour de 3. Ce nombre est indépendant du nombre d'alternatives en présence[1]. Toutefois, la taille de l'ensemble de considération est influencée par des facteurs sociodémographiques et situationnels[2] : le niveau d'éducation ainsi que la taille de la ville où habite le consommateur, influencent la taille de l'ensemble. Plus le niveau d'éducation est élevé, plus l'ensemble de considération est élevé : selon de récentes recherches, on ajoute en moyenne un produit ou une marque à l'ensemble. On observe le même effet avec le critère géographique : les Parisiens considèrent plus de marques que les habitants de petites villes de province (autour de 50 000 habitants), indépendamment du niveau d'éducation.

1. Chandon J.-L., Strazzieri A., « Une analyse de structure de marché sur la base de la mesure de l'ensemble évoqué », *Recherches et Applications en Marketing*, 1, 1, 1986, pp. 17-39.

2. Aurier P., Jean S., *op. cit.*

Cette section a présenté les mécanismes de l'organisation des connaissances dans la mémoire. Ceux-ci ont deux implications marketing :

– la présentation des informations de manière compatible avec le schéma de pensée du consommateur permet de faciliter le transfert et la récupération ultérieure de ces informations.

– le développement des extensions de marques et la proposition des produits complémentaires à l'attention des consommateurs.[1]

Sur la base des informations stockées en mémoire, le consommateur construit des croyances et des attitudes qui lui serviront de guide pour choisir les produits répondant le mieux à ses besoins.

1. Cet ouvrage ne développe pas les extensions de marques basées sur les catégories cognitives. Cependant, le lecteur pourra se référer à deux articles complémentaires : Changeur S., Chandon J.-L., « Le territoire-produit : études des frontières cognitives de la marque », *Recherche et Applications en Marketing*, 10, 2, 1995, pp. 31-51 ; Michel G., « L'évolution des marques : approche par la théorie du noyau central », *Recherche et Applications en Marketing*, 14, 4, 1999, pp. 33-53.

Chapitre

5 Les attitudes et préférences

OBJECTIFS

> Quelle émoticône est, pour vous, la plus représentative pour qualifier la formation que vous suivez ?

> Sur quels critères fondez-vous votre jugement ? Donnez-leur une note sur 5 : a) Intérêt des enseignements – b) Compétences du corps enseignant – c) Proximité du lieu de formation par rapport à votre domicile – d) Image/réputation de l'institution – e) Périodes de stages prévues pendant la formation.

> Ces critères se sont-ils compensés lorsque vous avez fait votre choix ou peut-être aviez-vous au moment du choix UN critère sur lequel vous souhaitiez l'excellence ou la note maximale ?

> L'objectif de ce chapitre est justement de comprendre comment les consommateurs font leurs choix de consommation à partir du concept d'attitude.

SOMMAIRE

SECTION 1 Le rôle des attitudes
SECTION 2 Les critères de choix
SECTION 3 La structure et la formation des attitudes

L'attitude est un élément central du comportement du consommateur. Son étude initiale en psychologie s'est rapidement développée pour comprendre les choix du consommateur et notamment l'ordonnancement de ses préférences entre les diverses offres. Ce chapitre présente le rôle de l'attitude dans le développement du jugement du consommateur. L'attitude se forme sur la base d'un certains nombre de critères de choix : ceux-ci seront étudiés dans une seconde partie. Enfin la troisième section développe les différents modèles de formation du jugement et déduit de leurs mécanismes les différentes stratégies marketing.

Section 1 LE RÔLE DES ATTITUDES

1 La définition des attitudes

Exemple – Alfred veut acheter une nouvelle imprimante

> Alfred veut depuis longtemps changer son imprimante à jet d'encre. Lorsqu'il doit imprimer un document de plusieurs pages, c'est toujours trop long. Il est grand temps de la changer. Deux technologies et plus d'une dizaine de marques sont présentes sur le marché très actif des imprimantes. Alfred pense que le jet d'encre est la solution la plus économique à l'achat, quand il faut compter au moins 100 euros de plus pour une imprimante laser. Mais compte tenu de ses besoins, il lui faut une imprimante rapide. La technologie laser est sur ce point supérieure. Cependant, la qualité des impressions couleur de l'imprimante à jet d'encre est excellente. Il est vrai qu'Alfred aime bien imprimer des pages en couleur depuis Internet. De plus, il pourrait supprimer ses photos depuis qu'il s'est converti au numérique. Une bonne imprimante couleur serait utile. Tout compte fait, Alfred est assez favorable à l'achat d'une imprimante à jet d'encre, même si son utilisation peut revenir plus chère à l'usage. Mais quelle marque choisir ? Epson, Hewlett Packard, Canon, Lexmark ? Alfred a déjà un ordinateur HP. C'est une bonne marque. Il en a une bonne image. Mais les autres marques sont des spécialistes de l'imprimante. Ne faudrait-il pas les choisir ?

Les interrogations et les certitudes d'Alfred décrivent le rôle des croyances et des attitudes dans la formation des préférences du consommateur.

Les *croyances* sont les connaissances qu'un individu possède à propos d'un objet. Alfred s'appuie sur plusieurs croyances pour élaborer un choix (« l'imprimante jet d'encre est la plus économique à l'achat », « l'imprimante laser est plus rapide », « la qualité de l'impression couleur en jet d'encre est excellente »). Toutes ces croyances, se développent au fil des apprentissages et de l'exposition à divers stimuli marketing. Les croyances les plus importantes pour un responsable marketing sont celles qui se fondent sur les attributs et les bénéfices, car elles décrivent la perception des relations qui s'établissent entre eux. L'imprimante est plus ou moins rapide (croyance positive). Le chauffage au gaz apporte confort et économies d'énergie (croyance positive), alors que l'imprimante à jet d'encre est moins économique à l'usage (croyance négative). Les croyances s'expriment donc selon une quantité le long d'un continuum variant entre deux pôles négatif et positif.

Les *attitudes* expriment l'orientation positive ou négative du consommateur vis-à-vis d'un objet. Un consensus s'est établi en marketing, pour définir l'attitude comme « une prédisposition à évaluer d'une certaine manière (positive ou négative) un produit ou une marque[1] ». Dans l'exemple ci-dessus, Alfred exprime plusieurs attitudes (« Alfred est assez favorable à l'achat d'une imprimante à jet d'encre », « HP. C'est une bonne marque »). Les diverses définitions proposées pour les attitudes (tableau 5.1) soulignent trois propriétés généralement associées aux attitudes.

– l'attitude est apprise et stable. Elle résulte d'un processus d'apprentissage et d'exposition à divers stimuli marketing. Mais, elle se forme également à partir de l'environnement du consommateur (spatial, politique, culturel), de l'expérience ou de l'observation (par exemple, l'utilisation d'un opérateur de téléphonie mobile, la qualité d'un service après-vente, la comparaison des prix entre produits concurrents). L'attitude fait donc la synthèse des croyances par rapport à l'objet. À ce titre, l'attitude est un concept qui permet de comprendre l'image de marque, définie comme l'expression des connaissances et des attitudes à un moment donné[2] (« HP. C'est une bonne marque »). L'attitude est stable, car lorsque le consommateur se retrouve dans une situation similaire d'achat, il parvient à la même évaluation ;
– l'attitude est positive ou négative. Elle sert de guide pour le consommateur dans son choix. Le consommateur achète rarement des produits pour lesquels il a une opinion négative ;
– l'attitude est l'un des meilleurs prédicteurs du comportement.

1. Fishbein M., Ajzen I., *Beliefs, Attitude, Intention, and Behavior : An Introduction to Theory and Research*, Reading, Mass., Addison-Wesley, 1975.

2. Lendrevie J., Lindon D., *Mercator*, Dalloz, 2001.

Tableau 5.1 – Définitions de l'attitude

Auteurs	Définitions
Allport	« L'attitude est un état mental et neural de préparation, organisé au travers de l'expérience, exerçant une influence directive ou dynamique sur la réponse de l'individu à tous les objets et situations avec lesquels il est en relation[2]. »
Fishbein et Ajzen	« L'attitude est une prédisposition apprise à répondre de façon constante (répétitive, cohérente dans le temps) favorablement ou défavorablement à l'égard d'un objet donné. »
Eagly et Chaiken	« L'attitude est une tendance psychologique qui s'exprime par l'évaluation d'une entité particulière avec un certain degré de faveur ou de défaveur[3]. ».

Composantes de l'attitude

La dimensionalité de l'attitude est un débat toujours ouvert. Une vision tripartite de l'attitude s'oppose à une vision purement affective.

Selon l'approche tripartite, trois composantes forment l'attitude :

- la *composante cognitive* rassemble les connaissances et les croyances relatives à l'objet considéré. Par exemple, l'attitude par rapport à Carrefour incorpore ce que le consommateur pense connaître de la politique promotionnelle de l'enseigne, de l'organisation de ses magasins ou de la qualité de ses marques propres. Les représentations apprises par rapport à l'enseigne servent de support à l'attitude ;
- la *composante affective* est le jugement global et affectif qui comprend deux éléments : la direction (positive ou négative) et l'extrémité (tout à fait mauvais, plutôt mauvais, moyen, plutôt bon, très bon) ;
- la *composante conative* qui recouvre à la fois les intentions de comportements et les comportements effectifs. L'approche tripartite permet d'intégrer trois éléments imbriqués. Cependant, cette vision de l'attitude n'a pas reçu de fondements empiriques incontestables[3].

L'approche unidimensionnelle de l'attitude se concentre sur la composante affective. Le cognitif et le conatif sont respectivement des antécédents et des conséquences. L'analyse du comportement du consommateur distingue de fait ces trois éléments. C'est pourquoi, l'approche unidimensionnelle est également préférée dans cet ouvrage, où l'attitude est à la fois distincte des croyances et des comportements.

1. Allport G.W., « Attitudes », *Handbook of Social Psychology*, éds. C. Murchison, Clark University Press, 1935.

2. Eagly A., Chaiken S., « The Nature of Attitudes », *The psychology of Attitudes*, Harcourt Brace Jovanovitch College Publishers, 1993, 1-21.

3. Lutz R.J., « The Role of Attitude Theory in Marketing », in *Perspectives in Consumer Behavior*, éds. Kassarjian H.H. et Roberston T.S. , pp. 317-339, 1991.

2 Les fonctions de l'attitude

Pourquoi avons-nous des attitudes ? À quoi servent-elles ? La typologie présentée ici, la théorie fonctionnelle des attitudes[1], distingue la fonction utilitaire de l'attitude, la fonction d'expression des valeurs, la fonction de défense de l'ego et la fonction d'organisation des connaissances. L'attitude est positive ou négative selon que le produit remplit la fonction qu'on attend de lui.

2.1 Fonction instrumentale ou utilitaire

Les attitudes aident le consommateur à évaluer le degré d'utilité d'un objet par rapport à l'objectif recherché. C'est leur première fonction. Elle repose sur le conditionnement instrumental qui oriente fondamentalement l'individu vers la récompense plutôt que la punition. Une attitude utilitaire sera positive vis-à-vis des marques qui nous créent du plaisir plutôt que de la douleur, aux objets apportant des bénéfices plutôt que des coûts, etc. Après la dénonciation des pesticides dans les pommes par les magasins et coopératives biologiques, les consommateurs ont montré une attitude plus positive vis-à-vis des pommes biologiques que vis-à-vis des pommes qui ne le sont pas : les premières étaient perçues comme naturelles (maximisation de la récompense) et sans produits chimiques de synthèse, autrement dit de pesticides (minimisation de la punition). Une attitude fondée sur cette fonction favorise les objets dont les caractéristiques sont adaptées aux besoins les plus saillants.

Figure 5.1 – Biocoop alerte les consommateurs sur la fonction des fruits

1. Katz D., « The Functional Approach to the Study of Attitudes », *Public Opinion Quarterly*, summer, pp. 163-204, 1960.

2.2 Fonction d'expression des valeurs

Cette fonction est présente lorsque l'attitude reflète les valeurs centrales et l'identité de l'individu, que les produits et marques communiquent à son entourage, tout en les améliorant. De nombreux produits sont ainsi vendus, non pour leurs caractéristiques produits, mais pour l'image qu'ils vont véhiculer sur la personne qui les possède (les grandes marques de chaussures de sport et de vêtements). De nombreux produits ou services sont achetés essentiellement pour leur image. Une attitude positive par rapport aux montres Piaget, aux costumes Boss, aux briquets Dupont, exprime un certain goût pour le luxe. Au contraire, une attitude négative pour ces marques souligne un rejet d'une certaine consommation ostentatoire. L'attitude a donc une fonction qui repose sur le concept de soi et la perception de sa propre identité dans la société au travers des valeurs. C'est un élément important pour l'action opérationnelle, car il permet de valoriser le consommateur aux yeux de ses proches par la prise de position vis-à-vis d'un produit, d'un problème ou d'une personne.

Figure 5.2 – Le parfum Mont Blanc exprime le goût du luxe

2.3 Fonction de défense de l'ego

Cette fonction se développe lorsque les individus se sentent menacés ou frustrés. Lorsque l'individu ressent le besoin de protéger son image de lui-même, il aura une attitude négative, notamment en dénigrant les autres. Par exemple, pour protéger leur masculinité, les hommes ont souvent une attitude négative vis-à-vis des parfums, des sous-vêtements et de la mode. Naturellement, ils dénigrent les autres hommes qui s'intéressent à ces catégories de produits. Pour modifier l'attitude, on pourra, soit supprimer la menace, soit fournir des arguments pour démontrer que cette menace n'est pas fondée. Pour rassurer l'homme concernant sa masculinité alors qu'il porte un parfum, on choisira notamment un nom de la marque approprié. La plupart des noms de marque de parfums homme sont particulièrement virils (« Eau Sauvage » de Dior, « Brut » de Fabergé, « Jungle » de Kenzo, « Le Mâle » de Jean-Paul Gaultier) Ainsi, lorsque certaines marques ou certains produits peuvent procurer à l'individu (ou renforcer) le sentiment d'appartenance à son milieu social, l'attitude sera favorable.

2.4 Fonction d'organisation des connaissances

L'attitude crée des repères facilitant la compréhension de l'environnement. Cette fonction aide à la catégorisation de toute chose autour du consommateur. C'est au travers de cette fonction qu'un individu va juger un magasin d'après la musique d'ambiance ou l'organisation des rayons, par exemple. Selon la nature de ces indices, le client se sentira à l'aise ou au contraire éloigné. Les attitudes concourent à organiser et simplifier les connaissances à partir des attributs jugés adaptés ou inadaptés.

Exemple – Le marketing des produits moches

> L'attitude est globalement négative par rapport aux légumes « moches », autrement dit les légumes qui ont des formes non conventionnelles ou encore qui sont très légèrement abîmés (une carotte coupée ou des biscuits cassés, par exemple). L'enseigne Intermarché a lancé une campagne de communication avec l'agence Marcel afin de changer l'attitude des consommateurs à l'égard de ces produits. La fonction utilitaire de l'attitude soulignera les bénéfices nombreux à consommer ces produits : qualité gustative malgré leur état cassé, prix diminué et surtout participation à la lutte contre le gaspillage alimentaire. Les produits moches permettent d'assurer une alimentation saine et écologique (fonction expression des valeurs) tout en rassurant les parents sur la qualité des aliments et des « vrais » légumes qu'ils donnent à leurs enfants malgré leur activité professionnelle (fonction défense de l'ego). Enfin, l'attitude aide à organiser les connaissances sur les produits moches, qui présentent les mêmes attributs concernant leur qualité gustative et nutritionnelle que les « beaux ».

Les attitudes qui sont le plus souvent prises en compte au niveau opérationnel sont les fonctions utilitaires et d'expression de la valeur.

Figure 5.3 – Innocent crée une attitude fondée autant sur les valeurs que sur les caractéristiques de son jus de fruit

3 L'objet de l'attitude

L'objet de l'attitude doit être considéré au sens large. Certes, on développe des attitudes par rapport à des produits, des services, des activités, des marques, des lieux de consommation des causes sociales et humanitaires, des groupes ou des hommes politiques, mais également par rapport à la publicité, à l'argent, à la veille concurrentielle, etc.

Ainsi, l'attitude par rapport à la publicité a un rôle aussi important que les caractéristiques du produit pour expliquer l'attitude par rapport à une marque[1]. Lutz fournit une définition : « L'attitude envers la publicité est définie comme une prédisposition à répondre de manière favorable ou défavorable à un stimulus particulier durant une occasion d'exposition particulière ».

1. Mitchell A.A., Olson J.C., « Are Product Attributes the Only Mediator of Advertising Effects on Brand Attitude ? », *Journal of Marketing Research*, 18, 3, pp. 318-332, 1981. Shimp T., « Attitude toward the Ad as a Mediator of Consumer Brand Choice », *Journal of Consumer Research*, 10, 2, pp. 9-15, 1981.

Mesure : L'attitude globale envers l'annonce

L'attitude envers l'annonce est mesurée par 4 items différentiels sémantiques avec 9 points d'ancrage[1]. La traduction de l'échelle préconise de n'utiliser que les trois premiers items (en italique, l'item non utilisé).

- J'aime/Je n'aime pas cette publicité
- Je réagis favorablement/défavorablement à cette publicité
- J'éprouve un sentiment positif/négatif envers cette publicité
- Cette publicité est mauvaise/bonne

Parmi les mécanismes potentiels de l'attitude envers la publicité, le mécanisme de la médiation duale est le plus efficace sur la modification de l'attitude envers la marque[2]. L'attitude envers la publicité influence l'attitude envers la marque de manière directe, mais aussi de manière indirecte en modifiant les croyances qui elles-mêmes influencent l'attitude envers la marque[3].

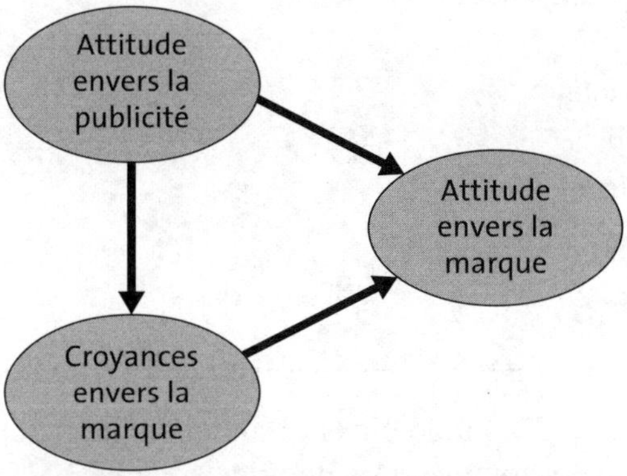

Figure 5.4 – Le mécanisme de la médiation duale

1. Holbrook M.B., Batra R., « Assessing the Role of Emotions as Mediators of Consumer Responses to Advertising », *The Journal of Consumer Research*, 14 (3), 1987, pp. 404-20. ; Lavoisier L.-M., « Contribution pour une meilleure compréhension du pouvoir de persuasion des communications de service public », Thèse soutenue à l'Université de Paris 1 Panthéon - Sorbonne, 2000.

2. Pour une revue complète des mécanismes de l'attitude envers la publicité, voir Falcy S., « Pour une approche individuelle des processus de persuasion publicitaire », *Recherche et Applications en Marketing*, 8, 3, pp. 45-63, 1993.

3. MacKenzie S.B., Lutz R.J., Belch G.E., « The Role of Aad as a Mediator of Advertising Effectiveness : a Test of Competing Explanations », *Journal of Marketing Research*, 23, 2, pp. 130-143, 1986.

Mesure : Croyances à l'égard de l'annonce

L'étude de l'attitude envers l'annonce conduit le chercheur et le publicitaire à décomposer les composantes cognitives et affectives envers l'annonce afin de comprendre les antécédents de l'attitude[1]. Elle est proposée avec différentiel sémantique avec 9 points d'ancrage

Dimension cognitive – croyances message

Cette publicité est :

- Persuasive/pas du tout persuasive
- Instructive/pas instructive
- Crédible/pas crédible
- Efficace/inefficace
- Convaincante/pas convaincante

Dimension affective – croyances exécution

Cette publicité est :

- Attrayante/repoussante
- Agréable/désagréable
- Affectueuse/pas affectueuse
- Chaleureuse/froide
- Gaie/déprimante
- Douce/dure

Les développements de l'attitude envers l'annonce publicitaire ont été adaptés à plusieurs catégories de consommateurs, dont les enfants[2].

Mesure : La mesure de l'attitude des enfants envers la publicité

L'échelle d'attitude des enfants envers la publicité TV exprime l'orientation positive ou négative des enfants de 8 à 12 ans[3] par rapport au média publicitaire tant sur le plan du contenu que sur le plan de l'amusement. L'évolution de la publicité destinée aux enfants a rendu nécessaire la révision des outils disponibles (Rossiter, 1977), pour prendre en compte le contexte de diffusion des annonces sans la présence des parents ainsi que le développement du pouvoir d'achat de la tranche d'âge 8-12 ans. L'administration est réalisée sur 4 modalités avec extrêmes Oui et Non.

☞

1. Burton S., Lichtenstein D.R., « The Effect of Ad Claims and Ad Context on Attitude Toward the Advertisement », *Journal of Advertising*, 17 (1), 1988, pp. 3-11.

2. Derbaix C., Blondeau S., Pecheux C., « L'enfant et l'attitude envers l'annonce publicitaire : mise en œuvre du construit et précisions conceptuelles », *Recherche et Applications en Marketing*, 14, 3, pp. 23-37, 1999.

3. Derbaix C., Pecheux C., « A New Scale to Assess Children's Attitude toward TV Advertising », *Journal of Advertising Research*, 43 (4), 2003, pp. 390-99.

- Je crois ce qu'on montre dans les publicités à la TV (Dim. Crédibilité)
- J'aime les publicités à la TV (Dim. Amusement)
- Je trouve que les publicités à la TV sont chouettes (Dim. Amusement)
- Quand les publicités passent à la télé, j'ai envie de les regarder (Dim. Amusement)
- Les publicités à la TV, je trouve ça bien (Dim. Amusement)
- Je trouve que les publicités à la TV disent toujours la vérité (Dim. Crédibilité)
- Quand les publicités passent à la télé, je suis content de les regarder (Dim. Amusement)

Mais, l'exploration des attitudes ne se limite pas à l'étude du contexte publicitaire. On a pu montrer que l'attitude à l'égard de l'argent influence la sensibilité au prix, le rapport entre épargne et emprunt, ou encore la générosité ou l'attitude à l'égard du jeu[1]. Des chercheurs se sont intéressés à l'attitude à l'égard de la mort[2] chez les consommateurs âgés. On sait par ailleurs que les consommateurs développent une attitude esthétique à l'égard du packaging[3] *via* une composante hédonique (imaginaire et émotionnelle). De même, l'attitude du vendeur envers la veille marketing et commerciale est une variable fortement explicative de l'implication des vendeurs à récolter de l'information concurrentielle sur le terrain et auprès de leurs clients[4]. Enfin, l'attitude ne se résout pas à la vie réelle[5] : l'exposition aux magasins de marques phares dans les mondes virtuels comme SecondLife influence positivement l'attitude associée à la marque et l'intention d'achat dans la vie réelle.

Section 2 LES CRITÈRES DE CHOIX

L'environnement des consommateurs est modelé par les actions marketing qui leur sont destinées. Le consommateur va les percevoir au travers de ses filtres. Dans un premier temps, nous présenterons la perception des attributs avant de préciser la perception des innovations et du positionnement.

1. Urbain C., « L'attitude à l'égard de l'argent : une première tentative de validation de deux échelles de mesure américaines dans un contexte culturel français », *Recherche et Applications en Marketing*, 15, 3, pp. 3-28, 2000.

2. Urien B., Guiot D., « Attitude face à la mort et comportement d'ajustement des consommateurs âgés : Vers l'élaboration d'une réponse marketing », *Décisions Marketing*, pp. 23-35, 2007.

3. Magne S., « Essai de mesure de l'attitude esthétique du consommateur face au packaging du produit », *Revue française du marketing*, 196, 1/5, pp. 33-47, 2004.

4. Lebon J., « Contribution des vendeurs aux activités de veille marketing et commerciale : d'un cadre conceptuel aux opportunités de recherche », *Recherche et Applications en Marketing*, 12, 3, pp. 5-24, 1997.

5. Haenlein M., Kaplan A.-M., « Les magasins de marques phares dans les mondes virtuels : l'impact de l'exposition au magasin virtuel sur l'attitude envers la marque et l'intention d'achat dans la vie réelle ». *Recherche et applications en marketing*, 24(3), pp. 57-80, 2009.

1 La perception des attributs

1.1 La nature des attributs

Les caractéristiques physiques du produit (taille, performance) et les bénéfices forment ce que l'on appelle les « attributs » du produit. L'évaluation des services au travers de leurs qualités et le développement d'éléments périphériques aux produits conduit à faire la distinction entre les attributs intrinsèques et extrinsèques[1]:

- les *attributs intrinsèques* sont les ingrédients de base. La nature de la fibre d'un textile, le goût du café ou le bicarbonate de sodium pour l'effervescence de l'aspirine, sont des attributs intrinsèques. Leur manipulation modifie le produit. La cuisson à 180° du lait par la procédure UHT permet une plus longue conservation. La modification des attributs intrinsèques est directement liée à l'innovation. La valeur d'usage est, par conséquent, modifiée ;
- les *attributs extrinsèques* sont, par exemple, le prix, la garantie et les assurances associées, la marque. Ils ne font pas partie du produit physique. Ce sont des éléments qui servent à juger la qualité de l'offre lorsque les attributs intrinsèques sont indisponibles, notamment dans les services pour lesquels l'évaluation est trop complexe. Le prix est souvent utilisé comme indicateur de qualité lorsque les marques sont peu familières. La modification des attributs extrinsèques est guidée par l'évolution du cycle de vie du produit.

Pour mieux signaler la qualité de leurs produits, les entreprises peuvent investir soit sur les attributs intrinsèques (décisions industrielles), soit sur les attributs extrinsèques (décisions marketing). Le choix est fonction du contact qui existe entre le produit et le consommateur. Le consommateur fonde ses choix sur les attributs intrinsèques lorsqu'il se trouve sur le lieu de vente et qu'il est à la recherche d'informations. Cependant, l'attribut extrinsèque est plutôt retenu par le consommateur lorsque les attributs intrinsèques ne sont pas disponibles (services), que le jugement de l'attribut intrinsèque demande trop d'efforts et enfin que la qualité s'évalue par l'expérience et les recommandations extérieures[2].

Une étude comparant la perception des grandes marques par rapport aux marques distributeurs a montré que les attributs extrinsèques (information sur le packaging et la marque, le prix) servent de critères de comparaison au détriment des attributs intrinsèques. Cependant, en comparant deux marques nationales, le consommateur se repose alors sur les attributs intrinsèques[3]. En règle générale, les attributs intrinsèques permettent d'évaluer la qualité lorsqu'ils sont spécifiques à la catégorie

1. Olson J.C., Jacoby J., « Cue Utilization in the Quality Perception Process », *Proceedings of the Third Annual Conference of the Association for Consumer Research*, 1972, pp. 167-179.

2. Zeithaml V.A., « Consumer Perception of Price, Quality, and Value : a Means-End Model and Synthesis of Evidence », *Journal of Marketing*, july, 52, 1988, pp. 2-22.

3. Richardson D.J., « Extrinsic and Intrinsic Cue Effects on Perception of Store Brand Quality », *Journal of Marketing*, october, 58, 1994, pp. 28-36.

de produit. Cependant, les attributs extrinsèques sont des indicateurs de qualité à travers toutes marques, catégories et produits[1].

Exemple

> La concurrence entre les marques de lait alterne attributs extrinsèques (packaging : bec verseur, bouteille en plastique, contenance) et attributs intrinsèques (vitamines).
> Le packaging est au service de l'amélioration du produit au travers de nombreuses innovations apportant de réels bénéfices consommateurs. Le bec verseur de Tetrapack permet à un enfant de se servir d'une brique de lait sans risque. La société Arce en Languedoc Rousillon développe le Arce Fruitpack qui maintient les fruits en de très bonnes conditions et ralentissent le dessèchement de la chaire et allonge la durée de consommation[2].

1.2 Les attributs déterminants

Un sous-ensemble de ces attributs est déterminant, car ils sont retenus pour effectuer le choix. Ils pèsent vraiment dans le choix final. On les appellera également critères de choix[3].

La connaissance des critères de choix a un triple avantage[4]. Premièrement, elle permet de segmenter le marché en fonction de bénéfices recherchés par un groupe de consommateurs par rapport à un autre. Deuxièmement, elle permet de positionner le produit en fonction de certains attributs clés. Enfin, on peut aussi bâtir un plan marketing cohérent.

Les attributs déterminants sont simultanément importants et discriminants, c'est-à-dire susceptibles de différencier les marques entre elles.

L'importance d'un attribut est le poids que cette caractéristique représente dans le processus d'évaluation. Les attributs les plus importants sont pris en compte dans le processus d'évaluation par la plupart des consommateurs.

La discriminance est la différence perçue entre les marques d'une même catégorie de produits sur un attribut.

Par exemple, la sécurité est un attribut important pour une automobile. Mais, si le consommateur ne considère pas la sécurité comme différente d'une marque à l'autre, ce n'est pas un attribut déterminant, car il n'aide pas le choix entre les marques.

---

1. Zeithaml V.A., 1988, *opus cité.*
2. *LSA* n°1837 du 20 novembre 2003.
3. Pras B., Tarondeau J.-C., *Comportement de l'acheteur*, Paris, Sirey, 1981.
4. Vernette E., « Identifier les attributs déterminants : une comparaison de six méthodes », *Recherche et Applications en Marketing*, 2, 4, 1987, pp. 1-21.

Repère

Le prix deviendra-t-il le seul critère de choix sur Internet ?

En supprimant la possibilité de toucher, sentir, peser, les sites Internet modifient la perception des produits. Le consommateur est susceptible de ne prendre en considération que des éléments objectifs comme le prix entraînant ainsi le commerce et les industriels dans une direction contraire aux pratiques de différentiation et de segmentation en œuvre depuis les années 1950. Bien que le prix devienne sur les sites un attribut dominant, il n'est plus si important. En effet le client achetant sur un site est avant tout motivé par la facilité de commande et est relativement peu sensible au prix[1]. Seuls les prochains écrans ultra haute définition créeront de nouvelles sensations.

2 L'identification des attributs déterminants

Deux méthodes d'identification des attributs sont particulièrement performantes[2]: le questionnaire Delphi et la méthode duale.

2.1 La méthode Delphi

La méthode Delphi permet de faire émerger un consensus sur les problèmes les plus importants au fil d'un processus itératif entre experts. Reposant sur ces derniers, la méthode permet d'allier la pertinence des thèmes indiqués et la prospective nécessaire à toute évaluation future du marché. Initialement développée pour faire émerger des thèmes importants au sein des organisations, Delphi est donc particulièrement adaptée à l'émergence des attributs déterminants[3]. Dans une première étape, on demande individuellement à chacun des membres d'un groupe d'experts (10 à 20), d'indiquer les critères utilisés *par le segment* pour les achats. Par exemple, quels sont les critères sur lesquels les consommateurs se fondent pour acheter un ordinateur ? Le coordonnateur rassemble dans un questionnaire tous les critères précédemment cités. Il le propose aux experts dans une seconde étape, au cours de laquelle, chacun d'entre eux doit indiquer *pour le segment* l'importance des critères et leur perception pour

1. Degeratu A.M., Rangaswamy A., Wu J., « Consumer choice behavior in online and traditional supermarkets : The effects of brand name, price, and other search attributes », *International Journal of Research in Marketing*, 17 (1), 2000, pp. 55-78.

2. Vernette E., « Identifier les attributs déterminants : une comparaison de six méthodes », *Recherches et Applications en Marketing*, 2, 4, 1987, pp. 1-21.

3. Vernette E., « La méthode Delphi : son potentiel pour l'identification des attributs déterminants », Actes du 1er congrès de l'Association Française du Marketing, 1, 1985, pp. 169-191.

7 modèles d'ordinateur. Le coordonnateur calcule la moyenne des scores et propose une itération à chaque expert : ce dernier se retrouve face à un questionnaire sur lequel se trouvent les scores moyens d'importance du groupe et son propre score indiqué précédemment. Le coordonnateur demande s'il confirme ou modifie son propre score. À l'issue de la dernière étape, les scores de déterminances sont calculés pour chaque attribut en multipliant l'importance médiane de l'attribut par son écart type (calculé à travers les perceptions des marques).

2.2 Le questionnaire dual

Le questionnaire dual est l'une des méthodes les plus fréquemment utilisées. Quatre étapes sont retenues[1].

- un entretien de groupe est conduit afin d'obtenir une liste préalable d'attributs aussi large que possible ;
- les attributs retenus permettent de construire le questionnaire dual (Importance et Différence perçue entre les marques) administré à un échantillon de 40 à 50 individus. Chaque sujet doit noter *chaque caractéristique*, au niveau de l'importance (score x) telle qu'il la perçoit pour le produit considéré sur une échelle allant de 1 (aucune importance) à 5 (importance extrême) et au niveau de la différence (score y) qu'il perçoit entre les marques disponibles pour le produit sur une échelle allant de 1 (aucune différence) à 5 (différence extrême) ;
- pour chaque caractéristique la moyenne des xy est calculée (*xy*) sur l'échantillon, c'est-à-dire la moyenne des scores de déterminance sur l'ensemble des individus ;
- on sélectionne les attributs qui ont un score significativement supérieur à celui de la grande moyenne (moyenne des scores moyens de déterminance). La redondance probable de certains attributs est traitée soit par la construction d'une matrice de similarité à partir des scores de similarité recueillis sur chaque paire d'attributs (mesure sur une échelle en 5 points allant de « Aucune similarité » à « Extrême similarité »)[2], soit par analyse de contenu appliquée à chaque liste individuelle (à partir de synonymes fournies par les répondants).[3] À la suite de cette analyse de la redondance, seuls les attributs d'un score moyen (*xy*) élevé et qui diffèrent dans leur signification sont retenus comme déterminants.

Cependant, chacune des méthodes présentées ici poursuit des objectifs différents. La méthode Delphi permettra de préparer une liste d'attributs pour concevoir un nouveau produit. La méthode duale est particulièrement adaptée à la segmentation présente du

1. Pras B., « Comment les consommateurs opèrent-ils leur choix ? Les modèles multi-attributs », Encyclopédie du Marketing, vol 1 : Le comportement du consommateur, éd. C. Pinson, 1977. Alpert M.I., « Identification of Determinant Attributes : a Comparison of Methods », *Journal of Marketing Research*, may, 1971, pp. 184-191.

2. Pras B., 1977, *opus cité*.

3. Kassarjian H., « Content Analysis in Consumer Research », *Journal of Consumer Research*, 2, 1977, pp. 8-18.

marché, à partir d'une analyse des scores de déterminance selon certaines caractéristiques sociodémographiques ou psychographiques.

Exemple – Les attributs déterminants dans l'achat d'une imprimante personnelle

Comme tous les produits technologiques, les brochures des imprimantes contiennent de nombreuses caractéristiques produits. Quelles sont celles qui sont déterminantes dans le choix du consommateur ? La démarche du questionnaire dual nécessite une étude des consommateurs pour déterminer un score d'importance et de différence entre les marques, sur chacune des marques. Pour une imprimante destinée à une utilisation professionnelle au domicile, voici les résultats moyens récoltés :

	Importance	Discriminance	Déterminance
Volume d'impression	2	4	8
Mémoire	4	4	16
Résolution	4	2	8
Vitesse d'impression	3	3	9
Gestion du papier	2	3	6
Design	2	2	4
Prix d'achat	4	5	20
Coût à la page	5	3	15

La multiplication des scores d'importance et de différence perçue entre les marques (discriminance) permet de retenir comme critères déterminants la mémoire, le prix d'achat et le coût à la page. La concurrence se fera donc essentiellement sur ces attributs.

La liste des attributs déterminants peut évoluer au fil du temps selon l'évolution de la concurrence. Un attribut déterminant peut « déchoir », lorsqu'il n'est plus proposé par une seule marque et que les concurrents proposent une caractéristique tout aussi bonne. Il perdra alors son caractère discriminant et par là même, son caractère déterminant (exemple des freins ABS dans l'automobile qui ne sont plus aussi déterminants qu'il y a quelques années). Les attributs déterminants peuvent donc varier dans un temps assez court.

La politique marketing-produit vise très souvent à augmenter la déterminance d'un attribut dans le but de créer un avantage concurrentiel externe. Cette politique s'accompagne à la fois d'une recherche de qualité sur ces attributs afin de s'assurer d'une bonne évaluation par les consommateurs sur les attributs déterminants, mais aussi d'une politique de l'innovation autant sur les attributs intrinsèques et extrinsèques.

Section 3 LA STRUCTURE ET LA FORMATION DES ATTITUDES

La préférence du consommateur pour un produit provient de la comparaison des attitudes. Plus l'attitude est positive et forte, plus le produit sera préféré. Le classement entre les alternatives du choix se réalise donc par comparaison des attitudes. Or, une attitude peut se former à partir d'un ensemble de croyances. Comment se construit l'attitude lorsque plusieurs attributs sont des critères de choix du produit ou de la marque ?

Le modèle « multi-attributs » combine les croyances sur différents attributs déterminants pour obtenir un jugement global qu'il sera possible de comparer entre produits proposés au consommateur. L'évaluation de chacun des attributs est faite en fonction des attentes d'utilisation ou de consommation. Par exemple, pour choisir entre plusieurs fournisseurs d'accès Internet par fibre (ou THB - très haut débit), le client prospect tiendra compte simultanément, en fonction de ses attentes ou besoins, du service proposé (fibre jusqu'à l'abonné ou terminaison coaxiale, le débit (100 Mb/s à 1 Gb/s), du prix mensuel de l'abonnement selon ce qu'il contient (TV, téléphone fixe voire mobile), mais aussi, de la réputation du fournisseur d'accès telle qu'il a pu se la forger à partir des forums de discussion, du jugement des articles de presse, de l'expérience de ses collègues de travail ou de ses voisins. La combinaison des attributs permet de calculer une attitude globale fonction des croyances à l'égard des attributs de la marque et qui permettra de comparer les différentes offres sur le même plan.

Le modèle multi-attribut est souvent présenté mathématiquement :

$A_i = f(b_{i1}, b_{i2}, \ldots, b_{in})$, où i est la marque, b_{ik} la croyance, k l'attribut et A_i l'attitude.

Il existe de multiples façons de relier les croyances aux attitudes. Les différences entre les modèles de décision sont au niveau du type de la relation f qui définit le mode de passage des croyances (composante cognitive du choix) aux attitudes (composante affective).

Pour caractériser la nature de la fonction f, on distingue les modèles compensatoires et les modèles non compensatoires. Le *modèle compensatoire* permet de compenser au niveau de l'évaluation globale une faiblesse sur un critère de choix par un point fort sur un autre critère. Le *modèle non compensatoire*, comme son nom l'indique, n'équilibre pas les différences entre les attributs.

Repère

Mesurer les attitudes

La mesure des croyances et des attitudes s'effectue au moyen de deux types d'échelle, le différentiel sémantique ou l'échelle de Likert.

L'échelle en différentiel sémantique est une mesure directe de l'attitude, où chaque extrémité de l'échelle est étiquetée avec des adjectifs de signification opposée. Ce format de réponse est commode pour mesurer les attitudes sur plusieurs marques ou individus (hommes politiques, par exemple) sans modifier le questionnaire. Il est juste nécessaire d'ajouter une série de questions relatives à la nouvelle marque. Cette méthode permet de mettre rapidement en relief les différences entre les marques.

L'échelle de Likert est utilisée pour mesurer l'intensité des croyances. Le répondant encercle le degré d'accord correspondant. Cette échelle a l'avantage de pouvoir préciser la question et ainsi de mieux comprendre les causes de variation de l'attitude, mais elle est moins adaptée que le différentiel sémantique pour la comparaison entre marques, car une même question peut être inadaptée à plusieurs marques.

La mesure de la composante cognitive de l'attitude s'effectue sur les critères de choix (ou attributs déterminants), alors que la composante affective s'évalue au moyen de mots reflétant le caractère affectif de l'attitude.

Mesure des croyances

Mesure de la composante cognitive de l'attitude

Différentiel sémantique

Ce smartphone est :

Laid	1 – 2 – 3 – 4 – 5 – 6 – 7	Beau
Cher	1 – 2 – 3 – 4 – 5 – 6 – 7	Économique
Encombrant	1 – 2 – 3 – 4 – 5 – 6 – 7	Peu volumineux

Échelle de Likert

1. Je trouve le design de ce smartphone particulièrement réussi.
2. Ce smartphone est d'un prix accessible.
3. Ce smartphone est peu encombrant.

Absolument pas d'accord	Pas d'accord	Neutre	D'accord	Tout à fait d'accord

☞

☞

Mesure de la composante affective de l'attitude

Différentiel sémantique

Ce smartphone est

Mauvais	1 – 2 – 3 – 4 – 5 – 6 – 7	Bien
Peu désirable	1 – 2 – 3 – 4 – 5 – 6 – 7	Très désirable

Échelle de Likert

1. Je trouve ce smartphone très bien.
2. Mon opinion vis-à-vis de ce smartphone est favorable.
3. J'aime bien ce smartphone.

Absolument pas d'accord	Pas d'accord	Neutre	D'accord	Tout à fait d'accord

Ces deux types d'échelle permettent de collecter les données nécessaires pour apprécier individu par individu, mais surtout groupe par groupe, les perceptions des consommateurs sur les attributs déterminants. Les groupes sont alors constitués sur la base de critères de segmentation pertinents. Ces données sont utilisées pour la réalisation des cartes perceptuelles de positionnement.

1 Le modèle compensatoire

1.1 La théorie de Fishbein

Les consommateurs forment leur attitude générale et développent une intention d'achat en fonction de leurs besoins. En conséquence, tous les attributs n'entrent pas de manière égale dans la composition de la préférence : chaque individu évaluera différemment l'importance des critères pour effectuer un choix. Les modèles multi-attributs permettent de prendre en compte l'importance du besoin dans la formation de l'évaluation de la marque. Cette catégorie de modèles, souvent nommée modèles « attentes-valeurs », car ils expriment une évaluation par rapport à des attentes, est représentée par le modèle de M. Fishbein (1968). Il associe les croyances avec l'intensité du besoin et s'exprime par la règle additive compensatoire suivante :

$A_O = \Sigma\, b_i\, a_i$

A_O = attitude à l'égard de l'objet O

b_i = « force de la croyance » d'une relation entre l'objet O et la caractéristique *i*

a_i = « aspect évaluatif », c'est-à-dire évaluation positive ou négative de la caractéristique.

L'aspect évaluatif de l'objet (a_i) sur l'attribut *i*, est une appréciation subjective positive ou négative vis-à-vis du $n^{ième}$ attribut de la marque évaluée. Par exemple, pour un assistant électronique personnel, il s'agit de l'appréciation subjective du design.

La force de la croyance (b_i) rend compte du lien entre cet attribut et le consommateur (par exemple, est-ce que le design de l'assistant électronique est important dans le choix). Pour calculer le score global d'attitude, il convient de multiplier chaque croyance (a_i) sur un attribut avec l'importance de cet attribut pour l'objet (b_i) et ensuite de faire la somme pour chaque marque.

Ce modèle, issu de la psychologie, a été adapté au marketing en considérant la force de la croyance (b_i) comme l'importance de l'attribut pour le consommateur[1].

EXEMPLE – Le modèle compensatoire

Pour classer trois marques de tablettes sur la base du modèle compensatoire on calcule un score global pour chaque produit à partir des croyances (qui mesurent l'adéquation des attributs aux attentes) indiquées dans le tableau 5.2. Le calcul se fait par la multiplication du score de la croyance par l'importance donnée à l'attribut. On calculera donc le score de l'attitude de la marque A comme suit :

$$A_{\text{(Marque A)}} = a_{\text{design–A}} \times b_{\text{design}} + a_{\text{prix–A}} \times b_{\text{prix}} + a_{\text{volume–A}} \times b_{\text{volume}}$$

$$A_{\text{(Marque A)}} = \Sigma \text{ Croyance}_{\text{i (Marque A)}} \times \text{Importance}_{\text{i}} = 20 + 8 + 10 = 38$$

Le calcul des scores d'attitudes selon cette démarche permet de classer les produits selon un ordre de préférence basé sur la formule du modèle compensatoire additif. Dans l'exemple présenté dans le tableau.2, la marque B est préférée aux marques A et C.

Attribut *i*	Importance b_i	Croyance (a_i) Marque A	Croyance (a_i) Marque B	Croyance (a_i) Marque C
Design	5	4	4	2
Prix	4	2	4	5
Volume	2	5	3	2
Total		38	42	34

1.2 Gagner la préférence des consommateurs – Utilisation du modèle de Fishbein

L'attitude ainsi évaluée est souvent la base de l'image de marque. Comment est-il possible alors d'améliorer l'image de marque des marques A et C du tableau 4.2 ? La décomposition de l'attitude entre les évaluations plus ou moins positives des

1. Bass F.M., Talarzyk W.W., « An Attitude Model for the Study of Brand Preference », *Journal of Marketing Research*, 9, pp. 93-96, 1972, cité dans Pras B., « Comment les consommateurs opèrent-ils leur choix ? Les modèles multi-attributs », *Encyclopédie du Marketing*, Vol 1 : Le comportement du consommateur, ed. C. Pinson, 1977.

croyances sur chaque attribut et l'importance que ces derniers ont pour l'évaluation globale permet de fournir des éléments stratégiques pour ces marques challenger. Trois options tactiques sont préconisées :

1. *Capitaliser sur un avantage relatif* en augmentant l'importance d'un attribut (b_i) dans l'évaluation globale. Alors que la marque A est particulièrement bien notée sur l'attribut *volume*, cette qualité n'est pas reflétée dans l'attitude A_O. Pourtant, le volume relativement faible d'une tablette permet d'être très mobile. Au travers des outils de communication, on soulignera donc l'importance de cet attribut et du bénéfice qui y est rattaché afin de changer les priorités par la modification des scores d'importance.

EXEMPLE – Leclerc réélue « Enseigne de l'année » en 2015 dans la catégorie GSA

L'étude Référenseignes Expert 2015 de Kantar Worldpanel révèle que, pour près de 54 % des ménages français, l'enseigne Leclerc propose « des prix attractifs ». L'enseigne est la mieux perçue pour ses premiers prix avec une avance sur ses concurrents : elle arrive en tête des hypermarchés, devant Auchan (33,5 %), Carrefour (32,7 %) ou encore Système U (26,9 %). Le prix est en effet le premier critère de fréquentation des magasins de l'enseigne derrière la proximité (Étude TNS Sofres 2015).

L'enseigne communique ainsi sur cet avantage relatif en répétant des slogans (apprentissage classique) comme « E. Leclerc défend votre pouvoir d'achat » ou encore « Chez E. Leclerc, vous savez que vous achetez moins cher ».

2. *Améliorer la perception du produit* en augmentant l'aspect évaluatif de la croyance (a_i) sur un attribut pour une marque donnée. Le responsable de la marque C pense que le critère *design* est injustement évalué. Il sera nécessaire de mettre en avant les qualités du design, par exemple en faisant participer le produit à des concours de design ou en valorisant le design avec une personnalité du monde du spectacle ou de la mode. Cependant, ces programmes marketing à court terme, devront être complétés par une modification du design pour l'adapter aux exigences des clients.

EXEMPLE – Le pain est pauvre en matières grasses

Le pain a l'image d'un aliment qui fait grossir. Pour maintenir la consommation de pain et encourager les 98 % de Français qui mangent du pain à régulièrement l'acheter chez leur artisan boulanger, « la Collective du pain » a engagé une vaste campagne de communication[1]. De la PLV (Publicité sur le Lieu de Vente) est disponible en boulangerie pour démontrer que le pain est pauvre en matières grasses (seulement 0,8 g de lipides pour 100 g) contrairement aux idées préconçues, tout en insistant sur les bienfaits connus du pain. En insistant sur cette faiblesse perçue qui en réalité est fausse, les syndicats de boulangers espèrent améliorer la perception de leur produit.

1. voir www.collectivedupain.com

3. *Ajouter un attribut à l'évaluation de la catégorie de produits* en introduisant un nouvel attribut *i*. Parmi la liste des critères déterminants, l'autonomie de fonctionnement n'est pas prise en compte. Cependant, la marque C est conçue à partir de cette fonctionnalité demandée par les clients les plus mobiles. Une enquête préliminaire fait ressortir que cet attribut serait noté 5 pour la marque C. Le responsable marketing mettra en avant cet avantage unique pour modifier la hiérarchie des scores d'importance.

EXEMPLE – Le lancement des mini-doses d'assouplissant

Toutes les grandes marques de lessives ont adopté les mini-doses ou les tablettes qui simplifient les tâches ménagères. Ce format présente de nombreux bénéfices : le consommateur utilise désormais la dose correspondant à son besoin, il ne risque plus de renverser le contenu, il limite les risques d'empoisonnement car les enfants ne peuvent plus construire des châteaux avec la poudre ou vider des bidons de liquide, et il limite l'impact des détergents sur l'environnement en évitant le sur-dosage.

Peu à peu, l'innovation s'est banalisée mais se diffuse désormais aux assouplissants. Minidou est maintenant proposé en mini-berlingots avec le double objectif de faciliter la vie des utilisateurs et de recruter de nouveaux acheteurs. L'avantage concurrentiel créé par l'innovation sera cependant facile à imiter.

Source : *LSA*, n° 1763, avril 2002.

La règle compensatoire est très souvent utilisée dans le choix d'un appareil électroménager ou technique. La connaissance du secteur étant *a priori* relativement faible le consommateur évalue tous les attributs un à un, donne une note positive ou négative en fonction de ses croyances et d'une évaluation de leur importance. La modification de l'attitude du consommateur passe donc au travers de deux processus : d'une part, modifier l'attitude intrinsèque et d'autre part, modifier la perception de l'importance du critère en question.

2 Les modèles non compensatoires

Pour certains consommateurs et certains achats, la règle compensatoire additive n'est pas concevable. Un consommateur qui a une mauvaise expérience d'un produit refusera de racheter cette marque. Il élimine le produit de son tableau comparatif. Tout comme certains critères sont déterminants quelle que soit l'importance des autres facteurs. On parle alors de modèles non compensatoires. La règle additive n'est plus de mise. Les critères de choix retenus peuvent être la cause du rejet du produit ou du service ou la norme subjective négative, qui ne peut être compensée par les critères positifs, car elle est incontournable et rédhibitoire.

On retiendra deux catégories essentielles de modèles non compensatoires : le modèle conjonctif, avec sa variante le modèle disjonctif, et le modèle lexicographique.

Les deux premiers modèles utilisent des seuils, le troisième une séquence, pour évaluer les différentes marques.

2.1 Les modèles conjonctifs et disjonctifs

Le modèle *conjonctif* décrit un processus selon lequel le consommateur veut éviter des produits en dessous d'un seuil minimal de performance, de qualité, de prix, etc. Dans un premier temps, le consommateur définit les seuils minimaux pour chacun des attributs. Ensuite, il analyse, produit après produit, si chacun des attributs est mieux évalué que le seuil minimum. Un tel modèle permet d'éliminer des marques jugées inacceptables sur l'un des critères. Cependant, il ne permet pas de choisir entre les marques retenues. Des seuils minimaux de performance sont indiqués en fonction des attentes du consommateur.

Dans l'exemple ci-dessous, le consommateur réalisant son choix selon une règle conjonctive, choisira la marque avec la note supérieure au seuil minimum pour le design *et* le prix *et* le volume. La marque B est ainsi choisie.

EXEMPLE – Le modèle non compensatoire conjonctif

À la recherche d'une tablette, le consommateur utilise une règle conjonctive pour faciliter son choix. Trois marques sont proposées, qui sont chacune évaluées sur trois critères (le design, le volume, et le prix). Les notes attribuées (allant de 1 à 5) sont les évalautions des croyances, c'est-à-dire la valeur que le consommateur donne à chaque marque sur chacun des critères en fonction de ses attentes. Par ailleurs, suite à la lecture des bancs d'essais disponibles dans la presse, il a déterminé des seuils minimaux de satisfaction. Toutes ces informations sont disponibles dans le tableau ci-dessous.

Attribut *i*	Seuil Minimum	Marque A	Marque B	Marque C
Design	4	4	4	2
Prix	3	2	4	5
Volume	3	5	3	2
	Marque sélectionnée	non	oui	non

Pour le design, le seuil est élevé car une tablette est un objet qu'on montre et qui reflète la personnalité et le statut de son propriétaire ; son apparence est donc importante, le seuil minimum est par conséquent élevé. Le prix et le volume restent des critères pour lesquels le niveau d'acceptabilité est moyen. Sur le critère Design, les marques A et B sont acceptables (design $_{\text{(marque A)}}$ > 4, design $_{\text{(marque B)}}$ > 4 alors que design $_{\text{(marque C)}}$ < 4). Sur le critère prix, les marques B et C sont acceptables (prix $_{\text{(marque B)}}$ > 3 et prix $_{\text{(marque C)}}$ > 3 alors que prix $_{\text{(marque A)}}$ < 3). Enfin, sur le critère volume, les marques A et B sont acceptables (volume $_{\text{(marque A)}}$ > 3 et volume $_{\text{(marque B)}}$ > 3 alors que volume $_{\text{(marque C)}}$ < 3). Au total, seule la marque B est sélectionnée, car ses évaluations sont supérieures à tous les seuils minimaux.

Les tableaux comparatifs des associations de consommateurs, publiés par les magazines, sont construits pour être analysés au travers d'un raisonnement conjonctif. Ces tableaux associent souvent des évaluations pour chacun des critères avec une indication des éléments à prendre en compte selon l'utilisation projetée. Toutefois, le modèle conjonctif peut aboutir à ne sélectionner aucune marque, ou bien, deux ou trois marques. Si le consommateur ne peut trouver de produit réunissant les notes minima sur chacun des attributs, il ne peut pas choisir : il reporte, il abandonne son achat ou il reconsidère les seuils minimaux. Si, au contraire, la règle conjonctive aboutit à proposer deux produits comme solution du problème de choix, alors il ne peut pas choisir. La règle conjonctive est le processus de choix le plus efficace lorsque l'ensemble de marques proposé au consommateur contient des propositions inacceptables.

Le modèle *disjonctif* est moins courant, bien que voisin du précédent. Il suppose que le consommateur choisisse des produits en fonction de leur niveau d'excellence sur certains critères. Les marques acceptables seront celles qui obtiendront la note maximum sans tenir compte des autres critères. Les tableaux comparatifs des distributeurs (ex : FNAC) sont conçus pour être lus selon cette règle, dès qu'une note d'évaluation globale est fournie.

Repère

Fournir l'information pour une règle disjonctive

Les tableaux comparatifs fournissent des évaluations sur chacun des critères importants de choix. Pour aider un client recherchant la maximisation des notes sur tous les critères, ce qui correspond souvent à la polyvalence du produit, un graphique en radar est un excellent outil de communication (figure 4.4). Plus la surface couverte est importante, plus le produit sera polyvalent et donc probablement retenu par un consommateur utilisant la règle disjonctive.

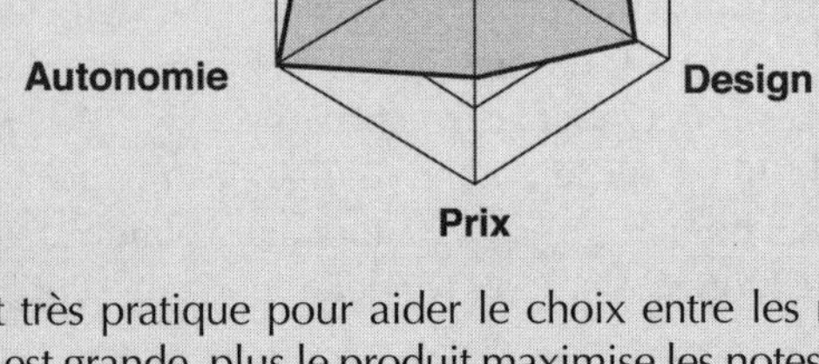

Le graphique radar est très pratique pour aider le choix entre les marques selon la règle disjonctive : plus l'aire est grande, plus le produit maximise les notes sur les critères retenus.

2.2 Le modèle lexicographique

Au contraire des règles conjonctives et disjonctives, toutes les options sont évaluées avec le modèle lexicographique sur la base de l'attribut le plus important et séquentiellement. L'importance est la force de la croyance *b* de l'objet sur l'attribut *i*. Ainsi, si le prix est l'attribut le plus important, alors le consommateur choisira le produit au meilleur prix. La relation qualité/prix est une heuristique de type lexicographique. Si le consommateur considère que le produit au prix le plus élevé est le produit de meilleure qualité, il choisit alors rapidement et facilement le produit le plus cher. Lorsque deux produits (une paire) sont jugés équivalents sur la base de l'élément le plus important, le consommateur se tourne donc vers le second attribut en terme d'importance. Si le choix est équivalent sur la base du deuxième attribut, alors on se tournera vers le troisième attribut, et ainsi de suite. Dans l'exemple ci-dessous, le futur acheteur d'un assistant électronique personnel évalue d'abord les produits proposés sous l'angle du design, ce qui ne permet pas d'effectuer un choix immédiat. Le deuxième attribut le plus important étant le prix, il fait son choix sur ce deuxième attribut.

Le modèle lexicographique permet donc une analyse pas à pas et économise le temps du consommateur en lui permettant de se consacrer aux attributs les plus importants.

Exemple – Le modèle lexicographique

Lorsque la règle lexicographique s'applique au choix d'une tablette, le consommateur se concentre en premier sur l'attribut le plus important pour lui. Ici le design est le premier critère. Il compare ensuite sur celui-ci les évaluations des croyances de chaque marque. La marque C est éliminée car sa note est inférieure à celles des deux autres marques (design $_{\text{(Marque A)}}$ et design $_{\text{(Marque B)}}$ > design $_{\text{(Marque A)}}$). Le second critère par ordre d'importance étant le prix, la comparaison s'effectue sur ce critère pour départager les deux marques restantes. C'est la marque B qui est retenue (prix $_{\text{(marque B)}}$ > prix $_{\text{(marque A)}}$). Le choix étant effectué, aucune comparaison ne s'effectue sur le critère volume.

Attribut *i*	Importance b_i	Marque A	Marque B	Marque C
Design	5	4	4	2
Prix	4	2	4	5
Volume	2	5	3	2
Marque sélectionnée		non	oui	non

2.3 Un modèle pour chaque situation

La plupart des décisions sont la résultante d'un mélange entre règles compensatoires et non-compensatoires. Alors qu'une forte implication dans la catégorie de produit orientera le consommateur vers une règle compensatoire, la complexité et la profusion d'informations le redirigera vers une règle de type non compensatoire, telle la règle conjonctive. Les méthodes de recherche à base de protocoles verbaux permettent de déterminer la règle de décision adoptée.

Tableau 5.2 – Synthèse des modèles multi-attributs

Type de modèle	Principe	Avantages	Désavantages
Modèle compensatoire En cas de recherche d'optimisation	Addition et multiplication des scores d'importances avec les scores d'attitudes de chaque attribut	Classement par préférences	Aucun seuil pris en compte Longueur du processus de décision
Modèle conjonctif En cas de recherche de satisfaction	Description d'un processus dans lequel le consommateur veut éviter des produits en dessous d'un seuil minimal	Élimination des marques inacceptables	Impossibilité de choisir entre les marques retenues
Modèle disjonctif	Choix d'un produit ou d'un autre en fonction du niveau d'excellence sur l'un des critères. Retenir le ou les produits en fonction d'une note maximum sur un attribut	Sélection des meilleures marques dans le cas d'une utilisation spéciale (un seul critère pris en compte).	Impossibilité d'aboutir à un classement complet
Modèle lexicographique	Les marques sont d'abord comparées sur le critère le plus important. Si plusieurs marques ont le même niveau de performance sur ce critère, le consommateur les évalue ensuite sur le second critère, et ainsi de suite jusqu'à ce qu'une seule marque reste évaluée	Élimination progressive des marques	

Les modèles compensatoires sont cognitivement complexes. Au contraire, les modèles non compensatoires (règles conjonctive, disjonctive et lexicographique) sont plutôt des heuristiques, car ils simplifient le processus de choix.

3 La liaison entre attitude et comportement

Le comportement d'achat est la conclusion finale du processus d'évaluation. Autrement dit, le choix découle du jugement attitudinal. Créer une attitude favorable vis-à-vis d'un produit, d'un service ou d'une publicité est une étape essentielle pour développer une intention d'achat, mais elle n'est pas suffisante. La relation entre l'attitude et le comportement est donc l'un des problèmes le plus souvent rencontré par les responsables marketing et les publicitaires.

En théorie, la marque préférée sera la marque achetée. Toutefois, plusieurs raisons peuvent expliquer l'écart entre attitude/préférence et comportement. Premièrement, de nombreux facteurs peuvent intervenir entre la préférence et sa traduction en comportement d'achat. La marque peut ne pas être disponible ; un événement inattendu peut changer subitement la hiérarchie des préférences (une opération promotionnelle par exemple). Deuxièmement, l'écart entre l'attitude et le comportement s'explique par plusieurs arguments théoriques et en se basant toujours sur la combinaison des attributs qu'elle soit compensatoire ou non compensatoire. On développera quelques-uns de ces arguments. La théorie de l'action raisonnée, tout d'abord, considère la pression d'un groupe ou de l'entourage, intériorisée par le consommateur à travers des normes, comme un attribut de choix qui peut modifier le comportement.

4 La théorie de l'action raisonnée

La théorie de l'action raisonnée est un cadre théorique pertinent pour expliquer la formation des intentions d'achat en fonction des attitudes et de l'environnement social. Développée par I. Ajzen et M. Fishbein, elle s'appuie directement sur les développements du modèle multi-attribut. Ces deux psychologues montrent que l'intention d'achat est fonction de deux facteurs.

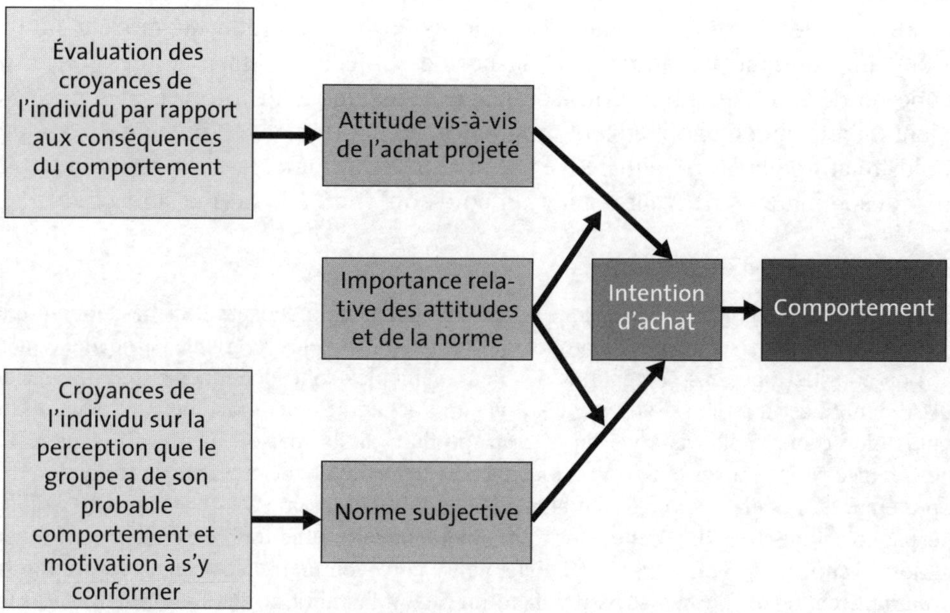

Figure 5.5 – Théorie de l'action raisonnée

Le premier est *l'attitude vis-à-vis de l'achat* d'un objet. Si le consommateur a l'intention d'acquérir une Dacia, on mesure alors non pas son attitude vis-à-vis de ce modèle, mais son attitude par rapport à l'achat du modèle, ce qui permet ainsi de le contextualiser, notamment en indiquant l'usage ou l'horizon temporel. Cette différence permet d'intégrer la volonté d'achat. Cela permet aussi de se baser sur des attitudes réalistes.

Le deuxième est la *norme subjective*. La norme subjective rend compte des influences sociales sur le comportement des personnes. Elle est construite à partir de deux éléments. Elle intègre tout d'abord la croyance que l'individu a de ce qu'autrui pense de son comportement, et ensuite la motivation à se conformer à cette croyance. La norme subjective est une anticipation du consommateur quant à la façon dont ses désirs vont être perçus par son entourage (encouragements, incompréhension, moqueries...), norme à laquelle il est plus ou moins enclin à se conformer. C'est une *norme,* car elle va influencer le comportement (faire ou ne pas faire). Elle est *sociale*, car elle est issue de l'environnement (famille, amis, pression sociale). Elle est *subjective*, car elle n'est pas émise par l'environnement, mais perçue par le consommateur. Si le consommateur ressent que le vêtement qu'il souhaite acheter transgresse les règles de la société, qu'il se sent mal à l'aise par rapport à ce comportement, et qu'il perçoive qu'autrui ne sera pas en accord avec ce comportement, il est alors fortement probable que l'achat n'aura pas lieu. Tout comme l'attitude vis-à-vis de l'achat, la norme subjective peut intégrer le contexte d'utilisation.

La théorie de l'action raisonnée est une extension naturelle du modèle multi-attribut qui combine les attitudes et la norme subjective. Ainsi, la pression d'un groupe ou de l'entourage, intériorisée par le consommateur à travers des normes, devient un attribut de choix et peut modifier le comportement en prenant en compte le poids relatif de la norme subjective par rapport à l'attitude. Pour un même produit, deux consommateurs peuvent donner un poids différent à la norme subjective.

Exemple – Le choix d'un monospace

Albert et Olivier, deux chefs de famille, veulent choisir un monospace. Ils hésitent entre le Volkswagen Sharan et le Seat Alhambra, qui sont deux modèles en grande partie identiques. Si on considère que les perceptions des deux véhicules sont identiques et que le prix de l'Alhambra est inférieur, l'attitude vis-à-vis de l'achat du monospace de Seat devrait être plus élevée que celle vis-à-vis du Sharan, produit par la maison mère Volkswagen. La différence se jouera sur la norme subjective et l'intensité de celle-ci dans la formation des préférences. Albert perçoit un certain dédain de son entourage s'il achète une voiture espagnole, mais considère cette norme comme secondaire et ne souhaite pas s'y conformer. Alors, il choisira la Seat Alhambra. Olivier pense percevoir un frein de son entourage (amis, familles, collègues de bureau) s'il achète un Seat Alhambra et s'y conformera. Alors, il préférera choisir le Volkswagen Sharan.

Tableau 5.3 – Mesure de la norme subjective

Mesure de la norme subjective		
	La plupart des gens qui comptent pour moi pensent que	
Je devrais	1 – 2 – 3 – 4 – 5 – 6 – 7	Je ne devrais pas
	acheter ce produit XY.	
Motivation à se conformer		
	En ce qui concerne l'achat du produit XY, je tiens compte de l'avis de la plupart des gens qui comptent pour moi.	
Pas du tout	1 – 2 – 3 – 4 – 5 – 6 – 7	Tout à fait

Dans le cadre de la théorie de l'action raisonnée, la norme subjective est diffusée par un référent susceptible d'avoir une importance sociale sur la décision d'achat. Le référent peut être l'épouse, le groupe, les amis, la société, la hiérarchie dans l'entreprise, etc. L'expression « les gens qui comptent pour moi » est alors remplacée par « mon épouse », « mes amis », « mes collègues ». Pour modifier l'effet de la norme subjective, on peut agir selon trois directions :

- changer la force de la croyance normative associée à un référent ;
- changer la motivation à se conformer à l'avis d'un référent ;
- introduire un nouveau référent dont l'avis est essentiel, comme dans les publicités « Signal », le dentiste de l'Association française bucco-dentaire qui justifie l'utilisation du dentifrice pour préserver les dents.

Repère

Application de la théorie de l'action raisonnée à la décision d'aller dans un restaurant fast-food[1]

246 consommateurs étudiants américains, 123 italiens, 264 de la république de Chine et 419 japonais ont participé à une recherche sur la décision d'aller dans un restaurant fast-food. L'objectif des chercheurs était de voir si la théorie de l'action raisonnée – et notamment la norme subjective du modèle – est robuste et si elle permet de voir des différences selon l'orientation culturelle (indépendante *versus* interdépendante ou collectiviste) mais aussi selon le contexte social (manger seul ou en compagnie d'amis). Les résultats montrent tout d'abord que la théorie de

☞

1. Bagozzi R.P., Wong N., Abe S., Bergami M., « Cultural and Situational Contingencies and the Theory of Reasoned Action: Application to fast-food restaurant consumption », *Journal of Consumer Psychology*, 9(2), pp. 97-106, 2014.

☞

l'action raisonnée est robuste : les attitudes et les normes subjectives prédisent l'intention d'aller dans un fast-food et ce quelle que soit la culture et en contrôlant par (dit autrement : en prenant en compte l'influence de) l'habitude ou des expériences passées. On observe en effet des différences de consommation de fast-food entre les consommateurs de l'Est (Américains et Italiens) et de l'Ouest mais également entre Japonais et Chinois : ces derniers vont trois fois plus au fast-food que les premiers, qui n'y vont jamais seuls et rarement entre amis.

Aller dans un fast-food est contingent au contexte et à la culture. La norme subjective influence la décision d'aller dans un fast-food uniquement lorsque les consommateurs mangent avec des amis. La norme subjective capte en fait la pression des pairs, qui est plus importante dans un contexte social que solitaire. La norme subjective n'a par contre aucune influence lorsque les étudiants mangent seuls, choisissant un fast-food par goût et non pour des impératifs normatifs. Des différences apparaissent néanmoins entre les groupes culturels. Le niveau de variance de la décision d'aller dans un fast-food est plus élevé chez les consommateurs américains que chez les autres. Cela suggère que la théorie, bien qu'elle s'applique à toutes les cultures, est davantage prédictive pour les Américains. De plus, dans les quatre pays étudiés, les étudiants qui ont un score élevé sur la dimension collectiviste montrent une intention de suivre la norme subjective plus forte lorsqu'ils passent d'une situation dans laquelle ils mangent seuls à une situation dans laquelle ils mangent avec des amis. Ce changement ne s'opère pas chez les consommateurs qui sont faiblement collectivistes.

En résumé, cette recherche montre la généralisation de la théorie de l'action raisonnée expliquant le comportement du consommateur selon les cultures.

3.2 Le positionnement perceptuel

Le positionnement consiste à délimiter un territoire propre à la marque dans l'esprit du consommateur en fonction des concurrents. Bien souvent, le positionnement voulu diffère du positionnement perçu. L'élaboration d'une carte perceptuelle de positionnement est alors nécessaire pour diagnostiquer les perceptions actuelles des consommateurs. Une carte perceptuelle de positionnement représente graphiquement les perceptions des consommateurs par rapport à un nombre de marques déterminées par le chargé d'étude.

Deux approches sont envisageables :

– la première est fondée sur l'*analyse des similarités* entre les marques. Des scores de proximité sont alors calculés. L'analyse est conduite ensuite au moyen de l'analyse des similarités (MDS – Multi Dimensional Scaling). Cette méthode longtemps employée, est accessible lorsque le nombre de marques à comparer est relativement réduit. En effet, les scores de proximité se calculent à partir de comparaison par paires. Si le nombre d'objets à comparer est n, alors le nombre de comparaisons à réaliser est $n\ (n\text{-}1)/2$;

1. Shimp T.A., Kavas A., « The Theory Reasonned Action Applied to Coupon Usage », *Journal of Consumer Research*, 11, 3, pp. 795-809, 1984.

– la seconde approche s'appuie sur des scores d'*attitude mesurés sur les attributs déterminants* du choix des produits. Cette dernière approche s'appuie sur une analyse en composantes principales, présentée ici.

Après avoir déterminé les croyances déterminantes (c'est-à-dire les attributs déterminants sur lesquels on peut effectivement choisir entre deux produits), un questionnaire a été conçu pour recueillir les attitudes correspondantes en utilisant une échelle en sept points (« pas du tout d'accord – tout à fait d'accord »).

L'analyse en composantes principales est une technique statistique permettant de réduire le nombre de variables décrivant un phénomène. C'est une « photographie » qui rassemble les variables (ici les attributs produits) qui sont les plus corrélées entre elles.

EXEMPLE – Carte perceptuelle de positionnements des chaînes de restaurants sur la cible étudiante

300 étudiants parisiens sont interrogés par rapport à cinq critères déterminants du choix d'un restaurant, afin de construire une carte perceptuelle de positionnement. En se fondant sur des scores d'attitude, l'analyse en composantes principales a donc été retenue dans ce cas pour construire la carte. Deux dimensions structurent les perceptions. La dimension la plus importante est la *qualité de service* qui explique 41 % de la variance expliquée alors que la seconde dimension, la *rapidité de service* explique 25 % de la variance. Cette carte permet d'illustrer la perception du restaurant universitaire par rapport aux autres formules. L'interprétation reste cependant limitée à la teneur des questions posées.

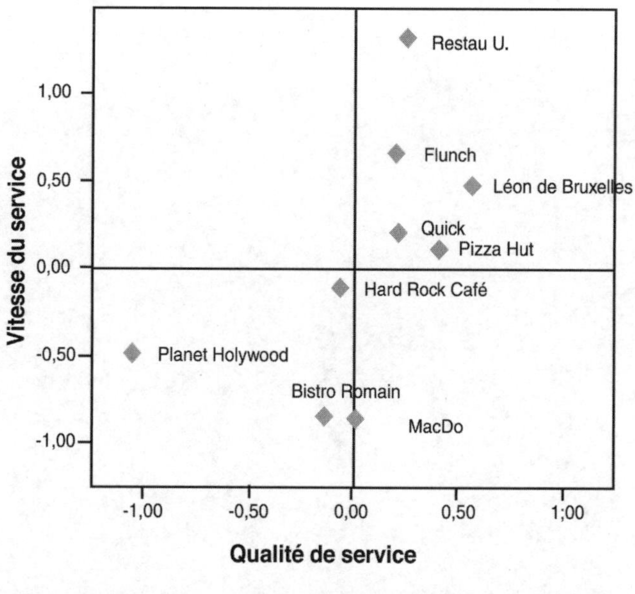

Le consommateur utilise des jugements perceptuels pour comprendre son environnement. Leur analyse par l'entreprise permet d'aller à la rencontre des besoins du consommateur.

Chapitre

6 La persuasion

OBJECTIFS

- *Persuasion* est le titre d'un roman de Jane Austen qui raconte les retrouvailles d'Anne Elliot avec Frederick Wentworth, dont elle a rompu les fiançailles quelques années auparavant, persuadée par sa meilleure amie des risques de cette union avec un jeune officier de marine en début de carrière, pauvre et dont l'avenir est incertain. Mais alors que les guerres napoléoniennes s'achèvent, l'officier revient, riche et avec le désir de fonder un foyer, mais déclinant l'idée de le faire avec Anne, convaincu qu'elle se laiss(er)ait trop aisément persuader...
- L'objectif de ce chapitre est de comprendre les mécanismes de persuasion notamment publicitaire.

SOMMAIRE

SECTION 1 La modification des attitudes par des processus cognitifs

SECTION 2 Les modèles de persuasion duale

SECTION 3 La prédominance affective dans la persuasion

Le développement d'opinions favorables envers l'entreprise et ses produits est l'un des objets du marketing. La persuasion est alors un processus qui consiste à faire évoluer dans un sens favorable l'opinion du client vis-à-vis des produits ou des actions de l'entreprise. Le vendeur, la campagne de publicité, le packaging, la brochure et tous les supports de communication, visent à persuader le consommateur des bénéfices qu'offre le nouveau produit. La persuasion est donc un processus qui présente un certain nombre de caractéristiques de base[1]:

- elle suppose le succès de la démarche, car dans le cas contraire il n'y a pas de persuasion ;
- il existe une intention d'atteindre un objectif spécifique ;
- le destinataire est libre de réagir ou non ;
- le succès est obtenu par la communication d'un émetteur vers un destinataire.

La persuasion c'est-à-dire la modification des attitudes, requiert des mécanismes à la fois cognitifs et affectifs qui sont mobilisés plus ou moins consciemment par l'individu. Trois grandes catégories de modèles de persuasion reflètent ces processus[2]. Premièrement, les modèles d'inspiration principalement cognitive s'intègrent pleinement dans le processus d'achat du consommateur à partir du postulat de base que les croyances influencent les attitudes (correspondant à une large variété de situations). Une deuxième catégorie est constituée des modèles proposant deux voies cognitive et affective parallèles : l'implication, la motivation et les compétences de l'individu sont utilisées pour prédire les processus de persuasion employés. Enfin, les modèles concentrés sur les réactions affectives donne un rôle prédominant aux émotions générées par la publicité par rapport aux processus standard de construction des connaissances. Ces trois approches ne sont pas exclusives : elles reflètent la juxtaposition de réactions diverses par rapport aux situations d'achats telles que la société post-moderne les crée.

Section 1 LA MODIFICATION DES ATTITUDES PAR DES PROCESSUS COGNITIFS

La persuasion implique une modification de l'état d'esprit (opinions, attitudes, orientation) du destinataire comme préalable à un changement de comportement.

1. O'Keefe D., *Persuasion : Theory and Research*, Sage Publications, 2002.
2. Derbaix C., Grégory P., *Persuasion : la théorie de l'irrationalité restreinte*, Economica, Paris, 2004.

Les hiérarchies des effets présentent les différents enchaînements des composantes de l'attitude selon le niveau d'implication et les conséquences qui en découlent pour adapter la stratégie marketing.

Cependant le paradigme de la théorie de la dissonance cognitive est particulièrement pertinent lorsque les actions devancent les attitudes.

1 La hiérarchie des effets

La hiérarchie des effets organise séquentiellement les liaisons qui existent entre les trois concepts explicatifs du choix : les croyances, l'attitude et l'intention de comportement. Par souci de simplification, nous considérons que l'intention de comportement est équivalente à la décision d'achat.

Le niveau d'implication modifie l'ordre séquentiel des composantes du jugement (croyances et attitudes) et de l'intention de comportement.

Tableau 6.1 – Les hiérarchies des effets

Type de hiérarchie des effets	Séquence
Hiérarchie d'apprentissage (apprendre – ressentir – faire)	Croyances > Attitude > Comportement
Hiérarchie d'implication réduite (apprendre – faire – ressentir)	Croyances > Comportement > Attitude
Hiérarchie expérientielle (ressentir – faire – apprendre)	Attitude > Comportement > Croyances

1.1 La hiérarchie d'apprentissage

Lors d'un achat fortement impliquant, les croyances commandent la séquence des effets. Tout d'abord, un consommateur accumulera des connaissances relatives aux attributs déterminants pour former ses croyances. À cette occasion, il consultera de nombreuses sources d'information personnelles ou non, commerciales ou non. Ensuite, il évaluera favorablement ou défavorablement ses croyances sous la forme d'une attitude destinée à orienter son choix. Enfin, il s'engagera dans un comportement afin de réaliser le désir.

Cette séquence suppose un consommateur impliqué dans la catégorie de produit, qui prenne le temps de penser avant d'agir.

Au fil du temps, il devient de plus en plus fidèle. Il est de plus en plus difficile de modifier l'attitude du consommateur, car celle-ci est de plus en plus forte. Cependant, dans cette situation, il est très important de renforcer les attitudes positives vis-à-vis de la marque pour s'assurer de la fidélité. La politique marketing visera plutôt à développer la consommation plutôt que le recrutement de nouveaux clients. Les bénéfices d'une utilisation plus fréquente seront ainsi mis en avant.

1.2 La hiérarchie d'implication réduite

Dans de nombreux cas, le consommateur achète à partir d'une information limitée et de croyances peu développées, parce qu'il est faiblement impliqué dans la catégorie de produit. Selon la théorie de l'apprentissage passif développé par P. Krugman, le consommateur assis devant son poste de télévision mémorise très bien mais aléatoirement les messages publicitaires. C'est suffisant pour développer des croyances. En parcourant les allées du supermarché à la recherche d'herbes de Provence, il prendra sa décision d'achat simplement sur la base de ses croyances, sans s'engager dans un processus intellectuel susceptible de former une attitude favorable et défavorable en fonction des croyances qu'il possède : il choisira les marques Ducros ou Amora en fonction de la mémorisation de la marque. C'est une séquence « croyances > décision d'achat > attitude » qu'on rencontre quand le consommateur est faiblement impliqué.

Comme les décisions sont relativement peu importantes, les consommateurs sont plus susceptibles de réagir à un mécanisme de conditionnement plutôt que d'apprentissage cognitif. Pour beaucoup de chefs de produit, il est décevant d'accepter que la marque dont on a la charge (et qui représente une partie significative de sa vie !) est en fait peu importante pour le consommateur.

Mais, c'est une opportunité pour exprimer son talent marketing. Dans un contexte de faible implication, l'environnement marketing est très important, car il détermine le comportement avant l'attitude : selon les principes de conditionnement, le consommateur sera d'autant plus sensible à la PLV, au nom de la marque, au packaging, aux signatures sonores, qu'il est peu impliqué. Le rôle du responsable marketing est de conditionner l'achat en créant une réponse favorable au stimulus, alors qu'en situation de forte implication on aidera le consommateur à acheter en lui fournissant des informations pour construire son attitude et accompagner son processus de décision.

Le conditionnement classique ou par association est la technique la plus utilisée pour mettre en place une persuasion basée sur la hiérarchie des effets de faible implication. En conséquence, la communication utilisera abondamment la musique et l'humour pour créer l'attention et associer une image sympathique à la marque. La répétition, inhérente au conditionnement classique, est une des clés de succès de ce type de communication.

EXEMPLE – La Vache qui Rit, c'est vachement réussi

Le fil conducteur des publicités qui mettent en scène le fromage La Vache qui Rit est le rire. Le script est le même : que ce soit la visite du processus de fabrication (2010) ou encore le banquet (2012), La Vache qui Rit conclut, « radieuse », montrant sa satisfaction en riant. L'héroïne se voit dotée depuis 2010 d'un corps, la personnifiant davantage. La musique, parfois reprise selon les campagnes, est la même et est devenue au fil du temps un stimulus conditionné. Ainsi, tous les ingrédients sont convoqués pour renforcer les croyances : musique, humour, image sympathique conduisant à un achat répétitif.

1.3 La hiérarchie des effets expérientielle

La prise en considération des émotions dans le processus de décision conduit à modifier la séquence de la hiérarchie des effets. Selon la hiérarchie des effets expérientielle, les consommateurs agissent d'abord en fonction de leur jugement affectif et de leurs émotions. Selon cette séquence, l'évaluation affective (l'attitude) a la primauté, particulièrement lorsque le plaisir est recherché. Cette hiérarchie des effets est souvent proposée pour décrire l'achat impulsif, mais également dans la création d'une image de marque forte qu'on développe avec le storytelling. Le message est alors construit autour de valeurs par une recherche d'esthétisme et met en scène la marque en conclusion. Au travers des émotions, le message vise à immerger le consommateur dans l'univers de la marque.

Après avoir acheté, les consommateurs développent leurs croyances par le biais de l'évaluation de leur satisfaction. Ainsi, les attitudes peuvent être fortement influencées par des attributs intangibles et les réactions du consommateur seront influencées par le packaging, le nom de marque ou la publicité. Un packaging peut déclencher le comportement sans développer des croyances préalablement.

Exemple – Le packaging crée le geste[1]

> Le packaging est le premier contact physique (visuel, toucher, odorat) entre le produit et le client, au moment même de l'achat, qui s'effectue en moins de 10 secondes dans 72 % des cas. Le succès des gourdes Materne confirme l'importance du packaging dans le déclenchement de l'acte d'achat. La compote traditionnelle Materne est désormais présentée sous forme de petites gourdes (les Gualapacks). Ce packaging, pratique, ludique et hygiénique, rend le produit sympathique et crée donc une attitude positive qui suffit à déclencher l'achat. L'année 2000 a vu une progression de 40 % des ventes pour atteindre 80 % de part de marché face au concurrent Andros qui propose des tubes à sucer.

1.4 Les stratégies marketing fondées sur la hiérarchie des effets

L'approche séquentielle de la hiérarchie des effets comporte des limites et ne prétend pas expliquer l'intégralité du comportement du consommateur. Cependant, elle permet de proposer des stratégies marketing différentes selon les situations.

La hiérarchie des effets d'apprentissage s'appuie sur les mécanismes d'apprentissage cognitif. C'est donc une approche adaptée lorsque le choix se fait sur les attributs produits. La hiérarchie des effets de faible implication met en œuvre des mécanismes d'apprentissage classique par association reposant sur l'humour ou la musique. La mémorisation de la marque est l'objectif recherché.

1. *LSA* n°1705, 11 juin 2001, pp. 42-44.

La hiérarchie expérientielle concerne les choix émotionnels. La communication relative à cette dernière approche est esthétique, raconte une histoire en soulignant les valeurs de la marque. La mise en scène conduit le consommateur à une immersion dans un nouvel univers pour développer une attitude plus forte vis-à-vis de la marque. L'immersion est également considérée comme un état de concentration hédonique qui conduit à une forte implication dans le message pour une meilleure réceptivité du consommateur.

Tableau 6.2 – Les stratégies marketing selon la hiérarchie des effets[1]

Type de hiérarchie	Stratégies marketing
Forte implication : hiérarchie d'apprentissage	À partir des mécanismes d'apprentissage cognitif, renforcer les croyances fondées sur les attributs et bénéfices produits. Privilégier les publicités dans les supports imprimés, les relations presses, les brochures et la vente en face à face
Faible implication : hiérarchie d'implication réduite.	Renforcer les croyances par la répétition du message. Utiliser la publicité à la télévision, la PLV et les techniques de merchandising
Expérientielle	Mettre en avant le plaisir et les sentiments qui résultent de l'utilisation ou de la consommation. Utiliser les techniques reposant sur le conditionnement classique tel que la répétition par la publicité de sentiments positifs par rapport au produit (exemple : la campagne « Être-re » du Club Med)

Repère

La grille FCB

Le modèle de la hiérarchie des effets a généré l'une des approches de planning stratégique les plus fécondes pour les professionnels de la publicité. En croisant les niveaux d'implication fort et faible avec une réaction plus ou moins cognitive ou affective on obtient 4 cadrans, correspondant chacun à une hiérarchie des effets propre. La grille FCB (Foot, Cone & Belding) contenait lors de son introduction près de trois décennies de recherche en comportement du consommateur. Bien que les réactions affectives à la publicité prennent graduellement en importance, elle reste pertinente pour l'exécution d'une annonce publicitaire.

☞

1. Mowen J.C., *Consumer Behavior*, MacMillan, 1990.

☞

Tableau 6.3 – La grille FCB

	Penser	Ressentir
Forte implication	1 Cognitif → Affectif → Conatif Automobile, mobilier, nouveaux produits	2 Affectif → Cognitif → Conatif Bijoux, cosmétique, Mode
Faible implication	3 Conatif → Cognitif → Affectif Alimentaire et produits ménagers	4 Conatif → Affectif → Cognitif Sucreries

Le cadran 1 est le modèle des nouveaux produits. Le besoin d'information est fort et se satisfait par de la publi-information, des brochures complètes, des sites internet détaillés et des comparatifs. Le cadran 2 est affectif. L'information spécifique est moins importante que le sentiment global. Les produits remplissant reflétant les différentes facettes du concept de soi et donc assurant une fonction de stabilisation de l'estime de soi sont concernés par ce coin de la grille. Le cadran 3 illustre la décision d'habitude, pour laquelle la réflexion n'est pas nécessaire. Les achats de routine concernent naturellement les achats alimentaires et de ravitaillement. Les techniques de rappel sont les principales techniques d'exécution dans ce cas en privilégiant les spots publicitaires cours à la radio, les publicités TV et les activités promotionnelles sur les points de vente. Le cadran 4 décrit les achats susceptibles de satisfaire nos propres pulsions hédoniques et égocentrées : les boissons (soda, bières et alcool), les sucreries et les films sont concernés. Les techniques retenues doivent créer l'attention : affichage, journaux ou publicité sur les points de ventes sont alors les solutions les plus appropriées.[1]

2 La théorie de la dissonance cognitive

L'individu recherche la cohérence entre ses pensées, ses actes et son environnement qui sont éventuellement contradictoires. Ce type de situation, très courante pour le consommateur s'explique par la théorie de la dissonance cognitive. Selon celle-ci, il y a dissonance lorsque deux connaissances ou informations vont à l'encontre l'une de l'autre. Symboliquement, il est possible de définir la dissonance cognitive : soit X et Y deux cognitions ; si le contraire de X découle de Y, alors il y a dissonance.

La dissonance est donc un conflit de cognitions ou connaissances, qui recouvrent tous les éléments constitutifs du système cognitif de l'individu : les faits, les

1. Vaughn R., « How advertising works : a planning model revisited », *Journal of Advertising Research*, 26 (1), 1986, p. 57.

croyances, les opinions ou toute autre chose portée à la connaissance de l'individu. C'est une situation inconfortable pour l'individu.

Trois situations sont sources de dissonance :

– l'incohérence entre deux connaissances (« Tous les produits de grandes marques sont chers » vs « Cette grande marque est économique ») ;
– l'incompatibilité entre une attitude et un comportement ou entre deux comportements, chez un même individu. Par exemple, un consommateur juge les produits des petits commerces comme de meilleure qualité que ceux des grandes surfaces. Toutefois, il achète lui-même toute son alimentation en hypermarché, alors il y a dissonance. Il y a dissonance, car de la première opinion (préférence pour les petits commerces), il doit découler une deuxième information (un comportement en l'occurrence) qui serait l'achat de l'alimentation auprès de ces mêmes petits commerces. Or, c'est le contraire qui se produit ;
– la non-vérification d'attentes fortes (ou fausses). Les salons de coiffure font souvent face à ce type de problème. Les clients et clientes attendent beaucoup de leur coiffeur pour se refaire un visage (on dit aussi « se faire relooker » !). Très souvent l'entourage ne remarque pas qu'un changement important a eu lieu. La dissonance existe alors.

Deux principes essentiels sont déduits de la théorie :

– la dissonance est désagréable et motive une action pour la réduire ; plus la dissonance est forte, plus la pression est forte pour la réduire ;
– les individus dissonants évitent les situations qui créent encore plus de dissonance.

Deux voies existent pour réduire la dissonance. On peut soit réduire l'importance relative des informations dissonantes en ajoutant des informations consonantes, soit modifier l'une des informations dissonantes de telle sorte qu'elle ne soit plus incohérente avec l'autre. Dans un premier cas, on rassure l'individu, alors que dans le second cas, on change l'opinion de l'individu. Les techniques marketing utilisées pour obtenir ces effets sont les campagnes de publicités destinées à rassurer les clients (par exemple, en annonçant que vous êtes l'un des très nombreux clients d'un même service, avec pour sous-entendu, que vous ne pouvez pas être aussi nombreux à vous être trompés de marque), les courriers de remerciement qui rappellent les attentes au cas où elles auraient été déformées, ou bien encore les cartes de remerciements qui se trouvent dans les packagings.

L'attitude est une synthèse à la fois des besoins, des perceptions et de l'apprentissage mais aussi un déterminant de l'intention d'achat.

Repère

Le *storytelling*

Le *storyteling*, appelé également « communication narrative », est l'art de raconter. C'est une action de plus en plus pratiquée pour raviver la nostalgie, les racines historiques et donc développer un lien entre le client et la marque. Ainsi des associations nouvelles se développent. Le *storytelling* s'appuie donc sur la mémoire épisodique plutôt que sémantique, car elle favorise les liens avec certaines périodes de la vie du client. En favorisant le souvenir d'événements, le *storytelling* favorise la motivation et la capacité à interpréter (modèle MOA). En retenant des expériences pertinentes pour le consommateur, le *storytelling* améliore également l'aptitude de traitement. Enfin, la route périphérique du modèle ELM est privilégiée par rapport à la route centrale. Le succès de cette pratique de communication souligne combien les émotions dominent la persuasion[1].

Section 2 LES MODÈLES DE PERSUASION DUALE

Le chemin cognitif n'est pas le seul chemin de la persuasion. Les mécanismes cognitifs et émotionnels ne concernent pas les mêmes zones du cerveau[2]. Une voie duale existe car deux systèmes d'évaluation du contexte sont réellement en concurrence : le système cognitif, plus lent, est souvent dominé par le système affectif plus rapide mais aussi plus simplificateur[3].

Les psychologues R.E. Petty et J.T. Cacioppo ont présenté un cadre intégrateur de la communication et des changements d'attitudes (le modèle ELM) pour synthétiser les formulations de la communication publicitaire persuasive selon le niveau d'implication.

1. Salmon C., *Storytelling, la machine à fabriquer des histoires et à formater les esprits*, Paris, La Découverte, 2008 ; « Les marques à l'heure du storytelling », *Stratégies*, n°1159, 2008, pp. 12-13.

2. Damasio A., *L'erreur de Descartes : la raison des émotions*, Odile Jacob, 1994.

3. Zajonc R.B., « Feeling and thinking : preferences need no inferences », *American Psychologist*, 35 February 1980, pp. 151-75.

De Barnier V., « Le modèle ELM : bilan et perspectives », *Recherche et Applications en Marketing*, 21, 2, pp. 61-82, 2006.

1 Le modèle ELM

Le modèle ELM (*Elaboration Likelihood Model*) fournit le cadre théorique pour comprendre comment l'individu reçoit les messages qui lui sont adressés et pour suggérer des éléments de composition des publicités afin de renforcer la persuasion. Il montre qu'il existe plus d'un chemin de persuasion[1].

Le modèle repose sur une hypothèse de départ : dès que le consommateur reçoit un message, il débute son traitement. Selon la pertinence personnelle du message, le destinataire suivra une des deux « routes de la persuasion ».

Lorsque la publicité est pertinente pour le consommateur et que ce dernier a le temps disponible ainsi que les compétences nécessaires pour l'interpréter, il suivra alors une route centrale. Les informations centrales sont des arguments forts : l'élaboration du jugement ou de l'attitude est développée par un raisonnement complet et fondé sur des justifications.

Au contraire, lorsque l'individu a peu d'intérêt pour le message ou qu'il n'est pas disponible pour le traiter, il consacre peu d'effort pour son traitement. Cependant, il est toujours susceptible de former une attitude qui reposera sur des éléments informationnels « périphériques » qui mettent davantage en jeu les affects[2]. Il suit la route périphérique. Une musique agréable, des bébés sympathiques, une personnalité servant de porte-parole de la marque ou encore un expert sont des éléments périphériques qui créent des sentiments positifs. Par exemple, les publicités des eaux Volvic ont exploité successivement l'expert (le géologue qui explique la nature volcanique de la roche des monts d'Auvergne et ses vertus pour l'eau de Volvic) et la célébrité (Zidane qui recommande l'eau de Volvic pour son ancrage dans une nature vierge). L'utilisation de bébés dans la publicité Evian relève du même principe, ainsi que celle de George Clooney, ambassadeur de la marque Nespresso, ou encore celle des Lapins Crétins pour présenter le Grand Scénic de Renault.

1. Petty R.E., Cacioppo J.T., *Attitudes and persuasion--classic and contemporary approaches*, Dubuque, Iowa : W.C. Brown Co. Publishers, 1981.

2. Petty R.E., Cacioppo J.T., Kasmer J.A., « The Role of Affect in the elaboration likelihood model of persuasion », *Communication Social Cognition an Affect (PLE : Emotion)*, 117, 2015.

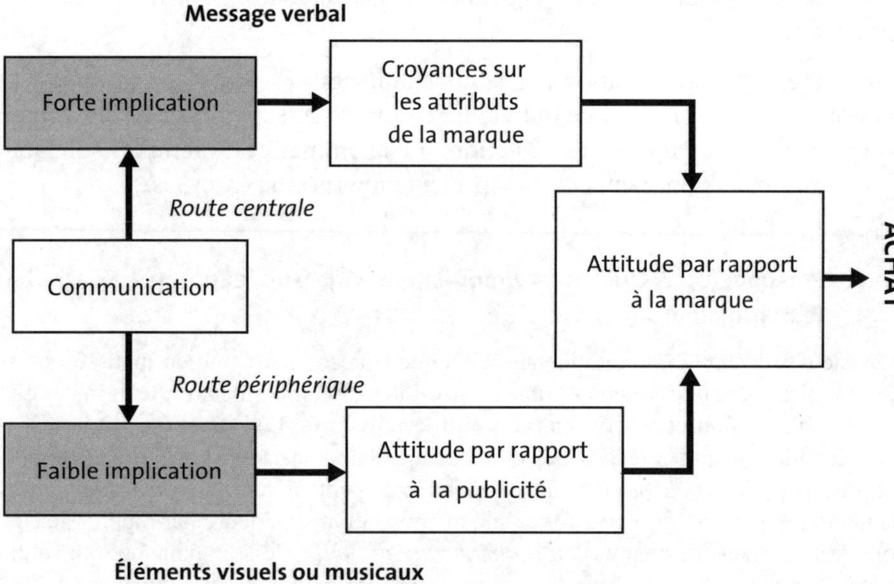

Figure 6.1 – Le modèle ELM

Même si la route périphérique forme des opinions moins logiques et plus émotionnelles que la route centrale, elle permet de modifier les attitudes rapidement et facilement.

Ce modèle repose donc sur le rôle de l'implication[1]. Si le consommateur est fortement impliqué, il sera sensible aux arguments forts alors que s'il est faiblement impliqué il sera attiré vers les messages par des éléments périphériques. La route suivie est donc déterminée par deux facteurs :

- *la motivation à traiter l'information.* L'implication joue ici un grand rôle, car elle déclenche l'intérêt pour le produit et donc le message associé. En situation de forte implication, la route centrale sera suivie. On privilégiera les informations précises ;
- *la capacité à traiter le message.* Même en situation de forte implication, le destinataire du message peut être incapable de traiter le message pour diverses raisons : la publicité n'est pas claire ou mal conçue ; l'environnement dans lequel se trouve le consommateur est bruyant et donc peu propice à faciliter l'attention (bruits de la rue, enfants et entourage). Lorsque la capacité de traitement est faible le consommateur suit alors une route périphérique.

Les modèles précédents se concentrent sur l'enchaînement des réactions et proposent une place plus ou moins grande aux émotions. Les compétences

1. Petty R.E., Cacioppo J.T., Schumann D., « Central et peripheral routes to advertising effectiveness : the moderating role of involvement », *Journal of Consumer Research*, 10, pp 135-146, 1983.

personnelles de l'individu sont cependant déterminantes pour le succès de la communication.

Le traitement de l'information par le consommateur est sujet aux principes de la perception (voir chapitre 2). Les individus retiennent sélectivement les informations qu'ils pensent ou préfèrent voir et entendre. Les hommes et les femmes sont soumis à de multiples biais conscients ou inconscients internes ou externes.

Exemple – Persuadé(e) ? Oui, mais uniquement si je suis exposé(e) à la publicité le matin ou le soir !

Il existe des différences individuelles selon que les personnes sont du matin ou du soir[1]. Les premières ont leur « *optimal time of day* » le matin, autrement dit le moment où leur capacité d'attention et de concentration est la plus forte. Les secondes ont le leur dans l'après-midi. Ainsi, des recherches montrent que la persuasion à l'égard d'une publicité est plus forte si les consommateurs y sont exposés pendant leur « *optimal time of day* » ; ils montrent une attention plus forte, une mémorisation supérieure par rapport à ceux qui sont exposés pendant leur « *non-optimal time of day* » (le soir pour une personne du matin, par exemple). De plus, les consommateurs élaborent davantage les messages persuasifs, ce qui crée un changement d'attitude. Ce dernier s'explique toutefois par le niveau de congruence entre le message et les opinions des consommateurs (le niveau de congruence est alors appelé variable médiatrice)[2].

2 Le modèle MOA

Le modèle MOA (Motivation, Opportunity, Ability) se présente comme modèle intégrateur des antécédents du traitement de l'information[3]. Ce processus est possible lorsque trois variables sont réunies : la motivation, l'opportunité et la compétence.

1. Delacroix E., Guillard V., « Are you an early-bird or a night owl? Why are diurnal types relevant for marketing? », *The Six Senses: The Essential of Marketing,* EMAC, p. 127, 2010.

2. Martin P.Y., Martin R. « Morningness-eveningness orientation and attitude change: Evidence for greater systematic processing and attitude change at optimal time-of-day », *Personality and individual differences*, 54, 5, pp. 551-556, 2013.

3. MacInnis D.J., Jaworski B.J., « Information processing from advertisements : Toward an Integrative framework », *Journal of Marketing*, 53, October 1989, pp. 1-23 ; MacInnis D.J., Moorman C., Jaworski B.J., « Enhancing and measuring consumers' motivation, opportunity, and ability to process brand information from ads », *Journal of Marketing*, 55, October 1991, pp. 32-53.

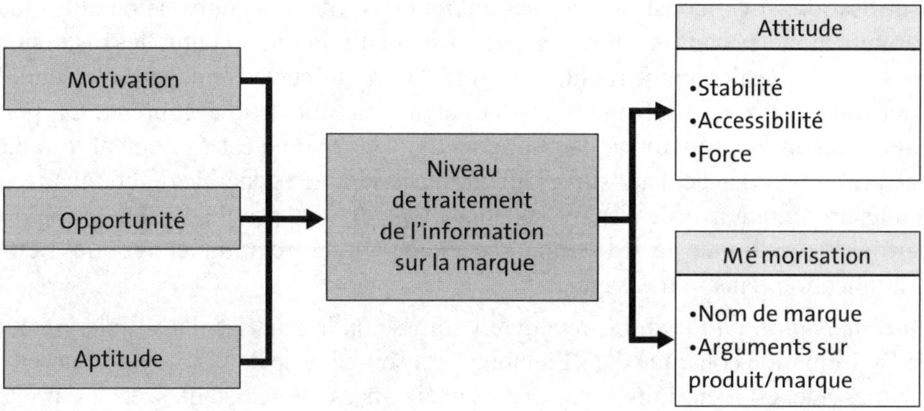

Source : McInnis et Jaworski, 1989

Figure 6.2 – Le modèle MOA

- *La motivation*, définie comme la mise en œuvre de moyens destinés à répondre à un éveil des sens. Plus la motivation est forte, plus l'individu sollicite des ressources de traitement. Il est possible de l'accroître en utilisant des éléments destinés à stimuler l'attention (nouveauté, taille du stimuli, niveau de son) ou bien si le message est mis en contexte pour relier l'information au propre vécu de son destinataire. Ainsi les actions de parrainage permettent d'accroître le traitement de l'information en reliant un parrain et un événement ou une marque qui sont congruents entre eux[1].
- *L'opportunité* naît des conditions d'exposition au message. Parmi les facteurs qui la renforcent, on retiendra le nombre d'expositions, le temps consacré au traitement et enfin le contexte de diffusion. L'opportunité s'accroît lorsque la répétition est assurée afin d'offrir plus de situations de codages et de décodages. La répétition à l'identique d'un message est un facteur clé de succès quelque soit la méthode employée. Le destinataire du message n'est pas réceptif à toutes les diffusions du message… L'opportunité est fonction des conditions d'exposition au message et notamment le nombre d'expositions, le temps de traitement nécessaire et enfin le contexte de diffusion qui est altéré par des actions parallèles, par du bruit, de la concurrence entre les messages. La conception du message doit prendre pleine mesure des conditions d'exposition. Alors que les téléspectateurs deviennent moins attentifs aux publicités TV entre deux programmes, les annonceurs recourent de plus en plus au placement de produit dans les films, afin de faire apparaître la marque dans une situation moins commerciale et donc d'accroître l'opportunité de traitement de l'information notamment en situation

1. Fleck-Dousteyssier N., Roux E., Darpy D., « La congruence dans le parrainage : définition, rôle et mesure », in XXIe Congrès de l'AFM, *Association française de marketing*, Nancy, 2005 ; Walliser B., « L'évolution et l'état de l'art de la recherche internationale sur le parrainage », *Recherche et application en marketing,* 18 (1), 2003, pp. 65-94.

d'utilisation. Les constructeurs automobiles veillent à faire apparaître leurs derniers modèles dans les films à succès. Afin de limiter les éventuelles distorsions, on s'attache également à réduire le temps de traitement. L'image est essentielle pour transmettre de l'information nécessitant des mots trop nombreux. On pense naturellement au pouvoir de la publicité TV. Ce principe est également vrai dans une présentation avec diapositives lors d'une assemblée générale d'actionnaires ou d'une présentation à des analystes financiers. Il faut privilégier les graphiques pertinents et limiter le texte pour accélérer l'interprétation et réduire l'effort d'implication dans le message.

- *La compétence, ou l'aptitude* recouvre l'adresse ou la maîtrise dans l'interprétation de l'information contenue dans l'annonce. La compétence de l'individu à interpréter un message est déterminée par ses connaissances pré-existantes et ses propres schémas de pensée. Elle explique également l'intensité du traitement de l'information. La verbalisation, les démonstrations et l'utilisation d'analogies permettent d'accéder à la mémoire du consommateur. On s'adapte à ses schémas cognitifs. Les nouvelles formes de communication comme le parrainage, vise autant à saisir des opportunités nouvelles d'exposition que de renforcer la compétence.

EXEMPLE – L'*ambient media* ou comment faire de la publicité dans des endroits insolites[1]

Accroître la probabilité d'exposition aux messages publicitaires, viser une audience précise ou encore surprendre de façon drôle ou choquante : tels sont les principaux objectifs de l'*ambient media*, qui répond au déclin d'attention des médias traditionnels. En travaillant sur la forme, le contenu, la technologie et le lieu, l'*ambient media* vise à créer une interaction avec la marque dans des endroits très souvent quotidiens, créant un nouvel univers. Les exemples les plus banals sont les publicités sur les éléments urbains, derrière les bus ou sur les caddies de supermarché, par exemple. D'autres exemples sont davantage insolites.

Figure 6.3 – La contextualisation de la promesse renforce le message

1. Lugmayr A., « Ambient Media », *Novatica*, 33, pp. 33-39, juillet-août 2007.

Enfin, une fois le message transmis, il faut que celui-ci modifie le comportement du récepteur dans le sens espéré. On dira alors que le message est efficace ou persuasif.

Repère

Combien de passages publicitaires ?

Responsables marketing et agences de publicités souhaitent évaluer le nombre optimal de passages de l'annonce publicitaire sur une cible. Depuis le début des années 1980, les média planners considèrent qu'il est nécessaire d'exposer au moins trois fois la cible à un message pour déclencher l'achat, au travers des phases d'éveil de la curiosité, de reconnaissance et de décision[1]. Cependant, la première exposition est la plus efficace en termes d'impact sur les ventes, car l'effet est bien plus considérable sur une personne n'ayant jamais été exposée à l'annonce[2]. Ainsi, il est préférable de rechercher une couverture minimale d'au moins une fois chaque personne de la cible en cas de lancement d'un nouveau produit, alors que des promotions saisonnières, plus concentrées dans le temps, s'accommodent mieux de la règle d'au moins trois expositions. Le marketing, les éléments factuels de l'annonce et le média en tant que tel influencent le nombre optimal de passages[3]. La concurrence avec les nouveaux medias et la démultiplication des sources vidéo ouvrent de nouvelles perspectives[4].

Section 3 LA PRÉDOMINANCE AFFECTIVE DANS LA PERSUASION

Le modèle des réactions affectives se concentre exclusivement sur les réactions affectives déclenchées par les annonces (RADA) en dehors des caractéristiques du

1. Krugman, Herbert E., « Why Three Exposures May Be Enough », Journal of Advertising Research, 12 (6), 1972, pp. 11-14.; Naples, Michael J., Effective Frequency: The Relationship between Frequency and Advertising Effectiveness, Association of National Advertisers, 1979 ; Naples, Michael J. (1997), « Effective Frequency: Then and Now », *Journal of Advertising Research*, 37 (4), pp. 7-12.

2. Gibson, Lawrence D., « What Can One TV Exposure Do? », *Journal of Advertising Research*, 36 (2), 1996, pp. 9-18.

3. Ostrow, Joseph W., « Setting Frequency Levels: An Art or a Science? », *Journal of Advertising Research*, 24 (4), 1984, pp. I-9-I-11.

4. Kim, John, Mukesk Bhargawa, and Sridhar Ramaswami, « Advertising Productivity: Developing an Agenda for Research », *International Journal of Advertising*, 20 (4), 2001, pp. 431-54.

produit[1]. Les effets sont évalués tant sur l'attitude par rapport à la publicité (Aad) que sur l'attitude envers la marque (Ab). Ainsi les émotions sont les cognitions pour comprendre les effets d'une publicité. D'une part les réactions affectives sont relatives au consommateur, d'autre part les jugements relatifs à l'annonce sont fonction de l'annonce. Les réactions affectives ont un effet simultané sur l'attitude par rapport à la publicité et l'attitude par rapport à la marque.

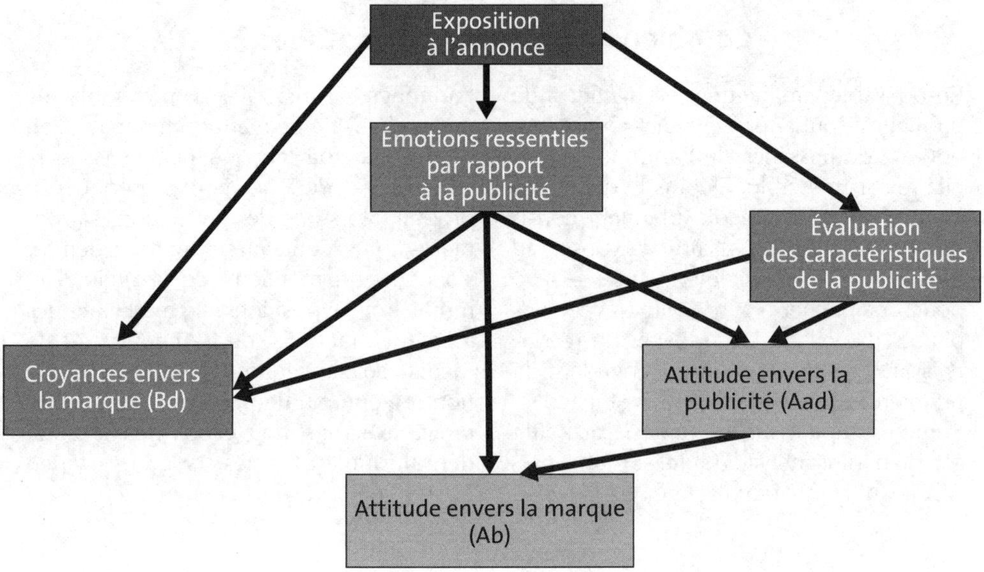

Source : d'après Edell et Burke, 1987, et Derbaix, 1995

Figure 6.4 – Modèle de réactions affectives à la publicité

L'impact persuasif de la publicité est tout autant expliqué par les réactions par rapport à l'annonce (attitude et émotions) que les croyances du consommateur.

1. Derbaix C., « L'impact des réactions affectives induites par les messages publicitaires : une analyse tenant compte de l'implication », *Recherche et Application en Marketing,* 10 (2), 1995, pp. 3-30.

Chapitre

7 Les processus de choix

OBJECTIFS

- Martine dit qu'elle ne sait pas prendre de décision. Elle hésite, puis elle doute, alors elle se dit qu'elle a pris la mauvaise décision, elle culpabilise, elle revient en arrière, elle reporte à plus tard sa décision et ça n'avance pas jusqu'au moment où, dans une situation d'achat, c'est le vendeur qui décide pour elle. Car, de surcroît, elle ne sait pas dire « non » et se trouve avec des produits qu'elle a achetés mais dont elle n'a aucune utilité et ne sait que faire. Ou alors, parfois, incertaine, elle achète de façon impulsive parce que c'était une bonne affaire par exemple, regrettant souvent ses achats.
- L'objectif de ce chapitre est de comprendre Martine : comment les consommateurs font-ils leur choix et pourquoi certains choisissent-ils vite et de façon satisfaisante quand d'autres choisissent de ne pas choisir tout de suite, voire jamais ?

SOMMAIRE

SECTION 1 La recherche d'informations

SECTION 2 Le processus de décision et ses variantes

SECTION 3 Les contextes de consommation

Les premiers chapitres de cet ouvrage ont présenté les concepts fondamentaux du comportement du consommateur qui interviennent dans le processus global de consommation. Le choix est la résultante de plusieurs processus simultanés. Or ces concepts sont plus de nature individuelle. Lors du choix il y a confrontation des opinions personnelles avec l'environnement c'est-à-dire non seulement les situations mais aussi les autres. Ce chapitre détaillera la recherche d'information, la première activité du consommateur reconnaissant un besoin. Ensuite, on propose un idéal-type de processus de décision positionné comme un processus réellement circulaire et non strictement linéaire. La troisième partie du chapitre introduit les contextes de consommation qui influencent le choix.

Section 1 LA RECHERCHE D'INFORMATIONS

La recherche d'informations est définie comme « le degré d'effort consacré à l'obtention d'informations qui portent sur les produits/services ». On distingue la recherche permanente et la recherche ponctuelle[1]. À titre d'exemple, certains individus s'abonnent à l'*Auto-Journal* ou se rendent au Mondial de l'automobile et s'informent donc en permanence sur le secteur (les sorties, les nouvelles versions…). Certains autres se contentent de s'informer au moment de l'achat, par exemple en visitant quelques concessionnaires. Dans la pratique, il est souvent difficile de distinguer ces deux types de recherche, mais il est clair que les consommateurs qui s'informent en permanence n'entretiennent pas le même rapport avec la catégorie de produit que les consommateurs qui s'informent uniquement en phase d'achat.

Avant de se tourner vers des sources d'information externes, le consommateur mobilise tout d'abord sa mémoire. Ce réservoir d'informations peut être sollicité de façon à nourrir le processus de décision à partir des expériences passées. Il est difficile de mesurer directement si le consommateur recherche ou non de l'information interne. Pour simplifier, on considère que plus le consommateur est familier avec la catégorie de produit/service, plus il aura stocké d'informations en mémoire, plus il est susceptible de les réutiliser en situation d'achat. En revanche, si le consommateur n'est pas familier avec la catégorie de produit/service, il aura tendance à se tourner vers des sources d'information externes. Ces sources externes sont très variées : conditionnements, publicités, vendeurs, magazines, amis, sites

1. Bloch P., Sherrell D.L., Ridgway N.M., « Consumer Search : an Extended Framework », *Journal of Consumer Research,* 13, June, 1986, pp. 119-126.

Internet et réseaux sociaux – ces derniers étant les plus consultés dans le cas de la préparation d'un voyage[1].

1 Les sources d'information externes

Les sources d'information externes peuvent être distinguées de multiples façons, notamment selon leur degré de fiabilité ou selon leur coût d'accès (prix à payer, temps pour consulter, effort pour comprendre...). Il est également fréquent de distinguer les sources d'information externes selon leur caractère plus ou moins commercial et selon leur caractère plus ou moins personnel. Le caractère personnel d'une source d'information est surtout lié à la présence d'un tiers avec qui le consommateur peut échanger (vendeur, ami, parent...). Il s'agit de savoir si cette source permet de répondre ou non aux interrogations du client, d'une façon flexible et adaptée à ses préoccupations. Naturellement les amis proches sont des sources d'informations qui sont fortement valorisées. Compte tenu de la proximité, on fait confiance à nos amis car ils sont supposés connaître mieux que quiconque nos besoins et nos préférences. Cela a souvent pour effet de surévaluer la qualité de l'information qu'ils nous transmettent. C'est un biais naturel qui souligne l'importance des sources personnelles non commerciales[2].

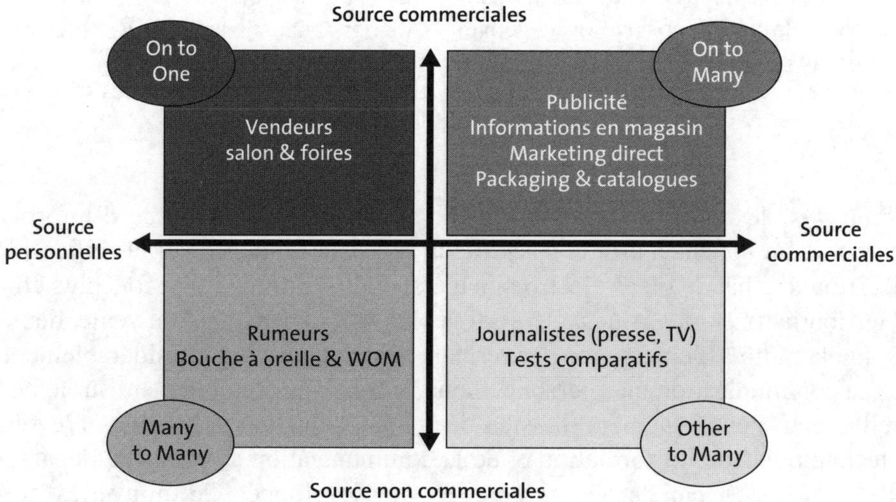

Figure 7.1 – Typologie des sources d'information

1. Xiang Z., Gretzel U., « Role of Social Media in Online travel, information search », *Tourism Management*, 31(2), pp. 179-188, 2006.

2. Gershoff A.D., Venkataramani Johar G., « Do You Know Me? Consumer Calibration of Friends' Knowledge », *Journal of Consumer Research*, 32 (4), 2006, pp. 496-503.

Repère

Importance des critiques et du bouche à oreille dans le choix d'un film

Comme de nombreux services, le cinéma est une expérience et ne peut être jugé intrinsèquement qu'après avoir été exposé au film. Le spectateur recherche donc une information pertinente d'autant que sa disponibilité ou son budget sont limités, car le nombre de sorties est peut-être limité (parents avec de jeunes enfants) ou bien parce qu'il est étudiant. Les sources non commerciales ont alors un rôle important car elles sont adaptées à la restitution d'expériences vécues par les autres et nécessaires à l'évaluation a priori de l'expérience cinématographique. Les entrées réalisées par les films sur une période de 8 semaines sont directement corrélées à la nature positive ou négative des critiques. Cependant la critique négative affecte plus la performance commerciale d'un film qu'une critique positive n'aide la commercialisation, bien que l'effet négatif perdure moins longtemps que l'effet positif[1]. Par contre la valence positive ou négative du bouche à oreille (communication informelle entre consommateurs) n'affecte pas l'intérêt pour le film. Seul le volume de bouche à oreille explique de manière certaine les performances commerciales. Ce volume peut être mesuré par le degré d'intérêt que le public manifeste à l'égard de la production, la diffusion de la communication bouche à oreille au travers de plusieurs groupes démographiques. Critiques et bouche à oreille traditionnels vont évoluer par le développement de sites Internet indépendants ainsi que des blogs[2]. La diffusion de ces informations est susceptible de modifier l'attitude des spectateurs les plus experts.

Comme on le voit ci-dessus, le bouche à oreille est une source d'information importante. Le bouche à oreille constitue la source d'influence la plus efficace dans la décision d'achat de biens électroménagers et alimentaires : sept fois plus efficace que les journaux et magazines, quatre fois plus que le personnel de vente, deux fois plus que la radio[3]. L'émergence des réseaux sociaux amplifie considérablement son rôle. La communication interpersonnelle ne se fonde plus uniquement sur le bouche à oreille, mais peut également transiter de clavier à clavier via Internet[4]. L'évolution des technologies de l'information et de la communication a permis de dépasser les limites imposées par la géographie et de développer de nouvelles formes

1. Basuroy S., Chatterjee S., Ravid S.A., « How Critical Are Critical Reviews? The Box Office Effects of Film Critics, Star Power, and Budgets », *Journal of Marketing*, 67 (4), 2003, pp. 103-1.

2. Yong L., « Word of Mouth for Movies: Its Dynamics and Impact on Box Office Revenue », Journal of Marketing, 70 (3), 2006, pp. 74-89.

3. Kozinets R., Woinicki A.C., Wilner S.J., De Valck K., « Networked Narratives: Understanding World of Mach marketing in online communities », *Journal of Marketing*, 74, pp. 71-89, mars 2010.

4. Vernette E. et Flores L., « Communiquer avec les leaders d'opinion en marketing : comment et dans quels médias ? », *Décisions Marketing*, 35, 3, 2004, pp. 23-37.

communautaires, non plus fondées sur la coprésence physique des membres mais sur une base affinitaire. De fait, l'influence personnelle se produit de plus en plus dans les contacts quotidiens entre des personnes liées par l'interconnaissance, et partageant des opinions et des caractéristiques semblables. Internet est un environnement permettant d'amplifier la puissance du bouche à oreille, celui-ci n'étant plus limité à un cercle d'individus ayant un lien plus ou moins fort. Que ce soit par e-mail ou par les forums de discussion, de nouvelles formes de communication ont été rendues possibles avec le développement du Web. Les *chatrooms*, les listes de diffusion permettent de nouvelles rencontres et une nouvelle forme de communication anonyme avec des personnes ayant des centres d'intérêts identiques. Le bouche à oreille électronique peut se définir comme « l'ensemble des informations positives ou négatives faites par des consommateurs anciens, actuels ou potentiels à propos d'un produit ou d'une entreprise via Internet »[1].

Comprendre le processus de recherche d'informations permet d'agir sur les dispositifs de communication (notamment le choix des médias et des supports adaptés). Il est donc utile de connaître précisément les sources utilisées par la cible marketing visée.

Exemple

Les leaders d'opinion Internet sont des personnes qui se connectent régulièrement au web (plus de deux fois par semaine, pour la plupart), qui possèdent une compétence technique particulière, qui sont régulièrement informés sur les produits et services liés à l'Internet et qui discutent fréquemment de ce sujet avec leur entourage[2]. Ces leaders d'opinion sont plutôt des hommes de moins de 34 ans, issus des catégories socio-professionnelles cadres et étudiants, ayant un revenu supérieur à la moyenne. Ils utilisent Internet à la fois pour faciliter leur vie quotidienne et pour progresser sur le plan professionnel. Quelles sources d'information utilisent les leaders d'opinion Internet ? Ces leaders d'opinion ont une affinité particulière avec la presse magazine (indice de 152) et dans une moindre mesure, avec la radio (109) et la presse quotidienne (103). Leur affinité avec la télévision est faible (indice de 87). Si l'on se concentre sur la presse magazine, on constate que ces leaders ont une affinité particulière avec la presse masculine et de charme (indice de 226), la presse cinéma (224), la presse étudiante (211), la presse économique (191), la presse sportive (190) et la presse automobile (174). Au contraire, ces individus ont peu d'affinité avec la presse jeux (indice de 63), la presse féminine populaire (68) ou la presse gastronomique (89). Au sein d'une même famille de presse magazine, comme celle des « news », les indices d'affinité peuvent varier fortement, entre *L'Express* et *Le Nouvel Observateur* d'une part (indices respectifs de 191 et 149), et *Paris Match* de l'autre (indice de 90). Ces données montrent l'intérêt de qualifier les médias fréquentés par la cible marketing visée, afin que celle-ci soit effectivement exposée aux messages publicitaires.

1. Hennig-Thurau T.; Walsh G., « Electronic Word-of-Mouth: Motives for and Consequences of Reading Customer Articulations », *International Journal of Electronic Commerce*, vol. 8, n° 2, 2004, pp. 52-74.

2. Vernette E., « Le rôle et le profil des leaders d'opinion pour la diffusion de l'Internet », Décisions Marketing, 25, 2002, pp. 37-51.

Mesure : Échelle du leadership d'opinion[1]

L'échelle de leadership d'opinion, originellement développée en anglais, a été adaptée en français et a fait l'objet de nombreuses applications. Les réponses sont mesurées avec une échelle de Likert.

1. Je parle très souvent à mes amis et voisins de _________ (LO1) ;
2. Quand je parle à mes amis et voisins de _________, je leur donne beaucoup d'informations (LO2) ;
3. Durant les six derniers mois, j'ai parlé à un grand nombre de personnes de _________ (LO3) ;
4. Dans une discussion concernant les _________, le plus probable serait que je parvienne à convaincre mes amis de mes idées (LO4) ;
5. Mes amis et voisins me considèrent comme étant de bon conseil en ce qui concerne les _________ (LO5).

La mesure doit être associée à un item de mesure de l'expertise dans la catégorie de produit :

- En matière de _________ on peut me considérer comme un connaisseur.

Repère

Quand l'influence des recommandations d'internautes sur le comportement du consommateur dépend de la présence sociale[2]

Les contenus générés par les internautes remplacent-ils les contenus institutionnels, c'est-à-dire ceux générés par les marques ou par un journaliste ? La réponse dépend de la présence sociale, autrement dit de la capacité d'un média (site Internet *via* un écran d'ordinateur, par exemple) à rendre l'interlocuteur « humain » lors d'un commentaire médiatisé par un écran en créant une véritable proximité psychologique (sociale, spatiale, temporelle) (Short, Williams, Christie, 1976[3]). La présence sociale est permise grâce à des vecteurs anthropomorphiques, comme la voix, la photo, un nom et/ou prénom (Marie Henri, par exemple, et non « Marie88 ») et un langage parlé. Elle est subjective et dépend donc des individus selon leur genre,

1. Ben Miled H., Le Louarn P., « Analyse comparative de deux échelles du leadership d'opinion : validité et interprétation », *Recherche et Application en Marketing*, 9 (4), 1994, pp. 23-51 ; Vernette E., Giannelloni J.-L., « L'auto-évaluation du leadership d'opinion en marketing : nouvelles investigations psychométriques », Recherche et Application en Marketing, 19 (4), 2004, pp. 65-87.

2. Ardelet C., Brial B., « Influence des recommandations d'internautes : le rôle de la présence sociale et de l'expertise », *Recherche et applications en marketing*, 26(3), pp. 45-69, 2011.

3. Short J., Williams E. et Christie B., *The Social Psychology of Telecommunications*, John Wiley and Sons, 1976.

☞

leur appétence pour la technologie, leurs motivations pour le shopping en ligne. La présence sociale ressentie sur un blog donne aux internautes l'impression de converser avec d'autres internautes, comme s'ils étaient à côté d'eux physiquement et en temps réel, sans ressentir la distance spatiale et temporelle qui les sépare. Ainsi, la supériorité des informations d'internautes par rapport aux informations données par les sources institutionnelles n'est pas systématique. Dès lors que les internautes contributeurs paraissent proches psychologiquement grâce à une forte impression de présence sociale ressentie dans leur commentaire, les lecteurs jugent que les recommandations d'internautes sont plus pertinentes et plus crédibles que celles des articles de type journalistique. En revanche, si les internautes contributeurs paraissent distants, les recommandations d'internautes n'ont pas plus d'impact que celles des articles de type journalistique. Ainsi, il faut donc nuancer la croyance que, sur les médias sociaux, les contenus générés par les utilisateurs, supposés non experts, prennent le pas sur les sources institutionnelles, supposées expertes. La proximité avec la source est un plus fort levier de persuasion que l'expertise.

2 L'intensité de la recherche d'informations

Pour décrire un processus de recherche d'informations, il n'est pas seulement intéressant de connaître les sources utilisées, mais également de déterminer l'intensité de la recherche. Ceci permet de comparer deux catégories de produit/services, deux situations d'achat ou deux segments de consommateurs.

Le temps consacré à la recherche d'informations est une bonne indication de l'intensité de la recherche : plus un consommateur passe de temps à chercher des informations, plus son processus de recherche est dit « intense ». Cependant, certains consommateurs peuvent chercher rapidement mais efficacement alors que d'autres vont y passer un temps considérable avec une faible efficacité. Le degré d'expertise préalable du consommateur va donc compter, ainsi que ses capacités à traiter cette information. Par ailleurs, le temps ne permet pas toujours de rendre compte des différences d'un achat à l'autre ou d'un consommateur à l'autre. Un consommateur peut passer le même temps à rechercher de l'information pour deux achats, mais se comporter très différemment. De même, deux consommateurs peuvent passer le même temps à chercher de l'information pour un même produit/service, mais se comporter très différemment.

EXEMPLE – La recherche d'information de santé

On compte plus de 70 000 sites qui disséminent des informations de santé, avec environ 50 000 millions de personnes dans le monde qui recherchent de l'information en ligne[1]. Les recherches montrent des différences individuelles concernant la recherche

1. Cline R.J., Haynes K.M., « Consumer health information seeking on the Internet: the state of the art », *Health education research*, 16(6), pp. 671-692, 2001.

d'informations de santé : certains consommateurs s'en remettent exclusivement à deux sources d'information : leur pharmacien et/ou leur médecin lorsqu'ils détectent un mal-être. D'autres – notamment les adolescent(e)s et jeunes adultes – consultent tout d'abord – voir uniquement ? – les réseaux sociaux : YouTube, Facebook, Twitter ainsi que SecondLife[1]. Ces sources d'information sont peu coûteuses, anonymes et permettent pour certaines une interaction avec quelqu'un… qui n'est toutefois pas toujours un spécialiste. Ainsi, la qualité des informations déposées sur les sites de santé n'est pas toujours assurée, ce qui pose des enjeux de santé publique importants et une nécessité de les réguler en établissant des critères pour permettre une évaluation des informations.

Il ne s'agit donc pas seulement de connaître le temps passé à chercher de l'information (en heures, en jours, en semaine…) mais également de connaître le nombre de sources d'information utilisées, le nombre de marques comparées, le nombre de caractéristiques prises en compte pour comparer les marques (les attributs importants) et le nombre de magasins visités.

En tout état de cause, pour rendre compte du processus de recherche d'informations, il faut prendre en compte plusieurs de ces dimensions : expérience antérieure (pour mesurer la recherche d'informations interne à partir de la mémoire), effort consacré à la recherche, informations sollicitées de l'entourage, conseils demandés aux vendeurs, informations sur le conditionnement du produit, etc. Ces dimensions sont en grande partie indépendantes, ce qui montre bien la nécessité de les considérer conjointement pour appréhender valablement l'intensité de la recherche d'informations[2].

Mesure : L'échelle de recherche d'information mesure quatre aspects de la recherche d'information avec quatre dimensions[3].

Elle est auto-administrée avec une échelle de type Likert en 5 points.

1. Connaissances/Expériences/Compétences

 j'estime que je dispose de connaissances solides sur le… ;

 je pourrais donner des conseils concernant l'achat de…, si on me le demandait ;

 je pourrais discuter longuement au sujet de… avec les personnes que cela intéresse ;

 je crois pouvoir aider ceux qui le souhaiterais à acheter un bon… ;

 je pense disposer d'une grande expérience en matière d'achat de…

☞

1. Vance K., Howe W., Dellavalle R.P., « Social internet sites as a source of public health information », *Dermatologic clinics*, 27(2), pp. 133-136, 2009.

2. Amine A., « Application d'une méthode de construction d'échelle à la recherche d'informations », *Recherche et Applications en Marketing*, 8, 1, 1993, pp. 97-112.

3. Amine A., « Contribution à l'étude des liaisons entre l'implication du consommateur et son activité de recherche d'information préalable à l'acte d'achat », thèse ès Sciences de Gestion soutenue à l'Université Paris1 - Panthéon Sorbonne, Paris, 1990.

☞

2. Temps/Effort

   je n'hésiterai pas à consacrer le temps qu'il faut à l'achat d'un... ;

   j'estime que l'achat d'un... ne mérite pas un effort de recherche important ;

   si j'ai à choisir un..., j'aimerai y consacrer le temps et l'énergie nécessaires ;

   avant d'acheter un..., il convient d'effectuer une importante RI.

3. Sources commerciales

   la publicité sur le lieu de vente constitue à mon avis une source d'informations inutilisable pour l'achat de... ;

   je pense que la pub informe le consommateur lorsqu'il s'agit d'acheter un... ;

   j'estime que la pub apporte des informations inutiles au consommateur dans le choix d'un... ;

   personnellement, je pense me servir de la publicité sur le lieu de vente pour choisir mon...

4. Sources personnelles

   pour l'achat d'un..., je demanderai bien l'avis de mes proches ;

   j'estime qu'il est inutile de demander conseil à son entourage avec acheter un... ;

   personnellement, je tiendrais compte de l'avis de mes amis pour le choix d'un...

Si la recherche externe d'information est globalement faible, certains consommateurs cherchent activement de l'information alors que d'autres en recherchent très peu, voire aucune (certains se reposent exclusivement sur leur mémoire)[1]. À titre d'exemple, dans le secteur automobile, cinq types de consommateurs sont distingués selon le nombre de marques considérées, la vitesse de décision, ainsi que le nombre et le type de sources utilisées. On voit que ces comportements sont notamment liés au degré d'implication, à l'âge, mais aussi, au niveau d'éducation.

De très nombreuses recherches ont été menées afin de déterminer pourquoi certains consommateurs cherchent plus d'informations que d'autres. Ces études montrent que l'intensité de la recherche d'informations peut dépendre de nombreuses caractéristiques individuelles, comme l'expertise du consommateur dans la catégorie de produit/service (c'est-à-dire dans quelle mesure il se considère compétent en matière de...). Ainsi, l'intensité de la recherche d'informations est une fonction concave du niveau d'expertise perçu (forme en U inversé) : ceux qui recherchent le plus d'information ont un niveau d'expertise intermédiaire. En effet, les consommateurs ayant peu d'expertise recherchent peu d'information, car le coût d'accès est trop élevé. À l'opposé, les consommateurs ayant une forte expertise cherchent peu d'informations car le bénéfice « marginal » est trop faible.

1. Srinivasan N., « Pre-Purchase External Search for Information », *Review of Marketing*, Valerie Zeithaml ed., Chicago, American Marketing Association, 1990, pp. 153-189.

En matière de gestion de l'information, le responsable marketing fait face à une question essentielle : quelle quantité d'information faut-il proposer ? Compte tenu de la diversité de l'expertise des consommateurs, il est préférable de permettre au consommateur de contrôler lui-même le flux d'informations qu'il souhaite recevoir. Le développement des systèmes d'information interactifs ouvre de nouvelles perspectives pour les entreprises. En effet dès que le flux peut être adapté aux besoins, le consommateur mémorise plus facilement et devient plus confiant dans son jugement[1]. La qualité de l'information sur un site Internet est essentielle.

La recherche d'information sur Internet a tendance à diminuer le rôle des revendeurs. Dans le cas de la recherche d'information dans le secteur automobile, le temps consacré à la recherche d'information sur Internet diminue le temps d'échange avec le concessionnaire, amenant probablement à une modification importante de ce métier[2].

L'intensité de la recherche d'informations dépend de plusieurs grands facteurs. Dans une perspective économique, la recherche d'informations dépend des coûts et des bénéfices. Dans une perspective plus psychologique, la recherche d'informations dépend plutôt des motivations et des capacités du consommateur. Il est d'ailleurs possible de relier ces deux perspectives, comme le montre le schéma suivant[3].

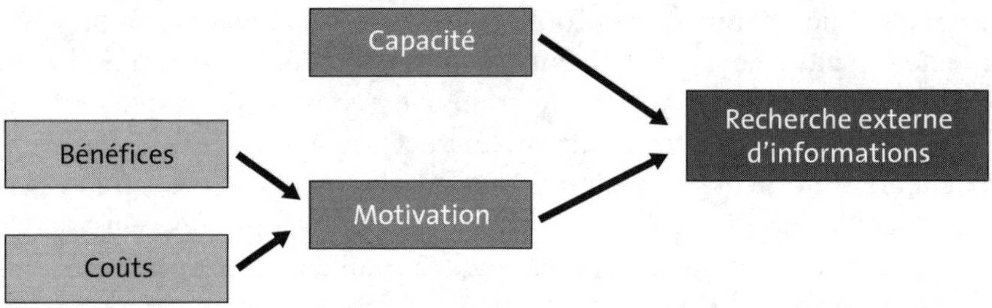

Figure 7.2 – Modèle explicatif de la recherche d'informations

Coûts et bénéfices, motivations et capacités sont donc des concepts « intermédiaires » qui permettent de lier les variables sociodémographiques ou économiques aux comportements effectifs de recherche d'informations. Pour comprendre le lien entre une variable sociodémographique et la recherche d'informations, il faut donc étudier l'impact de cette variable sur chacune des variables intermédiaires. Toutefois, les nombreuses études réalisées sur le sujet donnent parfois des résultats contradictoires, car les effets d'interaction entre les différentes variables sont complexes (comme

1. Ariely D., « Controlling the Information Flow : Effects on Consumers' Decision Making and Preferences », *Journal of Consumer Research*, 27 (2), 2000, p. 233.

2. Ratchford B.T., Myung-Soo L., Talukdar D., « The Impact of the Internet on Information Search for Automobiles », *Journal of Marketing Research*, 40 (2), 2003, pp. 193-209.

3. Schmidt J.B., Spreng R.A., « A Proposed Model of External Consumer Information Search », *Journal of the Academy of Marketing Science*, 24, 3, 1996, pp. 246-256.

l'interaction entre le revenu et le temps disponible) et agissent différemment – parfois de façon contraire – sur les variables intermédiaires.

Exemple

Le revenu expliquerait l'intensité de la recherche d'informations sur les prix car : (1) les bénéfices d'une recherche d'informations peuvent être plus faibles et (2) les capacités de traitement de l'information peuvent être plus importantes (si le revenu est lié à un niveau d'éducation supérieur). Toutefois, à partir de ces deux idées simples, il est souvent délicat de prédire si tels ou tels individus vont chercher ou non plus d'informations. Ainsi, le revenu est doublement lié à la recherche d'informations : négativement, car les bénéfices sont plus faibles ; positivement, car les capacités de traitement de l'information sont supérieures. Au final, le lien est indéterminé. Il va notamment dépendre du coût de la recherche d'informations. Par exemple, si le coût est faible, le revenu sera lié positivement à la recherche d'informations, car les capacités de traitement de ces individus sont supérieures ; ils vont probablement chercher de l'information, même si le bénéfice est faible, car le coût de recherche est faible. En revanche, si le coût est élevé, le revenu sera lié négativement à la recherche d'informations ; ils ne vont pas chercher de l'information, même si leurs capacités de traitement sont élevées, car le coût de recherche est élevé et, pour eux, le bénéfice est plus faible. Le lien entre le revenu et la recherche d'informations va également dépendre de la complexité des informations à rechercher. Plus les informations seront complexes, plus le revenu va expliquer la recherche, *via* des capacités de traitement supérieures (à condition que le revenu soit lié au niveau d'éducation et le niveau d'éducation aux capacités cognitives).

Le risque perçu et le degré d'implication sont également liés à l'intensité de la recherche d'informations. Plus le risque perçu est important, plus l'implication est élevée (car le risque est une facette de l'implication[1]), plus la recherche d'informations est forte. Dans ce cas, la hiérarchie des effets est fondée sur l'apprentissage cognitif. Le modèle de persuasion approprié est croyances > attitude > achat. La marque développera de préférence des informations crédibles et non publicitaires. Les sources personnelles et commerciales ou non personnelles et non commerciales sont à privilégier. Ceci dit, le risque n'est pas systématiquement lié à la recherche d'informations[2]. Le consommateur peut parfois ne pas chercher d'informations pour des produits/services de risque élevé et d'autres fois, chercher de l'information pour des produits/services de faible risque. La recherche d'informations est parfois valorisée en soi, pas seulement pour réduire le risque. Ainsi, certains consommateurs, pour certaines catégories de produits/services, peuvent s'informer sans vouloir acheter (recherche permanente, lèche-vitrines). C'est le cas, pour de nombreux consommateurs, en matière d'informatique, de cosmétiques, d'automobile ou de vêtements.

1. Laurent G., Kapferer J.-N., « Les profils d'implication », *Recherche et Applications en Marketing*, 1, 1, 1986, pp. 41-58.

2. Gemünden H.G., « Perceived Risk and Information Search : a Systematic Meta-Analysis of the Empirical Evidence », *International Journal of Research in Marketing*, 2, 1985, pp. 128-132.

Quoi qu'il en soit, même si les processus de recherche d'informations ont déjà fait l'objet de très nombreuses études[1], il n'en reste pas moins que ces processus restent encore souvent mystérieux. D'autres recherches sont nécessaires, notamment pour comprendre la recherche d'informations plus spécifiques, qu'il s'agisse d'informations sur la composition nutritionnelle et l'origine géographique du produit ou encore, d'informations sur les promotions[2].

Repère

Rôle de la pression temporelle sur la recherche d'information par le consommateur[3]

Les consommateurs sélectionnent les informations qu'ils veulent traiter. Ce processus de sélection dépend bien entendu des priorités des individus et du temps disponible pour les traiter. En situation de contrainte temporelle (par exemple, le magasin annonce qu'il va fermer ses portes, le consommateur doit prendre un transport et dispose de peu de temps pour faire un achat, etc.), le consommateur considère moins de marques (six sans contrainte à cinq avec contrainte) et trois à quatre attributs. De plus, le consommateur s'adapte à la pression temporelle *via* deux stratégies : l'accélération pour sélectionner les informations ou la sélection d'informations. Cela dépend 1) de son style cognitif (autrement dit, de sa façon de penser, de percevoir les informations et de se les remémorer) et donc de sa préférence stable pour l'une ou l'autre des stratégies d'adaptation et 2) de l'intensité de la pression temporelle : plus celle-ci augmente, plus les consommateurs adoptent un mécanisme de sélection des informations. Sous pression temporelle forte, le processus d'examen des informations est *plus long* : dans une optique de rationalisation du temps disponible, le sujet accorde davantage d'attention à chaque information. En conclusion, les recherches montrent que l'intensité de la pression temporelle a une influence non linéaire sur la vitesse de traitement des informations : ce n'est pas parce que le consommateur dispose de plus de temps qu'il traite plus vite les informations.

1. Moorthy S., Ratchford B.T., Talukdar D., « Consumer Information Search Revisited : Theory and Empirical Analysis », *Journal of Consumer Research*, 23, 4, 1997, pp. 263-277.

2. Volle P., « La recherche externe d'information promotionnelle via le média prospectus », Strasbourg, Actes du 15e Congrès de l'Association Française du Marketing, 1999.

3. Lallement J., « L'impact de la progression temporelle sur le traitement des informations », *Recherche et Applications en Marketing*, 25(4), pp. 45-68, 2010.

3 Le risque perçu

Le risque perçu s'est progressivement imposé comme l'une des variables les plus importantes pour comprendre et expliquer les comportements d'achat[1]. De nombreux aspects de la consommation sont éclairés par la prise en compte du risque perçu : la recherche d'informations avant l'achat, la vitesse d'adoption des innovations, la consommation de certains produits considérés comme risqués (ils sont de plus en plus nombreux), la sensibilité aux marques et les comportements de fidélité.

Le consommateur perçoit un risque quand il ne peut pas anticiper avec certitude les conséquences potentiellement négatives de ses comportements d'achat et de consommation. Le risque comporte donc deux composantes : des conséquences négatives (parfois appelé « enjeu » ou « pertes ») et une probabilité d'occurrence de ces conséquences négatives.

On parle d'incertitude quand il est impossible de donner à un événement une probabilité d'occurrence précise (par exemple, il y a une probabilité de 50 % que le produit tombe en panne au bout de 12 mois). La plupart des situations sont dites « incertaines », c'est-à-dire que le consommateur ne peut pas indiquer de telles probabilités avec précision (au mieux, on parle de « probabilités subjectives »).

On distingue plusieurs dimensions du risque : le risque financier (une perte monétaire), le risque de performance (un mauvais fonctionnement du produit, un résultat décevant…), le risque physique (un danger pour la santé ou pour l'environnement…), le risque psycho-social (le regard des autres, un sentiment de culpabilité…). Plus généralement, tous les attributs du produit/service peuvent constituer des foyers de perte et engendrer la perception d'un risque (le risque sera plus ou moins fort selon l'incertitude et selon l'importance de l'attribut pour le consommateur). Cependant, il est vrai que la perception du risque est souvent globale, le consommateur n'étant pas forcément en mesure d'objectiver et de décomposer finement le risque qu'il perçoit. De ce point de vue, des processus affectifs rentrent aussi en ligne de compte et interfèrent avec la perception « rationnelle » du risque.

Le risque est lié à trois ensembles de facteurs qui interagissent : les caractéristiques de l'individu, du produit et de la situation :

- l'individu sensible au risque manque de confiance en lui, est généralement anxieux, possède un style cognitif particulier (faible discrimination, faible tolérance à l'ambiguïté…). Si le rôle des caractéristiques sociodémographiques est faible, la perception du risque présente, en revanche, une dimension culturelle ;
- le produit est perçu comme risqué selon son origine géographique, la présence ou non d'une marque connue, selon son prix (mais le prix peut jouer dans les deux sens,

1. Pour une synthèse, consulter Volle P., « Le concept de risque perçu en psychologie du consommateur : antécédents et statut théorique », *Recherche et Applications en Marketing*, 10, 1, 1995, pp. 39-56.

comme perte potentielle ou comme signe de qualité) ou encore selon qu'il est neuf ou d'occasion – avec pour ce dernier notamment un risque de « contamination »[1]. Par ailleurs, la perception du risque est plus élevée pour les services ;

– la situation est perçue plus risquée quand le temps manque pour décider, car l'individu à tendance à se concentrer sur les conséquences négatives de la décision (sa perception du risque est donc déformée). Le risque dépend aussi du mode d'achat : certains circuits apportent une caution (comme les grands magasins ou les petits commerçants) et d'autres génèrent un risque spécifique (comme le commerce à distance). L'humeur agit aussi sur le risque : les consommateurs dont l'humeur est positive prennent plus de risque que les autres.

Face au risque, certains consommateurs mettent en place des stratégies d'évitement : ils dénient l'existence d'un risque quelconque. Cependant, si le consommateur perçoit un risque, il va mettre en place des stratégies « actives » de réduction du risque avant, pendant et après l'achat. Il va s'informer (auprès de sources plus ou moins commerciales et plus ou moins personnelles, comme les amis, les vendeurs, les pouvoirs publics…) ; il va acheter des marques connues ou qui présentent des garanties (labels, offre de remboursement) ; il va même parfois accepter de payer plus cher. Après l'achat, il va mettre en place des stratégies spécifiques pour réduire le risque. Par exemple, pour l'alimentaire, il va laver les produits, les stocker dans de bonnes conditions, les garder un certain temps, les cuire d'une certaine façon… Tout un ensemble de comportements spécifiques à telle ou telle catégorie de produit et qui permettent de réduire le risque pris en consommant.

Mesure : Aversion au risque alimentaire

Le risque accepté par le consommateur est évalué par les conséquences induites, une mesure directe ou bien par la prise en compte du risque accepté. Adaptée de Raju (1980) et Gallen (2001), l'échelle d'aversion pour le risque en situation de choix de produits alimentaires est composés de trois items[2] :

- Je n'achète jamais un produit alimentaire dont je ne sais rien en prenant le risque de faire une erreur.
- Je préfère choisir un produit alimentaire que j'achète habituellement plutôt que d'essayer quelque chose dont je ne suis pas sûr.
- En général, j'ai assez peur de prendre des risques lorsque j'achète des produits alimentaires.

1. Roux D., « Les orientations envers l'achat d'occasion, le rôle du risque perçu et de l'expertise : quelles implications pour la distribution ? », *Décisions Marketing*, pp. 9-21, 2004.

Noël-Bezançon M., « Les freins à l'achat d'occasion en ligne : le rôle des lois de la magie sympathique », *Economics Thesis from University Paris-Dauphine*, 2014.

2. Larceneux F., « Stratégies de signalisation de la qualité : l'impact des labels sur le processus de décision des consommateurs », Thèse de doctorat ès Sciences de Gestion université Paris – Dauphine, Centre de recherche DMSP, Paris, 2003.

Section 2 LE PROCESSUS DE DÉCISION ET SES VARIANTES

1 Un « idéal type » du processus de décision

Le processus de consommation ne concerne pas seulement l'acte d'achat lui-même, ou l'utilisation ultérieure du produit. Ce processus est soumis à plusieurs déterminants dans lequel on peut distinguer trois phases principales : la reconnaissance du besoin, le choix et la consommation.

La reconnaissance du besoin

À l'origine d'un processus de consommation il y a la reconnaissance d'un besoin. Il naît souvent d'un déséquilibre entre l'état idéal et l'état actuel. La confrontation entre un état interne et un idéal crée bien souvent ce déséquilibre. C'est pourquoi, si les croyances interviennent naturellement lors du choix, elles participent également à la phase de reconnaissance du besoin au travers du jugement perceptuel. En effet, la perception est un processus de révélation des solutions et des problèmes qui met en relation les stimuli extérieurs avec les informations disponibles en mémoire. Cette première étape du processus de décision conduit à la formation d'une intention d'achat, qui est une planification de l'achat et un prélude à la décision d'achat.

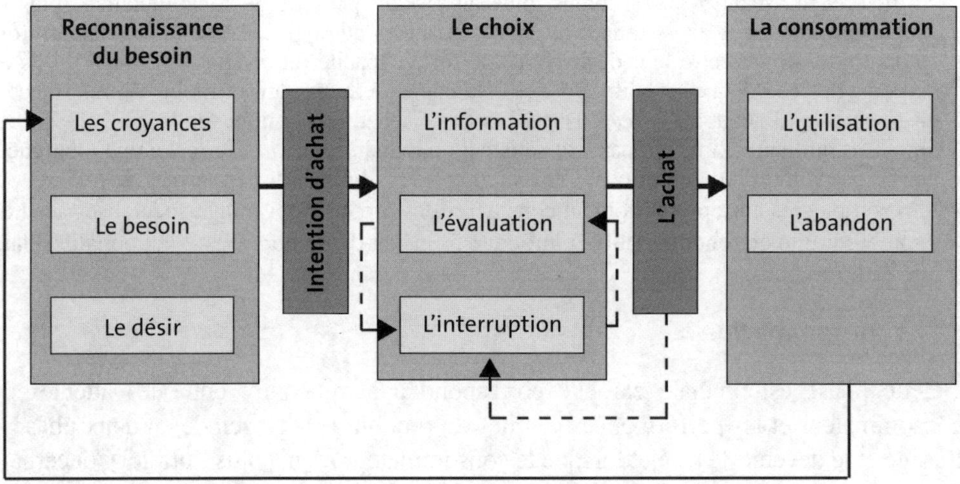

Figure 7.3 – Un « idéal type » de consommation

Le choix

Au cœur du processus de choix, la recherche d'informations est en interaction avec l'évaluation effectuée à partir des attitudes selon les règles compensatoires ou non compensatoires de structuration des préférences entre produits. Le choix peut lui-même être interrompu à plusieurs reprises soit pour obtenir un avis complémentaire, soit s'occuper d'un autre problème qui requiert toute l'attention du consommateur. Une fois le choix effectué, l'achat peut intervenir. Toutefois, le processus peut de nouveau être interrompu, parce qu'une nouvelle offre promotionnelle vient d'apparaître sur le marché et remet en cause le choix. Le contexte de choix évolue constamment et est susceptible de modifier l'ordre des préférences.

EXEMPLE – Trop de choix tue le choix...

De nombreuses expérimentations ont été conduites concernant le nombre de produits différents à proposer aux consommateurs. Par exemple, deux groupes de consommateurs sont mis dans une situation d'achat d'un pot de confiture. Dans le premier cas, les consommateurs sont confrontés à 12 parfums différents de confiture. Dans le second cas, les consommateurs sont confrontés à 6 parfums différents. Les résultats en termes de ventes entre les deux cas sont différents. Dans le premier cas, on enregistre 3 % de ventes, alors que dans le second, on en enregistre 30 %. Confronté à trop de choix, le consommateur ne sait plus que choisir, doute et repousse son achat. Acheter un pot de confiture est toutefois peu impliquant en termes de prix et est « simple » à acheter en termes de nombre de fonctionnalités. Qu'en est-il d'un produit plus complexe à acheter ?

Des recherches[1] montrent un mécanisme différent lorsque le nombre de fonctionnalités d'un produit est important mais aboutissent aux mêmes conclusions que précédemment. Trop de fonctionnalités « envahissent » le consommateur, qui perçoit le produit comme difficile à utiliser. En même temps, plus un produit possède de fonctionnalités, plus sa capacité (autrement dit, « tout » ce qu'il peut faire) augmente. Les consommateurs font alors un arbitrage entre leur désir pour une forte capacité du produit et l'usage qu'ils en auront. Ils accordent plus d'importance à la capacité du produit et moins d'importance à l'usage *avant* l'achat qu'*après* l'usage. Lors de l'achat, ils ont donc tendance à choisir des produits qui ne maximisent pas leur satisfaction, conduisant, *via* l'usage, à une « fatigue » créée par la multitude d'options. Cette fatigue a des implications en termes de fidélité.

En somme, les entreprises doivent considérer des produits davantage spécialisés avec un nombre limité de fonctionnalités plutôt que proposer de nombreuses fonctionnalités dans un seul produit.

La consommation

Cette phase est cruciale car elle correspond à la rencontre entre les attentes du consommateur et les performances perçues du produit. Elle se scinde en deux phases : l'usage et le devenir de l'objet lorsque le consommateur n'en a plus l'utilité. Concernant l'usage, le consommateur peut être confronté à plusieurs questions : ce produit est-il facile à utiliser ? Est-ce que je sais l'utiliser ? Nécessite-t-il un apprentissage ? Ce produit fonctionne-t-il comme prévu ? Ce service donne-t-il toute satisfaction ? La phase d'utilisation est donc la seule occasion de vérifier si les promesses sont tenues.

1. Thompson D.V., Hamilton R.W. et Rust R.T., « Feature fatigue: When product capabilities become too much of a good thing », *Journal of marketing research*, 42(4), pp. 431-442, 2005.

EXEMPLE – Lorsque les entreprises donnent des cours aux clients

Cours d'« *Eaunologie* » pour Badoit, Maggi et le « coaching culinaire », la *Nikonschool* ou encore *Castostages* chez Castorama (stages de bricolage), les entreprises proposent de nombreuses formations pour éduquer les clients à côté du traditionnel mode d'emploi ou encore des tutoriels très prisés par les consommateurs mais qui parfois restent insuffisants et ne permettent pas de répondre à leurs questions (pas d'interactivité). L'objectif final pour les entreprises est d'accroître la valeur perçue et la satisfaction du produit en leur apprenant à bien utiliser leurs produits[1]. Ce faisant, elles savent que le consommateur sera plus captif, le coût de changement pour une autre marque sera plus élevé. Les entreprises cherchent alors à connaître le niveau d'usage attendu par le consommateur (intense, spécialisé lorsque le consommateur utilise quelques fonctions…) afin d'adapter l'offre d'acquisition de connaissances et de compétences. Les stratégies d'éducation des consommateurs s'inscrivent dans une démarche plus large de marketing relationnel. Du côté des consommateurs, ils suivent des formations pour des motivations utilitaires[2] (solutions à un problème d'usage, recherche d'une meilleure utilisation du produit, gain de temps par rapport à un apprentissage personnel), hédoniques (se divertir, passer un bon moment, rencontrer des personnes qui ont le même produit) mais aussi psychologiques (valorisation personnelle et sociale). Ces formations vont en effet lui donner un sentiment d'auto-efficacité et une confiance dans sa capacité à utiliser le produit.

La seconde phase de la consommation concerne le devenir de l'objet lorsque le consommateur n'en a plus l'utilité. Cette phase à des implications marketing non négligeables.

Repère

Savoir que faire d'un objet inutile : quels enjeux marketing ?

Plusieurs options s'offrent aux consommateurs lorsqu'ils décident de ne plus avoir l'utilité d'un objet : s'en séparer définitivement (les donner, les vendre ou les jeter) ou s'en séparer temporairement (les louer ou les prêter). Ces options sont présentées et expliquées dans le chapitre 10. Le choix d'une option a des enjeux marketing : ne pas savoir que faire des « vieux » objets peut créer de l'ambivalence chez les consommateurs qui reportent à plus tard leur décision de remplacement le temps qu'ils trouvent la « bonne » solution[3] (c'est notamment le ☞

1. Aubert B., Gotteland D., « Former les consommateurs à l'usage des produits », *Décisions Marketing*, 59, pp. 7-15, 2010.

2. Monnot E., « L'expérience d'apprentissage du client : la première utilisation d'un produit-service », *Doctoral dissertation, PhD Thesis (Marketing), Université Paris-Dauphine*, 2010.

3. Roster C.A., Richins M.L., « Ambivalence and attitudes in consumer replacement decisions », *Journal of Consumer Psychology*, 19(1), pp. 48-61, 2009.

☞

cas pour les objets encombrants comme un canapé ou une chaudière, par exemple). De plus, décider de vendre un objet sur une plateforme Internet alimente le marché de l'occasion, marché très dynamique : le site Le Bon Coin, par exemple, réalise un chiffre d'affaires de 125 millions d'euros[1]. Enfin, réemployer un objet en le vendant, en le donnant repousse son statut de déchet, ce qui peut avoir des conséquences négatives pour les entreprises dont le recyclage est le métier mais aussi des conséquences positives sur l'environnement[2].

2 Les variantes du processus de décision

Plusieurs variantes du processus de décision sont envisageables selon l'intensité de la recherche d'informations ou selon la répétition de l'achat.

2.1 Processus extensif et limité

La résolution extensive intègre toutes les phases du processus de décision (reconnaissance du besoin, choix, achat et évaluation post-achat). L'évaluation des différentes alternatives s'effectue par combinaison des attributs selon le modèle compensatoire. Cette règle de décision nécessite une intense recherche d'informations pour justifier les jugements sur chacun des attributs. L'implication est généralement forte. Les achats concernés sont des premiers achats d'une nouvelle catégorie de produits pour le consommateur ou des achats de grande importance pour lesquels le risque d'erreur est grand.

La résolution limitée est une évolution d'un processus à résolution extensive lorsque les achats répétés conduisent le consommateur à ne retenir seulement que les éléments importants et pertinents pour son utilisation. Pour faire son choix, il s'appuie alors sur des modèles non compensatoires. La recherche d'informations est alors plus faible et l'attachement à la marque est important. C'est un type de processus propice à fidéliser les consommateurs. En effet, le consommateur est satisfait puisqu'il répète l'achat, mais il sait garder un esprit critique, car il continue la recherche d'informations. Ces deux facteurs renforcent l'apprentissage de la fidélité et rendent cette dernière plus durable.

1. Dossier du Journal *Le Monde* du 4 janvier 2013.

2. Guillard V. (2016) « Quand nos déchets redeviennent des objets : quels enjeux pour les organisations » in *L'État des entreprises*, 2016, Collection Repères, La Découverte p. 33-44.

2.2 Processus routinier et de lassitude

La résolution routinière est typique de l'achat d'habitude, qui est le plus courant parmi les consommateurs. Il se caractérise par une faible recherche d'information et l'absence de comparaison entre les produits. On peut ainsi classifier le niveau d'habitude dans le processus d'achat selon le nombre d'alternatives envisagées et l'intensité de la recherche d'informations[1]. L'habitude et le processus extensif sont les deux extrêmes d'un même continuum, au milieu duquel se trouve le processus limité[2].

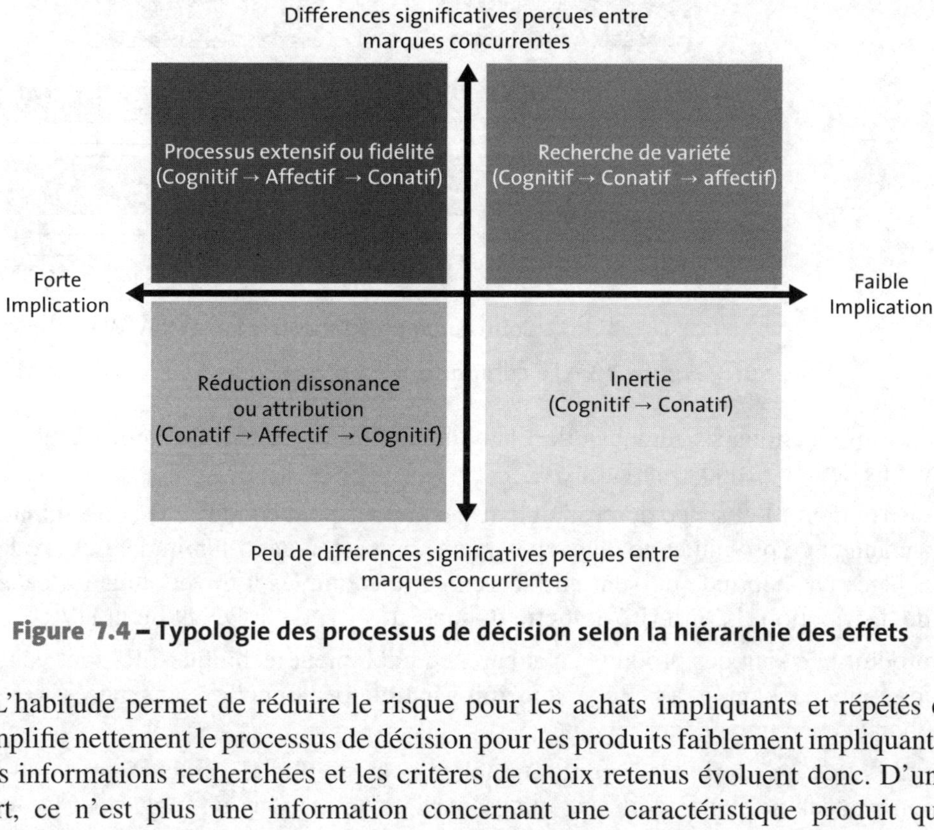

Figure 7.4 – Typologie des processus de décision selon la hiérarchie des effets

L'habitude permet de réduire le risque pour les achats impliquants et répétés et simplifie nettement le processus de décision pour les produits faiblement impliquants. Les informations recherchées et les critères de choix retenus évoluent donc. D'une part, ce n'est plus une information concernant une caractéristique produit que recherche le consommateur, mais une information relative à la marque. D'autre part, l'acheteur potentiel est plus sensible au prix et à la disponibilité du produit qu'à tout autre caractéristique.

1. Newman J.X., Werbel R.A., « Multivariate Analysis of Brand Loyalty for Major Household Appliances », *Journal of Marketing Research,* 10, 3, 1973, p. 405.

2. Assael H., *Consumer Behavior and Marketing Action,* MA, Kent Publishing, 1987.

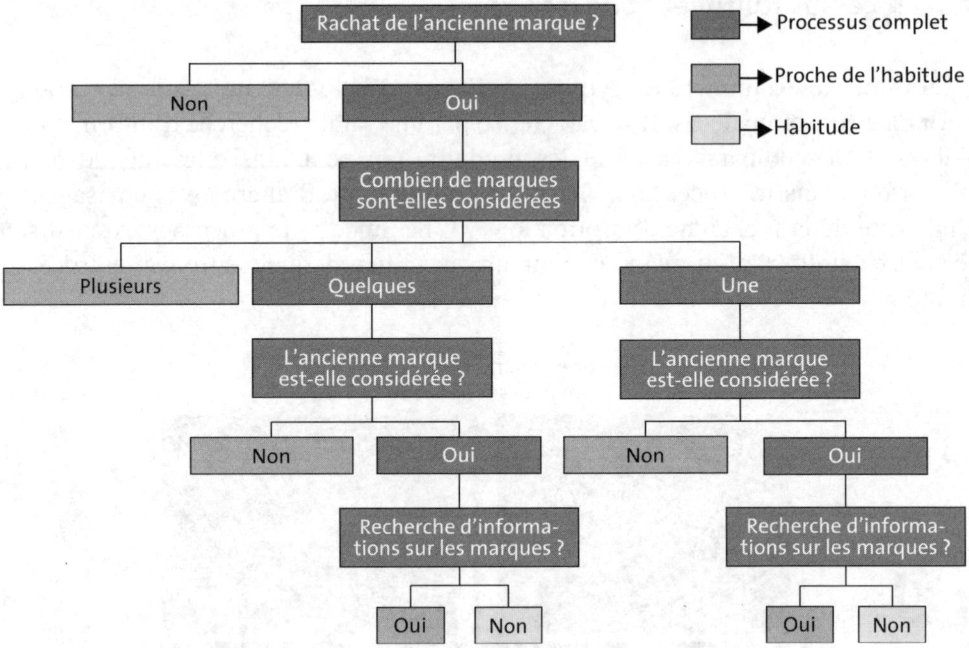

Source : D'après J.X. Newman et R.A. Werbel, 1973.

Figure 7.5 – Le comportement d'habitude

Les implications stratégiques de l'habitude se traduisent au niveau de toutes les facettes de la politique marketing :

– distribution : l'absence du produit dans les rayons peut conduire le consommateur à changer de produit et ne plus répéter son comportement d'habitude. Les produits achetés par habitude doivent être largement disponibles à travers tous les canaux de distribution. La priorité doit être donnée au suivi de la DN et de la DV ;
– produit : ce sont des produits en apparence faiblement techniques. Ils sont vendus avec un packaging adapté à une information personnelle, sans nécessiter un contact avec un vendeur ;
– publicités et activités promotionnelles : la publicité procure un soutien mnémotechnique qui doit être relayé par des animations en magasins. De gros budgets publicitaires sont alors nécessaires ;
– prix : la concurrence s'exerce surtout sur les prix. La proposition d'échantillons gratuits est courante dans ce type de situations.

3 Les processus alternatifs

Ainsi, le processus ne comporte pas nécessairement toutes les étapes (recherche d'information, achat, utilisation). Par ailleurs, il se peut que les étapes énumérées dans la phase de décision soient inversées (le comportement d'achat avant l'évaluation des alternatives, par exemple).

Tableau 7.1 – Variantes du processus de décision type

Dénomination	Spécificité	Causes possibles
Processus limité	Peu de recherche d'informations	Faible risque, capacité limitée à traiter de l'information, manque de temps, expertise croissante (avec l'expérience)
Processus routinier	Pas de recherche d'informations ou/et d'évaluation des alternatives	Forte fidélité, très faible implication
Processus de rupture	Recherche d'informations importante ou/et réévaluation des options après une phase de stabilité	Lassitude, recherche de nouvelles expériences
Processus reporté	Pas de choix	Tendance à ne pas décider ou à remettre à plus tard (procrastination), solvabilité
Processus contrarié	Pas d'utilisation	Culpabilité, honte, manque d'audace, simple désir de posséder, souhait de ne pas abîmer…
Processus impulsif	Urgence et rapidité de la décision	Recherche de variété, urgence, diminution de l'auto-contrôle

La décision d'achat est bien plus complexe que ne le laissait paraître le processus extensif. Les consommateurs racontent souvent leurs expériences en relatant l'importance du besoin, leurs intentions, l'utilisation de leurs produits. Abordons ces concepts par le récit de Matthieu, un touriste français en visite à Londres.

Exemple – Matthieu choisit du thé chez Harrod's

« J'étais au rayon des thés et je regardais. Je n'avais pas l'intention d'acheter et le vendeur s'adresse à moi et me dit : « Que souhaitez-vous ? ». Non, il ne me dit pas « Que souhaitez-vous ? », il me dit « Vous prenez votre thé plutôt le matin ou le soir ? C'est pour offrir ou c'est pour vous ? ». À chaque fois il me posait des questions et m'a poussé à me décider finalement sur le type de thé dont j'avais besoin alors que je n'avais aucun besoin. Je n'avais pas d'idée préconçue, je n'avais même pas l'intention d'acheter du thé parce que j'étais là en touriste et je voyageais. Le fait de répondre à cela m'a mené à la conclusion que je pouvais en avoir besoin. Plus drôle encore, je me sentais coincé. Là, c'est autre chose encore. Les vendeurs vous mettent dans la spirale pour signer tout de suite. Coincé, je me suis senti obligé d'acheter[1]. Je réponds à toutes ses questions, il me

1. Certains consommateurs ne savent/peuvent pas dire « non » à une personne et notamment à un vendeur, par peur de décevoir, vexer, être mal jugé, mal évalué. Cela les conduit souvent à acheter des produits alors qu'ils n'en ont pas l'envie ni l'utilité. Un trait de personnalité caractérise ces personnes : l'anxiété sociale (André C., Légeron P., *La peur des autres : trac, timidité et phobie sociale*, Odile Jacob, 2000). Ce trait est expliqué dans le chapitre 11.

> propose un produit qui me correspond parfaitement ; il me le fait sentir, le thé est agréable. En plus, je vois effectivement que c'est un bon produit. Comment je peux faire pour refuser ? Souvent, on se pose cette question quand le vendeur est trop entreprenant. Alors j'ai dit « Est-ce que je peux avoir le même dans une boîte verte au lieu d'une boîte rouge ? », et le type m'a alors répondu « Oui je peux le faire pour vous ! ». Complètement estomaqué, du coup je l'ai acheté. Ce qui est marrant, c'est qu'au dernier moment je cherchais un biais pour me sortir de la spirale dans laquelle il me mettait, ce qui était très inconfortable ».

Pourquoi Matthieu a-t-il acheté du thé ? L'image de la Grande Bretagne a-t-elle une influence sur la décision d'achat ? Quels sont les leviers que le vendeur a actionnés pour révéler le désir chez notre touriste français ?

Au travers de cet exemple, on voit que le processus d'achat n'est pas toujours linéaire. Notre touriste français n'avait pas de désir particulier, et cependant le vendeur de thé est parvenu à lui faire prendre conscience d'un manque qui finalement, le conduira à un achat. Au fil de la discussion avec le vendeur, l'intention d'achat inexistante en entrant dans le magasin se construit sur la base du besoin (« boire du thé le matin »), ensuite du désir (« un thé agréable… dans une boîte verte »). Les comportements sont plus ou moins planifiés. Le consommateur ne contrôle pas toujours le processus d'achat. Le contexte de choix influence la décision. Cet éclairage rappelle que le consommateur ne se comporte pas comme un être toujours rationnel. En analysant les zones d'ombres du comportement, on parvient à mieux comprendre le processus lui-même.

4 L'achat impulsif

L'achat impulsif a longtemps été défini comme un achat non planifié. Cette approche est toujours utilisée dans les études de marché, notamment en distribution, car elle est facilement opérationalisable. Dans un premier temps, on demande aux consommateurs d'établir une liste de courses. Ensuite, on compare les différences entre les achats effectivement réalisés et la liste. Cependant, cette vision de l'achat impulsif va surtout permettre de distinguer les individus sur leur capacité de planification.

Une définition qui prend mieux en compte le comportement du consommateur est maintenant bien acceptée. *L'achat impulsif intervient quand le consommateur ressent une urgence d'acheter immédiatement qui est soudaine, souvent puissante et persistante*[1]. Selon cette définition, l'achat impulsif est une forme d'achat le long d'un continuum allant de l'achat purement rationnel au désordre psychologique manifesté par l'achat compulsif (figure 6.5). L'achat impulsif se manifestera sous

1. Rook D., « The Buying Impulse », *Journal of Consumer Research*, 14, 2, 1987, pp. 189-199.

trois aspects possibles : une forme occasionnelle, une forme prototype et une forme incontournable[1].

Cependant les courses sont de plus en plus planifiées, car un consommateur sur deux se rend en magasin avec une liste de course. Selon l'étude de l'Institut français du merchandising, le temps moyen passé en rayon est de 1 mn 11 secondes. En effet le temps moyen passé en magasins est de 45 minutes pour faire le « plein de courses » dans 55 % des cas. Au total on considère que 25 % des achats sont impulsifs[2].

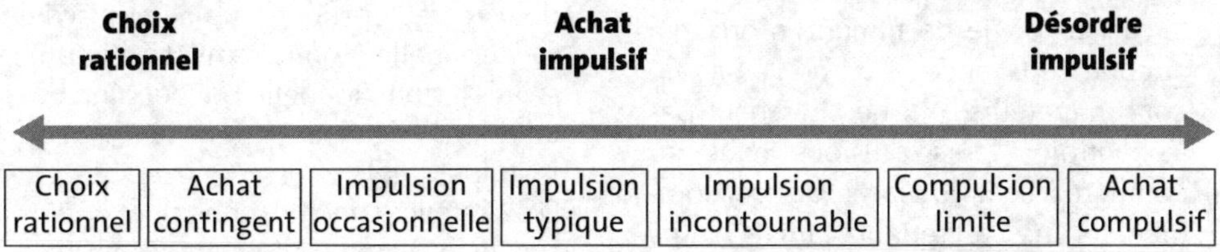

Figure 7.6 – L'achat impulsif au sein d'un continuum d'impulsions

Il y a impulsion occasionnelle, lorsque le consommateur remarque quelque chose d'intéressant, de nouveau, d'attirant ou de différent et qu'il devient subitement motivé pour l'acheter. Cela concerne généralement des produits peu chers.

Dans l'impulsion typique, le sentiment d'urgence est plus fort que dans l'impulsion occasionnelle. Ce sont des achats plus émotionnels que rationnels et qui sont souvent plus onéreux.

L'achat impulsif incontournable apparaît au seuil de l'achat compulsif. L'impulsion incontournable correspond à un sentiment d'urgence accompagné d'une diminution de l'auto-contrôle.

L'achat impulsif est très présent parmi les acheteurs âgés de 20 ans à 30 ans. Les vêtements et l'alimentaire gourmand sont les produits les plus achetés de manière impulsive, aussi bien par les femmes que par les hommes[3].

1. Rook D., « Impulse Buying », in *The Elgar Companion to Consumer Psychology*, 1999, pp. 328-332.
2. « L'achat d'impulsion perd du terrain », *LSA*, n°1838 du 27 novembre 2003.
3. Giraud M., « Les acheteurs impulsifs : proposition d'une typologie », *Décisions Marketing*, 24, 2001, pp.17-24.

Amri Zarrouk A. « Décomposition de l'achat promotionnel impulsif. Les mécanismes promotionnels et leurs conducteurs (cas des produits de consommation courante) », *La Revue des Sciences de gestion*, pp. 78-86, 2010.

Repère

Typologie de consommateurs impulsifs[3]

Quatre profils d'acheteurs impulsifs ont été conceptualisés dans les recherches.

1. Les hédonistes, très impulsifs, qui, pour certains, comparent leur envie d'acheter à leur envie de fumer. Le prix n'a aucune influence sur ce type de consommateurs, qui ne cherchent pas à contrôler leurs pulsions mais au contraire à se faire plaisir. Ces consommateurs ne regrettent jamais leurs achats, même s'ils se sont trompés, car ces derniers ont été l'occasion de vivre une expérience forcément positive (ambiance, design, expérience sociale).
2. Les opportunistes, assez impulsifs, achètent essentiellement pour des raisons fonctionnelles (utilité et/ou prix intéressant du produit). Contrairement au premier groupe, ils accordent peu d'importance aux facteurs d'ambiance et sont très sensibles aux promotions. Lorsqu'ils achètent le produit, ils ont « en tête » l'usage qu'ils vont en faire et déclarent peu de regret anticipé. Ils ont ainsi confiance dans leurs achats impulsifs et attribuent une supériorité aux produits achetés de cette façon deux caractéristiques de l'impulsivité fonctionnelle (contrairement à l'impulsivité dysfonctionnelle qui entraîne des émotions négatives comme le regret ou la culpabilité).
3. Les stratèges sont moyennement impulsifs. Ils profitent également des promotions mais dans une moindre mesure que les opportunistes. En revanche, eux peuvent regretter leurs achats et développent donc des stratégies de contrôle (éviter certains magasins, sortir sans argent, etc.).
4. Les occasionnels n'ont pas une forte tendance à l'impulsivité et privilégient les achats planifiés. Un prix intéressant ou une ambiance attractive ne suffisent pas pour les faire « craquer ». Seule l'utilité peut les conduire à acheter un produit qu'ils ne regretteront pas.

5 L'achat compulsif

L'achat compulsif est l'irrépressible envie d'acheter pour réduire une forte anxiété. L'achat compulsif est répétitif et chronique et devient le principal comportement en réponse à des sentiments ou des événements négatifs pour l'individu[2]. C'est un type inapproprié de comportement de consommation, excessif en soi, et manifestement perturbateur pour l'existence des individus. L'achat compulsif se révèle par quelques

1. Abbes I., « Propostion d'une segmentation des acheteurs impulsifs dans le cadre du point de vente », *Management et Avenir*, 31(1), pp. 384-406, 2010.

2. O'Guinn T., Faber R., « Compulsive Buying : a Phenomenological Exploration », *Journal of Consumer Research*, 16, 2, 1989, pp. 147-157.

aspects symptomatiques : inclination à dépenser, tension psychologique ressentie au moment de l'acte d'achat et sentiment de culpabilité après l'achat[1].

Alors que l'achat impulsif est un désir d'acheter un produit particulier, l'achat compulsif est un désordre psychologique qui vise l'achat et non un produit en particulier. Toutefois, les vêtements, les cosmétiques et les cadeaux sont plus concernés par le phénomène, car le contact avec le vendeur de vêtements ou de produits de soins est généralement flatteur (il y a toujours un vêtement qui met en valeur la personne). Le sentiment de faible estime de soi souvent associé aux comportements compulsifs est ainsi réduit. Par ailleurs, l'acheteur compulsif s'endette fortement par rapport aux consommateurs non déviants et possède plus de cartes privatives de magasins que les autres acheteurs.

Tableau 7.2 – Échelle de mesure de compulsivité à l'achat

Inclination à la dépense	• Quand j'ai de l'argent, je ne peux m'empêcher d'en dépenser une partie ou la totalité • Je suis fréquemment impulsif(ve) dans mes comportements d'achat • Dès que je rentre dans un centre commercial, j'ai une folle envie d'entrer dans une boutique pour y acheter quelque chose • Je suis de ceux ou celles qui se laissent souvent tenter par des offres postales (exemple : livres ou disques) • Il m'est arrivé fréquemment d'acheter un produit non indispensable tout en sachant qu'il ne me restait que peu d'argent de disponible • Je suis dépensier(ère)
Aspect réactionnel	• Le shopping est, pour moi, une façon de faire face au stress quotidien et de me détendre • J'ai parfois l'impression que quelque chose à l'intérieur de moi me pousse à aller faire du shopping • Il y a de ces périodes où j'ai une forte envie d'acheter (vêtements, livres, etc.) • J'ai souvent une inexplicable envie, un désir soudain et spontané, d'aller acheter quelque chose dans un magasin
Culpabilité post achat	• Il m'est arrivé de ressentir une certaine culpabilité après avoir acheté un produit, car cela me paraissait déraisonnable • Il y a certaines choses que j'achète et que je n'ose montrer à qui que ce soit, de peur d'être perçu(e) comme irrationnel(le) dans mes comportements d'achat (« une dépense folle ») • Il m'est arrivé de me dire : « Ah ! Si c'était à recommencer, j'aurais… » et de regretter une action ou une parole passée

Source : D'après A. d'Astous *et al.*, 1989.

6 Le report d'achat

Il y a report d'achat lorsque l'intention d'achat n'est pas réalisée en temps voulu. L'intention d'achat est un point de repère qui joue le rôle d'échéance. En effet, l'intention d'achat est toujours formulée en association avec une échéance (par

1. D'Astous A., Valence G., Fortier L., « Conception et validation d'une échelle de mesure de l'achat compulsif », *Recherche et Applications en Marketing*, 4, 2, 1989, pp. 3-16.

exemple : « je vais acheter un manteau d'ici le début de l'hiver »). Cette dernière sert à borner le temps, particulièrement dans le cadre d'une orientation temporelle linéaire propre à la culture occidentale. S'il y a dépassement de l'échéance, alors il y a report de l'intention d'achat, donc report d'achat. Les échéances forment le contexte du report d'achat.

Repère

Les types d'échéances

Les échéances ont pour fonction de borner l'espace temps et donc de fixer un délai[1]. Cependant elles n'ont pas toutes la même force d'obligation :

- échéance endogène : le sujet s'impose à lui-même l'échéance. Elle peut être proclamée : « je vais m'acheter un nouveau manteau pour l'hiver », ou bien tenue secrète. Pour affermir l'échéance endogène, le consommateur aura tendance à déclarer à l'intention de son entourage : « je vais m'acheter un manteau ce mois-ci, le week-end prochain, etc. ». Le consommateur va inscrire son action dans le temps, pour mieux mesurer ses résultats ;
- échéance exogène : Lorsqu'elle est fixée par l'environnement, l'échéance devient peu à peu inéluctable. Elle peut être optionnelle dans le cas d'une promotion, ou obligatoire dans le cas d'une panne ou d'une fête telle que Noël. Elle est imposée par la culture, ou bien par un circuit commercial. L'échéance inéluctable est connue de l'acheteur : quel va être son comportement d'achat en fonction de cette contrainte ?

Le degré de contrôle de l'individu sur l'échéance différencie les deux situations. Plus le contrôle de l'individu diminue sur l'échéance, plus celle-ci devient exogène. En effet, même arrivée au terme du délai fixé par l'échéance, il n'est pas possible de la repousser, alors que l'échéance endogène peut toujours être repoussée. Par exemple, vous pouvez certes repousser la date à laquelle vous allez acheter un cadeau d'anniversaire pour votre époux ou épouse, mais vous ne pouvez pas repousser la date de l'anniversaire. Le consommateur a le contrôle de la date de l'achat mais n'a pas le contrôle de la date de l'échéance ; sa capacité à jouer avec l'échéance est donc limitée. Au contraire, lorsqu'un jeune couple décide d'acheter son premier lave-vaisselle, il y a une réelle liberté dans la date d'achat et dans la date de l'échéance ; le couple indécis sur le lieu de vente, peut décider de repousser l'échéance qu'il s'est fixée.

1. Darpy D., *La Procrastination du consommateur : une contribution à l'explication du report d'achat*, thèse ès Sciences de Gestion, université Paris-Dauphine, 1999.

6.1 Les causes du report d'achat

De l'éveil du besoin ou du désir pour un produit, à sa consommation, le consommateur a de multiples occasions de ne pas décider et de retarder l'achat. Le report d'achat est une conjonction d'éléments individuels et situationnels. Le report d'achat apparaît à la fois comme résultat de facteurs situationnels et psychologiques[1].

De nombreuses fois, les consommateurs reportent sans nécessairement savoir pourquoi. Les causes individuelles sont saisies par le trait de procrastination du consommateur, alors que les causes situationnelles sont regroupées par le potentiel de procrastination[2].

6.2 Le trait de procrastination du consommateur

Les consommateurs peuvent éviter d'entrer dans le processus de décision, ralentir leur processus d'évaluation ou reporter leur décision d'achat, au-delà de ce qui est nécessaire. Ainsi, le *trait de procrastination du consommateur* est défini comme *la tendance chronique et consciente à ralentir ou reporter un processus d'achat planifié.*

Le trait de procrastination se manifeste clairement lors de la prise de décision par l'auto-handicap, le transfert à autrui de la décision et la décision impulsive. Face à un achat désagréable, le consommateur procrastinateur recherchera plus d'informations, découvrira soudainement d'autres priorités d'achats ou d'activités. Il se crée ainsi des obstacles pour ne pas passer à l'achat.

Le procrastinateur peut être perfectionniste, peu sûr de lui, submergé. Certains consommateurs procrastinateurs ruminent et ressassent des idées négatives, entretenant des pensées récurrentes à propos de la décision ou de problèmes annexes. La rumination est contre productive et explique un décalage entre l'objectif poursuivi (l'achat) et un état actuel[3].

Cependant, lorsque l'achat devient incontournable, il ne peut éviter la décision. S'il en a la possibilité, le procrastinateur transfère la décision à l'un de ses proches (conjoint(e), collègue, ami(e)). Sinon, il sera alors poussé à une décision impulsive.

1. Greenleaf E., Lehmann D., « Reasons for Substantial Delay in Consumer Decision Making », *Journal of Consumer Research*, 22, 2, 1995, pp. 186-199.

2. Darpy D., « Le report d'achat expliqué par le trait de procrastination et le potentiel de procrastination », *Recherche et Applications en Marketing*, 17, 2, 2002, pp. 1-21.

Steel P., « The Nature of Procrastination: a meta-analytic and theorical review of quintessential self-regulatory failure », *Psychological Bulletin*, 133(1), p. 65, 2007.

3. Debenedetti A., Gomez P., « La théorie de la rumination : état de l'art et perspectives de recherche en comportement du consommateur », *Recherche et Application en Marketing*, 21 (1), 2006, pp. 41-55.

Mesure : L'échelle du trait de procrastination de consommateur

L'échelle mesure la tendance chronique et consciente à ralentir ou reporter un processus d'achat planifié. Elle comporte quatre items administrés sur une échelle en 7 points « Pas du tout d'accord – Tout-à-fait d'accord » :

- En règle générale, quand j'ai l'intention d'acheter, j'achète rapidement (item inversé).
- Quand la décision est prise, je n'attends plus (item inversé).
- Je suis de ceux ou celles qui mettent plus de temps que les autres pour se décider pour une marque plutôt qu'une autre.
- Je perds beaucoup de temps à analyser la valeur et les caractéristiques d'une produit avant de prendre finalement une décision d'achat.

6.3 Le potentiel de procrastination

La nature de la décision à prendre peut aussi avoir un impact sur la probabilité de décision. Le potentiel de procrastination est la probabilité de report de l'achat pour des causes situationnelles. On peut retenir trois niveaux d'activation du potentiel de procrastination :

– *l'acte d'achat* : l'achat en tant qu'activité est une cause de report de la décision. Le procrastinateur reporte une tâche perçue comme importante et désagréable (Lay, 1986). Effectivement, les consommateurs reportent substantiellement l'achat, quand celui-ci est perçu comme désagréable. Par exemple, la souscription d'une police d'assurance vie (tâche désagréable) sera sans aucun doute retardée par rapport à l'achat d'une nouvelle télévision (achat agréable). Or, les consommateurs peuvent également reporter leur décision pour des expériences plaisantes aux bénéfices immédiats[1]. Dans le domaine touristique, les visiteurs qui ont du temps tardent à visiter les sites intéressants, ce qui les conduit parfois à bâcler la visite ; la procrastination étant réduite lorsque le temps est limité. De même, munis de chèques-cadeaux, les consommateurs tergiversent davantage lorsque le délai de péremption des chèques-cadeaux est long versus court, ce qui entraîne des taux de réachat inférieurs dans le premier cas ;

– *le produit* : certains produits sont plus susceptibles d'influer le report, notamment au travers du risque financier, psychologique ou social qu'ils peuvent représenter. Quel que soit le profil procrastinateur de l'individu, il est justifié d'attendre un report plus important de la décision pour un produit technologique que pour un produit d'usage courant ;

1. Shu S.B., Gneezy A., « Procrastination of enjoyable experiences », *Journal of Marketing Research*, 47(5), pp. 933-944, 2010.

– *le contexte d'achat* : certains contextes de présentation du choix favorisent le non-choix[1]. Les effets de contraste, la complexité de la tâche et la nature de l'échéance participent à l'explication du report d'achat.

Repère

L'e-procrastination ou le report de l'achat en ligne

Les causes du report d'achat en ligne sont multiples et sont de deux grands ordres[2] : causes du report subies (défaillances du site ou du matériel) et choisies.

Le report d'achat en ligne choisi s'explique par (les signes après chaque variable sont la valence positive ou négative de l'influence de la cause sur le report d'achat) : une attitude négative à l'égard de l'achat en ligne (+) ; les expériences de shopping en ligne (–), autrement dit plus elles sont nombreuses, moins il y a procrastination ; le risque perçu de l'achat en ligne (+), plus il est important, plus la procrastination est élevée ; la perception des prix élevés (+) ; la complexité perçue de l'acte d'achat en ligne (+) ; l'incertitude du besoin (+). De plus, le trait de procrastination a un effet positif sur le risque perçu de l'achat en ligne, sur la complexité de l'achat ainsi que sur l'attitude négative envers l'achat en ligne.

Les principales conséquences de la procrastination en ligne sont l'abandon de l'achat, les achats réalisés *off-line* (dans les magasins traditionnels) mais aussi l'achat impulsif en ligne.

Section 3 LES CONTEXTES DE CONSOMMATION

Pour mieux comprendre les activités du consommateur, il est souhaitable de considérer le contexte dans lequel s'inscrivent les comportements. Les entreprises étudient de plus en plus le lieu et le comment de la consommation. Il existe deux moments de vérité : premièrement lorsque le consommateur rencontre le produit dans les rayons et qu'il l'achète, et ensuite quand arrivé chez lui il l'utilise. Pour

1. Dhar R., « Consumer Preference for a No-Choice Option », Journal of Consumer Research, 24, 2, 1997, pp. 215-232 ; Shafir E., Simonson I., Tversky A., « Reason-Based Choice », *Research on judgment and decision making*. Currents, connections and controversies, W.M. Goldstein et R.M. Hogarth éds., Cambridge University Press, 1997, pp. 69-94.

2. Negra A., Mzoughi N., Bouhlel O., « E-procrastination: a netnographic approach », *Journal of Customer Behaviour*, 7(2), pp. 103-119, 2008.

Mamlouk L., « Les déterminants du report de l'achat en ligne », *Doctoral dissertation, Aix-Marseille* 3, 2011.

tenter de lever le voile sur l'intimité du repas, Findus a expérimenté une nouvelle méthode d'étude du consommateur en installant des caméras dans les familles qui enregistrent le quotidien de la cuisine entre 12 et 14 heures et entre 18 et 22 heures. Cette approche répond à la limite de la recherche quantitative traditionnelle en privilégiant l'analyse méso-sociale des comportements[1].

1 Les types de contextes

Le consommateur est confronté aux produits/services dans trois contextes :

– *le contexte de communication*. Il s'agit du contexte dans lequel le consommateur est exposé aux messages commerciaux de la marque. Le consommateur ne perçoit pas le message de la même façon s'il est en train de réaliser d'autres activités en parallèle (comme conduire), si le message est glissé à l'intérieur d'un programme sportif ou d'une comédie, etc.

– *le contexte d'achat*. Il s'agit du contexte dans lequel le produit est acheté. Le consommateur ne se comporte pas de la même façon s'il est accompagné ou non d'enfants, s'il est pressé ou s'il dispose de temps, s'il a ou non préparé une liste de courses, si la musique est lente ou rapide, etc.

– *le contexte d'utilisation*. Il s'agit du contexte dans lequel le produit est utilisé par le consommateur. On n'attend pas du produit les mêmes choses s'il est consommé en famille ou seul, s'il est acheté pour soi ou pour offrir, à domicile ou en voyage, etc.

Les éléments qui forment un contexte de consommation sont en général définis par défaut. Ce sont « tous les éléments qui interviennent dans le processus de consommation et qui ne tiennent ni au produit, ni au consommateur[2] ». Les caractéristiques du produit ou son prix ne font donc pas partie du contexte. De même, les caractéristiques du consommateur, comme son âge ou son revenu. Le contexte peut être défini à partir de l'environnement physique, de l'horizon temporel, de l'environnement social et du but de l'individu.

Par exemple, chaque moment de la journée a son fruit : au petit déjeuner, pêches et bananes sont préférées ; l'en-cas pendant la journée privilégie oranges et pommes, probablement pour la praticité de ces fruits (peu de déchets, propres, etc.) ; enfin, au dîner, les fraises et les kiwis sont le premier choix lorsque disponibles[3]. La segmentation et la mise en scène des fruits dans la communication peuvent utiliser ces moments stratégiques de consommation.

1. Desjeux D., *La consommation*, Coll. « Que sais-je ? », PUF, 2006.

2. Belk R.W., « Situational Variables and Consumer Behavior », *Journal of Consumer Research*, 2, 3, 1975, pp. 157-164.

3. Dickson P.R., « Person-Situation: Segmentation's Missing Link », *The Journal of Marketing*, 46(4), 1982, pp. 56-64.

Tableau 7.3 – Les éléments constitutifs d'un contexte de consommation

Éléments	Exemples
L'environnement physique	Le lieu (extérieur/intérieur...), la foule, la température et l'éclairage, la musique...
L'horizon temporel	Le moment dans la journée, le jour de la semaine, le mois ou la saison ; le délai écoulé ou anticipé par rapport à un autre événement (dernier achat, anniversaire...) ; le temps disponible...
L'environnement social	Le contexte public ou privé ; la nécessité de justifier ses actes ; la présence d'enfants ou d'amis...
Le but	Le type de visite (course de dépannage, courses régulières...) ; le destinataire (soi-même, un membre de la famille...) ; l'objectif (un cadeau, une récompense personnelle, un outil de travail...)

Le contexte réel importe finalement assez peu. Seul le contexte tel qu'il est perçu par le consommateur est vraiment pertinent pour comprendre son comportement.

EXEMPLE – Consommer dans les gares, le métro, etc.[1]

Les pôles d'échanges, autrement dit les gares, les stations de métro de correspondance, sont conçus à l'origine pour écouler efficacement les flux de personnes (par exemple, les gares parisiennes mais aussi certaines stations de RER comme celle de Massy-Palaiseau, interconnexion entre lignes de TGV et RER, ou encore des stations de métro comme Pont-de-Sèvres, interconnexion entre lignes de métro et tramway). Ces espaces-seuils de la mobilité (lieu d'attente de mobilité) deviennent aujourd'hui des *lieux* à part entière si toutefois ils permettent le confort physique et mental du voyageur, que ce dernier soit en attente ou en mouvement. Des recherches se sont intéressées aux expériences d'usage des pôles d'échanges par les consommateurs. Plusieurs types de commerces et de consommation émergent dans ces lieux :

- un commerce d'opportunité (achat ponctuel de presse souvent *people*, de friandises voire de fruits par des vendeurs ambulants) caractérisant une consommation impulsive aidée souvent par le marketing sensoriel du point de vente (par exemple, une odeur de nourriture, de pâtisserie alléchante) ;
- un commerce de destination pour les personnes qui ont anticipé leurs achats, voire qui viennent dans ces boutiques même si elles ne prennent pas les transports pour différentes raisons : proximité avec le lieu d'habitation, produits spécialisés dans ces points de vente, horaires d'ouverture plus larges.

Certains consommateurs refusent toutefois de consommer dans les pôles d'échange (manque de relations humaines, craintes de la pollution due à la foule, prix parfois plus élevés). Ainsi, la consommation dépend de la perception de l'espace (ouvert comme à Massy-Palaiseau ou à la gare Saint-Lazare ; ou fermé, par exemple la station Châtelet où

1. Tillous M., Kaufmann V., Louvet N., « Consommer dans le métro, une question d'engagement dans le temps et l'espace », *Espaces et Sociétés*, 135, pp. 99-115, 2008.

les consommateurs peuvent ressentir une sensation d'étouffement) mais aussi de l'attention que les personnes prêtent à la configuration spatiale : certains ne font que déchiffrer le « code réseau » (écran jaune signalant un problème et bleu un trafic normal), ne prêtant aucune attention à l'agencement des boutiques par exemple.

2 L'impact du contexte sur le consommateur

Pour le marketing, la compréhension des contextes de consommation est importante à plusieurs titres, car le contexte joue sur l'efficacité des messages commerciaux, sur le processus de choix, sur l'évaluation post-achat mais aussi, de façon directe, sur les comportements du consommateur.

2.1 L'impact sur l'efficacité du message

L'efficacité du message dépend étroitement du contexte de communication car le contexte permet un temps d'exposition plus ou moins long (un spot télévisé ou une affiche dans la rue, par exemple) et favorise plus ou moins l'attention (une publicité au cinéma ou une publicité radio écoutée en conduisant, par exemple). Le contexte agit aussi sur l'état psychologique.

Exemple

Le même spot télévisé vu à une heure plutôt qu'à une autre, la même bannière diffusée sur un portail généraliste ou sur un site spécialisé n'aura pas le même impact, car les contextes sont différents (état d'éveil du consommateur, niveau d'implication…). Le même message vu à la télévision ou au cinéma n'aura pas le même impact, car les contextes sont différents (degré d'attention…). La même affiche vue dans la rue ou dans un stade n'aura pas le même impact, car les contextes sont également différents (intensité des émotions, nombre de répétitions…).

2.2 L'impact sur le processus de choix et sur l'évaluation post-achat

Le contexte de consommation détermine la taille de l'ensemble évoqué, c'est-à-dire le nombre de marques considérées comme acceptables par le consommateur. Par exemple, le consommateur va considérer plus de boissons différentes dans les contextes socialisés (un repas avec des amis à la maison, une soirée dansante…) comparativement aux contextes non socialisés (après un effort physique, ou pour se détendre quand il n'a rien à faire…)[1].

Le contexte influence également l'importance des différents critères de choix. Par exemple, pour choisir un parfum à offrir, le consommateur fait plus attention à la

1. Aurier P., Jean S., « Influence du contexte de consommation sur la taille d'ensembles de considération formés de produits », *Recherche et Applications en Marketing*, 17, 1, 2002, pp. 1-19.

forme du flacon et à la marque alors que pour lui, il fera sensiblement plus attention au prix. Les critères d'évaluation du point de vente changent aussi : le choix offert est plus important quand on achète le parfum pour soi, alors que le conseil du vendeur est plus important pour un parfum à offrir[1].

Exemple

> Quand le client pousse la porte d'une grande surface spécialisée en produits de bricolage, il peut se trouver dans cinq grands contextes de visite : « la grande quantité » (il est sur le point de réaliser un travail qui demande beaucoup de matériel), « l'achat urgent » (il veut acheter un produit bien spécifique pour finir un travail en cours), « la recherche d'idées » (il veut connaître ce qui se fait de nouveau et trouver des idées), « l'achat régulier » (il doit réaliser un travail de routine) et « le travail délicat » (il est sur le point de réaliser un travail complexe qui nécessite du matériel technique et des conseils)[2]. Les critères de choix varient très sensiblement d'un contexte à l'autre. À titre d'exemple, les prix bas et la disponibilité du stock sont les critères les plus importants pour le contexte « grande quantité », alors que la qualité des produits et la fiabilité du service après-vente sont les critères les plus importants pour le contexte « travail délicat ». Si l'on prend un critère comme la proximité du magasin, il est particulièrement important pour le contexte « achat urgent », mais tout à fait secondaire pour les autres contextes. De même, la présence de nouveautés dans l'assortiment est particulièrement importante pour le contexte « recherche d'idées », mais secondaire pour les autres contextes.

Le contexte détermine en partie la « puissance de la marque » (notoriété spontanée, part de préférence…). Les marques sont plus ou moins adaptées, « collent » plus ou moins au contexte d'utilisation.

Exemple

> Coca-Cola devance largement ses concurrents dans la famille des boissons gazeuses. Toutefois, la puissance de cette marque dépend en partie du contexte d'utilisation. Ainsi, pour une invitation entre amis (contexte A), 77 % des consommateurs considèrent que Coca-Cola est un produit acceptable, alors que seulement 34 % des consommateurs considèrent qu'Orangina est un produit acceptable. En revanche, pour boire au café (contexte B), Coca-Cola et Orangina sont des produits acceptables pour respectivement 50 % et 45 % des consommateurs. Autrement dit, Coca-Cola est une marque beaucoup plus « puissante » qu'Orangina dans le contexte A (une invitation entre amis), mais ces produits font jeu égal dans le contexte B (au café)[3].

---

1. Lemoine J.-F., « Contexte d'achat et critères de choix : acheter pour soi ou pour les autres », *Décisions Marketing*, 22, 2001, pp. 25-31.

2. Van Kenhove P., De Wulf K., Waterschoot W., « The Impact of Task Definition on Store-Attribute Salience and Store Choice », *Journal of Retailing*, 75, 1, 1999, pp. 125-137.

3. Strazzieri A., « Categorisator : Une analyse panoramique du marché par situations d'usage », *Décisions Marketing*, 1, 1994, pp. 69-85.

La façon dont le consommateur juge les performances du produit à l'usage dépend étroitement du contexte dans lequel ce produit est utilisé. De même, les critères d'évaluation d'un service dépendent du contexte. Par conséquent, à prestation « objectivement » égale, la satisfaction du client va varier considérablement d'un contexte à l'autre.

Exemple

> Un client se rend dans un *fast-food*. Ses exigences en matière de rapidité de service vont être complètement différentes selon le contexte. Vient-il seul ou en famille ? Est-ce le soir ou le midi ? Un jour de la semaine ou le week-end ? Les exigences du client seront probablement supérieures s'il vient seul, à midi, un jour de semaine, car il s'agit de manger vite et non pas de passer un « bon moment en famille » ou de bavarder à propos du film que l'on vient de voir[1].

2.3 L'impact direct sur les comportements

Le contexte d'achat peut modifier directement les comportements des consommateurs. Les distributeurs sont, par exemple, particulièrement attentifs au contexte (sons, lumières…) de façon à favoriser des comportements qui leur sont favorables : temps passé dans le magasin, nombre de produits pris en main… [2].

Exemple – Influence du contexte sur l'achat de vin... mais aussi sur la quantité consommée

> «Le consommateur ne procède pas de la même manière pour acheter un vin selon le contexte : l'achat peut concerner une consommation quasi immédiate ou un cadeau ; d'autres en achètent en se projetant dans le contexte dans lequel ils vont le consommer (repas de famille, entre amis, seul, pour fêter un événement particulier, etc.), le moment où ils vont le consommer (le soir même, etc.), voire le climat et le lieu dans lesquels le vin sera consommé (en vacances, en été ou au ski, etc.). Le degré de complexité et la recherche d'informations diffèrent donc selon le contexte de consommation[3]. Le contexte influence également le sens du boire « modéré »[4] et donc la construction de la normalité en matière de consommation.
>
> Les conceptions « normales » et « pathologiques » de la consommation dépendent en effet du contexte de consommation. Une quantité de vin peut dénoter une tendance « alcoolique » en contexte de consommation solitaire et « normale » en contexte de groupe, même si dans ce dernier contexte la quantité de vin est supérieure.

---

1. Exemple préparé à partir de Dubois B., « Marketing situationnel pour consommateurs caméléons », *Revue Française de Gestion*, 110, 1996, pp. 83-89.

2. Rieunier S., *Le Marketing sensoriel du point de vente*, 4e éd., Paris, Dunod, 2013.

3. Amine A., Lacoeuilhe J., « Les pratiques de consommation du vin : rôle des représentations et des situations de consommation », *Actes du XXIIIe Congrès International de l'AFM*, 2007.

4. Monaco G.L., Gaussot L., Guimelli C., « Consommation de vin, pensée sociale et construction sociale de la normalité », *Pratiques psychologiques*, 15(4), pp. 473-492, 2009.

Le contexte joue également un rôle fondamental dans l'activation de certains traits de personnalité. Certains traits vont se manifester, ou non, selon les propriétés du contexte (temps disponible, présence d'autrui…). Il en va ainsi de l'ethnicité, c'est-à-dire du sentiment d'appartenance à une communauté ethnique. Ce sentiment va apparaître dans certaines circonstances, mais pas dans d'autres, selon la conception interactionniste de la personnalité.

Repère

L'ethnicité « perçue », fonction du contexte

La notion d'ethnicité ne se confond pas avec l'origine géographique de l'individu (langue natale, lieu de naissance…). Il s'agit d'un sentiment d'appartenance à une communauté spécifique, combiné avec son degré d'identification, plus ou moins fort, avec cette communauté. L'ethnicité n'est donc pas une mesure objective ; on parle d'ethnicité « perçue »[1].

Cet état psychologique est assez transitoire : l'individu se sent « étranger » dans certaines circonstances, mais pas dans d'autres. L'environnement social joue naturellement un rôle important pour faire apparaître ou non ce sentiment. De fait, les choix sont jugés plus ou moins appropriés en fonction des normes sociales du groupe auquel l'individu s'identifie *sur le moment*. Par exemple, le choix d'un plat dépend directement du type de repas (repas d'affaire ou déjeuner en famille[2]). L'ethnicité a également un impact sur les processus de persuasion car, une fois le sentiment activé, l'individu est plus sensible aux publicités et aux porte-paroles qui font référence à son ethnicité[3].

2.4 Quelques implications pratiques

L'approche situationnelle remet en cause la vision simple d'un consommateur stable, constant, prévisible, puisque ce consommateur « caméléon » se conduit en fonction du contexte[4]. Une question fondamentale se pose alors. Si ce ne sont plus les caractéristiques du consommateur, mais celles du contexte qui expliquent les comportements, faut-il remettre en cause les démarches de segmentation classiques fondées sur le sexe, l'âge, le revenu, etc. ?

1. Desphandé R., Hoyer W.D., Donthu N., « The Intensity of Ethnic Affiliation : a Study of the Sociology of Hispanic Consumption », *Journal of Consumer Research,* 13, 2, 1986, pp. 214-240.

2. Stayman D.M., Desphandé R., « Situational Ethnicity and Consumer Behavior », *Journal of Consumer Research,* 16, 3, 1989, pp. 361-371.

3. Forehand M.R., Desphandé R., « What we See Makes us What we are : Priming Ethnic Self-Awareness and Advertising Response », *Journal of Marketing Research,* 38, August, 2001, pp. 336-348.

4. Dubois B., 1996, *op. cit.*

À vrai dire, le danger serait de remplacer une certitude par une autre. En d'autres termes, d'abandonner la segmentation individuelle pour la segmentation situationnelle. C'est en combinant les caractéristiques de l'individu et les caractéristiques du contexte que les stratégies de segmentation peuvent gagner en efficacité. On considère alors que des individus différents vont se comporter différemment, mais qu'un même individu peut aussi se comporter différemment selon le contexte dans lequel il se trouve. Dans cette optique, les segments résultent conjointement des caractéristiques du consommateur et des caractéristiques du contexte.

Pour mettre en œuvre cette démarche de segmentation, il est nécessaire de construire un « répertoire de contextes » à partir des éléments évoqués plus haut : l'environnement physique et social, l'horizon temporel et le but. On peut naturellement enrichir ce répertoire avec des bénéfices recherchés[1].

Exemple

> Le café du matin, seul, pour se réveiller ; le café au bureau, entre collègues, pour bavarder et se tenir au courant ; le café du soir, avec des amis, pour prolonger un moment convivial… sont trois exemples de situations dans le répertoire « café », sachant que ce répertoire peut en contenir une dizaine.

La décision est la résultante de facteurs individuels et situationnels. La consommation devenant une activité humaine à part entière, elle révèle opinions et attitudes. Cependant les émotions jouent un rôle important, voir la campagne 2015 de CanalPlay avec le slogan « quand ça vous touche, ça nous touche », ou encore l'histoire d'un robot qui se prend d'affection pour un autre robot aspirateur de la marque Vorwek (Kobold VR200) et qui tente par tous les moyens d'attirer son attention en lui offrant une fleur, en lui ouvrant les portes de son cœur, en effeuillant une marguerite…

Figure 7.7 – Vorwerk Kobold « Vous aussi, vous allez l'adorer »

1. Pour une illustration complète et récente, voir Aurier P., Jean S., 2002, *op. cit.*

Chapitre

8 Les émotions et les expériences d'achat

OBJECTIFS

- Ce sont précisément de ces émotions de base (joie, tristesse, dégoût, colère, peur) mises en scène dans le film *Vice Versa* (2015) dont nous allons parler dans ce chapitre, mais aussi des émotions composées (la nostalgie par exemple) ainsi que du rôle du marketing pour offrir aux consommateurs une consommation émotionnelle.
- Le but de cette dernière est de privilégier le plaisir, d'établir une relation affective avec le produit, le lieu de distribution, tout en communiquant sur les valeurs de la marque.

SOMMAIRE

SECTION 1 Les émotions

SECTION 2 La consommation « expérientielle »

Dans un magasin, le consommateur va-t-il se comporter de la même façon s'il est seul ou s'il est accompagné ? Si le produit est destiné à être consommé le matin ou le soir ? La réponse à ces questions est probablement négative, car le contexte joue fortement sur le processus de décision (temps passé dans le magasin, marque achetée…) et interagit avec les émotions que ressent le consommateur (frustration, joie…).

Dans ce chapitre, nous analysons le rôle des émotions, un aspect parfois négligé, tant nous sommes tentés de considérer le consommateur comme un être purement rationnel. Pour aller plus loin, on peut même considérer que les émotions constituent l'objectif même des activités de consommation. On parle alors de consommation « expérientielle » (hédonisme, recherche de sensations…).

Section 1 LES ÉMOTIONS

Depuis deux décennies, l'affectif fait son retour dans les sciences humaines, notamment en psychologie[1]. Concernant les activités de consommation, les concepts évoluent pour capturer progressivement la dimension émotionnelle. Par exemple, le concept d'attitude (années soixante-dix) évolue vers celui de satisfaction (années quatre-vingt-quatre-vingt-dix), puis vers celui de « ravissement » (ce que les Anglo-Saxons appellent *customer delight*). La composante émotionnelle va crescendo (attitude < satisfaction < ravissement).

Comprendre les réactions affectives du consommateur est sans doute aussi important que comprendre ses pensées[2]. Pour ce faire, une première étape consiste à mieux préciser la nature des différents états affectifs (émotions, humeurs, sentiments…), avant de montrer comment ces états affectifs interagissent avec les pensées et agissent sur les comportements.

1. William P., « Emotions and Consumer Behavior », *Journal of Consumer Research*, 40(5), pp. 7-11, 2014.

2. Andrade E., Gururangan K., Iantorno S., Feng H., Cherone J., Sawant M., Lurus A., « Emotions and Consumer Behavior », *Berkeley Scientif Journal*, 15(1), 2012.

1 Les états affectifs

1.1 Les diversité des états affectifs

Pour C. Derbaix et M. Pham, les états affectifs se caractérisent par une intensité, une durabilité et un degré de conscience (conscience précise ou diffuse)[1]. Partant de là, ils distinguent :

– *les émotions « choc » (comme la surprise ou la peur)*. C'est un état affectif bref, intense, difficile à masquer et dont l'origine est identifiée précisément ; c'est une réponse rapide de l'organisme à des circonstances inhabituelles de l'environnement ;

– *les sentiments (comme la fierté ou la jalousie)*. C'est un état affectif diffus et persistant mais dont l'origine est assez clairement identifiée ;

– *les humeurs (comme la gaieté ou la mélancolie)*. C'est un état affectif passager dont l'origine n'est pas précisément identifiée.

Pour rendre compte de la diversité des émotions, certains proposent des listes d'émotions fondamentales (approche *discrète* des émotions) : la joie, la colère… Au contraire, d'autres défendent l'idée selon laquelle les émotions résultent d'une combinaison de dimensions (comme le degré de plaisir). Dans cette optique, chaque émotion est caractérisée par ses « coordonnées » sur chaque dimension (beaucoup de plaisir, peu de plaisir, pas de plaisir…) et il est difficile d'identifier des émotions « pures » (approche *continue* des émotions) :

– *les émotions discrètes*. Descartes, dès 1690, soutenait qu'il existe six grandes émotions : le désir, l'amour, la haine, la tristesse, la joie et l'admiration. Plus près de nous, sur la base d'un grand nombre d'études, C.E. Izard distingue dix émotions fondamentales qui interagissent entre elles (comme des couleurs primaires se mélangent) : l'intérêt et la joie (émotions positives), la colère, le dégoût, le mépris, la honte, la culpabilité, la tristesse et la crainte (émotions négatives) puis la surprise (émotion neutre)[2] ;

– *les émotions continues*. Toutes les émotions peuvent être caractérisées par leur degré de plaisir (positif ou négatif) et par leur degré de stimulation (fort ou faible)[3]. À chaque émotion sont donc associées deux coordonnées dans le plan formé par la stimulation (*arousal*) et le plaisir (*pleasure*)[4]. Pour illustrer la

1. Derbaix C., Pham M., « Pour un développement des mesures de l'affectif en marketing : synthèse des prérequis », *Recherche et Applications en Marketing*, 4, 4, 1989, pp. 71-87. Les auteurs élargissent la notion d'affects aux tempéraments (comme l'optimisme ; dont la durabilité est longue et la cible non précise), aux préférences (un état ayant une origine précise, d'intensité et de persistance moyennes à faibles) ainsi qu'aux attitudes et aux appréciations (un jugement plus fugace que l'attitude et qui a une cible spécifique mais dont l'intensité et la durabilité sont plus faibles).

2. Izard C.E., *The Psychology of Emotions*, New York, Plenum Press, 1991.

3. Mehrabian A., Russell J.A., *An Approach to Environmental Psychology*, Cambridge, Mass., MIT Press, 1974.

4. Pour une illustration critique, voir Rieunier S., *L'Influence de la musique d'ambiance sur le comportement des consommateurs sur le lieu de vente*, thèse de doctorat, Université Paris-Dauphine, 2000.

démarche, on distingue les émotions plaisantes et excitantes *(l'exultation)*, les émotions plaisantes et calmes *(la quiétude)*, les émotions déplaisantes et excitantes *(la détresse)* et les émotions déplaisantes et calmes *(l'ennui)*.

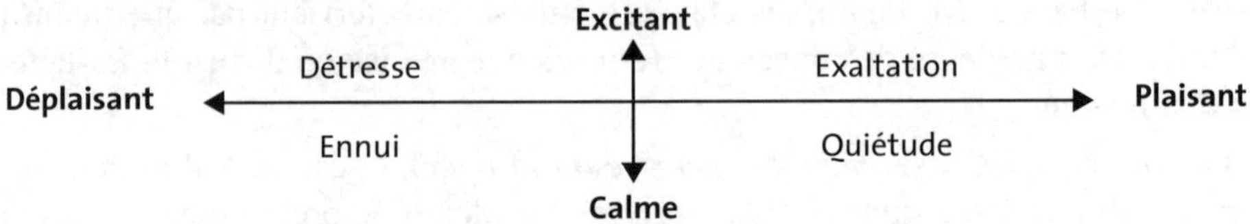

Source : D'après J.A. Russell et G. Pratt, 1980[1].

Figure 8.1 – Une typologie des émotions

Les états affectifs peuvent s'exprimer à différents « niveaux de profondeur ». Au niveau le plus profond, ils s'expriment par des mécanismes physio-biologiques : sudation, accélération du rythme cardiaque, pression sanguine plus élevée, dilatation des pupilles… Au niveau intermédiaire, les états affectifs s'expriment par des comportements moteurs : gestes, expressions faciales ou vocales… Au niveau le plus superficiel, ils s'expriment de façon subjective, avec des mots (ce qui suppose que l'individu peut correctement verbaliser son état affectif).

Il est difficile de mesurer les émotions[2]. En particulier, dans les études sur la consommation, il est difficile de mesurer les réponses physio-biologiques (le consommateur est rarement enchanté de se promener dans un magasin avec un dispositif mesurant sa transpiration ou son rythme cardiaque !). Malgré leurs limites, les mesures verbales sont souvent utilisées : les émotions sont donc mesurées à partir de questionnaires[3].

1. Russell J.A., Pratt G., « A Description of the Affective Quality Attributed to Environment », *Journal of Personality and Social Psychology*, 38, august, 1980, pp. 311-322.

2. Desmet P., « Measuring Emotions : Development and Application of an instrument to measure emotional responses to products », *Funology*, p. 111-123, Springer Netherlands, 2005.

3. Bearden W.O., Netemeyer R.G., A Handbook of Marketing Scales : *Multi-Item Measures for Marketing and Consumer Behavior Research,* Association for Consumer Research Series, 1998.

Repère

La mesure des émotions

La mesure des émotions[1] est complexe car il n'est pas possible de séparer l'affectif du cognitif, car les émotions ne sont pas déclenchées par des zones précises du cerveau. Les réactions affectives ne sont pas conscientes non plus. Pour ces différentes raisons la mesure des émotions ne peut reposer sur une seule méthode. Le choix sera fonction de puissance de l'état affectif et de la phase de la mesure, pendant ou après exposition. L'usage de mesures non verbales sera préféré aux mesures verbales plutôt destinées à évaluer les attitudes.

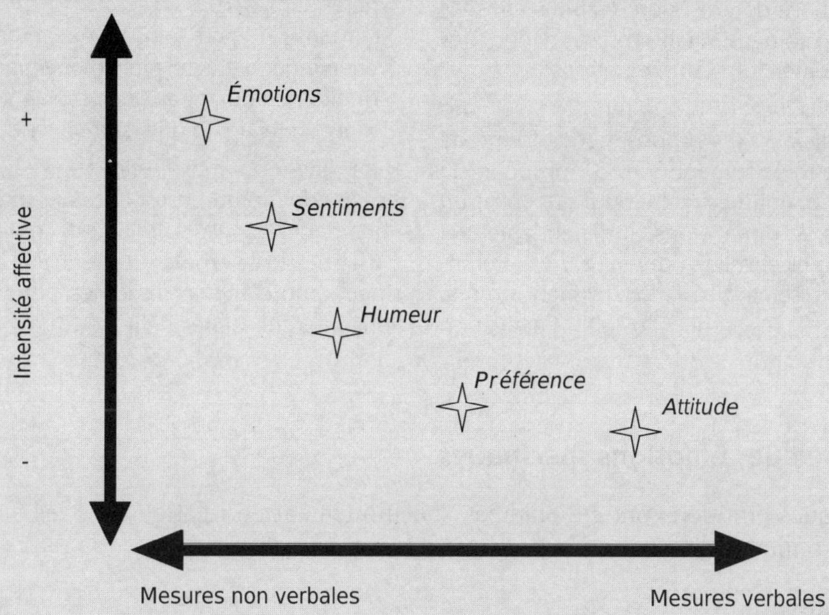

Figure 8.2 – La mesure des émotions

Les mesures non verbales pendant exposition saisissent la réaction immédiate. Lorsqu'on demande à l'individu de participer, il utilise un crayon qu'il descend sur une feuille blanche et il le déplace latéralement sur la gauche ou la droite pour indiquer son état affectif. Cette approche peut être informatisée en remplaçant le

1. Derbaix C., Poncin I., « La mesure des réactions affectives en marketing : évaluation des principaux outils », *Recherche et Application en Marketing,* 20 (2), 2005, pp. 55-76.

Derbaix C., Poncin I., Droulers O., Roullet B., « Mesures des réactions affectives induites par des campagnes pour des causes sociales : complémentarité et convergence de mesures iconiques et verbales », *Recherche et applications en marketing*, 27(2), pp. 71-90, 2012.

☞

crayon par la souris. La réponse non verbale est ainsi moins cognitive qu'un commentaire à haute voix. Cependant la mesure des émotions au travers des expressions faciales ne requiert pas la participation active de l'individu étudié.

Cette approche, quoique coûteuse, est limitée aux sept émotions de base : joie, peur, tristesse, colère, dégoût, surprise agréable et surprise désagréable. Plusieurs ont été développées pour mesurer les expressions faciales. Le codage s'effectue sur la base de grilles pré-établies utilisées par trois juges analysant sur vidéo, les changements liés aux émotions[1].

Les mesures verbales reposent sur des adjectifs affectifs proposés sous forme de différentiel sémantique. L'approche la plus répandue est celle du PAD, construit sur trois dimensions indépendantes et bipolaires et mis en œuvre par 6 différentiateurs sémantiques par dimension : le plaisir (P, content, satisfait), l'activation (A, énervé, tendu) et la dominance (D, autonomie et contrôle). Les adjectifs retenus par A. Mehrabian et J. Russell pour les dimensions plaisir (traduisant le degré de bien-être de l'individu) et activation (traduisant le degré d'éveil et d'activation du consommateur) qui sont les deux facettes les plus utilisées pour mesurer les réactions affectives.

- Dimension plaisir : heureux/contrarié, content/mécontent, satisfait/insatisfait, gai/triste, plein d'espoir/désespéré, détendu/agacé.
- Dimension activation : excité/calme, énervé/décontracté, plein d'énergie/tranquille, nerveux et anxieux/sans énergie, tout éveillé/apathique, stimulé/endormi.

Bien que courante, cette approche fait l'objet de nombreuses critiques par les chercheurs car sa validité est contestée, car la mesure verbale est basée sur expérience subjective et rend les comparaisons interculturelles délicates.

1.2 Quelques émotions spécifiques

Quelques émotions ont été étudiées spécifiquement en relation avec les activités de consommation, notamment l'anxiété, la surprise et la nostalgie.

L'anxiété

L' anxiété est parfois considérée comme une caractéristique stable de l'individu, comme un trait de personnalité : certains individus sont donc plus anxieux que d'autres. Cette anxiété se manifeste de façon latente, sourde, permanente, comme une vague sensation de peur qu'il est difficile d'attribuer à telle ou telle cause précise[2]. Toutefois, l'anxiété peut aussi être considérée comme une émotion liée à un contexte particulier. Naturellement, les individus anxieux « par nature » seront plus sensibles que les autres aux facteurs qui génèrent l'anxiété.

1. Derbaix C., Brée J., « The impact of children's affective reactions elicited by commercials on attitudes toward the advertisement and the brand », *International Journal of Research in Marketing,* 14 (3), 1997, pp. 207-29.

2. Braconnier A., *Petit ou grand anxieux* ?, Odile Jacob, 2002.

Plusieurs facteurs peuvent concourir à créer l'anxiété[1] : une surcharge d'émotions ou d'informations (comme pendant les périodes d'examen !) ; un conflit de motivations (des choix difficiles à faire…) ; un sentiment de frustration (des buts impossibles à atteindre, des échecs difficiles à surmonter…) ; un sentiment d'insécurité relationnelle (souvent liée à un manque d'affection durant l'enfance) et une forte incertitude (sur son état de santé, sur son avenir professionnel…).

À titre d'exemple, le fait d'offrir un cadeau est une situation particulièrement propice[2]. Plusieurs éléments vont concourir à ce que l'anxiété soit importante, notamment quand : les goûts du destinataire sont inconnus, le cadeau est ouvert en public ou de façon cérémonieuse, le cadeau doit être à la hauteur d'un cadeau précédent (notion de réciprocité), le destinataire est très à l'aise financièrement… (imaginez-vous dans une situation qui combine tous ces éléments… n'est-ce pas angoissant ?).

Dans la plupart des cas, le rôle des responsables marketing consiste à contenir l'anxiété du consommateur (par exemple, créer un sentiment de sécurité dans un centre commercial). Mais parfois, l'objectif consiste à faire peur. C'est notamment le cas des campagnes de communication qui défendent des causes publiques (par exemple, la sécurité routière).[3]

Repère

L'anxiété face à la mort[1]

Dans les sociétés modernes et plus encore dans les sociétés postmodernes, la consommation occupe une partie importante de la vie. Naturellement, la symbolisation de notre consommation n'échappe pas non plus à la mort. En effet d'une manière ou d'une autre l'homme cherche à laisser une empreinte de sa vie sur terre, soit en transmettant, soit en possédant même temporairement des attributs symboliques de la vie terrestre. L'anxiété face à la mort est un ensemble de réactions affectives négatives, d'intensité variable, provoqué par des idées conscientes et non conscientes relatives à la disparition de soi. L'anxiété face à la mort est alimentée par le besoin de laisser une trace et génère des processus comme la mise en œuvre de moyens de préservation de soi. Elle se manifeste par la « générativité » : l'individu souhaite

1. Antonides G., *Psychology in Economics and Business*, Kluwer Academic Publishers, 1996, p. 176.

2. Wooten D.B., « Qualitative Steps Toward an Expanded Model of Anxiety in Gift-Giving », *Journal of Consumer Research,* 27, 1, 2000, pp. 84-95.

3. Urien B., « L'anxiété face à la mort et son influence sur le comportement du consommateur », *Recherche et Application en Marketing,* 18 (4), 2003, pp. 23-41.

☞

prendre soin des générations futures. L'individu est préoccupé par laisser une extension de soi après sa disparition. Des comportements très divers en découlent, comme un intérêt important pour l'achat de produits de luxe dès lors que l'individu est contraint de penser à la mort. Lorsqu'il est dans cet état d'esprit, il a également tendance à souhaiter préserver l'environnement. Il agit comme s'il ne souhaitait laisser que le meilleur de son passage sur terre.

La surprise

La surprise est une émotion neutre (ni positive ni négative) et brève. Cette émotion se manifeste quand l'individu est confronté à un produit, un service, un attribut ou plus généralement, un contexte inattendu ou mal anticipé. Plus l'écart est grand avec ce qui est attendu, plus la surprise est importante. L'émotion se manifeste de diverses façons, selon son intensité : concentration soudaine de l'attention, arrêt des autres activités, expressions faciales spécifiques (bouche ouverte, paupières levées…), etc. Cette surprise est généralement suivie d'une émotion positive ou négative, selon la nature de l'expérience surprenante : la surprise amplifie les émotions dans les deux directions.

L'émotion de surprise détermine en partie la satisfaction du consommateur[1]. Au-delà, la surprise est un élément constitutif du ravissement (*customer delight*). Le ravissement n'est pas seulement la satisfaction poussée à son maximum[2]. Le ravissement est une satisfaction extrême[3].Cette réaction du consommateur résulte d'une conjonction entre, d'une part, une émotion positive et stimulante et, d'autre part, une situation imprévue et surprenante. Avec le ravissement, l'émotion s'exprime pleinement.

La nostalgie

À l'origine, la nostalgie est une pathologie médicale liée à l'éloignement géographique (par exemple, les soldats des armées en campagne…). Aujourd'hui, le terme de nostalgie fait référence à une émotion « douce-amère », à la fois positive et négative : le souvenir du « bon vieux temps » (un sentiment de nostalgie lié à des événements personnels) ou « le regret d'une époque révolue » (un sentiment de nostalgie lié à une histoire collective, par exemple, celle d'un pays ou celle d'une génération)[4]. Le sentiment de nostalgie se mesure avec des items comme : « les

1. Vanhamme J., « L'influence de la surprise sur la satisfaction du consommateur », *Recherche et Applications en Marketing*, 16, 2, 2001, pp. 1-31.

2. Finn A., « Reassessing the foundations of customer delight », *Journal of Service Research*, 8(2), pp. 103-116, 2005.

3. Barnes D.C., Ponder N. et Dugar K., « Investigating the key routes to customer delight », *Journal of Marketing Theory and Practice*, 19(4), pp. 359-376, 2011.

4. Kessous A., Roux E., « Nostalgie : de l'optique des consommateurs à celle des marques », *Décisions Marketing*, (75), pp. 117-130, 2014.

produits ne sont plus fabriqués comme autrefois », « lorsque j'étais jeune, je me sentais plus heureux qu'aujourd'hui » ou encore, « à côté des musiques d'hier, la plupart des musiques d'aujourd'hui ne valent rien »[1]. Certains individus ont une tendance plus affirmée que d'autres à ressentir cette émotion : les hommes, les individus d'un certain âge, ceux qui manifestent des traits de personnalité orientés vers la rêverie, etc.

L'émotion nostalgique est déclenchée par de nombreux stimuli, comme les odeurs, les musiques, une recette de cuisine[2] ou encore un appel aux dons d'une association caritative[3]. La nostalgie peut être attachée à des lieux (ceux des vacances pendant l'enfance, par exemple), des personnes (notamment la figure de la grand-mère) ou des objets (le site de revente d'objets Le Bon Coin lance, par l'intermédiaire de l'agence Havas 360, une campagne intitulée « Les Pubs Recyclées » : ces publicités illustrent le modèle de consommation de ses utilisateurs – le recyclage d'objets inutilisés ou obsolètes – et jouent sur la fibre nostalgique du consommateur). La prise en compte de l'émotion nostalgique par les responsables marketing donne lieu à un véritable « rétro-marketing » ou « marketing de l'authenticité ».

Repère

Le rétro-marketing

Le consommateur se tourne de plus en plus vers ses racines. Cette tendance peut s'expliquer par :

- le poids des seniors. L'importance des seniors dans de nombreux marchés incite à la nostalgie, à l'évocation des souvenirs ;
- le phénomène de millénarisme. L'achèvement simultané du siècle et du millénaire est l'occasion d'un bilan rétrospectif ;
- l'accélération des choses. Les évolutions technologiques et sociales ont sans doute été plus rapides dans les trente dernières années que lors de toute autre période de l'histoire. Les individus ont tendance à se tourner vers des repères fixes, ceux du passé ;
- une tendance à la réflexivité. Les sciences, particulièrement les sciences humaines poussent à une réflexion sur l'origine et l'évolution des sociétés

☞

1. Divard R., Robert-Demontrond P., « La nostalgie : un thème récent dans la recherche marketing », *Recherche et Applications en Marketing,* 12, 4, 1997, pp. 41-61.

2. Baker S.M., Karrer H.C. et Veeck A., « My favorite recipes: Recreating emotions and memories through cooking », *Advances in Consumer Research*, pp. 32, 402, 2005.

3. Zhou X., Wildschut T., Sedikides C., Shi K., Feng C., « Nostalgia: The gift that keeps on giving », *Journal of Consumer Research*, 39(1), pp. 39-50, 2012.

☞

– (anthropologie préhistorique, micro-histoire…) ;
– l'élargissement des territoires. Les métropoles sont tournées vers le monde ; les distances disparaissent quasiment. Mais les décisions sont de moins en moins prises au niveau local, ou même national. Les individus craignent de perdre le contrôle des choses et se tournent de nouveau vers des territoires à échelle « humaine » (le « pays » au sens local, la ville, la région…).

Cette tendance se traduit par un goût pour la régression (le désir de revivre son enfance, sa jeunesse) et une volonté de faire revivre le passé.

Les produits/services suivants sont, par exemple, portés par cette tendance : l'huile d'olive, la confiserie pour adultes, les apéritifs « anciens » (le Lilet, le pastis traditionnel ou même l'absinthe), les produits mythiques (les Doc Marteens…), les produits du terroir, les musiques anciennes, les compilations ou les émissions rétrospectives, les adaptations de séries télévisées en film, etc.

Toutefois, le marketing de l'authentique est un exercice difficile. C'est au consommateur de décider ce qui est authentique et ce qui ne l'est pas (en fonction de l'origine géographique du produit ; de son histoire ; de son caractère naturel et préservé ; des conditions de production…)[1]. Attention au faux pas… Le consommateur n'apprécie pas « l'authentique au rabais », quand l'intention marchande est trop visible. Par ailleurs, il faut activement « ancrer » le produit, lui conférer un caractère authentique. Pour cela, il est nécessaire de mettre en place plusieurs dispositifs : la temporalisation (lui donner une histoire, construire une légende), la spatialisation (l'associer à un territoire, un terroir), la socialisation (le faire utiliser par un groupe, une tribu, en construisant un rituel d'utilisation) et/ou la naturalisation (démontrer le caractère artisanal, mettre en avant l'homme plutôt que la technologie)[2].

Mesure : Échelle de l'authenticité marchande perçue de produits alimentaires[3]

Un objet est authentique s'il existe une conformité entre l'affiché de cet objet (son apparence, sa désignation, son attribution, etc.) et une référence. L'échelle mesure l'authenticité marchande perçue de produits alimentaires, autrement dit la perception de l'attribut d'authenticité sur des produits alimentaires situés dans la sphère marchande. L'échelle permet de distinguer le construit à ceux de la qualité perçue, de la nostalgie ou encore de la typicité. L'échelle mesurant l'authenticité est administré sous un format en sept points d'accord :

1. Dimension Origine

   Ce produit est naturel

   Ce produit n'est constitué que d'éléments naturels

☞

1. Camus S., « Les mondes authentiques et les stratégies d'authentification : analyse duale consommateurs/distributeurs », *Décisions Marketing*, avril-juin, 26, 2002, pp. 37-45.

2. Cova V., Cova B., *Alternatives marketing*, Paris, Dunod, 2001.

3. Camus S., « Proposition d'échelle de mesure de l'authenticité perçue d'un produit alimentaire », *Recherche et Application en Marketing*, 19 (4), 2004, pp. 39-63.

Ce produit ne contient pas d'éléments artificiels
Ce produit, on sait comment il a été fabriqué
Ce produit, on sait d'où il vient

2. Dimension Symbolique
   Ce produit reflète un peu ma personnalité
   Ce produit me définit
   Ce produit m'aide à être moi-même
   Ce produit, c'est mon style
3. Dimension Unique
   Ce produit est unique
   Ce produit est unique en son genre
   Ce produit, il n'y en a pas d'autres comme lui

1.4 La place des émotions dans le processus de décision

Historiquement, les cultures occidentales opposent « raison » et « passion ». Autrement dit, on ne peut pas bien raisonner sous l'emprise des émotions. Cependant, comme le montre A. Damasio, les émotions ne jouent pas forcément un rôle négatif dans la prise de décision, bien au contraire. En effet, ce neurologue a montré qu'une personne ayant subi une lésion accidentelle au cerveau touchant le centre des émotions ne pouvait pas prendre une décision satisfaisante, même si ses capacités intellectuelles restaient intactes[1].

Il est désormais admis que les émotions participent à la qualité des jugements et des choix[2]. Elles jouent un rôle « adaptatif » : réagir vite face au danger, faire baisser le niveau de pression interne, trancher dans le vif sans peser le pour et le contre pendant des lustres… Pour preuve, les jugements affectifs (« j'aime/je n'aime pas ») sont souvent plus tranchés que les discriminations cognitives (jugements concernant la fiabilité, l'esthétique, la performance…)[3].

Les états affectifs interagissent avec les processus cognitifs. Dans la dynamique d'un processus d'évaluation, cela peut fonctionner de la manière suivante : une première impression est formée vis-à-vis d'un objet, sur une base purement affective ; une évaluation cognitive est ensuite réalisée (mais reposant sur cette première impression) ; le jugement permet alors de modifier cette première

1. Damazio A., *L'Erreur de Descartes,* La raison des émotions, Paris, Odile Jacob, 1995.

2. Cohen J.B., Areni C., « Affect and Consumer Behavior », in *Handbook of Consumer Behavior, Robertson* T.S. et Kassarjian H.H. (eds.), Englewood Cliffs, Prentice Hall, NJ, 1991, pp. 188-240. Graillot L., « Émotions et comportement du consommateur », Recherche et Applications en Marketing, 13, 1, 1998, pp. 5-23.

3. Derbaix C., Sjöberg L., « Movie Stars in Space : a Comparison of Preference and Similarity Judgments », *International Journal of Research in Marketing*, 11, 1994, pp. 261-274.

impression, mais avec les biais propres aux processus d'ancrage et d'ajustement. Le jugement est influencé par la première impression (qui est affective) et ne permet pas de corriger pleinement, si nécessaire, cette première impression[1]. Comme l'évaluation, la mémorisation repose en partie sur l'affectif. Finalement, les états affectifs influencent également la perception du contexte.

Exemple

Selon l'humeur du client, le temps d'attente dans un restaurant peut être vécu d'une façon neutre ou négative. Si le consommateur est de bonne humeur, un temps d'attente de dix minutes sera vécu comme raisonnable, voire rapide. En revanche, si pour une raison ou une autre, le consommateur est de mauvaise humeur ou le devient parce qu'il a faim, ce même temps d'attente sera très mal évalué. Les conséquences comportementales peuvent être négatives (se plaindre, quitter le restaurant…).

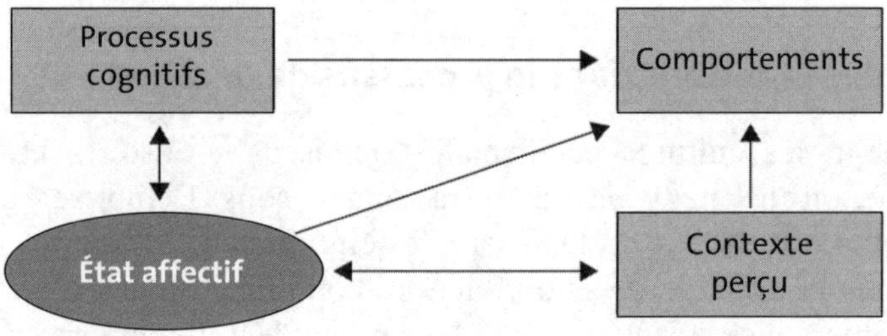

Figure 8.3 – Les mécanismes d'influence des émotions

2 L'impact des émotions sur le consommateur

Le rôle des émotions a été étudié en relation avec de multiples thématiques : la persuasion publicitaire, les comportements dans les lieux d'achat ou en relation avec des comportements plus spécifiques (achats impulsifs, « cadeaux à soi »…).

2.1 Émotions et messages publicitaires

La publicité n'est pas seulement affaire de persuasion sur la base d'arguments rationnels ; les émotions y prennent toute leur place. Plus précisément, la publicité peut jouer trois rôles : permettre d'associer à la marque un bénéfice émotionnel (la joie, la nostalgie, la sérénité…), permettre de communiquer des bénéfices fonctionnels en utilisant les registres émotionnels (humour, peur…) ou encore, améliorer

1. Pour un prolongement : Pham M., « Representativeness, Relevance and the Use of Feelings in Decision Making », *Journal of Consumer Research*, 25, 2, 1998, pp. 144-159.

directement l'attitude envers la marque en transférant une émotion pertinente, mais sans associer de bénéfices particuliers (conditionnement par association).

Exemple

> La musique remplit une fonction affective particulièrement importante. Non seulement elle permet d'attirer l'attention et d'impliquer l'audience, mais elle permet aussi de générer des émotions. Par ses fonctions symboliques, elle peut aussi aller jusqu'à modifier les croyances du consommateur envers la marque : en écoutant une musique majestueuse, romantique, sereine, mystérieuse, noble… ou intime, le consommateur va transférer une partie de ces associations symboliques sur la marque[1].

Suite à une exposition publicitaire, les réactions affectives modifient les croyances envers la marque, l'attitude envers la publicité, l'attitude envers la marque (la composante hédonique comme la composante utilitaire) et l'intention d'achat[2]. L'impact des réactions affectives est cependant plus fort pour les marques nouvelles : « la première émotion est déterminante[3] ».

Les émotions agissent doublement sur le processus de persuasion. Elles agissent sur la probabilité d'élaboration (le consommateur va ou non traiter l'information contenue dans le message publicitaire) et sur le processus d'évaluation (les informations négatives vont ou non être considérées). Par exemple, les individus qui sont dans une humeur positive vont moins élaborer le message et donner moins de poids aux informations négatives[4].

Le rôle des émotions dans le processus de persuasion varie d'un individu à l'autre, selon ses caractéristiques cognitives (besoin de cognition, style cognitif…) et affectives. Par exemple, chez les individus dont l'intensité affective est forte – ceux qui manifestent une propension plus élevée que les autres à vivre quotidiennement des émotions intenses[5] – les émotions compteraient plus dans le mécanisme de persuasion.

---

1. Gallopel K., « Contributions affective et symbolique de la musique publicitaire : une étude empirique », *Recherche et Applications en Marketing*, 15, 1, 2000, pp. 3-19.

2. Pour de nombreuses références, consulter : Falcy S., « Pour une approche individuelle du processus de persuasion publicitaire », *Recherche et Applications en Marketing*, 8, 3, 1993, pp. 45-63.

3. Derbaix C., « L'impact des réactions affectives induites par les messages publicitaires : une analyse tenant compte de l'implication », *Recherche et Applications en Marketing*, 10, 2, 1995, pp. 3-29.

4. Batra R., Stayman D.M., « The Role Of Mood In Advertising Effectiveness », *Journal of Consumer Research*, 17, 2, 1990, pp. 203-214.

5. Schimmack U., Diener E., « Affect Intensity : Separating Intensity and Frequency in Repeatedly Measured Affect », *Journal of Personality and Social Psychology*, 73, 6, 1997, pp. 1313-1329.

En matière de publicité, l'effet de certaines émotions a été particulièrement étudié, notamment la peur[1]. Ces études ont, par exemple, montré que l'effet de la peur sur la capacité persuasive du message prend la forme d'une cloche (courbe en « U inversé »)[2]. Autrement dit, le message est plus efficace pour une intensité émotionnelle intermédiaire. Un faible niveau de peur ne permet pas de motiver le consommateur à traiter l'information et, *in fine*, à changer ses comportements (conduite sobre, port d'un préservatif, arrêt du tabagisme...). Mais à l'opposé, un niveau de peur élevé génère beaucoup de résistance : le consommateur « refuse » de voir la menace et se détourne du message.

2.2 Émotions et comportements dans les lieux de service

Le comportement du consommateur dans les lieux de vente est influencé par les éléments du contexte[3] : la foule, la musique, la lumière et les couleurs, les odeurs... L'action du contexte sur les comportements est généralement « médiatisée » par des émotions. Autrement dit, le contexte dans le point de vente agit sur l'état affectif du consommateur (plénitude, évasion, nervosité, plaisir, détente ou encore oppression) et ces émotions agissent ensuite sur les comportements[4].

Dans un lieu, les comportements peuvent être rangés en deux catégories : les comportements d'approche et les comportements d'évitement (l'évitement est le contraire de l'approche)[5]. En matière de marketing, un comportement d'approche signifie que le consommateur apprécie de rester dans le lieu, y passe du temps, va au contact des vendeurs (voire des autres clients), touche les produits, revient plus tard dans ce lieu, etc. On observe des comportements d'approche quand les émotions sont plaisantes et stimulantes[6]. Au contraire, quand l'environnement génère du stress et de l'anxiété (frustration de ne pouvoir avancer dans le magasin, odeurs désagréables ou qui se mélangent mal, musique assourdissante...), les comportements d'évitement apparaissent.

---

1. Les émotions liées à l'humour ont également fait l'objet de nombreuses réflexions. Pour une synthèse récente... et pleine d'humour, consulter Graby F., *Humour et comique dans la publicité*, Caen, EMS, 2001.

2. Brennan L., Binney W., « Fear, guilt and shame appeals in social marketing », *Journal of Business Research,* 63(2), pp. 140-146, 2010. ; Becheur I. et Valette-Florence P., « L'usage des émotions négatives en communication de santé publique: Étude des effets de la peur, la culpabilité et la honte », *Recherche et applications en marketing,* 29(4), pp. 96-119, 2014.

3. De nombreux chercheurs français se sont penchés sur cette question lors des cinq dernières années, notamment : B. Daucé, D. Dion, R. Divard, M.-C. Drugeon-Lichtlé, S. Rieunier, K. Gallopel, V. Maille, E. Rémy, B. Roullet, V. Plichon, P. Sibéril, B. Urien. Références sont faites à leur travaux dans Volle P., *Études et recherches sur la distribution*, Paris, Économica, 2000 et plus encore, dans Rieunier S., *Le Marketing sensoriel du point de vente*, Paris, Dunod, 2002.

4. Lichtié M.-C., Plichon V., « Les émotions ressenties dans un point de vente : proposition d'une échelle de mesure », *Recherche et applications en marketing*, 29(1), pp. 3-26, 2014.

5. Fischer G.-N., *Psychologie de l'environnement social*, Paris, Dunod, 1997.

6. Par exemple, voir Donovan R., Rossiter J., Marcoolyn G., Nesdale A., « Store Atmosphere and Purchasing Behavior », *Journal of Retailing*, 70, 3, 1994, pp. 283-294.

Les études menées jusqu'à ce jour donnent parfois des résultats contradictoires. La plupart du temps, le contexte agit sur les réactions affectives puis, *conjointement*, sur les comportements d'approche (notamment le temps passé dans le lieu de vente) et sur l'évaluation du lieu commercial. En revanche, l'effet du contexte sur les comportements d'achat (produits achetés, montant dépensé…) est plutôt faible.

Les effets sont plus ou moins forts, selon que certaines conditions sont ou non réunies. Par exemple, la musique produit des effets si elle correspond aux goûts de l'individu, si elle est congruente avec le lieu d'achat et si elle stimule l'individu de façon appropriée (ni trop ni pas assez)[1]. Le niveau de stimulation « approprié » dépend naturellement du consommateur : à chacun son niveau optimal de stimulation.

Repère

Le niveau optimal de stimulation

L'influence de l'affectif peut être sensiblement différente d'un individu à l'autre. Les hommes ne sont pas égaux face aux émotions ! La même stimulation « objective » n'aura pas le même impact auprès de tous les individus. Cette différence peut être liée à des aspects purement perceptuels (par exemple, les seuils perceptuels auditifs sont différents d'un individu à l'autre) mais aussi à bien d'autres aspects (comme l'expérience passée de l'individu avec ce stimulus).

Une caractéristique psychologique individuelle – le « niveau optimal de stimulation » – permet également de comprendre pourquoi certains consommateurs jugent la musique trop stimulante, quand d'autres la jugent insuffisamment stimulante (les problèmes de surdité mis à part !).

Le niveau optimal de stimulation est le degré de stimulation que l'individu juge convenable. Le concept de niveau optimal de stimulation se mesure généralement à partir de deux échelles : la « recherche d'excitation » (*arousal seeking*) et la « recherche de sensation » (*sensation seeking*)[2] :

– l'individu qui recherche l'excitation cherche activement des endroits nouveaux, surprenants, complexes, où il peut se passer des choses inattendues ou imprévues[3]. Au contraire, l'individu qui recherche peu l'excitation se sent à l'aise dans des situations connues ou des lieux

☞

1. Rieunier S., « L'influence de la musique d'ambiance sur le comportement du client : revue de la littérature, défis méthodologiques et voies de recherche », *Recherche et Applications en Marketing*, 13, 3, 1998, pp. 57-79.

2. Wahlers R.G., Etzel M.J., « A Structural Examination of Two Optimal Stimulation Level Measurement Model », in Advances in Consumer Research, M. Goldberg, G. Gorn et R. Pollay (eds.), Association for Consumer Research, 17, 1990, pp. 415-425.

3. Mehrabian A., Russell J.A., *An Approach to Environmental Psychology*, Cambridg, MA., The MIT Press, 1974.

☞

familiers. Ce concept se mesure avec des items comme : « j'aime les surprises », « j'aime rencontrer des gens qui ont des idées originales » ou avec des items inversés comme : « la plupart du temps, je mange les mêmes choses », « je n'aime pas quand il y a trop d'activités autour de moi », ou encore « je n'aime pas la sensation du vent dans les cheveux » ;

– l'individu qui recherche des sensations éprouve le besoin d'être confronté à des situations variées, des expériences nouvelles, des sensations riches et complexes[1]. Pour ce faire, il est prêt à prendre des risques physiques ou sociaux. D'après M. Zuckerman, ce concept repose sur quatre facteurs sous-jacents : la recherche d'aventure et de frissons (*thrill and adventure seeking*), la recherche de nouvelles expériences (*experience seeking*), l'enthousiasme (desinhibition) et la tendance à vite s'ennuyer (*boredom susceptibility*). Ce concept se mesure avec des items comme : « j'aime me promener dans une nouvelle ville, même si je me perds », « je me sens mieux après un verre ou deux », « je n'ai aucune patience avec les gens mous » ou avec des items inversés comme : « une personne raisonnable évite les situations dangereuses », « j'aime passer du temps chez moi », ou encore « je déteste les odeurs corporelles ».

Si l'environnement n'apporte pas assez de stimulation, l'individu va chercher à s'exposer à plus de nouveautés, de mouvements, d'agitation, etc. Au contraire, si l'environnement offre trop de stimulation, l'individu va s'engager dans des comportements d'évitement (ou même, de retrait) pour diminuer le niveau de stimulation. En conséquence, l'individu cherche en permanence à maintenir l'équilibre autour de son niveau personnel de stimulation optimale.

Mesure : Niveau optimal de stimulation

L'intensité avec laquelle un individu s'engage dans un comportement exploratoire dépend de son niveau optimal de stimulation. C'est une échelle raccourcie et validée dans quatre pays[2] et adaptée en France[3]. Cette forme raccourcie de la mesure du niveau optimal de stimulation est un instrument de 7 items auto-administrés qui utilisent des échelles de Likert en 5 points.

1. J'aime toujours faire les mêmes choses, plutôt que d'essayer des choses nouvelles et différentes (item inversé).
2. Je suis sans cesse à la recherche d'idées et d'expériences nouvelles.

☞

1. Zuckerman M., *Sensation Seeking (Psychology Revivals) : Beyond the Optimal Level of Arousal*, Psychology Press, 2014.

2. Steenkamp J., Benedict E.M., Baumgartner H., « Development and cross-cultural validation of a short form of CSI as a measure of optimum stimulation level », *International Journal of Research in Marketing*, 12 (2), 1995, pp. 97-104.

3. Giannelloni J.-L., « Validation d'une échelle de mesure du niveau de stimulation optimal », in Congrès International de l'AFM, ESUG, Toulouse.

☞

3. J'aime changer sans arrêt d'activité.
4. Dans la routine quotidienne, j'apprécie la nouveauté et le changement.
5. Un travail qui offre changement, variété et déplacements me convient bien, même si cela implique un certain risque.
6. Je préfère une vie routinière à une vie pleine d'imprévus et de chamboulements (item inversé).
7. Lorsque quelque chose commence à m'ennuyer, j'aime trouver autre chose qui ne m'est pas familier.

2.3 Émotions et comportements spécifiques

Certains états affectifs favorisent la réalisation d'achats impulsifs comme l'anxiété, la frustration et l'ennui (des états affectifs faiblement stimulant et plutôt déplaisant)[1]. Ces états sont propices aux achats impulsifs car – du point de vue du consommateur – l'achat lui apporte précisément une stimulation que la vie ne lui donne pas. Bien au-delà de l'impulsivité, certains comportements de consommation trouvent leur origine dans des troubles affectifs profonds (comme la boulimie, l'anorexie…).

Exemple – Quand le consommateur se venge…

Certains consommateurs insatisfaits se vengent sur Internet. La vengeance est un acte d'origine émotionnelle qui peut provenir de la frustration (réponse émotionnelle à l'opposition volontaire de la part d'un individu). Les personnes pensent qu'elles se sentiront mieux une fois qu'elles se seront vengées. Les recherches montrent que ce n'est pas forcément le cas : la vengeance directe (par les personnes elles-mêmes) entraîne la rumination mentale, souvent du remords, et les personnes mettent plus de temps à se sentir mieux que celles qui ne se vengent pas et « passent à autre chose ». La vengeance des consommateurs est toutefois approuvée par les autres consommateurs et influence défavorablement l'attitude à l'égard de la marque : les autres consommateurs manifestent en effet de l'empathie et de l'admiration pour le vengeur et son action[2].

Le cadeau est également un contexte de consommation chargé d'émotions. Les différentes occasions d'offrir mettent en scène une large palette d'émotions particulières comme : la joie (mariage…), la fierté (remise d'un prix ou d'une récompense…), l'espoir (pendaison de crémaillère, départ à la retraite…), l'affection (anniversaire…), la gratitude (remerciement à des hôtes…). Le consommateur peut également s'offrir des cadeaux – on parle de « cadeau à soi »

1. Rook D.W., Gardner M.P., « In the Mood : Impulse Buying's Affective Antecedents », *Research in Consumer Behavior*, 6, 1993, pp. 1-28.

2. Passos G., « La vengeance du consommateur insatisfait sur Internet et l'effet sur les attitudes des autres consommateurs », Thèse université Paris-Dauphine, 2013.

(*self-gift*) – à l'occasion de changements importants, notamment professionnels, ou de ruptures relationnelles. Dans ce contexte, l'achat doit être vu comme une forme de compensation affective.

Le cadeau à soi plus fréquent en cas de succès qu'en situation d'échec. Cependant si on attribue l'échec à une cause externe (les mauvaises conditions d'examen, une tempête, etc.), le cadeau à soi est alors justifié pour se consoler et ramener l'état affectif à l'équilibre[1].

Repère

L'autorégulation

« Je ne devrais pas »... La plupart des gens s'imposent cette restriction plusieurs fois par jour, notamment en matière de consommation – ne pas fumer, ne pas trop manger, ne pas mettre de sucre dans son café... – et certains d'entre-nous y cèdent plus facilement que d'autres. La capacité individuelle à résister aux tentations est fonction : de l'intensité du désir (plus le désir est fort, plus le risque de céder est important) ; du but à atteindre (plus le but est précis, moins le risque de céder est important : telle perte de poids, tel comportement, comme ne plus *jamais* fumer...) ; du suivi (plus l'individu porte attention à ses progrès ou ses dérapages, moins le risque de céder est important).

Mais cette résistance aux tentations dépend également d'une tendance individuelle à se contrôler, à réguler ses envies : l'autorégulation[2]. Plus précisément, l'autorégulation est la capacité d'un individu à modifier son état psychologique et ses comportements : orienter ses pensées vers tel ou tel sujet (ou même, arriver à ne pas penser...) ; modifier ses émotions (se réveiller ou se calmer, se maîtriser quelles que soient les circonstances...) ; changer ses façons de faire (s'acharner ou, au contraire, savoir abandonner quand il le faut...). L'autorégulation est une sorte d'énergie psychique qui s'épuise – plus on se contrôle, plus cette énergie baisse. Par ailleurs, faire des choix – même sans rapport avec le comportement à contrôler – agit également sur cette énergie. Heureusement, cette énergie est renouvelable, notamment grâce au sommeil (si vous souhaitez arrêter de fumer, évitez de prendre trop de décisions dans votre journée et dormez bien !).

L'autorégulation est naturellement une variable utile pour expliquer les comportements d'achat impulsifs, mais aussi pour rendre compte des comportements qui s'étalent dans le temps (le suivi régulier d'un régime alimentaire, la pratique d'une activité sportive dans un club,

☞

1. Heath M.T., Tynan C., Ennew C.T., « Self-gift giving: Understanding consumers and exploring brand messages », *Journal of Marketing Communications*, 17(02), pp. 127-144, 2011.

2. Baumeister R.F., « Yielding to Temptation : Self-Control Failure, Impulsive Purchasing, and Consumer Behavior », *Journal of Consumer Research*, 28, 4, 2002, pp. 670-676.

l'épargne...). Par ailleurs, cette variable pourrait expliquer pourquoi le consommateur répond positivement à telle stratégie marketing mais pas à telle autre (notamment le choix entre une gratification immédiate ou une gratification différée). Pour finir, quand ils deviennent pathologiques, les troubles de la régulation peuvent expliquer des comportements compulsifs.

3 La gestion des émotions par l'entreprise

Du point de vue pratique, l'entreprise peut valablement s'engager dans une gestion des états affectifs du consommateur (de l'humeur... à l'émotion choc) :

- avant l'achat, l'entreprise peut gérer le contenu émotionnel du message publicitaire (toute la palette des émotions est exploitable !), ainsi que le processus de décision (essentiellement pour contenir l'anxiété du consommateur) ;
- pendant l'achat, l'entreprise peut gérer l'ambiance du point de vente (des émotions positives et stimulantes, voire surprenantes) et peut vouloir mettre en place un véritable « management de l'humeur » (apprendre aux employés à analyser et à modifier l'humeur des clients, intégrer le client dans un « parcours » afin de modifier son humeur dans un sens favorable aux objectifs de l'entreprise, etc.)[1] ;
- après l'achat, il s'agit éventuellement de gérer le stress (par exemple, apprendre au client à utiliser le produit sans l'endommager...), le regret, la culpabilité, etc.

La gestion émotionnelle soulève toutefois un certain nombre de problèmes :

- la manipulation plus ou moins consciente des clients se conjugue difficilement avec les principes éthiques. Au minimum, il est clair que l'entreprise doit absolument éviter de tromper le consommateur sur les qualités substantielles de l'offre (par exemple, en ajoutant une superbe odeur de synthèse à des roses magnifiques mais qui ne sentent rien) et plus encore, elle ne doit pas utiliser de stimulations subliminales ;
- un grand nombre d'émotions ne sont pas contrôlables. Par exemple, quand le consommateur regarde des publicités à la télévision, beaucoup de choses peuvent se passer dans la pièce... et dans sa tête. Les efforts de l'entreprise peuvent être réduits à néant ;
- la palette des états affectifs est très large. Il faut donc veiller à ce que les émotions générées par les différents stimuli forment un tout cohérent et que ce tout renforce le positionnement du produit/service. Par ailleurs, il faut déterminer avec soin les effets recherchés et ne pas viser plusieurs effets en même temps. Par exemple, dans un magasin, l'ambiance a-t-elle comme objectif de détendre le client,

1. Gardner M.P., « Mood States and Consumer Behavior : a Critical Review », *Journal of Consumer Research*, 12, 3, 1985, pp. 281-300.

d'enrichir l'image du point de vente, d'accroître ou de diminuer le temps passé, de créer du lien social, etc.[1] ?

– les conditions dans lesquelles les stimuli sont ou non efficaces sont à la fois nombreuses et complexes à maîtriser. Par exemple, pour la musique, il faut déterminer le volume, le style, le tempo, le mode, le degré de familiarité… Il est souvent préférable de se tourner vers des professionnels ;

– tels stimuli peuvent être efficaces pour tels consommateurs mais pas pour tels autres (selon leurs expériences passées, leur niveau optimal de stimulation…). Les marques ou les enseignes qui s'adressent à une cible large auront des difficultés à contenter tous leurs clients.

Section 2 LA CONSOMMATION EXPÉRIENTIELLE

Parfois, les émotions ne forment pas seulement un aspect fondamental de la décision mais constituent le *but* même de la consommation. Quand l'activité de consommation vise moins un objectif fonctionnel qu'à vivre des émotions, on parle de « consommation expérientielle ». Ceci souligne que la consommation n'est pas seulement un processus de destruction (*consumer* en latin signifie détruire), mais bien un processus de production. Ici, le consommateur produit des émotions et finalement, du bonheur[2].

De nombreux indices montrent que le consommateur veut faire de sa consommation un plaisir, qu'il s'agisse de l'acte d'achat lui-même ou de l'utilisation qui en découle : il recherche ces moments où il va éprouver des émotions positives et vivre des expériences nouvelles… De nombreux produits/services sont portés par cette recherche d'expériences : les parcs d'attraction, les magasins « ludiques »[3], l'aromathérapie, les desserts gourmands, les skis paraboliques et plus généralement, les sports de glisse… Cependant, toutes les activités de consommation peuvent plus ou moins répondre à cette quête d'expérience. Théoriquement, rien n'empêche qu'une visite chez son banquier ne soit pas aussi une occasion de vivre une expérience.

Ce phénomène peut s'expliquer de façon conjoncturelle, car depuis le milieu des années quatre-vingt-dix, le consommateur français vit une sorte d'effet de rattrapage, après des périodes de vaches maigres. Cependant, le phénomène

1. Rieunier S., 2002, *op. cit.*, p. 187-194.

2. Csikszentmihalyi M., « The Costs and Benefits of Consuming », *Journal of Consumer Research*, 27, 2, 2000, pp. 267-272.

3. Hetzel P., « Les approches socio-sémiotiques du design d'environnement des lieux de distribution post-modernes », in *Études et recherches sur la distribution*, P. Volle (ed.), Paris, Economica, 2000, pp. 145-166.

semble nettement plus profond. L'observatoire Foreseen parle de la consommation comme d'une « échappée belle », comme « d'une pulsion de vie, en compensation d'un mode de vie contraint, dans un monde d'insécurité et d'anonymat ». Au contraire, certains soulignent que dans un monde occidental parfaitement sûr – en raison du progrès économique, technologique et social – le consommateur recherche par tous les moyens à sortir de l'ennui[1]. Si les explications divergent, le constat est le même : le consommateur recherche des expériences. Et comme il ne semble pas (re)prendre le chemin de les vivre à travers des idéologies ou des religions, il les vit à travers ses activités de consommation…

1 La recherche d'expériences et le processus de consommation

Comparativement à l'approche cognitive – qui donne une importance centrale au traitement de l'information – l'approche expérientielle repose sur des principes assez différents[2]. Dans l'approche expérientielle, on s'intéresse aux activités de consommation plutôt qu'au processus de choix qui conduisent à l'achat.

D'une certaine manière, la décision d'achat constitue le point de départ de l'analyse et non le point d'arrivée. Alors que dans l'approche cognitive, l'accent est mis sur le processus de recherche d'informations, l'approche expérientielle met l'accent sur la recherche de sensations : les comportements de consommation sont moins guidés par la recherche d'informations (comportements d'achat) que par des stimuli internes (comportements « exploratoires » de découverte).

Dans l'approche expérientielle, l'implication est plutôt émotionnelle que rationnelle. Par ailleurs, on s'intéresse plutôt aux bénéfices hédoniques qu'aux bénéfices utilitaires. On étudie la dimension symbolique et esthétique de la consommation, plutôt que sa dimension fonctionnelle. Autrement dit, on s'intéresse plus à ce que le produit/service signifie pour le consommateur, qu'à son usage et à ses performances concrètes.

Le processus qui conduit à vivre une expérience repose sur quatre types de réactions que nous illustrons à travers la consommation de musique rock[3] :

– les réactions sensorielles (des réactions primaires, physiologiques ou physiques, des mouvements, comme battre le tempo de la musique en tapant du pied…) ;

– les réactions imaginatives (des images, des pensées nostalgiques, des situations, des souvenirs et des associations d'idées liés à la musique ou aux paroles) ;

1. Beckmann S.C., 1999, *op. cit.*

2. Srinivasan S.R., Srivastava R.K., « Greating the futuristic retail experience through experiential marketing : it is possible & quest : an exploratory stydy », *Journal of Retail & Leisure Property*, 9(3), pp. 193-199, 2010.

3. Lacher K.T., Mizerski R., « Une étude exploratoire des réactions et des relations associées à l'évaluation et à l'intention d'achat de la musique rock », *Recherche et Applications en Marketing*, 10, 4, 1995, pp. 77-96.

– les réactions émotionnelles (des sentiments et des émotions, comme le plaisir, la joie, la tristesse, la mélancolie ou la colère) ;
– les réactions analytiques (des stimulations cognitives qui reposent sur la capacité à identifier le style musical, la connaissance des aspects techniques ou du contexte culturel, historique… dans lequel s'inscrit la musique).

Face au stimulus, ces quatre types de réactions « intermédiaires » peuvent éventuellement apparaître. L'individu pourra alors vivre une réaction expérientielle, qualifiée d'expérience « absorbante », une situation où « l'individu se sent projeté hors de lui-même sans que cela soit intentionnel ». En d'autres termes, l'individu se sent « transporté, balayé, immergé ». Ces termes caractérisent également ce que l'on appelle « l'état de flux » (*flow*), étudié notamment pour la navigation sur les sites Web[1].

Le réenchantement de la consommation apporte du plaisir, de l'amusement dans l'une des expériences essentielle de la vie postmoderne[2]. Par le réenchantement, la consommation prend vie et requiert une immersion du consommateur dans un nouveau monde. L'immersion n'est pas immédiate mais plutôt un processus d'accès à l'expérience de flux au travers de l'appropriation. L'appropriation obéit à un fonctionnement circulaire qui enchaîne la nidification, l'exploration et le marquage[3]. Tout d'abord, l'individu isole une partie de l'expérience, celle qui est la plus proche, la plus familière : c'est la nidification. De ce point d'ancrage, il entre dans une phase d'exploration, il repère de nouveaux produits et de nouvelles actiivités. Enfin, le marquage imprime un sens particulier à l'expérience.

2 La recherche d'expériences et les caractéristiques du consommateur

Dans la perspective socioéconomique du XXe siècle, le consommateur est surtout contraint par son revenu (notion prégnante de classe sociale). Dans l'approche expérientielle, la contrainte vient plutôt de son temps disponible. Les variables économiques et sociodémographiques sont moins importantes.

Dans une approche expérientielle de la consommation, les caractéristiques qui permettent de différencier les individus les uns des autres sont avant tout[4] :

1. Novak T.P., Hoffman D.L., Yung Y., « Measuring the Customer Experience in Online Environments : a Structural Approach », *Marketing Science*, 19, 1, 2000, pp. 22-42.

2. Johannes K., Baygert N., « L'immersion consumériste ou le réenchantement par la consommation », *Communiquer. Revue de communication sociale et publique*, (7), pp. 85-99, 2012.

3. Carù A., Cova B., « Approche empirique de l'immersion dans l'expérience de consommation : les opérations d'appropriation », *Recherche et Application en Marketing*, 18 (2), 2003, pp. 47-65.

4. Bourgeon D., Filser M., « Les apports du modèle d'expériences à l'analyse du comportement dans le domaine culturel », *Recherche et Applications en Marketing*, 10, 4, 1995, pp. 5-25.

– une implication émotionnelle plus que fonctionnelle (l'individu est plus concerné par le plaisir que par les facettes d'intérêt, de signe ou de risque) ;
– une orientation visuelle, plutôt que verbale (l'individu privilégie un traitement cognitif visuel, à base d'images mentales, plutôt que verbal)[1] ;
– le besoin de stimulation (l'individu s'engage dans des comportements « exploratoires », ne craint pas le risque, est ouvert aux innovations et s'engage dans des communications interpersonnelles)[2] ;
– la recherche de sensations (l'individu recherche l'aventure et les frissons, n'est pas replié sur lui-même, évite la routine pour ne pas tomber dans l'ennui) ;
– une orientation « romantique » plutôt que « classique » (l'individu privilégie les émotions sur la logique, l'intuition sur la rationalité) ;
– des motivations intrinsèques plutôt qu'extrinsèques (l'individu recherche l'activité pour elle-même et non pour les bénéfices fonctionnels qu'elle pourrait lui apporter) ;
– des fantasmes et des états affectifs (humeurs, sentiments, émotions…) plutôt que des attitudes.

Exemple

> Dans une étude sur la consommation culturelle (le théâtre), la motivation intrinsèque est mesurée par l'item suivant : « un spectacle de théâtre, c'est une source d'émotions et de sentiments que l'on vit, que l'on ressent durant la représentation », alors que la motivation extrinsèque est mesurée par l'item : « un spectacle de théâtre, c'est un moyen de réflexion et d'enrichissement culturel auquel on peut penser longtemps après le spectacle[3] ».

L'approche expérientielle change profondément la façon de voir le consommateur (les contraintes et les caractéristiques) et la nature des thèmes étudiés (la recherche de sensations, les fantasmes, l'imagerie mentale…).

1. Childers T.L., Houston M.J., Heckler S.E., « Measurement of Individual Differences in Visual Versus Verbal Information Processing », *Journal of Consumer Research*, 12, 2, 1985, pp. 125-134.

2. Raju P.S., « Optimal Stimulation Level : its Relationship to Personality, Demographics, and Exploratory Behavior », *Journal of Consumer Research*, 7, 3, 1980, pp. 272-282.

3. Bourgeon D., Filser M., 1995, *op. cit.*

Repère

La consommation culturelle

La culture devient objet de consommation dans le sens où les pratiques marketing se développent progressivement – et non, parfois, sans résistance – dans des domaines où elles n'avaient pas cours voilà quelques décennies[2]. Par exemple, pour le cinéma, on peut identifier certaines pratiques « marchandes » assez récentes (parfois une dizaine d'années) : test de certaines scènes pour savoir si elles plaisent ou non au public, placement de marques dans les films de façon à les associer à certains contextes ou à certains personnages, gestion active de la « seconde vie » du film (marché de la location vidéo et des droits télévisés, marché des cassettes et des DVD), déclinaison du film sous de nombreuses formes commercialisables (bande originale du film, jeux vidéo…), politique intensive de licences (les personnages sont utilisés pour marquer une multitude de produits)… Il en va de même dans d'autres « industries culturelles », comme celle de la musique.

A priori, dans le domaine culturel, la logique de la demande (le public) vient, d'une certaine manière, s'opposer à la logique de l'artiste (celle de l'offre « pure » et dénuée de toute intention commerciale). Si ces oppositions peuvent paraître parfois factices, la généralisation du marketing dans ce domaine spécifique nécessite cependant un questionnement de fond sur la légitimité de certaines démarches. Il en va ainsi pour la « marchandisation » de l'art (reproductions, licences…) qui peut désacraliser l'œuvre originale en lui conférant un caractère banal et ordinaire. Mais l'argument inverse peut aussi être avancé, car ces démarches mettent l'art à la portée de tous et finalement, permettent d'embellir notre quotidien.

Par exemple, les musées nationaux français proposent un catalogue comprenant des reproductions d'œuvres d'art, ainsi que des objets de consommation courante inspirés d'œuvres d'art (parapluies, foulards…). De même, le groupe Pinault-Printemps-Redoute développe Artès, une enseigne spécialisée dans la vente de ces objets (la reproduction de *La Joconde*, *Le Cri* d'Edward Munch sous forme de personnage gonflable…).

Quel que soit le jugement que l'on pourra porter sur la légitimité d'une approche marketing dans le domaine culturel, tout montre que ces pratiques se généralisent.

3 Le marketing expérientiel

L'approche expérientielle conduit à faire évoluer les leviers d'action marketing. Par exemple, en matière de communication, le message et sa signification comptent sans doute moins que le ton et le style d'exécution. Pour laisser à chacun une marge d'interprétation et la possibilité de se projeter dans le message, les campagnes utilisent de moins en moins le texte. L'argument est remplacé par l'effet spécial et la rhétorique par la créativité : l'émotion occupe toute la place.

En amont des techniques, la perspective expérientielle nécessite certainement un réajustement des objectifs marketing. Dans ce sens, la « roue de l'expérientiel »[1] indique plusieurs pistes :

– *surprendre le consommateur*. La chaîne *Rainforest Café*, qui plonge le client dans une reconstitution vivante de l'Amazonie ; les librairies *Barnes & Noble* et la chaîne *Strabuck*, qui lancent le concept de « librairie-coffee shop » ;
– *proposer de l'extraordinaire*. Le *West Edmonton Mall*[2] , le plus grand centre commercial du monde (500 000 m^2, 800 boutiques, 6 grands magasins), est devenu le premier lieu touristique du Canada. Au-delà des activités commerciales, il propose le plus grand luna park du monde, une chapelle pour les mariages, un Marinaland et un galion du XVIIe siècle !
– *stimuler les cinq sens*. La chaîne *Nature & Découvertes*, qui immerge le client urbain dans la nature ; la chaîne de parfumerie *Sephora*, qui met les produits à portée de main des clients (en faisant disparaître les comptoirs) ; la chaîne Disney, qui met en scène les produits fétiches des consommateurs régressifs (peluches, notamment) dans un univers magique ; le magasin Colette, lieu chic et snob où l'on écoute la musique du dernier chanteur à la mode et où l'on peut se désaltérer en buvant une eau minérale pure venue du cercle polaire (85 marques d'eaux les plus rares) ou encore qui propose des cooklettes, rendez-vous mensuel animé par un chef pour un atelier cuisine gratuit ;
– *créer du lien*. La cervoise *Lancelot*, ancrée dans sa Bretagne natale ; *Ben & Jerrys* et ses actions en faveur du commerce responsable.

La perspective expérientielle n'encourage pas seulement une adaptation des leviers d'action. Elle invite le responsable marketing à repenser son offre en profondeur[3].

1. Hetzel P., *Planète conso, marketing expérientiel et nouveaux univers de consommation*, Paris, Éditions d'Organisation, 2002.

2. www.westedmontonhall.com

3. Voir le numéro spécial de la revue Décisions Marketing, 2002.

Chapitre

9 Les groupes

OBJECTIFS

- Participer à une course, à un événement organisé par une marque (comme le grand pique-nique Dacia, par exemple), à un forum de discussion lancé par une marque... Les représentations que l'on se fait du groupe seront soit positives, soit idéalisées ou encore négatives, le groupe pouvant faire peur. Le groupe est un objet de croyances et, lorsqu'il ne nourrit pas notre représentation du « nous idéal », surmontant nos impuissances individuelles, il fait peur.
- En marketing, le groupe est protéiforme : il est formé par les consommateurs au service ou contre une marque, ou encore par les marques pour nourrir le besoin d'appartenance des consommateurs.
- L'objectif de ce chapitre est de comprendre les différentes acceptions du groupe en marketing, leur rôle, leur fonctionnement et leurs enjeux.

SOMMAIRE

SECTION 1 Les groupes sociaux et les rôles

SECTION 2 les tribus de consommateurs

SECTION 3 La culture

Le besoin d'appartenance est central dans l'approche des besoins de Maslow. L'appartenance à un groupe est un moteur important de l'être humain : il s'y positionne, il entre en relation, il échange. La consommation, c'est tout autant l'échange, la relation, que l'envoi de signes. Les groupes forment donc des creusets de modes. Les tribus postmodernes, nouvelles formes du groupe, visent à partager les expériences de ses membres. La tribu est souvent présentée comme une sous-culture. En effet, les groupes et les tribus partagent des rites comme les cultures. Ce chapitre en trois sections présente l'impact des groupes sociaux, des tribus de consommateurs et enfin des cultures sur la consommation.

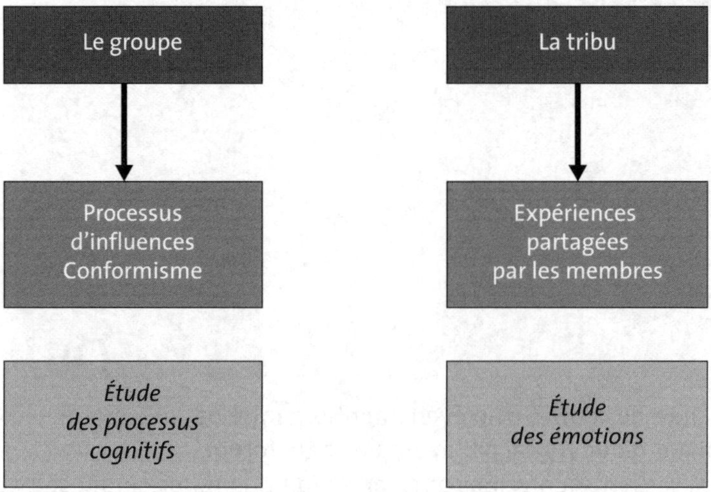

Figure 9.1 – Différence d'approche entre les groupes et les tribus

Section 1 LES GROUPES SOCIAUX ET LES RÔLES

L'influence des groupes sur les comportements de consommation individuels ne doit donc pas être sous-estimée. Ainsi, pour R. Barthes, on ne consomme pas un objet, mais les signes qu'il permet d'émettre vis-à-vis de son entourage. De même, pour P. Bourdieu, la consommation est l'un des mécanismes de la distinction, notamment à travers les pratiques alimentaires, culturelles et sportives[1]. Pour la plupart des spécialistes en sciences humaines, la consommation est donc une activité sociale avant d'être un acte individuel, qui se comprend

1. Moingeon B., « La sociologie de Pierre Bourdieu et son apport au marketing », *Recherche et Applications en Marketing*, 8, 2, 1993, pp. 105-123.

mieux en relation avec les groupes auxquels les individus appartiennent ou auxquels ils se réfèrent.

1 Les types de groupes sociaux

Tout rassemblement de personnes en un même lieu ne constitue pas un groupe, comme les clients qui attendent dans la file à un guichet bancaire ou les passagers d'un bus. Un groupe est un ensemble d'individus qui sont liés entre eux, soit par des liens de proximité (comme la parenté ou l'amitié), soit par des liens symboliques (comme le partage de valeurs communes), soit par les deux types de liens.

On distingue les groupes d'appartenance et les groupes de référence. Dans les groupes d'appartenance, l'individu entretient des relations directes avec les autres membres du groupe (sans nécessairement en partager les valeurs), alors que dans les groupes de référence, l'individu partage ou non des valeurs avec les membres du groupe (sans nécessairement avoir de relations directes) :

- *au sein des groupes d'appartenance*, on distingue les groupes primaires, dans lesquels les individus ont des contacts réguliers (membres d'une famille ou d'une entreprise…) et les groupes secondaires, au sein desquels les contacts sont plus distants. Les groupes d'appartenance se caractérisent par un degré plus ou moins élevé de structuration (hiérarchie, rôles bien établis…) et de cohésion (degré d'accord entre les membres sur les questions importantes…) ;
- *au sein des groupes de référence*, on distingue les groupes d'identification, avec qui l'individu partage des attitudes et des valeurs et les groupes de rejet, dont l'individu rejette ces mêmes attitudes et valeurs. L'influence du groupe de référence peut donc être positive (le groupe attire) ou négative (le groupe repousse).

Quand le lien entre les membres est fort et quand l'influence passe autant par les normes que par l'échange d'informations (à la différence des groupes où l'aspect normatif est prépondérant), on parle de cercles sociaux[1]. La position de l'individu dans un cercle social peut être résumée par sa cohésion (les individus sont-ils proches ?) et sa centralité (l'individu est-il au centre ou en périphérie du cercle social ?).

1. Sempé L., « Une échelle de mesure de l'appartenance aux cercles sociaux : analyse factorielle confirmatoire multi-niveaux », *Recherche et Applications en Marketing*, 15, 2, 2000, pp. 43-57.

Repère

Le sentiment d'appartenance régionale[1]

Se déclarer Breton, Catalan, Corse, Wallon ou Flamand... Le sentiment d'appartenir à une région est un marqueur identitaire fort pour le consommateur. Sa motivation est alors de s'approprier et/ou de défendre un capital culture spécifique. En effet, les consommateurs peuvent définir leur identité régionale sans être nés dans ladite région, *via* le vécu d'expériences et les rencontres. Le sentiment d'identité régionale peut alors se concevoir comme un ensemble de ressources et de compétences identitaires à partir desquelles l'individu se construit son identité personnelle.

Les marques s'emparent ainsi de ce sentiment d'appartenance régional *via* différentes stratégies :

1. mettre en récit la marque à partir des représentations de la région (par exemple, les abricots du Roussillon) ;
2. plonger le consommateur dans une atmosphère régionale en créant une enveloppe sensorielle (promotion des odeurs, toucher, couleur du produit local) ;
3. favoriser l'exhibitionnisme régional pour que le consommateur en soit fier ;
4. mettre en valeur la culture régionale *via* les compétences (linguistiques, culinaires, par exemple), les connaissances (histoire d'une région, légendes, monuments importants, etc., comme la campagne sur la Freizh, gariguette de Plougastel) ;
5. favoriser l'expérience communautaire en mettant en avant « l'être ensemble » *via* des événements communautaires, par exemple (la brasserie Lancelot avec la nuit de Samhain et la fête de la Teillouse).

2 L'influence des groupes sociaux

L'influence du groupe repose avant tout sur le conformisme (l'individu souhaite s'intégrer et ne pas être rejeté). Toutefois, les fonctions du groupe sont variées et justifient bien souvent que l'individu accepte d'y être soumis (échange d'information, normes structurantes, identité et statut...). Par ailleurs, tous les individus ne sont pas aussi sensibles à l'influence des groupes.

2.1 Les mécanismes d'influence

Les groupes influencent les actes de consommation à travers les fonctions d'information, de normalisation et d'intégration :

1. Dion D., Rémy E., Sitz L. « Le sentiment régional comme levier d'action marketing », *Décisions Marketing*, pp. 15-26, 2010.

– l'information (plus les membres sont proches et plus la cohésion du groupe repose sur des valeurs, plus l'information circule au sein du groupe) ;
– la normalisation (plus la situation à laquelle les membres sont confrontés est inédite, non structurée, floue et ouverte, plus le groupe détermine des standards de comportement, des règles de fonctionnement, des modes de pensée…). *Via* les normes sociales, le groupe tempère l'influence des traits de personnalité. Par exemple, l'impulsivité n'étant pas socialement valorisée, si un acheteur impulsif juge que l'impulsivité n'est pas « appropriée » dans telle ou telle situation, il aura moins tendance à suivre son inclinaison naturelle[1] ;
– l'intégration (plus le groupe se définit en référence à l'extérieur, plus l'identification à ce groupe conduit à se différencier des autres ; même s'il encourage ses membres à se conformer à des normes, le groupe propose donc à l'individu un mode de différenciation).

Repère

La conformité

L'intégration réussie au sein d'un groupe suppose de suivre les normes qu'il dicte ou qu'il adopte, sous peine d'être sanctionné. De nombreuses études en psychologie sociale mettent en évidence la pression du groupe. Dans une série d'expériences fameuses, le psychologue américain S. Ash[2] a démontré l'importance de la conformité dans les jugements des individus. Ainsi, il montre à un groupe d'individus plusieurs dessins proches mais distincts, et leur demande de se prononcer sur la similitude ou non de ces dessins. Concrètement, on présente aux individus un trait dessiné sur un carton et on leur demande de comparer ce trait avec trois autres traits de longueur différente dessinés sur un autre carton. Les premiers individus qui s'expriment dans le tour de table sont instruits de répondre que les dessins sont parfaitement identiques (ce sont des « compères » qui sont parties prenantes à l'expérience). Bien évidemment, il s'agit d'une mauvaise réponse, car les dessins sont légèrement différents (certains traits sont légèrement moins longs que les autres). Lorsque le dernier individu doit donner son jugement (en tant que « sujet », il ne fait pas partie de l'expérience), il répond dans 75 % des cas comme les individus qui l'ont précédé, en affirmant que les dessins

1. Rook D.W., Fischer R.J., « Normative Influences on Impulsive Buying Behavior », *Journal of Consumer Research*, 22, 3, 1995, pp. 305-313.

2. Asch S.E., « Effects of Group Pressure Upon the Modification and Distortion of Judgments », in H. Guetskow (ed.), Groups, Leadership, and Men, Pittsburg, Carnegie, 1951.

sont identiques (c'est-à-dire, en donnant une mauvaise réponse). Cependant, lorsque les réponses sont demandées par écrit, le taux de mauvaises réponses chute à 30 %. Cette expérience montre donc que l'individu exprime difficilement des préférences déviantes par rapport à la majorité du groupe. Reproduite dans une situation de consommation (le goût d'une eau minérale), cette expérience confirme l'importante de la conformité au groupe[1].

Face aux « autres », les individus ne réagissent pas tous de la même façon. Ils diffèrent selon leur tendance à changer de comportement en fonction du contexte, selon leur sensibilité aux ressources qu'apportent les groupes (informations, statut...) et selon leur besoin de montrer qu'ils sont « uniques » :

- certains individus prêtent une attention importante à la justesse de leurs comportements en public alors que d'autres s'en soucient peu (on parle d'autocontrôle ou de *self monitoring*). Ces individus analysent en permanence les situations dans lesquelles ils se trouvent et tentent d'agir selon ce qu'il convient de faire (d'après eux, bien sûr)[2]. Ce trait de personnalité s'exprime essentiellement de deux façons : la capacité à donner une image de soi différente selon les contextes perçus (l'individu « caméléon ») et la sensibilité aux comportements des autres (gestes, expressions utilisées, intonations...)[3] ;
- certains individus sont particulièrement sensibles à l'influence des groupes. Cette sensibilité est liée à l'importance que l'individu accorde aux différentes ressources que le groupe peut lui apporter (ou dont il peut le priver) : informations privilégiées, récompenses et sanctions matérielles, reconnaissance et statut... En matière de consommation, un individu sensible aux groupes de référence va chercher à améliorer l'image qu'il donne de lui par l'acquisition de certains produits/services, va se conformer aux tendances de consommation et va acheter sur la base de ce que les autres achètent[4] ;

Exemple – Acheter un téléphone sur invitation

Le groupe peut permettre d'avoir accès à des produits : la stratégie de vente du téléphone One-Plus-One, par exemple, reposait sur le mécanisme des invitations en 2014. Il fallait donc avoir de bons amis pour se le procurer ! La procédure pouvait prendre des semaines avant de se voir offrir le droit d'acheter le téléphone. La marque a décidé en 2015 d'ouvrir la vente uniquement le mardi et sur invitation le reste de la semaine.

1. Dubois D., *Comprendre le consommateur,* Paris, Dalloz, 1994, p. 134.

2. Gangestad S.W., Snyder M., « Self-Monitoringappraisal and reappraisal », *Psychological Bulletin,* 126(4), pp. 530-544, 2000.

3. Lennox R.D., Wolfe R.N., « Revision of the Self Monitoring Scale », *Journal of Personality and Social Psychology,* 46, 1984, pp. 1349-1364.

4. Bearden W.O., Netemeyer R.G., Teel J.E., « Measurement of Consumer Susceptibility to Interpersonal Influence », *Journal of Consumer Research,* 15, 4, 1989, pp. 473-481.

– certains individus ressentent le besoin de se distinguer des autres. Ce besoin d'unicité (*need for uniqueness*) va se traduire par la création éventuelle d'un « style personnel » (notamment vestimentaire), par des comportements d'achat soulevant éventuellement la réprobation des autres et par un abandon rapide des produits/services « à la mode »[1]. Cette « préférence pour la différence » va, par exemple, s'exprimer dans le choix d'un plat lors d'un dîner au restaurant. Quand ils choisissent en dernier, les individus qui manifestent un besoin d'unicité commandent des plats différents des autres[2]. En outre, ces consommateurs vont divulguer *moins* de bouche-à-oreille positif sur les produits qu'ils consomment en public mais un bouche-à-oreille « normal » sur les produits qu'ils consomment dans leur sphère privée. Ils vont par ailleurs moins recommander un produit qu'ils consomment en public[3].

Pour finir, notons qu'en matière de consommation, l'anti-conformisme est parfois une simple façade. En effet, cette recherche délibérée de différenciation est aussi une forme de dépendance vis-à-vis de son environnement, puisque l'individu se définit en référence aux autres (par opposition/contradiction) !

De plus les consommateurs peu experts recherchent souvent l'assentiment de leurs pairs. C'est une démarche très courante dans les visites de musées par exemple. La sortie en famille et avec d'autres est un critère fort de fréquentation : l'accompagnement joue un rôle fort[4]. C'est également une démarche très courante chez les adolescents : le shopping en groupe répond à une dualité propre à l'adolescence : besoin d'individualisation (autonomie à l'égard de la mère, et notamment chez les garçons) et besoin d'assimilation sociale (sensibilisation aux influences normative et informative des pairs, et plus particulièrement chez les filles)[5].

2.2 L'influence des groupes sur les comportements de consommation

Le groupe peut à la fois influencer le choix de la catégorie de produit/service et le choix de la marque. Cette influence dépend de deux choses : le caractère public ou privé de la consommation et la nature nécessaire ou non du produit (mais cette notion est toute relative). L'influence de l'environnement social sur le choix de la catégorie est plus forte dans le cas des produits de « luxe » ou « futiles ». Il est clair

1. Tepper Tian K., Bearden W.O., Hunter G.L., « Consumers' Need for Uniqueness : Scale Development and Validation », *Journal of Consumer Research,* 28, 1, 2001, pp. 50-66.

2. Ariely D., Levav J., « Sequential Choice in Group Settings : Taking the Road Less Traveled and Less Enjoyed », *Journal of Consumer Research,* 27, 3, 2000, pp. 279-290.

3. Cheema A. et Kaikati A.M., « The effext of need for uniqueness on word of maith », *Journal of Marketing Research*, 47(3), pp. 553-564, 2010.

4. Debenedetti S., « L'expérience de visite des lieux de loisirs : le rôle central des compagnons », *Recherche et Application en Marketing,* 18 (4), 2003, pp. 43-58.

5. Gentina E., Chandor J.L., « Le rôle du genre sur la fréquence de shopping en groupe des adolescents : entre besoin d'individualisation et besoin d'assimitation », Recherche et applications en maketing, 29(4), pp. 35-64, 2014.

que pour les produits « nécessaires », l'influence sera plus faible. L'influence sur le choix de la marque est plus forte dans le cas des produits consommés en public. Globalement, l'influence de l'environnement social est donc plus forte pour un produit de luxe consommé en public[1].

Si l'on distingue l'influence des pairs (amis, collègues) et l'influence des membres de la famille, on constate que l'influence des pairs est plus forte dans les familles nucléaires (une génération à la maison : père, mère, enfants) comparativement aux familles étendues (plusieurs générations), typique des pays asiatiques notamment[2].

Tableau 9.1 – Influence du groupe sur les comportements de consommation

		Catégorie de produit/service	
		Influence forte	**Influence faible**
Marque	**Influence forte**	Luxe public (paire de skis, club de golf…)	Nécessité publique (voiture, lunettes…)
	Influence faible	Luxe privé (home cinema…)	Nécessité privée (piles, matelas…)

De nombreuses communications publicitaires mettent en scène l'influence des groupes. Dans ces publicités, l'individu qui consomme une marque ou un produit/service valorisé par le groupe est sensiblement mieux intégré. D'autres publicités montrent également que la consommation de tel ou tel produit peut conduire au rejet de l'individu par le groupe (tabac, alcool…). Finalement, certaines communications mentionnent de façon symbolique ou chiffrée combien le produit est populaire, pour emporter l'adhésion de l'individu.

Le groupe n'agit pas toujours directement sur le choix d'une marque ou l'achat d'une catégorie de produit/service. L'influence intervient à différents niveaux intermédiaires, pour finalement orienter la décision d'achat finale :

- les aspirations des individus (buts dans la vie…) et leurs comportements (fréquentation de tels magasins…) ;
- les critères à prendre en compte lors de l'achat ou pour évaluer *a posteriori* les produits achetés et les services utilisés (par exemple, le seul fait d'anticiper une discussion avec ses pairs, suite à l'achat, modifie l'importance des critères de choix[3]) ;

1. Bearden W.O., Etzel M.J., « Reference Group Influence on Product and Brand Purchase Decision », *Journal of Consumer Research,* 9, 2, 1982, pp. 183-194.

2. Childers T.L., Rao A.R., « The Influence of Familial and Peer-Based Reference Groups on Consumer Decisions », *Journal of Consumer Research,* 19, 2, 1992, pp. 198-21.

3. Schlosser A.E., Shavitt S., « Anticipating Discusion About a Product : Rehearsing What to Say Can Affect Your Judgments », *Journal of Consumer Research*, 29, 1, 2002, pp. 101-115.

– les normes sociales qui viennent éventuellement « corriger » les attitudes de l'individu (modèle d'action raisonnée) ;
– la préférence pour la nouveauté en matière de produit/service.

Cependant, les groupes n'influencent pas seulement les achats des consommateurs. L'influence porte également sur les communications inter-personnelles, qu'il s'agisse des phénomènes de bouche-à-oreille[1] ou des rumeurs[2]. La diffusion de l'information repose notamment sur des individus particuliers : les leaders d'opinion.

Repère

Le leader d'opinion

Un consommateur disposant de connaissances et de compétences est susceptible de les partager avec ses proches, dans l'objectif de leur donner des conseils, voire de les convaincre qu'un choix est meilleur qu'un autre. Dans ce cas, on parle de *leader d'opinion*[5]. La double fonction du leader consiste donc à échanger des informations – pas seulement à en donner – et à utiliser ces informations pour influencer son entourage. Un leader est donc plutôt un expert qu'un familier. Précisons cependant qu'un individu n'est leader d'opinion que pour certaines catégories de produits/services, voire une seule (les ordinateurs et les périphériques, les voitures, les cosmétiques...). Il ne s'agit pas d'un trait de personnalité qui concernerait la totalité des produits.

Quand un individu est susceptible de donner des informations sur un grand nombre de produits, de magasins et plus généralement, sur l'univers de la consommation, on parle de « pros de la consommation » (*market mavens*)[6]. Le plus souvent, ces individus donnent de l'information pour le simple plaisir de converser. Ce thème a fait l'objet de nombreuses recherches en psychologie sociale depuis les années quarante, et s'est traduit par de nombreuses études marketing, dans le domaine de la communication interpersonnelle (bouche-à-oreille, rumeurs...) et de la diffusion des innovations. On constate que les leaders sont souvent au centre de réseaux d'information et d'utilisation. On constate aussi qu'ils sont souvent les premiers à utiliser les nouveaux produits.

1. Trusov M., Bucklin R.E., Pauwels K., « Effects of word-of-mouth versus traditional marketing: findings from an internet social networking site », *Journal of Marketing*, 73(5), pp. 90-102, 2009.

2. Renard D., Darpy D., « Marketing viral ou buzz marketing, même combat ? Le marketing viral dans la perspective du marketing interactif », *Repères*, pp. 69-81, 2014.

Au-delà de la transmission d'informations, la dimension sociale de la consommation recouvre aussi la participation éventuelle à des *boycotts*[3] ainsi que de nombreuses autres formes d'action de résistance aux marques[4].

Repère

La résistance du consommateur[3]

Certains consommateurs résistent aux techniques utilisées par les marketeurs. Ces consommateurs n'adhèrent en effet pas ou plus au système de consommation et s'opposent aux pratiques commerciales des entreprises. Roux (2007) définit la résistance du consommateur comme « *un état motivationnel conduisant à des manifestations d'opposition variables, et déclenché par certains facteurs liés au comportement des firmes et au fonctionnement du marché* ». Les consommateurs résistants s'engagent dans divers actes et comportements pour affirmer leur rejet du système marchand : des comportements/actes de défection et/ou d'opposition (*exit/voice*, Hirschmann, 1970). Ainsi, les consommateurs adoptent des comportements de boycott par exemple ou encore de simplicité volontaire (réduire volontairement sa consommation) pour manifester leur défection. Pour manifester leur opposition, ils peuvent adopter des comportements de « casseurs de pub »[4] en griffonnant des affiches publicitaires, par exemple. Tous les consommateurs ne sont toutefois pas résistants : il existe une propension individuelle variable à résister qui, activée dans des situations d'influence perçue, déclenche des comportements d'opposition ou de défection chez les consommateurs. Cette propension embrasse deux dimensions : l'affirmation de soi (traduit un refus ferme et catégorique de la tentative d'influence et une confiance dans la capacité à résister) et la protection de soi (esquive ou contournement de la tentative d'influence). La propension à résister a une influence négative sur la sensibilité à l'influence des vendeurs, sur les achats impulsifs, sur la sensibilité aux promotions et est positivement liée au *smart shopping,* autrement dit à la recherche des « bons plans ».

---

1. Ben Miled H., Le Louarn P., « Analyse comparative de deux échelles de mesure du leadership d'opinion : validité et interprétation », *Recherche et Applications en Marketing*, 9, 4, 1994, pp. 23-51.

2. Braunsberger K., Buckler B., « What motivates consumers to participate in boycotts : lessons from the ongoing Canadian Seafood boycott », *Journal of Business Research*, 64(1), pp. 96-102, 2011.

3. Stokburger-Sauer N.E. et Haoer W.D., « Consumer advisors revisited : what drives those with market mayenism and opinion leadership tendences and why? », Journal of Consumer Behavior, 8(2-3), pp. 100-115, 2009.

4. Klein N., *No logo*, Arles, Actes Sud, 2000.

3 La répartition des rôles et les conflits de rôle dans la famille

Consommer suppose de jouer plusieurs rôles (s'informer, recommander, choisir, payer, utiliser...). Ces rôles ne sont pas nécessairement joués par la même personne. Le consommateur fait donc parfois partie d'une équipe de décision, que l'on appelle un « centre d'achat » : couple, famille, co-locataires, groupe d'amis en vacances, service dans une entreprise... Dans le cas où plusieurs membres participent au processus de consommation, soit les rôles sont répartis entre les membres (comme s'informer avant l'achat), soit les décisions sont prises collectivement par tous les membres (comme prendre la décision finale ou utiliser effectivement le produit/service).

Tableau 9.2 – Rôles joués dans un centre d'achat

Rôle	Description
Initiateur	Celui qui fait prendre conscience du besoin et déclenche le processus de consommation
Informateur	Celui qui recherche les informations
Prescripteur	Celui qui donne des conseils et oriente le choix final
Décideur	Celui qui arrête le choix final
Acheteur	Celui qui paie, qui supporte les risques financiers
Utilisateur	Celui qui consomme ou utilise le produit/service
Gestionnaire	Celui qui explique aux autres comment fonctionne le produit, qui stocke le produit, qui maintien le produit en l'état, qui décide des conditions d'abandon du produit (et qui bien souvent initie et détermine l'achat suivant)

Pour comprendre le processus de consommation des produits/services complexes (comme une voiture, un ordinateur, un appartement, un lieu de vacances...) il est intéressant de déterminer : si chacun de ces rôles est assumé par un seul individu ou partagé entre plusieurs ; comment la décision collective est réellement prise (quels critères sont importants, comment les arbitrages sont rendus et les conflits sont gérés, etc.).

---

1. Roux D., « La résistance du consommateur : proposition d'un cadre d'analyse », *Recherche et applications en marketing*, 22(4), pp. 59-80, 2007 ; Banikema A.S., Roux D., « La propension à résister du consommateur : contribution à l'étude d'une disposition à s'opposer aux tentatives d'influence marchande », *Recherche et applications en marketing*, 29(2), pp. 34-59, 2014.

2. Rémy E., « De "que choisir ?" à "casseurs de pub" : entre récupération marketing et nouvelles figures consuméristes », *Décisions Marketing*, pp. 37-49, 2007.

3.1 La répartition des rôles entre époux

De nombreuses études retiennent deux dimensions pour catégoriser les familles : l'influence relative d'un époux sur l'autre et le degré de spécialisation des époux (pourcentage plus ou moins élevé des décisions prises seul).

Lorsque l'on analyse les décisions d'achat par rapport à ces deux dimensions, on identifie quatre types de décisions[1] : les décisions à dominante féminine (les produits d'entretien et les vêtements des enfants), les décisions à dominante masculine (l'assurance-vie), les décisions partagées (les vacances, les loisirs et le logement) et les décisions spécialisées (l'électroménager, la voiture). La spécialisation des rôles varie selon le stade du processus de décision : si le désir d'une nouvelle voiture et la recherche d'informations pour faciliter l'achat sont essentiellement un fait masculin, la décision finale est partagée.

Plus largement, le sociologue français F. de Singly[2], distingue sept types « d'organisations domestiques » selon la façon dont les rôles sont répartis entre conjoints. La typologie est construite à partir de la répartition de six domaines entre les époux : domaine de l'approvisionnement, domaine ménager (cuisine, linge…), domaine de l'entretien (maintenance, bricolage…), domaine de l'administration, domaine des décisions d'équipement, domaine des grandes décisions (éducation, voyages…). Pour chaque domaine, on peut déterminer si la prédominance est féminine, masculine, ou si la responsabilité est partagée égalitairement entre les époux. Cette typologie permet d'identifier, d'un côté, le type « femme dominée » qui est essentiellement responsable des aspects ménagers et de l'autre côté, le type « femme PDG » qui pèse sur tous les domaines, avec un rôle dominant sur les grandes décisions.

Plusieurs explications ont été avancées pour expliquer comment les rôles se répartissent entre les époux dans tel ou tel foyer. Cette répartition des rôles s'explique notamment par la contribution de chacun aux trois grandes fonctions de la famille : le bien-être économique, l'insertion sociale de ses membres et le soutien psychologique. Chaque membre peut apporter des ressources diverses (culturelles, psychologiques, sociales, économiques…) en fonction de son temps disponible.

---

1. Davis H., Rigaux B., « Perception of Marital Roles in Decision Processes », *Journal of Consumer Research*, 1, 1, 1974, pp. 51-62.

2. De Singly F., *Sociologie de la famille contemporaine*, Paris, Nathan, 1993.

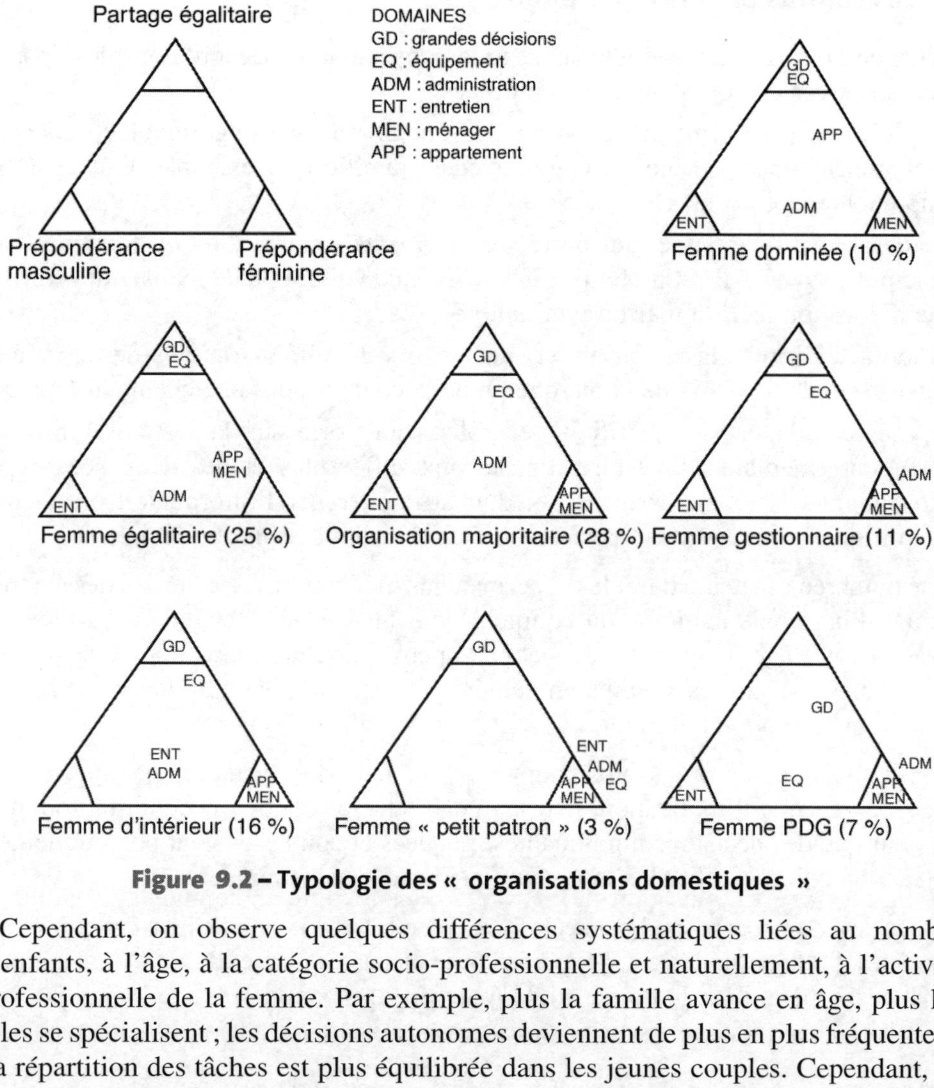

Figure 9.2 – Typologie des « organisations domestiques »

Cependant, on observe quelques différences systématiques liées au nombre d'enfants, à l'âge, à la catégorie socio-professionnelle et naturellement, à l'activité professionnelle de la femme. Par exemple, plus la famille avance en âge, plus les rôles se spécialisent ; les décisions autonomes deviennent de plus en plus fréquentes[1]. La répartition des tâches est plus équilibrée dans les jeunes couples. Cependant, ce n'est pas systématique et dépend bien souvent du modèle parental (reproduction du modèle parental ou réaction contre ce modèle), comme l'a montré le sociologue J.-C. Kaufmann dans son étude sur la gestion du linge au sein des familles[2]. Au moment de la retraite, les rôles se repartissent de façon plus égalitaire, ce qui donne parfois lieu à des conflits entre les époux[3].

1. Pour des références complémentaires, se reporter à Pinson C. et Jolibert A., « Comportement du consommateur », in *Encyclopédie de Gestion,* coordonnée par Y. Simon et P. Joffre, Paris, Économica, 1997, pp. 403-412.

2. Kaufmann J.-C., *La Trame conjugale*, Paris, Presses Pocket, 1995.

3. Heslop L.A., Marshall J., « Prise de décision jointe chez les couples âgés : un schéma d'étude », *Recherche et Applications en Marketing,* 5, 3, 1990, pp. 27-52. Tamaro-Hans A., 1999, *op. cit.*

3.2 Les conflits de rôle entre époux

Plus de 50 % des décisions d'achat font l'objet d'un désaccord entre les époux[1]. Quatre sources de conflits ont été identifiées :

- le désaccord de principe, car l'un des époux refuse catégoriquement l'achat, notamment pour protéger le conjoint ou la famille (par exemple, l'achat d'une moto à un adolescent) ;
- le désaccord interclasse, qui porte sur la priorité donnée à tel ou tel achat (par exemple, savoir s'il est préférable de changer de voiture ou de réaliser des travaux de rénovation dans la maison familiale) ;
- le désaccord intraclasse, qui porte sur le choix de telle marque ou de tel modèle (par exemple, le choix de la marque ou de la couleur pour une chaîne hi-fi) ;
- le désaccord sur la répartition des rôles, qui porte sur la responsabilité des différents membres du centre d'achat aux différentes étapes du processus de consommation (comme savoir qui doit aller chercher l'information ou encore, savoir qui doit prendre la responsabilité de maintenir le produit en l'état).

De nombreux facteurs durables et permanents modèrent l'intensité des désaccords, comme l'harmonie naturelle du couple, l'équivalence intellectuelle entre les deux conjoints ou l'âge du mariage. Les conflits peuvent être également affectés par des événements transitoires, comme un déménagement, l'arrivée d'un nouvel enfant, la perte d'un emploi ou la retraite.

À ces facteurs, propres aux couples, s'ajoutent des facteurs spécifiques à la décision, tels que l'implication, le niveau de risque ou encore, le coût du produit. Il est clair que des décisions impliquantes, risquées et coûteuses vont potentiellement faire l'objet d'un conflit plus important que les décisions mineures.

Pour éviter ou pour résoudre un conflit, les membres de la famille peuvent utiliser des stratégies d'influence variées : l'expertise (« je connais, donc je décide »), la légitimité (« je suis le père, donc je décide »), le marchandage (« tu achètes ça et moi j'achète ça »), le chantage affectif (« si tu n'achètes pas ça, je ne t'aime plus »), la manipulation…

Section 2 LES TRIBUS DE CONSOMMATEURS

Nous positionnons le concept de tribu comparativement à celui de groupe, avant de montrer dans quelle mesure les marques peuvent éventuellement faire levier sur ces tribus pour développer de nouvelles formes d'action marketing.

1. Divard R., « La dynamique décisionnelle dans le couple », *Recherche et Applications en Marketing,* 12, 1, 1997, pp. 69-88.

1 La notion de tribu

La tribu est parfois un groupe primaire (des gens proches avec qui l'individu peut « vivre des choses ») et parfois, un groupe d'identification (des gens avec qui l'individu n'a pas de contacts directs, mais dont il partage une même passion, les mêmes centres d'intérêt). Autrement dit, le concept de tribu n'est pas équivalent à celui de groupe dans le domaine de la psychologie sociale.

Quand on étudie une tribu, on ne s'intéresse pas aux processus d'influence et au conformisme qui en résulte, mais aux expériences partagées par les membres de la tribu. L'accent n'est plus mis, comme dans les groupes, sur les processus cognitifs et sur les comportements, mais sur les émotions vécues ensemble. La tribu est donc une cible idéale pour les consommations « expérientielles ».

Ce concept de tribu repose sur une conception « post-moderne » de la société dans laquelle nous vivons. Du point de vue sociologique, cela signifie essentiellement que de nouvelles formes de lien social apparaissent[1]. Pour comprendre cela, il faut faire un pas en arrière.

La première grande rupture sociologique est caractérisée par le passage de la tradition à la modernité, autour au XVIIIe siècle. Cette période de modernité est marquée par un abandon progressif des communautés, perçues comme asservissantes pour l'individu : la famille, le lignage, le village. Des forces de progrès agissent pour libérer l'homme de l'ignorance et de l'irrationalité, particulièrement la science. Pendant cette période moderne qui va durer environ deux siècles, de nouvelles agrégations d'individus se constituent autour de la notion de « classes » (les ouvriers, les intellectuels…), phénomène notamment lié à l'exode rural et à l'industrialisation forcenée. Le sociologue M. Weber, notamment, a étudié de façon approfondie ce passage de la tradition à la modernité.

La deuxième grande rupture sociologique est celle de la post-modernité, vers la fin du XXe siècle. Les individus libérés se sentent en fait bien seuls, notamment dans les agglomérations urbaines. Ces individus veulent recréer du lien. Notre époque post-moderne serait donc celle d'une recomposition de la société autour de regroupement d'individus que l'on dénomme « tribus » (dans la perspective du sociologue français M. Maffesoli[2]). La société post-moderne étant fragmentée, fluide, complexe et contradictoire, un même individu peut appartenir à plusieurs tribus.

---

1. Decrop A., « Les paradoxes du consommateur postmoderne », *Reflets et perspectives de la vie économique,* 28, 2, pp. 85-93, 2008.

2. Par exemple, Maffesoli M., *Le Temps des tribus*, Paris, La Table ronde, 2000 (édition originale datant de 1991).

Repère

La tribu des *bikers*

L'étude des tribus de consommation est assez récente. Elle se développe depuis le milieu des années quatre-vingt-dix, avec l'intérêt croissant des ethnologues pour ces questions. À titre d'exemple, les *bikers* américains possesseurs de Harley-Davidson ont été observés « de l'intérieur » pendant plus de trois ans par des chercheurs américains[1]. Ces chercheurs sont devenus des *bikers* pour les besoins de l'étude ! Ils ont montré que cette tribu est fortement structurée. Les membres les plus actifs (*hard-core members*) jouent un rôle de leadership par rapport aux membres moins impliqués et aux nouveaux membres (aspirants). Cette tribu est soudée par des valeurs communes solidement partagées : liberté (celle de briser ses chaînes et celle de tout faire), patriotisme américain et machisme (« les vrais hommes s'habillent en noir »). Ces valeurs sont vécues avec la même intensité qu'un engagement religieux et les *bikers* les plus enthousiastes s'attribuent fréquemment un rôle de missionnaire. Naturellement, on devient *biker* progressivement : posséder la moto est une condition nécessaire, certainement pas suffisante. À travers son parcours initiatique, le *biker* doit faire preuve d'une forte motivation et d'une réelle implication par rapport aux valeurs mises en avant.

Un individu peut s'intégrer de différentes façons à une tribu. Si l'individu participe aux activités institutionnelles (association…), on parle alors d'adhérent. Si l'individu se joint aux rassemblements de la tribu, on parle de participant. Si l'individu pratique quotidiennement les rituels et les activités tribales, alors on parle de pratiquant. S'il se contente de partager le même imaginaire, de vibrer à l'évocation de cette tribu, on parle de sympathisant. Ces façons de rejoindre la tribu ne sont pas mutuellement exclusives : un individu très intégré à une tribu peut être à la fois adhérent, participant et pratiquant.

Exemple – Quand la communauté concerne les produits de grande consommation : l'exemple de My Nutella

Autant il est aisé de comprendre l'intérêt (et la fierté) de rejoindre des tribus commes celle des roller-riders, des voitures Mini ou des voitures BMW par exemple, mais rejoindre celles des produits de base proposés par les marchés de masse comme La Vache qui Rit ou encore Nutella interroge davantage.

Ferrero développe une communauté en utilisant les ingrédients d'une communauté de marque (mythes, rites, symboles, etc.) afin de solidifier le culte de la marque Nutella. En effet, même si la marque se vend très bien, personne n'est à l'abri d'une attaque des

1. Schouten J.W., McAlexander J.H., « Subcultures of Consumption : an Ethnography of the New Bikers », *Journal of Consumer Research*, 22, 1, 1995, pp. 43-61.

MDD (pâtes à tartiner moins chères). Ferrero a donc choisi d'agir en ligne avec un site My Nutella the Community (www.mynutella.it), dont le but est de « faire des nouvelles amitiés ». Sur ce site, chaque « Nutellaro » peut créer son propre site en commençant par écrire sa Pensée Nutella, relatant, par exemple, sa première expérience avec le produit. L'exposition de soi des consommateurs est au cœur du site nourrissant le besoin de reconnaissance du consommateur. Contrairement aux communautés réelles d'Harley-Davidson par exemple, Ferrero développe une communauté imaginaire, basée finalement sur un marketing personnel du consommateur qui se raconte, alimentant néanmoins le culte de la marque.

2 Le marketing tribal

Dans une optique « tribale », le produit n'apporte pas seulement une valeur fonctionnelle mais surtout, une valeur de lien[1]. Le produit ne sert pas un individu isolé, mais permet de relier des individus qui en ont le désir. Par conséquent, plus un produit ou un service soutiendra la création, le développement et le maintien des liens entre les membres d'une tribu, plus il apportera de la valeur à ces membres (comme le téléphone mobile et les SMS).

Pour une marque, créer une tribu autour de ses produits/services est un exercice difficile, voire périlleux. Par conséquent, le marketing tribal consiste tout d'abord à identifier la ou les tribus *existantes* dont la marque souhaite se rapprocher. Une fois les tribus identifiées, il existe deux façons de mettre en place le marketing tribal. La première approche consiste à proposer des produits/services pour s'intégrer directement dans les rituels : vêtements, accessoires et objets liés à la pratique, lieux cultes, mots et symboles de la tribu… La seconde consiste à récupérer les signes de la tribu dans la communication (publicités, sponsoring) ou à travers le développement de produits (packaging, séries spéciales…). Cette deuxième approche est naturellement moins « pure », prend ses distances avec le cœur de la tribu et s'adresse plutôt aux sympathisants (le « grand public »).

Exemple

Rollerblade, suit la première approche, car la marque fabrique les objets qui permettent de pratiquer le roller. En revanche, avec la série KA « Roller », Ford suit la deuxième approche et se contente d'exploiter l'imaginaire des rollers. Les clubs de foot, avec leurs boutiques de supporters, adoptent la première approche, mais Kodak, en vendant des appareils photos jetables habillés aux couleurs des grands clubs français, suit la deuxième approche.

1. Cova B., *Au-delà du marché. Quand le lien apporte plus que le bien*, Paris, L'Harmattan, 1995.

Pour une marque qui se lance dans le marketing tribal, il est essentiel de se poser trois questions[1] : premièrement, sa démarche est-elle légitime (du moins, perçue comme telle par les membres de la tribu), car il va de soi que la légitimité est le gage d'une meilleure acceptation ? Deuxièmement, comment l'entreprise va-t-elle s'y prendre pour actualiser en permanence son marketing tribal, car les membres sont très mobiles et les frontières des tribus évoluent vite. Troisièmement, comment l'entreprise va-t-elle pérenniser sa démarche, en se rapprochant des tribus à venir, sans s'éloigner des tribus « acquises » pour un temps.

L'approche tribale est une démarche marketing spécifique. Pour bien souligner la différence entre une tribu et un segment, les promoteurs du concept de tribu dans le domaine du marketing soulignent qu'un segment est « un regroupement fictif d'individus aux caractéristiques homogènes (comme le sexe ou l'âge) mais déliés ». Au contraire, une tribu est un regroupement d'individus parfois très différents, mais qui partagent des expériences, des émotions, des représentations, un vocabulaire… bref, qui sont reliés les uns aux autres de façon physique (ils se rencontrent), virtuelle (ils se retrouvent sur les réseaux) ou symbolique (ils ont des croyances communes).

Le marketing tribal n'est pas pertinent dans tous les cas : risque de réactions violentes de la tribu si la légitimité de l'entreprise n'est pas acquise ; nécessité d'adopter un marketing très mobile, « dans l'air du temps »…

En effet, les tribus peuvent offrir des alter ou contremarques, qui présentent des opportunités ou des menaces pour les marques existantes[2]. C'est notamment le cas dans le cas de la consommation collaborative avec les communautés de *couchsurfing*, nouvelles cultures avec lesquelles les entreprises doivent composer.

Section 3 LA CULTURE

Les phénomènes culturels sont étudiés dans la plupart des sciences humaines et des sciences sociales mais surtout, par les anthropologues. Dans les lignes qui suivent, nous précisons ce que l'on entend généralement par « culture », avant de montrer en quoi la culture influence les comportements de consommation. Au-delà, on peut admettre que les liens sont encore plus étroits, car consommer *est* un acte culturel.

1. Lemoine J-F., Bardet O., « Gestion tribale de la marque et distribution spécialisée : le cas Abercrombie & Fitch », *Décisions Marketing*, pp. 9-18, 2008.

2. Cova B., White T., « Counter-brand and alter-brand communities: the impact of Web 2.0 on tribal marketing approaches », *Journal of Marketing Management*, 26(3-4), pp. 256-270, 2010.

1 La notion de culture

La culture représente « un ensemble de connaissances, de croyances, de normes, de valeurs, de traditions… acquises par l'homme en tant que membre de telle ou telle société ». C'est « une programmation mentale collective[1] » qui va se traduire par des manifestations visibles, notamment par des comportements, des coutumes, des rituels… La culture d'appartenance (ou d'adoption) d'un individu va donc se traduire de multiples façons[2].

Exemple

> En France, serrer la main est bien souvent un geste quotidien. En Grande-Bretagne, on ne salue pas ses amis ou ses collègues le matin en leur serrant la main, car ce geste est réservé pour des occasions plus rares (remerciements, séparations ou retrouvailles un peu formelles…). De même, la distance physique que l'on doit respecter face à un interlocuteur varie d'une culture à l'autre. Elle est sensiblement plus faible dans les pays latins par exemple[3].

Les éléments culturels présentent trois caractéristiques majeures :

- ils sont *partagés* par la plupart des membres de la société en question. Si un élément est seulement partagé par une fraction de la société, on peut penser qu'il est plutôt associé à une « sous-culture » particulière (sans connotation péjorative) ;
- ils sont *appris*. Autrement dit, ces éléments sont transmis aux individus par le biais de nombreuses institutions (famille, école, lois, médias…) ;
- ils sont *évolutifs*. Ces éléments ne sont pas figés mais, au contraire, appelés à évoluer sous la pression d'individus innovants (exemple : les Nuls en France) et d'apports extérieurs (médias internationaux…).

À partir des réflexions de E. Hall, on peut opposer les cultures à « contexte faible » et les cultures à « contexte fort ». Dans les cultures à contexte faible, les relations entre interlocuteurs sont directes, les messages sont explicites, le rythme de communication est rapide, les critères de performance et d'expertise dominent. C'est le cas de pays comme l'Allemagne, l'Australie, la Scandinavie ou les États-Unis. Au contraire, dans les cultures à contexte fort, les relations sont indirectes, les messages sont implicites, le rythme de communication est lent et les relations interpersonnelles – plus que l'expertise ou la performance – sont fondamentales. C'est le cas de pays comme la Chine, le Japon, la Corée ou l'Arabie Saoudite. La France, comme l'Italie et la Grande-Bretagne, se trouvent dans une situation intermédiaire.

---

1. Soares A.M., Farhangmehr M., Shoham A., « Hofstede's dimensions of culture in international marketing studies », *Journal of Business Research*, 60(3), pp. 277-284, 2007.
2. Usunier J.-C., *Commerce entre cultures*, Paris, PUF, 1992.
3. Hall. E., *La Dimension cachée*, Paris, Seuil, 1997.

Sur la base des travaux de G. Hofstede, on peut aussi comparer les cultures autour de quatre grandes dimensions : le rapport à l'autorité (ou « distance hiérarchique »), la masculinité/féminité, l'aversion au risque (ou « contrôle de l'incertitude ») et l'individualisme/collectivisme[1].

1.1 Les sous-cultures

Pour les ethnologues culturalistes, chaque pays peut être caractérisé par son « caractère national »[2]. Autrement dit, à chaque pays est associée une personnalité moyenne (encore appelée personnalité de base ou personnalité modale). Les Français sont débrouillards, les Espagnols sont chaleureux, les Anglais sont pragmatiques…

Cependant, il ne faut pas confondre les notions de pays et de culture – même si cette pratique est fréquente, pour des raisons de simplicité – car ces deux notions ne se recouvrent que très partiellement. Ainsi, un pays peut comprendre plusieurs cultures différentes (exemple : la Belgique…) et, à l'inverse, plusieurs pays peuvent partager certains traits culturels (exemple : le Canada et les États-Unis). À un niveau plus fin, tout pays est formé d'une multitude de sous-cultures plus ou moins affirmées (les militaires, les étudiants…).

Aujourd'hui, l'idée de caractère national est plutôt tombée en désuétude. On préfère penser que chaque société est caractérisée par des traits culturels dominants (les croyances, les normes, les coutumes… les plus partagées par les membres de cette société), que chaque individu adopte avec plus ou moins d'entrain[3].

La fragmentation des valeurs est aujourd'hui de plus en plus évidente, avec son corollaire : le développement des sous-cultures (par exemple, en France, la culture bretonne). Ces sous-cultures peuvent reposer sur une base géographique, ethnique, religieuse, sociodémographique (classe d'âge), ou toute combinaison de ces dimensions…

Aujourd'hui, on parle aussi de « micro-cultures » ou de « tribus ». À la différence d'une sous-culture, la micro-culture est une structure sociale choisie délibérément par l'individu et non « imposée » par le milieu. Les liens entre culture et consommation étant de plus en plus étroits, ces micro-cultures se définissent aussi sur la base des activités de consommation (admiration ou possession de telle marque, consommation de telle catégorie de produit…) et non sur la base d'un

1. Pour une application, consulter par exemple : Mendel D., « Comparaison des cultures allemande et française et implications marketing », *Recherche et Applications en Marketing*, 6, 3, 1991, pp. 31-75.

2. Clark T., « International Marketing and National Character : a Review and Proposal For an Integrative Theory », *Journal of Marketing*, october, 54, 1990, pp. 66-79.

3. À l'inverse, il ne faut pas nécessairement conclure que les individus « choisissent » librement les traits culturels qui leur conviennent, comme on choisirait des plats dans une carte. L'individu est en partie déterminé par son environnement. La notion de « choix » est donc très relative…

dénominateur social commun (l'âge, la région, le métier…). Quand la marque est le ciment de la micro-culture, on appelle cela une « communauté de marque » (par exemple, les possesseurs de Macintosh, de Saab, de Harley Davidson…)[1].

1.2 La transmission de la culture

Assimiler une culture, c'est apprendre un certain nombre de « codes ». Le processus de transmission de la culture est appelé « socialisation » ou « acculturation ». On parle de socialisation quand la culture est transmise aux plus jeunes membres d'une société, ceux qui ne connaissent pas d'autre culture (c'est donc le cas général). Au contraire, on parle d'acculturation quand la culture est transmise aux nouveaux membres d'une société, des individus qui connaissent déjà une autre culture (immigrés, expatriés…). Ce phénomène est de plus en plus courant avec la mobilité internationale des populations. Dans les lignes qui suivent, seul le processus d'acculturation est développé, la socialisation étant traitée par ailleurs[2].

On peut se contenter de comprendre une culture à partir de ses manifestations les plus visibles (gestes, expressions…), mais il est souvent pertinent d'en comprendre les mécanismes de formation et, notamment, le rôle des « agents » : famille, école, loi, médias… Ces agents de socialisation ou d'acculturation jouent un rôle considérable[3]. Parfois, ils jouent un rôle normatif (ils « imposent » les normes culturelles). Souvent, ils se contentent d'être des références, des modèles qui sont ensuite imités.

Cependant, les individus ne sont pas des « idiots culturels », dans le sens où ils savent montrer leur esprit critique, leur réactivité, voire leur créativité, face aux pressions culturelles auxquelles ils sont exposés. Les individus n'assimilent pas passivement les normes ou les croyances.

Une recherche qualitative approfondie réalisée auprès de Mexicains récemment émigrés aux États-Unis montre qu'ils ne se contentent pas d'assimiler passivement la nouvelle culture[4]. Seule une partie de cette culture matérielle de consommation est rapidement assimilée, celle qui concerne les produits de faible prix, fortement visibles et qui ne posent pas de problème de langue (par exemple, les vêtements). Mais en plus de l'assimilation, le processus d'acculturation donne naissance à quatre autres réactions :

---

1. Amine A., Sitz L., « Émergence et structuration des communautés de marque en ligne », *Décisions Marketing*, pp. 63-75, 2007 ; Sitz L., « Les mondes des marques : l'exemple du monde Apple », *Décisions Marketing*, pp. 19-30, 2008.

2. Voir le paragraphe « La famille comme agent de socialiation », dans le chapitre 10.

3. McCracken G., « Culture And Consumption : a Theoretical Account of the Structure and Movement of the Cultural Meaning of Consumer Goods », *Journal of Consumer Research*, 13, 1, 1986, pp. 71-84.

4. Peñazola L., « Atravesando Fronteras/Border Crossing : a Critical Ethnographic Exploration of the Consumer Acculturation of Mexican Immigrants », *Journal of Consumer Research*, 21, 1, 1994, pp. 32-54.

- *le maintien*. De nombreux produits/services permettent aux Mexicains récemment émigrés aux États-Unis de maintenir des liens avec leur culture d'origine (par exemple, le téléphone, l'alimentation, les médias et les loisirs…) ;
- *la résistance*. Plusieurs aspects de la culture américaine font l'objet de critiques et d'une forme de rejet (par exemple, la gestion stricte du temps ou le matérialisme outrancier…). À l'inverse, le fait de vivre aux États-Unis permet aussi aux Mexicains de s'affranchir de certains aspects de leur culture d'origine (par exemple, la pression de la famille sur les décisions de consommation) ;
- *la ségrégation*. Les Mexicains créent des endroits – zones résidentielles, centres commerciaux… – où leur culture d'origine domine sans conteste (plus de 30 % de la population californienne est mexicaine) ;
- *l'acculturation inversée*. Les Mexicains façonnent en retour le mode de vie ou les valeurs des Américains (par exemple, depuis 1991, les ventes de *salsa* ont dépassé les ventes de *ketchup* aux États-Unis).

La même étude montre que le processus d'acculturation n'est pas uniforme au sein d'une même population. Certains individus assimilent plus rapidement que d'autres la culture de consommation de leur pays d'accueil : ceux qui pratiquent la langue ; les plus jeunes ; ceux qui occupent une position sociale de départ plutôt élevée (quoique de nombreuses ressources et compétences ne soient pas facilement transférables d'une culture à l'autre…)[1]. Finalement, cette étude montre que les marques et les distributeurs jouent un rôle fondamental pour accélérer l'acculturation : les institutions du marketing sont aussi des agents de diffusion culturelle. Mais en reconnaissant explicitement l'existence d'un segment de consommateurs mexicains (dans les linéaires, dans les médias…), ces marques ont également favorisé une acculturation inversée : les produits « tex-mex » sont soudainement devenus à la mode. Le marché américain s'est même soudainement ouvert aux marques mexicaines… avant que le phénomène ne se développe dans d'autres pays, comme la France (bière, guacamole, tacos…).

Finalement, il y a une dizaine d'années, la question était de savoir si les modes de consommation étaient ou non appelés à converger. En fait, les études menées sur les phénomènes d'acculturation montrent qu'il n'est pas possible de répondre aussi simplement à cette question, car l'assimilation n'est qu'une réponse parmi d'autres (avec le maintien, la résistance, la ségrégation et l'acculturation inversée).

1. Benabdallah M., Jolibert A., « L'acculturation : l'influence des sous-cultures d'origine et de la distance culturelle », *Décisions Marketing*, 72, pp. 179-193, 2013.

Exemple – La transmission culturelle entre la mère et la fille[1]

La famille est un lieu de transmission de valeurs, d'attitudes, de types de communication, d'objets (lorsqu'une grand-mère donne un bijou à la majorité de sa petite-fille, par exemple), mais aussi de pratiques de consommation, notamment entre la mère et la fille, la mère étant la personne qui donne le « goût de » à sa fille (s'occuper des enfants, être indépendante financièrement, cuisiner, jardiner, coudre, etc.).

La transmission est une dynamique visible qui met en exergue les liens entre les générations mais également au sein d'une même génération. Les éléments transmis appartiennent à l'univers domestique (la lessive, les lingettes, etc.) mais aussi aux pratiques et choix des circuits de distribution (organisation des courses, du caddie, les critères de choix en magasin, etc.). Les processus de transmission se basent sur deux mécanismes d'apprentissage : l'un basé sur l'*observation* de ce que fait la mère, l'autre sur l'*initiation* et la communication par la mère, démarche qui participe à la socialisation de la fille en tant qu'acheteuse et consommatrice. La communication formelle et informelle (les gestes) passe par le partage d'expériences de shopping. Un dernier mécanisme de transmission repose sur la nostalgie : la fille cherche à revivre une situation passée *via* le sensoriel, une marque, une catégorie de produit, etc.

Enfin, les pratiques transmises peuvent évoluer selon le cycle de vie de la fille et de sa relation à la mère : lors de la mise en couple (concession avec le mari, qui peut ne pas aimer un produit ou une marque), l'arrivée du premier enfant, voire le renversement de rôle lors duquel la fille initie sa mère à des pratiques comme l'e-commerce, par exemple. Le vécu de ces expériences liées à la consommation entre mère et fille s'inscrit dans le capital transgénérationnel, autrement dit le savoir-faire capitalisé au fil du temps et transmis entre les générations.

2 L'impact de la culture sur la consommation

Plus encore avec la culture qu'avec d'autres caractéristiques du consommateur, il faut se méfier d'attribuer des différences de comportement à la culture, alors que ces différences peuvent s'expliquer par de nombreux autres facteurs[2]. Comme le précise C.F. Yang[3], « de même qu'il est incorrect de supposer que tout phénomène comportemental est universel, il est incorrect de supposer systématiquement des différences entre individus de différentes cultures ».

1. Ladwein R., Carton A., Sevin É., « Le capital transgénérationnel : la transmission des pratiques de consommation de la mère vers sa fille », *Recherche et applications en marketing*, 24(2), pp. 1-27, 2009.

2. La culture est bien souvent cause et effet du comportement.

3. Yang C.-F., « Une conception du consommateur chinois », *Recherche et Applications en Marketing*, 4, 1, 1989, 17-36.

Exemple

> Si l'on compare la consommation des Bavarois, des Sud-Africains, des Norvégiens et des Californiens, on constate naturellement des grandes différences. À quoi peut-on les attribuer ? Quel est le poids des facteurs culturels par rapport à d'autres facteurs, comme le revenu, l'âge moyen, voire, le climat ? En effet, il est possible que l'impact du climat sur la consommation soit supérieur à celui de la culture, ou même, à celui du revenu ! Précisément, les théories physio-économiques montrent que le climat (température, taux d'humidité…) influence les réactions physiologiques (thermorégulation, sécrétion d'hormones…) puis les besoins et les désirs des individus. Pour P. Parker[1], le climat explique environ 30 % à 50 % de la consommation des pays développés et plus de 90 % de la consommation des pays émergents. De nombreuses catégories de produits sont particulièrement concernées : l'habitat, l'habillement et l'alimentation.

Ces précautions étant prises, de nombreuses études montrent cependant que la culture influence fortement les pratiques de consommation (critères de choix, marques ou produits achetés…). Autrement dit, si on considère la culture d'un individu, on peut en partie comprendre, expliquer et prévoir ses comportements de consommation.

Par exemple, le capital culturel dont dispose chaque individu (langage, connaissances, etc.) a une influence sur les critères de choix du mobilier. Ainsi, le goût des personnes disposant d'un faible capital culturel s'exprime en termes de confort, de fonctionnalité et de durabilité, alors que le goût des personnes disposant d'un capital culturel élevé s'exprime en termes de style ou d'apparence extérieure[2].

Cependant, l'impact de la culture sur la consommation n'est pas direct. De même qu'il est difficile d'établir un lien entre personnalité et comportements de consommation, le lien entre culture et consommation est « médiatisé ». Autrement dit, la culture agit sur des « variables intermédiaires » comme : la répartition des rôles de consommation au sein de la famille, le rapport à l'innovation ou encore, le processus d'évaluation des produits. À leur tour, ces variables intermédiaires pèsent sur les comportements de consommation. Ce thème fait l'objet de recherches depuis quelques années, même si les mécanismes *précis* par lesquels la culture agit sur les comportements de consommation restent encore largement inexplorés.

2.1 L'influence de la culture sur le processus de décision

La culture agit sur de nombreux aspects du processus de choix des produits/services : bénéfices recherchés à travers la consommation, degré d'implication et

---

1. Parker P.M., *Physioeconomics : the Basis for Long-Run Economic Growth*, The MIT Press, 2000. La thèse de Philip Parker est synthétisée dans un court article dans L'Art du Marketing, Paris, Village Mondial, 1999.

2. Cadangeaon P., « Classes sociales, pratiques culturelles et styles de vie : le modèle de la distinction est-il vraiment obsolète ? », *Sociologie et Sociétés*, 36(1), pp. 59-85, 2004.

intensité de la recherche d'informations préalable à l'achat, critères de choix et poids de la marque dans la décision finale, etc.

Tableau 9.3 – L'impact de la culture chinoise sur le processus de décision

	Bouddhisme	Taoïsme	Confucianisme
Principes de base	Recherche d'une vie simple, vertueuse, en rupture avec le monde profane et les désirs des gens ordinaires ; stabilité émotionnelle ; méditation et culture	Recherche d'une longue vie, en harmonie avec la nature ; philosophie du « non agir » pour ne pas perturber l'ordre des choses	Recherche d'une vie juste, calme et prospère, en harmonie avec les autres ; consensus et modération ; approche « systémique » des choses (actions et réactions)
Motivations de consommation	Une consommation fonctionnelle	Une consommation naturelle	Une consommation sociale
Bénéfices recherchés	Produits de faible qualité	Produits sains et respectueux de l'environnement	Produits de qualité élevée et de forte visibilité
Recherche d'information	Faible	Forte (caractéristiques)	Forte (marques)
Importance de la qualité	Faible	Forte	Forte
Importance de la marque	Faible	Faible	Forte

Source : D'après M.X. Zhang et A. Jolibert, 2000.

Par exemple, comparativement à la culture de consommation occidentale, la culture de consommation chinoise présente un grand nombre de particularités[1] :

– le consommateur chinois ne juge pas tant les qualités intrinsèques du produit que son degré d'adaptation au contexte de consommation. La façon « juste » d'analyser le contexte est donc particulièrement importante ;

– l'implication du consommateur chinois varie fortement selon le caractère social ou non de la consommation. Il est très peu impliqué quand l'achat porte sur un produit à caractère privé, mais son degré d'implication est très élevé pour les produits de consommation sociale (pour maintenir les relations, refléter son statut, exprimer sa gratitude, rechercher l'approbation, etc.) ;

– la recherche d'informations du consommateur chinois repose avant tout sur la proximité relationnelle (sources non commerciales et personnelles). Le vendeur peut être sollicité, à condition qu'une relation de confiance soit solidement établie ;

1. D'après Yang C.-F., 1989, *op. cit.* et Zhang M.X., Jolibert A., « Culture chinoise traditionnelle et comportements de consommation », *Décisions Marketing*, 19, 2000, pp. 85-92.

- le changement de comportement n'est pas forcément accompagné d'un changement d'attitude, ce concept d'attitude ayant peu de sens dans la culture chinoise. Le changement de comportement serait plus facilement induit par une évolution des normes sociales que par une modification de l'attitude ;
- le consommateur chinois insatisfait n'a pas l'habitude de se plaindre ou de demander réparation, à la différence des consommateurs occidentaux chez qui l'attitude consumériste est assez développée. Plusieurs facettes culturelles conduisent le consommateur chinois à ne pas réagir (volonté d'éviter le conflit, peur de risquer de perdre la face en public si la réclamation ne débouche pas, attributions de leur problème à des causes internes plutôt qu'externes – le manque de chance ou la faute de l'industriel sont rarement invoqués...) ;
- le consommateur chinois semble avoir des difficultés à accepter l'idée de certaines pratiques collaboratives, comme le *couchsurfing* ;
- selon que le consommateur chinois se rapproche de telle ou telle philosophie – bouddhisme, taoïsme ou confucianisme – il se comportera de façon assez différenciée.

2.2 Les autres modalités d'influence de la culture

La répartition des rôles de consommation

La culture agit sur la répartition des rôles de consommation au sein de la famille. Ainsi, les rôles attribués aux hommes et aux femmes évoluent fortement dans les sociétés les plus développées, mais certaines cultures (ou sous-cultures) sont cependant moins concernées.

Exemple

> Comparativement aux familles américaines originaires d'Europe, les familles américaines originaires du Mexique (plus de 30 millions de personnes) donnent un rôle plus important au mari[1]. Dans ces familles, les femmes pèsent moins sur le choix des produits, s'expriment avant tout sur les attributs moins importants (par exemple, les qualités esthétiques pour une voiture...) et s'impliquent sur les étapes les moins « critiques » du processus de consommation (comme suggérer l'achat).

Les émotions

Les émotions de base ont une nature universelle (joie, colère, tristesse...)[2], ce qui signifie que ces émotions se rencontrent dans toutes les cultures. Cependant, les

1. Webster C., « Effects of Hispanic Ethnic Identification on Marital Roles in The Purchase Decision Process », *Journal of Consumer Research*, 21, 2, 1994, pp. 319-331.

2. Izard C.E., *Human Emotions*, New York, Plenum Press, 1977.

circonstances qui les font naître ou la façon de les exprimer (mots, gestes, expressions du visage…) peuvent varier d'une culture à l'autre. De même, les émotions sont plus ou moins efficaces lorsqu'elles sont utilisées dans les communications publicitaires.

Exemple

> Quand elles sont mises en scène dans une publicité, les émotions n'ont pas toutes le même pouvoir persuasif d'une culture à l'autre[1]. Ainsi, contrairement aux hypothèses initiales, les états affectifs « individuels » (fierté, colère…) ont un pouvoir persuasif plus important dans les cultures collectivistes, alors que les états affectifs « collectifs » (empathie, timidité…) ont un pouvoir persuasif plus important dans les cultures individualistes. En fait, les émotions individuelles sont plus fréquentes dans les cultures individualistes et réciproquement pour les émotions collectives. Par conséquent, la motivation à traiter l'information issue d'une émotion collective sera plus forte dans les cultures individuelles, car cette occasion est plus rare. Et réciproquement pour les émotions individuelles dans les cultures collectivistes.

2.3 L'adoption des nouveaux produits

La culture influence le rapport des individus à l'innovation et, par conséquent, le comportement d'adoption des nouveaux produits. En effet, les motivations pour acquérir les innovations varient d'une culture à l'autre (le besoin de stimulation et le besoin d'unicité : se distinguer des autres). De même, le niveau de risque acceptable et les modalités pour réduire l'incertitude varient d'une culture à l'autre.

Exemple

> Pour C.F. Yang[2], les consommateurs chinois jugent généralement les nouveaux produits avec scepticisme. La nouveauté « en soi » apporte peu de valeur au produit, car la fonction utilitaire est valorisée avant la fonction hédonique et le besoin d'unicité est faible (en règle générale, les Chinois ne tiennent pas particulièrement à se distinguer des autres, à « sortir du lot »). Par ailleurs, compte tenu de l'importance du réseau relationnel, la réduction du risque passe essentiellement par le bouche-à-oreille (les recommandations des proches).

H. Schütte montre que dans les pays asiatiques, le processus de diffusion des nouveaux produits est « décalé vers la droite » et « plus soudain »[3]. Autrement dit,

1. Aaker J.L., Williams P., « Empathy Versus Pride : The Influence of Emotional Appeals Accross Cultures », *Journal of Consumer Research*, 25, 3, 1998, pp. 241-261.

2. Yang C.-F., 1989, *op. cit.*

3. Schütte H., Consumer Behaviour in Asia, Londres, Macmillan, 1998. Quelques éléments de l'ouvrage sont synthétisés dans un court article publié dans *L'Art du Marketing*, *op. cit.*

les consommateurs attendent plus longtemps avant d'adopter l'innovation (risque social fort) mais, en revanche, une fois que le produit commence à se diffuser, la diffusion est nettement plus rapide qu'en Occident (conformité sociale).

3 La prise en compte des aspects culturels dans la stratégie marketing

Dans les années quatre-vingt, il était tout à fait légitime de penser que les différences entre cultures allaient disparaître rapidement. Dans cette veine, T. Levitt, enseignant et consultant américain de renom, a pu écrire : « les différences dues à la culture, aux goûts, aux normes nationales, à la structure des affaires sont des vestiges du passé. Le courant puissant de la technologie conduit le monde vers une communauté convergente[1] ».

Plusieurs facteurs pouvaient naturellement justifier cette position : développement considérable de la mobilité internationale (transport aérien…), des médias et des programmes globaux (CNN et MTV, *Dallas* et *Dynastie*…), des technologies mondiales (l'ordinateur personnel et Microsoft Windows, le walkman…). Toutefois, la vitesse de propagation de ces technologies a été largement surestimée et l'éventualité d'une résistance active de la part des individus et des gouvernements n'était pas réellement envisagée (en France, les lois sur « l'exception culturelle » ou la croisade de José Bové ; de par le monde, les militants anti-mondialisation, etc.).

Les dirigeants ont donc largement anticipé ces phénomènes de convergence, conduisant parfois à une ignorance totale des spécificités locales[2]. Aujourd'hui, après avoir commis de nombreuses erreurs à l'international, les responsables marketing admettent que les consommateurs sont sensiblement différents d'un pays à l'autre et que cet état de fait est destiné à durer… Il semblerait même que les technologies permettent plutôt l'expression des particularismes, renforçant ainsi la diversité des modes de pensée et des comportements.

La prise en compte de la dimension culturelle doit conduire le responsable marketing à adapter sa stratégie aux spécificités locales, notamment : le positionnement (particulièrement la cible et le bénéfice), le design (formes, couleurs…), la politique promotionnelle (mécanismes, thèmes…), la communication (concept, registre émotionnel…).

1. Levitt T., « The Globalization of Markets », *Harvard Business Review*, 61, 1983, pp. 92-102.

2. Wind Y., Douglas S., « Le mythe de la globalisation », *Recherche et Applications en Marketing*, 1, 3, 1986, pp. 5-26.

Exemple[1]

En Suisse, une société américaine vendant les lave-vaisselles a dû changer son concept publicitaire, car le bénéfice initialement mis en avant (le moindre effort) ne permettait pas de valoriser le rôle de la ménagère suisse ; la marque a plutôt décidé de parler des garanties d'hygiène apportées par le lavage automatique. En Afrique, la société *Carlsberg* a dû ajouter un troisième éléphant sur ses étiquettes de bière car quand deux éléphants sont vus ensemble, c'est un mauvais présage. À Puerto Rico, la société *General Motors* a dû modifier le nom de son modèle d'automobile Nova, car en espagnol, cela signifie « ça ne marche pas » (*no va*). Partout, la société *McDonald's* standardise au maximum ses produits, mais adapte localement le design des restaurants et les thèmes publi-promotionnels (Asterix en France, par exemple…).

Plus qu'une adaptation du mix aux spécificités culturelles, le responsable marketing peut aussi faire en sorte de se rapprocher des micro-cultures. Ceci dit, cette stratégie comporte un certain nombre de risques. Il est notamment difficile de démocratiser le produit/service et de le « marchandiser » (accessoires…) sans soulever la désapprobation des vrais *afficinados*, comme le montre une étude menée auprès des *bikers* américains fanatiques de Harley Davidson[2].

Prendre en compte les spécificités culturelles conduit également l'entreprise à essayer de contourner l'éventuel « ethnocentrisme » des consommateurs. On parle d'ethnocentrisme quand le consommateur valorise systématiquement les produits qui proviennent de son pays (effet de « préférence nationale »[3]). Le consommateur attribue à ces produits une meilleure qualité, ce qui conduit ensuite à en augmenter le désir d'achat. À l'inverse, le consommateur peut systématiquement dévaloriser certains produits selon leur origine géographique (effet « *made in* »). L'image associée au pays dépend de nombreux facteurs socio-culturels, politiques, etc. La France, par exemple, est associée à la mode, au savoir-vivre, à la culture, à une certaine vision universelle, mais aussi, à l'arrogance ou à la désorganisation.

Il est clair que les entreprises peuvent difficilement peser sur cette image-pays, surtout si elles se présentent en ordre dispersé. L'entreprise peut bénéficier de phénomènes imprévus qui peuvent construire ou renforcer l'image d'un pays (par exemple, une victoire en finale d'une coupe du monde de football). Mais, de façon plus proactive, des démarches collectives peuvent être menées à bien, sur le long terme.

1. Les trois premiers exemples sont tirés de : Dubois B., « Culture et Marketing », *Recherche et Applications en Marketing*, 2, 1, 1987, pp. 43-64.

2. Schouten J.W., McAlexander J.H., « Subcultures of Consumption : an Ethnography of the New Bikers », *Journal of Consumer Research*, 22, 1, 1995, pp. 43-61.

3. Lu Wang C., Xiong Chen Z., « Consumer ethnocentrism and willingness to buy domestic products in a developing country setting : testing moderating effects », *Journal of Consumer Marketing*, 21(6), pp. 319-400, 2004.

Exemple

> Les industries agro-alimentaires britanniques se regroupent sous un étendard commun dénommé « *Food from Britain* ». Ce label est notamment utilisé sur les salons professionnels, comme le SIAL à Paris (Salon des industries alimentaires). Les produits britanniques sont physiquement rangés sous cette même bannière pour bénéficier d'une image construite collectivement, à partir de produits reconnus comme excellents dans l'imaginaire populaire (thé, biscuits *shortbread*, marmelade…). Une fois installé dans les esprits, ce label est destiné à promouvoir des produits moins connus et à leur apporter une caution (par exemple, le fromage Stilton appellé le « *king of cheese* » en Angleterre, mais quasiment inconnu en France).

À l'extrême, quand le consommateur manifeste une forme de colère et de rejet envers les produits qui proviennent de tel ou tel pays, on peut parler d'un « sentiment d'animosité ». Dans ce cas, l'effet ne joue pas sur la qualité, mais *directement* sur le désir d'achat (qui baisse de façon très sensible, jusqu'à disparaître). Il s'agit finalement d'un boycott latent et spontané vis-à-vis de tous les produits originaires d'un pays donné. Ce phénomène a été notamment observé envers des produits américains, dans certaines parties du monde où l'Amérique n'est pas symbole d'*eldorado* (Iran…), ou vis-à-vis des produits japonais, dans des régions d'Asie où l'occupation militaire (en 1905, en 1937…) est encore un souvenir douloureux. Pour les produits français, le cas s'est présenté en Australie, lors des essais nucléaires de 1996. Pour une entreprise, il est difficile de lutter contre ce phénomène culturel. Il s'agit, soit d'attendre que la crise se dénoue, soit d'abandonner le terrain…

Pour conclure, certains pensent que les comportements des individus présentent un caractère plutôt universel et que les différences interculturelles sont largement surestimées. À l'inverse, d'autres pensent que la culture fonctionne comme une lentille qui déforme toutes les perceptions et tous les comportements, quelles que soient les circonstances. Une position intermédiaire, plus récente, et qui commence à être étayée par plusieurs expériences psychologiques, consiste à dire que les influences culturelles sont latentes, c'est-à-dire potentielles. Ce potentiel ne s'exprime que dans certaines circonstances bien déterminées.

Exemple

> Quand les individus ne doivent pas justifier leurs choix, les décisions sont identiques pour les individus appartenant à des cultures collectivistes et pour ceux appartenant à des cultures individualistes. En revanche, quand les individus sont contraints de justifier leur choix *a posteriori*, ceux qui appartiennent à une culture collectiviste favoriseront le choix le plus consensuel, alors que ceux qui appartiennent à une culture individualiste favoriseront les choix extrêmes[1]. En effet, les cultures modelées par la

1. Briley D.A., Morris M.W., Simonson I., « Reasons as Carriers of Culture : Dynamic Versus Dispositional Models of Cultural Influence on Decision Making », *Journal of Consumer Research*, 27, 2, 2000, pp. 157-178.

philosophie confucianiste (comme le Japon et la Chine) valorisent fortement la modération, alors que les cultures occidentales valorisent plutôt le caractère tranché des jugements.

En tout état de cause, la culture ne peut pas être simplement résumée à des grands traits – comme l'opposition entre individualisme et collectivisme – dont l'influence serait systématique. L'influence de la culture sur les comportements semble nettement plus subtile… Par ailleurs, il est parfois dangereux de décrire une culture éloignée avec la terminologie occidentale. Cette terminologie issue de travaux américains ou européens masque la complexité et la spécificité culturelles, notamment des cultures asiatiques.

Exemple

Pour C.F. Yang[1], le concept occidental de personnalité ne permet pas de décrire la culture chinoise. En effet, la philosophie de Confucius (vers 500 av. J.-C.) donne une grande importance aux normes comportementales (la façon juste de se comporter envers les autres, selon les situations), à la recherche constante de modération et d'harmonie sociale. Dans ces conditions, le « moi privé » est souvent sacrifié. Pour C.F. Yang, « le comportement d'un individu chinois ne peut souvent pas être considéré comme un acte reflétant ses propres préférences et sa volonté personnelle […]. Une personne qui se contente de dire ce qu'elle pense ou ce qu'elle croit est jugée impolie ou imprudente ; un individu est censé dire ce que la situation exige ». Il s'agit donc d'être conforme aux attentes du groupe, d'accorder une grande importance aux opinions extérieures, de contrôler ses sentiments, d'éviter l'embarras public et les conflits… À l'inverse, le « moi social » prend des formes très riches, diverses et fortement codifiées selon les situations. Ainsi, « agir selon ce qui est prescrit par la société, dans une situation donnée, est une caractéristique hautement valorisée ». Par ailleurs, un individu chinois se considère avant tout comme le membre d'un groupe familial étendu. Les membres de cette famille étendue font partie intégrante de son identité (*jen*). En conséquence, l'équilibre psychique est recherché à l'intérieur du groupe familial. Les investissements affectifs en dehors de ce groupe sont rares car, à la différence des Occidentaux, les Chinois ne ressentent pas l'obligation permanente de construire ou de maintenir des relations avec les autres. Elles existent, de fait, au sein du groupe familial étendu. Cette distinction entre « moi » et « les autres », typique de la société occidentale, n'a donc pas forcément de sens quand il s'agit de décrire une culture asiatique reposant sur le confucianisme. Autrement dit, la compréhension des comportements sociaux dans une perspective culturelle impose souvent de revoir ses façons de penser.

Soulignons, par ailleurs, que la plupart des travaux sur la consommation sont menés dans un cadre nord-américain. On peut légitimement se poser la question de savoir si ces concepts et ces théories ont un sens pour le reste du monde (Europe,

1. Yang C.-F., 1989, *op. cit.*

Asie…). Les recherches publiées sur le sujet montrent que la validité des théories est parfois limitée quand on les applique dans une autre culture. Cependant, on ne doit pas nécessairement abandonner les schémas développés dans les recherches passées : il s'agit surtout de les adapter…

Les questionnaires développés aux États-Unis pour mesurer la personnalité, les valeurs, les attitudes… sont-ils valides dans les autres cultures ? Il semble que la réponse soit plutôt négative, même dans les pays occidentaux[1]. Ainsi, une recherche française sur l'attitude à l'égard de l'argent montre que le concept prend une signification différente en France, comparativement aux États-Unis[2].

Considérant que les recherches sur les activités de consommation proviennent quasiment toutes d'Amérique du Nord, les efforts des Européens devraient être sensiblement amplifiés. En effet, les enjeux culturels et économiques sont considérables, car seuls ceux qui peuvent interpréter en profondeur la société de consommation contemporaine – notamment, à l'aide de concepts et de théories pertinentes – peuvent agir efficacement et durablement sur le cours des choses[3].

4 Immigration et consommation

La consommation à caractère ethnique, qu'elle soit consacrée à l'alimentaire, aux loisirs ou aux cosmétiques, est en fort développement, en lien avec l'évolution de la population française. Les marques, et plus particulièrement celles à dimension internationale, ont lancé depuis plus de dix ans en France une offensive sur ces marchés, en ciblant notamment les « deuxièmes générations ». Les descendants directs d'immigrés représentent 11 % de la population en France métropolitaine et la moitié est âgée de 18 à 50 ans.

L'adaptation de la démarche marketing à ces populations a longtemps rejeté toute différence culturelle. L'analyse de leur consommation doit cependant s'effectuer par une approche culturelle des projets identitaires et des sentiments d'appartenance à un groupe ethnique. L'immigrant ne perd pas définitivement sa culture d'origine et ne s'assimile pas automatiquement à la culture de son pays d'accueil. Selon cette perspective post-assimilationniste, les positions identitaires des immigrants sont

1. Pour un article méthodologique, consulter : Steenkamp J.-B.E.M., Baumgartner H., « Assessing Measurement Invariance in Cross-National Consumer Research », Journal of Consumer Research, 25, 1, 1998, pp. 78-90. Bartikowski B., Chandon J.-L., Gierl H., « Calibration internationale des échelles sémantiques », *Décisions Marketing* (43-44), 2006, pp. 207-19.

2. Pour une illustration sur la nécessité d'adapter les instruments de mesure anglo-saxons : Urbain C., « L'attitude à l'égard de l'argent : une première tentative de validation de deux échelles de mesure américaines dans un contexte culturel français », *Recherche et Applications en Marketing*, 15, 3, 2000, pp. 3-28.

3. « Quand les Hommes définissent des situations comme réelles, elles sont réelles dans leurs conséquences » (William I.T., sociologue américain, 1863-1947), in Dortier J.-F., 1999, *op. cit.*, p. 273.

discursives, dynamiques et transitoires[1]. Elles impliquent des modes de consommation mouvants. L'ethnicité n'est pas ainsi une caractéristique des individus mais une ressource que les individus choisissent (ou non) de mettre en avant[2]. Le modèle d'acculturation décrit les stratégies que les uns et les autres peuvent adopter à partir de deux questions : (1) Dans quelle mesure faut-il conserver l'identité culturelle ? (2) Jusqu'à quel niveau est-il souhaitable d'établir des relations avec la culture dominante. En réponse à ces questions identitaires, Berry propose quatre types d'acculturation. Les immigrés recherchent à la fois des produits qui leur permettent de retrouver leurs racines et qui peuvent répondre à des besoins physiques (texture des cheveux, de la peau), mais apprécient également les marques du pays d'accueil, car ils s'y intègrent.

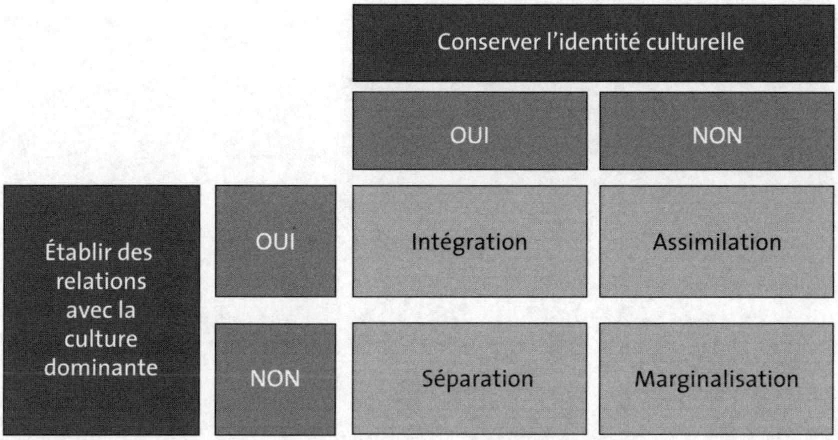

Figure 9.3 – Modèle d'acculturation

1. Askegaard S., Arnould E.J., et Kjeldgaard D., « Post-Assimilationist Ethnic Consumer Research : Qualifications and Extensions », *Journal of Consumer Research*, 32,1, 2005, pp. 160-170

2. Ozcaglar-Toulouse N., Beji-Becheur A., Fosse-Gomez M.-H., Herbert M. et Zouaghi S., « L'ethnicité dans l'étude du consommateur : un état des recherches », *Recherche et application en marketing*, 24, 4, 2009, pp. 57-76.

Chapitre 10 Les comportements d'achat et de consommation

OBJECTIFS

- Acheter ou non ? Pourquoi (autrement dit, pour quel niveau d'innovation) ? Dans quelle mesure les consommateurs prennent-ils des cours pour mieux utiliser les produits ? Le faisant, sont-ils plus satisfaits ? Plus fidèles ? Que font-ils des produits qu'ils n'utilisent plus ?
- Ce chapitre offrira des réponses à l'ensemble de ces questions.

SOMMAIRE

Section 1 L'essai et le réachat
Section 2 La fidélité
Section 3 La recherche de variété
Section 4 L'usage et l'abandon du produit

Pour analyser les comportements d'achat, il est utile de distinguer l'essai (la première fois) du réachat (les fois suivantes). Cependant, au-delà du réachat, comprendre comment se construit la fidélité du consommateur envers une marque est tout à fait fondamental. Pour ce faire, nous analysons plusieurs déterminants de la fidélité, notamment la qualité perçue et la satisfaction, mais aussi la recherche de variété ou la sensibilité du consommateur aux promotions commerciales.

L'évolution de la société et des consommateurs modifie également les comportements vis-à-vis de la fin de vie des objets, des déchets et du recyclage. Aujourd'hui, des enseignes comme Celio, Bata mais aussi Nike ou Apple proposent aux consommateurs de reprendre leurs objets usagés pour les redonner aux associations caritatives et/ou contre un bon d'achat[1]. L'usage et l'abandon des produits font désormais parties intégrantes des comportements de consommation et sont susceptibles d'affecter les achats.

Section 1 L'ESSAI ET LE RÉACHAT

Nous présentons les concepts d'essai et de réachat avant d'étudier deux cas particuliers : celui d'un produit/service innovant et celui d'un point de vente.

1 Les concepts d'essai et de réachat

Le premier objectif commercial d'une entreprise consiste à convaincre le plus d'individus possible (ou de foyers) d'acheter le produit/service au moins une fois. Par conséquent, la puissance d'une marque tient d'abord à son nombre de clients[2].

Le taux de pénétration du produit/service indique dans quelle mesure cet objectif est atteint. À titre d'exemple, si le produit atteint un taux de pénétration annuel de 20 %, cela signifie que 20 % des consommateurs ont acheté le produit au moins une fois lors des douze derniers mois (ce taux est souvent calculé sur une période de douze mois, mais il peut également être calculé sur le mois ou sur la semaine).

Toutefois, pour que le succès soit durable, l'essai doit être transformé en réachat : il est difficile de parler de succès si les consommateurs n'achètent qu'une fois. Dans

1. Guillard V., Johnson G.D., « Un vieux contre un neuf. Une étude des réactions des consommateurs à l'égard des offres de reprise », *Décisions Marketing*, (78), pp. 29-43, 2015.

2. Uncles M.D., Ehrenberg A.S.C., « The Buying of Packaged Goods at US Retail Chains », *Journal of Retailing*, 66, 3, 1990, pp. 278-296.

notre exemple, parmi les 20 % de consommateurs ayant acheté le produit au moins une fois, il est important de savoir combien ont acheté une deuxième fois, une troisième fois, une quatrième fois, etc. Formulé d'une façon différente, combien d'achats les acheteurs ont-ils réalisés en moyenne ?

Pour les instituts d'études, le taux de pénétration est souvent dénommé NA (nombre de foyers acheteurs pour 100 foyers). La quantité achetée est dénommée QA/NA (quantité achetée en moyenne par un foyer acheteur). D'autres indicateurs peuvent être utilisés pour caractériser les nombreuses facettes du comportement de réachat : le nombre d'actes d'achat dans la période, la durée moyenne entre deux achats, la quantité achetée en moyenne par acte d'achat (QA par acte d'achat)… Ces indicateurs sont plus ou moins pertinents selon les cas. Par exemple, la durée entre deux achats est très utile pour caractériser le renouvellement des produits durables (voiture, paire de lunettes, machine à laver le linge…).

Segmenter les acheteurs sur la base du comportement de réachat débouche notamment sur la typologie PMG (petits-moyens-gros), utilisée par les professionnels. Dans l'exemple ci-dessous, sont considérés comme « gros », les 15 % de clients qui consomment le plus. Ces gros acheteurs représentent 57 % des quantités achetées[1].

Tableau 10.1 – Un exemple de typologie PMG (petits – moyens – gros)

Segment	% acheteurs	% quantités	QA/NA	Actes d'achat	QA par acte
Petits	50 %	12 %	1,3	1,3	1,0
Moyens	35 %	31 %	4,9	3,8	1,3
Gros	15 %	57 %	20,4	13,6	1,5

2 L'adoption d'une innovation

L'adoption des innovations par les consommateurs est un phénomène assez complexe. Si l'innovation est un mécanisme de compétitivité fondamental pour les entreprises, les innovations sont souvent des échecs commerciaux[2]. Or, l'adoption de l'innovation par le marché (distributeurs et consommateurs) est naturellement une des principales conditions de son succès commercial.

L'adoption d'une innovation par un consommateur dépend de deux types de facteurs : des facteurs liés à l'individu et des facteurs liés à l'innovation elle-même. Chaque individu, pour une catégorie de produit/service donnée, peut donc être qualifié par son degré d'innovativité.

1. Blanchard D., Lesceux D., *Les Panels*, Dunod, 1995, pp. 140-141.
2. Bloch A., Manceau D., *De l'idée au marché, Innovation et lancement de produits,* Paris, Vuibert, 2000.

Mesure : L'innovativité hédoniste et sociale

L'innovativité est l'attitude générale de la personne qui la rend sensible à la nouveauté ; les racines de cette attitude sont le besoin de stimulation et le besoin d'unicité ; les circonstances font que cette caractéristique ne peut pas s'exprimer systématiquement, mais lorsqu'un produit nouveau apparaît, le groupe des premiers acheteurs contient un pourcentage supérieur à la moyenne de personnes innovatrices. L'échelle d'innovativité est auto-administrée avec une mesure de Likert à 5 échelons. Deux dimensions principales forment la mesure.

Innovativité hédoniste

1. Acheter des produits nouveaux m'intéresse plus qu'acheter des produits connus
2. Il m'arrive souvent, quand je vois un produit nouveau dans un magasin de l'acheter juste pour voir ce qu'il vaut
3. Je pense qu'il faut acheter les produits nouveaux qui viennent de sortir
4. J'aime acheter des produits nouveaux et différents
5. Les produits nouveaux, ça m'excite
6. J'aime tester et essayer les dernières nouveautés

Innovativité sociale

1. Je suis habituellement parmi les premier(e)s à essayer les nouveaux produits
2. J'en sais plus que les autres sur les derniers produits nouveaux
3. J'essaie les nouveaux produits avant les ami(e)s et mes voisins
4. J'aime que mes ami(e)s me considèrent comme innovateur(rice)
5. J'entends parler des nouveautés plus rapidement que la plupart des gens que je connais

Par ailleurs, le consommateur sera plus enclin à adopter les innovations qui présentent les caractéristiques suivantes : forte supériorité (relativement aux concurrents) ; faible risque (notamment financier) ; faible complexité (à la fois pour l'achat et pour l'usage) ; compatibilité avec les normes existantes (parfois les normes technologiques, mais aussi les normes sociales et culturelles des consommateurs) ; réversibilité possible du choix (possibilité de revenir à la situation précédente). L'innovation a aussi plus de chances d'être adoptée si l'entreprise donne au consommateur la possibilité de l'essayer sans risque.

Finalement, l'innovation a d'autant plus de chances d'être adoptée que l'intensité de l'innovation est jugée comme « intermédiaire »[2]. En effet, on peut distinguer les innovations selon leur degré de nouveauté. On parle d' innovation « incrémentale » lorsque le produit est le prolongement d'un produit existant (comme les versions d'un téléphone portable : l'iPhone 5, 6, etc.) ou d'une innovation « radicale » quand le produit donne naissance à une nouvelle catégorie (comme le walkman de Sony ou

1. Roehrich G., « Innovativités hédonistes et sociale : proposition d'une échelle de mesure », Recherche et Application en Marketing, 9 (2), 1994, pp. 19-42.

2. Béji-Becheur A., Pras B., « Degré de novation et utilisateur leader : pour une meilleure compréhension de l'adoption des nouveaux produits », in *De l'Idée au marché*, coordonné par A. Bloch et D. Manceau, Paris, Vuibert, Institut Vital Roux, 2000, pp. 183-211.

le post-it de 3M). Pour juger du caractère incrémental ou radical d'une innovation, le point de vue du consommateur est plus important que celui de l'industriel (autrement dit, l'innovation est *perçue* comme incrémentale ou radicale). En effet, un produit technologiquement très simple peut être considéré comme une vraie innovation par le consommateur.

Pour un responsable marketing, il est utile de déterminer à l'avance les chances de succès du nouveau produit (pour stopper éventuellement le lancement, pour calibrer les quantités à produire, pour convaincre les distributeurs de jouer le jeu et de référencer le produit, etc.). En réalisant une étude spécifique, il est possible de prévoir combien de personnes vont acheter le nouveau produit (le taux d'essai). On peut, par exemple, décrire le produit au consommateur et lui demander son intention d'achat (mais de préférence, on lui laisse essayer un prototype quelques jours ou quelques semaines).

Toutefois, il faut savoir que les intentions déclarées par les consommateurs sont généralement surévaluées : pour déterminer le taux d'essai avec une meilleure précision, il est habituel de corriger les intentions déclarées par un « facteur de conversion[1] ». Par exemple, la société d'études Burke Marketing Services applique la règle suivante : si un consommateur déclare qu'il achèterait certainement le nouveau produit, on considère que la probabilité d'achat est de 80 %. La probabilité est de 30 % s'il déclare qu'il achèterait probablement le produit, de 10 % s'il déclare qu'il l'achèterait peut-être et de 0 % s'il déclare qu'il ne l'achèterait probablement pas ou certainement pas. Ces coefficients de conversion sont estimés à partir de milliers de lancements qui ont été des réussites et des échecs. Ils dépendent de nombreux facteurs, notamment de la catégorie de produit/service[2].

Exemple

Un prototype de fromage blanc aromatisé aux pêches, présenté sous forme de tube vertical (comme certains dentifrices) est laissé au domicile des 800 consommateurs participant à l'étude. Après avoir consommé le fromage blanc, ces consommateurs renvoient un questionnaire d'intention d'achat à la société d'études. Les résultats sont les suivants : 10 % de ces consommateurs interrogés déclarent qu'ils achèteraient *certainement* ce produit, 20 % déclarent qu'ils achèteraient *probablement* ce produit, 30 % déclarent qu'ils achèteraient *peut-être* ce produit et 40 % déclarent qu'ils achèteraient *probablement pas* ou *certainement pas* ce produit. Après application des facteurs de conversion, le taux d'essai du fromage blanc aux pêches est finalement estimé à 17 % (80 % de 10 % + 30 % de 20 % + 10 % de 30 %).

1. Le Nagard-Assayag E., Manceau D., « Faut-il être le premier à lancer une innovation ? Une analyse de l'avantage du pionnier », in *De l'idée au marché, op. cit.*, pp. 11-28.

2. D'autres recherches montrent que le taux de transformation d'une intention en achat se situe, au mieux, légèrement en dessous de 50 % pour ceux qui ont déclaré une intention de 10 sur une échelle de 1 à 10 et autour de 20 % pour ceux qui ont déclaré une intention entre 4 et 8 ! Source : Infosino W.J., « Forecasting New Product Sales from Likelihood of Purchase Ratings », *Marketing Science,* 5, 4, 1986, pp. 372-384.

L'entreprise a intérêt à lancer son produit plus rapidement que ses concurrents si elle vise des parts de marché supérieures (recherche d'un « avantage pionnier[1] »). Lancer le produit en premier confère effectivement plusieurs avantages. L'entreprise bénéficie notamment d'une plus grande visibilité et modèle les préférences des consommateurs (les suiveurs vont apparaître comme de pâles copies). En revanche, la rentabilité des entreprises pionnières est plus faible que celle des entreprises qui suivent (l'investissement et le risque sont supérieurs).

Une fois lancée sur le marché, l'innovation va être adoptée successivement par différents types de consommateurs[2]. L'innovation est tout d'abord adoptée par les innovateurs puis par les adopteurs précoces (*early adopters*). L'innovation est ensuite adoptée par la majorité des consommateurs, puis par les retardataires. Les réfractaires n'adoptent pas l'innovation.

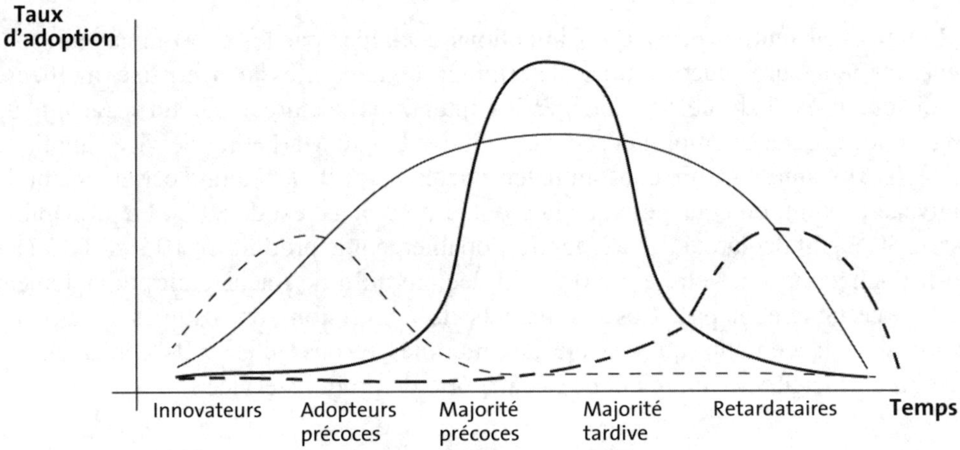

Source : D'après E. Rogers, 1983.

Figure 10.1 – Différentes courbes de diffusion d'un nouveau produit/service

La réussite du lancement d'une innovation n'est jamais garantie. Pour maximiser ses chances de succès, le responsable marketing doit tenter de repérer les consommateurs innovateurs de façon à les cibler en priorité[3]. Ce ciblage est

1. Bourgeat P., Merunka D., « Les méthodes d'évaluation du potentiel des nouveaux produits », in *De l'idée au marché, op. cit.*, pp. 156-180.

2. Rogers E., *Diffusion of Innovations,* New York, Free Press, 1983, 3e édition.

3. Il est aussi utile de repérer les consommateurs « innovateurs » lors de la phase de développement. Les innovateurs peuvent être mobilisés en tant qu'experts pour : participer aux séances de créativité ; aider l'entreprise à départager plusieurs variantes de son produit ; évaluer le produit avec un regard critique mais objectif ; essayer le produit en situation voire même, pointer des erreurs (par exemple, les logiciels sont donnés gratuitement en version « bêta » pour être testés). Une fois l'achat réalisé, l'écoute et le suivi des innovateurs peut également servir à comprendre l'utilisation « extrême » que l'on peut faire du produit ou identifier avant l'heure des problèmes éventuels et déclencher éventuellement un retrait ou une modification de produit.

particulièrement important quand le produit doit faire ses preuves rapidement, notamment dans les circuits de distribution très concurrentiels comme la grande distribution alimentaire (85 % des produits nouveaux sont abandonnés dans les douze mois qui suivent le lancement)[1].

Le ciblage des innovateurs est également utile pour déclencher l'adoption du produit auprès des autres consommateurs. C'est particulièrement vrai quand la valeur du produit est fonction croissante du nombre d'utilisateurs : plus le produit est utilisé, plus il est valorisé (phénomène dit d'« externalité de réseau »). Ce phénomène est typique par exemple, de la téléphonie : plus le nombre d'utilisateurs augmente, plus la valeur du téléphone est élevée pour un utilisateur donné. La question est donc de savoir qui va acheter le premier téléphone, car ce bien n'a aucune valeur pour l'utilisateur. La stratégie marketing la plus pertinente consiste alors à développer le marché de façon très volontaire, y compris en donnant les premiers appareils (stratégie de développement du Minitel en France dans les années quatre-vingt, par exemple).

Il est également intéressant d'étudier les consommateurs « réfractaires » aux innovations. Il est clair que si l'entreprise fait en sorte de répondre à cette cible, elle va développer fortement le marché (car les consommateurs qui adoptent finalement le produit/service représentent souvent une petite fraction de la population). Sur le plan social, on peut parfois s'inquiéter de la fracture, notamment technologique, qui s'installe dans les pays développés : certains participent activement à la course et d'autres sont distancés. Une meilleure compréhension du phénomène d'adoption des innovations, notamment par les pouvoirs publics, peut certainement aider à résoudre en partie ces questions.

Repère

Faire un marché test pour maximiser les chances de succès

Afin d'optimiser les chances de succès d'un nouveau produit, certaines entreprises font des marchés test en conditions réelles (caractéristiques de l'échantillon proches des moyennes nationales en termes de CSP, âge, fréquentation du point de vente, etc.)[2]. L'objectif est de tester en conditions réelles le potentiel d'un produit (son taux d'achat et de réachat) afin de décider s'il peut ou non être lancé. Le lancement d'un produit à l'échelle nationale nécessite plusieurs millions d'euros, d'où la nécessité d'un marché test et si possible en conditions réelles et non virtuelles – en laboratoire expérimental, qui ne permet pas d'exposer le produit à la concurrence

☞

1. Urban G.L., Hauser J.R., « Design and Marketing of New Products », Cheltenham, Prentice Hall, 1993, édition.
2. Battais L., « Le marché test en conditions réelles, portées et limites pour l'étude du lancement de nouveaux produits », *Décisions Marketing*, 47, pp. 97-100, 2007.

comme sur un linéaire. Les entreprises peuvent également recourir à ce type de test afin de mieux répartir leurs ressources entre les différents éléments du *mix marketing* (davantage de publicité ? action sur le prix ?), mais également afin de pouvoir tester le merchandising. Ce type de test représente un budget compris entre 50 000 et 60 000 euros environ. D'autres méthodes sont activées à la conception du produit, comme celle des clients pilotes par exemple (*lead-users*), qui permet de connaître des attentes non satisfaites[1].

3 Le choix d'un point de vente

Le processus de choix d'un point de vente présente quelques particularités par rapport à celui d'un produit : les motivations de visite sont spécifiques, les critères d'évaluation sont différents et la distance géographique entre en jeu. Concernant les motivations de visite, on distingue généralement trois types de motivations :

- les motivations fonctionnelles (trouver le bon produit au meilleur prix) ;
- les motivations personnelles (se tenir au courant des nouveautés, se distraire…) ;
- les motivations sociales (rencontrer des gens, exprimer son appartenance à un groupe…)[2].

Repère

Le comportement de shopping

Plusieurs auteurs distinguent le shopping utilitaire du shopping récréationnel[3]. Généralement, les shoppers utilitaires n'aiment pas ou ont une attitude neutre envers l'activité de shopping et sélectionnent les magasins essentiellement selon une approche coûts-bénéfices. Le volet utilitaire est donc prépondérant pour ce type de shopping. Cependant, le shopping peut aussi être considéré comme une activité agréable (shopping récréationnel). Ce dernier type de shopping ne se contente

1. Gotteland D., Boulé J.-M., « Des "grandes inventions" aux nouvelles méthodes d'innovation : Quoi de neuf depuis le Paléolithique ? », *Décisions Marketing*, pp. 71-74, 2010.

2. Tauber E.M., « Why Do People Shop ? », *Journal of Marketing*, 36, october, 1972, pp. 46-59.

3. Babin B.J., Darden W.R., Griffin M., « Work and/or Fun: Measuring Hedonic and Utilitarian Shopping Value », *The Journal of Consumer Research*, 20 (4), 1994, pp. 644-56.

☞

pas de prendre en considération la recherche de gratification au travers des caractéristiques tangibles des produits achetés, il tient également compte de la recherche de gratification au travers de l'activité de shopping en elle-même. En conclusion, le terme shopping, tel qu'utilisé dans la littérature, fait référence à l'achat de produits ou de services.[1]

Mesure : Échelle du comportement de shopping

Une échelle bidimensionnelle, utilisée avec un format Likert en cinq points est adaptée en français :

Dimension plaisir

1. Faire du shopping me procure beaucoup de plaisir.
2. Je ne passe pas un moment agréable en faisant du shopping (item inversé).
3. Par rapport aux autres choses que je pourrais faire, le temps passé à faire mon shopping me fait vraiment plaisir.
4. Faire du shopping me donne vraiment l'impression de m'évader.
5. J'aime faire du shopping pas seulement pour les articles que je peux acheter, mais également pour l'activité de shopping en elle-même.
6. Quand je fais du shopping, j'ai l'impression de partir à l'aventure.
7. Je fais mon shopping parce que j'en ai envie et non pas parce que je dois.

Dimension utilitaire

1. Je fais exactement ce que je dois faire pendant mon shopping.
2. Je râle lorsque je dois aller dans un autre/d'autres magasins pour terminer mon shopping.
3. Quand je fais mon shopping, je n'achète que l'(les) article(s) que je cherche.

Le distributeur ne doit donc pas se contenter de répondre à des motivations fonctionnelles. Pour se différencier, il peut répondre de façon originale aux autres motivations (par le design du magasin et l'ambiance, par les services…).

Concernant les critères d'évaluation et de choix, de nombreuses études montrent que les consommateurs sont particulièrement attentifs à trois critères : le choix proposé (largeur et profondeur de l'assortiment), le niveau de prix et les services (avant, pendant et après la visite). Cependant, un grand nombre d'autres critères peuvent jouer pour des circuits spécifiques (comme les cabines d'essayage dans un magasin de vêtements) ou pour des rayons particuliers (comme la fraîcheur des produits dans le rayon poissonnerie).

1. Lombart C., « Le butinage : proposition d'une échelle de mesure », *Recherche et Application en Marketing*, 19 (2), 2004, pp. 1-30.

L'importance de ces critères peut naturellement varier d'un consommateur à l'autre, ce qui permet de segmenter à partir des critères utilisés pour juger et choisir les points de vente. Ces critères varient également dans le temps, notamment avec l'action des concurrents. Par exemple, plus les distributeurs parlent de prix, plus les consommateurs prennent en compte le niveau de prix dans leur processus de choix.

Quand il juge un point de vente, le consommateur simplifie son processus d'évaluation ; il met en œuvre un certain nombre d'heuristiques. L'évaluation globale du magasin repose sur l'évaluation de quelques rayons qui sont, pour lui, particulièrement impliquants. Par exemple, la variété du choix proposé est estimée à partir du nombre de références dans les rayons, comme le café ou les yaourts[1], car il est clair que le consommateur n'a ni les capacités ni la motivation pour compter la totalité des références offertes dans le magasin (souvent plus de 50 000 dans un hypermarché). Du point de vue du distributeur, il faut particulièrement soigner ces rayons (ce qui ne veut pas dire que les autres soient laissés à l'abandon !).

Le choix du consommateur ne dépend pas seulement de la performance du point de vente (assortiment, service…), mais également de sa proximité géographique (c'est le cas pour beaucoup de services en réseau, comme pour les banques ou les restaurants *fast-food*). Plus la taille du point de vente est importante, plus le point de vente est proche, plus *l'attraction* qu'il exerce sur le client est forte. Par ailleurs, plus l'attraction d'un point de vente est forte, plus sa part de marché sera élevée[2].

EXEMPLE

> Pour tout consommateur *i*, l'attraction exercée par un point de vente *j* est directement proportionnelle à la taille de *j* et inversement proportionnelle à la distance entre *i* et *j*. Soit A(*ij*) = taille (*j*)/distance (*ij*)^2. Par ailleurs, pour tout consommateur *i*, la probabilité de choisir le point de vente *j* est égale à l'attraction de *j*, divisée par la somme des attractions des autres points de vente *k*. Soit Prob(*ij*) = A(*ij*)/Σ A(*ik*).
>
> Prenons une ville de province où s'affrontent quatre hypermarchés : HM1 (2 500 m^2), HM2, (12 000 m^2), HM3 (5 000 m^2) et HM4 (8 000 m^2). Considérons maintenant un consommateur qui habite en centre-ville. La distance qui sépare ce consommateur de chaque magasin est respectivement de 5 minutes, 20 minutes, 10 minutes, 10 minutes. L'attraction qu'exerce HM1 sur le consommateur est de 100 (soit 2 500/5^2). Si on calcule l'attraction des autres points de vente sur ce consommateur et que l'on additionne les quatre nombres, on obtient une attraction totale de 260 (soit 2 500/5^2 + 12 000/20^2 + 5 000/10^2

1. Amine A., Cadenat S., « L'efficacité de l'assortiment du distributeur à travers la perception du choix par les consommateurs », in *Études et recherches sur la distribution*, coordonné par P. Volle, Paris, Economica, 2000.

2. Cliquet G., « Les modèles gravitaires et leur évolution », *Recherche et Applications en Marketing*, 3, 3, 1988, pp. 39-52. Cliquet G., *Management stratégique des points de vente*, Paris, Sirey, 1992.

+ 8 000/10^2). Le pourcentage de son budget que le consommateur va consacrer au point de vente HM1 est donc de 38,5 % (soit 100/260). Si on considère non pas un consommateur, mais un quartier de la ville, on peut aussi dire que la part de marché de HM1 dans ce quartier est de 38,5 %. Si l'estimation pour un individu est souvent très approximative, l'estimation pour un quartier entier est souvent très précise.

Le processus de choix des points de vente est influencé à la fois par des éléments « structurels » (comme l'image du point de vente ou sa proximité géographique) et des éléments conjoncturels (comme la politique promotionnelle). Toutefois, les éléments structurels dominent : la politique promotionnelle joue à la marge[1].

Un autre aspect doit être pris en compte pour comprendre le processus de choix des points de vente. Certains magasins sont considérés par les consommateurs comme de véritables destinations (on se prépare pour s'y rendre spécifiquement…) alors que d'autres sont plutôt des magasins d'interception (on passe devant, à l'occasion d'un autre trajet ou sans intention spécifique…). Le statut de magasin de destination est réservé aux points de vente qui répondent aux attentes de « tout sous le même toit », quitte à s'entourer d'autres boutiques pour renforcer l'attractivité du lieu (galerie marchande…). Le processus de choix d'un point de vente d'interception fonctionne sur des bases assez différentes. Une stratégie employée par les distributeurs consiste à capter un trafic dérivé d'une infrastructure (comme une gare) ou d'autres magasins (y compris des concurrents, à l'image de ce que font de nombreux magasins de *discount* alimentaire qui s'installent près des hypermarchés).

Le processus de choix d'un point de vente repose donc sur des mécanismes assez différents de ceux qui permettent d'expliquer le choix d'un produit.

EXEMPLE – Choisir ou non un point de vente selon les émotions ressenties

Les consommateurs peuvent choisir un point de vente pour ressentir certaines émotions, comme le plaisir. À l'inverse, ils peuvent se détourner d'un point de vente car ils se sentent nerveux (suite à un agencement des produits qui ne leur convient pas ou encore suite à l'activation d'éléments sensoriels trop forts comme la musique, les odeurs, mais aussi la foule). Ils peuvent également ressentir de l'oppression lorsqu'ils « doivent » se conformer aux règles du magasin (par exemple, chez Ikea, « devoir » suivre le parcours indiqué par crainte de se perdre). Ces émotions ont une influence sur la satisfaction à l'égard du point de vente : positive pour le plaisir et négative pour les autres[2]. Les émotions peuvent également dépendre de l'état du produit : neuf ou d'occasion.

1. Volle P., *Promotion et choix du point de vente*, Paris, Vuibert, 1999.
2. Lichtlé M.-C., Plichon V., « Les émotions ressenties dans un point de vente : proposition d'une échelle de mesure », *Recherche et applications en marketing*, 29(1), pp. 3-26, 2014.

Repère

L'achat de produits d'occasion

En 2004, 59 % des consommateurs déclarent acheter un produit d'occasion. En 2014, ils sont 75 % à le faire[1]. Plusieurs canaux de distribution sont utilisés, comme les brocantes, les plateformes Internet (Le Bon Coin, eBay, etc.) ou encore les fêtes de la gratuité (ou *gratiferias*)[2]. Les motivations à acheter des produits d'occasion sont certes économiques (payer moins cher), parfois écologiques (réutiliser les produits existants) mais aussi et surtout récréationnelles[3]. En effet, l'odeur dans le point de vente, le merchandising attirent, mais aussi le fait de s'adonner à une chasse aux trésors régressive afin de dénicher la « perle rare ». Ces canaux plaisent aux jeunes générations avides de créativité, qu'elles expriment notamment *via* l'achat de produits vintage. Ils sont en revanche « boudés » par les seniors ; l'odeur et l'aspect du vieux les rapprochant de l'idée de mort[4].

Section 2 LA FIDÉLITÉ

1 Le concept de fidélité

Tout d'abord, nous précisons la différence entre le comportement de simple réachat et la fidélité « comportementale ». Nous montrons ensuite que la fidélité ne se résume pas à un comportement : il s'agit aussi de savoir quelle est l'attitude du consommateur vis-à-vis du produit marqué.

1.1 Du réachat à la fidélité « comportementale »

L'analyse du comportement de réachat permet d'identifier les gros consommateurs, c'est-à-dire ceux qui consomment le plus. Il est clair que plus l'entreprise attire des gros consommateurs, plus elle consolide ses parts de marché. Toutefois, il ne faut pas confondre le comportement de réachat et la fidélité « comportementale ».

1. *Évolution des tendances de consommation. Rapport d'étude 2e vague*, ObSoCo (Observatoire société et consommation), Observatoire des consommations émergentes, octobre 2013.

2. Guillard V, Roux D., « Dons anonymes et rencontres urbaines », *Esprit*, 7, pp. 40-53, 2015.

3. Roux D., Guiot D., « Une mesure des motivations envers l'achat d'occasion, leurs antécédents et leurs conséquences », *Recherche et applications en marketing*, 23(4), pp. 63-95, 2008.

4. Dehling A., « "Couvrez cette mort que je ne saurais voir" : du rapport singulier entre consommateurs seniors et objets d'occasion », *Décisions Marketing*, 76, pp. 47, 2014.

De façon très simple, la fidélité du consommateur *i* vis-à-vis de la marque X peut être définie comme « la quantité de X achetée par le consommateur *i* divisée par la quantité totale achetée par *i* dans la catégorie de produit/service à laquelle appartient la marque X » (il peut s'agir de céréales pour le petit-déjeuner, de boissons aux fruits ou de piles électriques)[1]. La fidélité s'analyse pour une période spécifique (le mois, l'année…).

La fidélité ne se confond pas avec l'exclusivité (quand le consommateur n'achète qu'une seule marque dans la catégorie de produit/service). La plupart des consommateurs, même ceux qui sont dits « fidèles », ne sont pas fidèles à 100 %. Les consommateurs exclusifs sont plutôt rares. Par exemple, des études montrent que les clients exclusifs à une enseigne de distribution représentent entre 5 % et 15 % des clients de cette enseigne[2].

Le « taux de nourriture »

La fidélité comportementale se mesure avec le « taux de nourriture » (une expression largement utilisée par les sociétés de panels), parfois appelé la « part de client ».

Par exemple, on considère un consommateur qui dépense 50 € par an pour la marque X. Son budget total pour cette catégorie de produit s'élève à 100 €. Dans ces conditions, le « taux de nourriture » de ce client pour la marque X est de 50 % (50/100).

EXEMPLE

Gérard et François voyagent respectivement 10 fois et 40 fois dans l'année à titre professionnel. Ils empruntent la même ligne aérienne entre Paris et Londres. Gérard vole exclusivement sur Air France. François partage ses vols entre Air France et British Airways. Cette année, il a volé 10 fois sur Air France et 30 fois sur British Airways. Pour Air France, Gérard et François sont tous les deux des gros clients. Ceci dit, Gérard est nettement plus fidèle que François. Son « taux de nourriture » est de 100 % (10/10) alors que celui de François est de 25 % (10/40). Il est clair que la politique marketing d'Air France devra être différente pour Gérard et pour François. Gérard est un client « exclusif » qu'il convient de retenir alors que François est un gros client à fidéliser (puisqu'il voyage 30 fois par an avec British Airways).

Les séquences d'achat

Au-delà du taux de nourriture, il est parfois intéressant d'étudier les séquences d'achats. On distingue quatre types de séquence : l'exclusivité, la mixité, l'infidélité et la transition. On considère une séquence de 6 achats et une catégorie formée de

1. Il est parfois préférable de compter les actes d'achat plutôt que les quantités achetées, mais le principe reste le même.

2. Volle P., 1999, *op. cit.*

3 marques (X, Y et Z). La séquence d'achat d'un consommateur mono-fidèle à la marque X s'écrit X X X X X X et celle d'un consommateur infidèle, par exemple, X Y X Z X Y (expérimentation et versatilité). La séquence d'achat d'un consommateur mixte s'écrit, par exemple, X Y Y X X Y (panachage entre quelques marques appréciées) et celle d'un consommateur en transition X X X Y Y Y.

Dans notre exemple, le consommateur « mixte » et le consommateur « en transition » ont tous les deux un taux de nourriture de 50 % (soit 3 achats de X sur 6 achats au total). Pourtant, si ces deux consommateurs sont également fidèles, la probabilité qu'ils choisissent la marque X pour l'achat suivant est certainement différente. La probabilité que le consommateur « mixte » choisisse la marque X pour l'achat suivant est de l'ordre de 50 %. La probabilité que le consommateur « en transition » choisisse la marque X pour l'achat suivant est proche de zéro. En effet, ce consommateur a changé son comportement après le troisième achat et ne va probablement pas revenir sur la marque X (si ce changement de comportement est lié à un changement de préférence et non pas à des éléments contextuels, comme une promotion)[1].

Le « taux de nourriture » est un critère de segmentation utile, mais notre exemple montre que l'analyse des séquences complète bien celle du « taux de nourriture », car celui-ci peut parfois se révéler trompeur.

Repère

Fidélité comportementale intra-catégorielle

Les clients peuvent être ou non fidèles à *une gamme de produits* et « batifoler » entre les différents produits de la gamme, ou encore ils peuvent être fidèles à *un produit* au sein de la gamme. La taille de l'assortiment (produits offerts dans une catégorie dans un point de vente) a un impact positif sur l'attractivité auprès du consommateur. En revanche, le choix se fait sur une part réduite de l'offre : les consommateurs choisissent le même nombre de produits, quelle que soit la taille de l'assortiment. La largeur de la gamme sert donc à attirer le client mais peut être contre-productive au regard du paradoxe du choix, déjà évoqué dans le chapitre 7.

S'agissant de la gamme intra-catégorielle (par exemple, les différents parfums de la catégorie Danette), sa largeur sert à nourrir le besoin de variété des consommateurs, ce qui permet de les fidéliser.

☞

1. Cet exemple repose sur l'idée que le taux de nourriture peut être calculé à partir de la séquence d'achats. Autrement dit, le consommateur dépense le même montant, ou achète la même quantité à chaque achat. Si le consommateur achète une plus grande quantité de X que de Y ou de Z, les principes restent les mêmes, mais l'exemple est rendu plus complexe.

Ainsi, la fidélité comportementale peut se scinder en deux :

- fidélité au produit (qui correspond au concept de profondeur de gamme) ;
- fidélité à la gamme de produit (correspondant au concept de largeur de gamme).

La fidélité dépend également de la temporalité : elle peut être longitudinale (réachat sur le long terme) ou instantanée. Ainsi, quatre composantes de la fidélité se dégagent : fidélité instantanée à la gamme ou au produit ; fidélité longitudinale à la gamme ou au produit.

Les résultats montrent que le vecteur principal de réachat est la fidélité longitudinale au produit, même si les trois autres dimensions de la fidélité sont importantes pour les marques[1]. Ainsi, il est important pour une marque de s'appuyer sur les quatre composantes de la fidélité et de proposer une gamme « assez » large pour nourrir le besoin de variété du consommateur mais pas « trop » large afin que cette extension ne soit pas à rendement décroissant.

1.2 La fidélité « attitudinale »

La fidélité d'un consommateur vis-à-vis d'un produit/service ne s'apprécie pas seulement à partir de ses comportements d'achat. La fidélité comporte parfois une dimension attitudinale : elle repose sur une préférence[2]. Certains proposent même de mesurer la fidélité par la question « Quelle est votre marque préférée ? »[3].

La fidélité, au sens plein du terme, repose donc sur deux composantes : une composante comportementale (réachat régulier) et une composante attitudinale (préférence). Mais ces deux composantes ne sont pas toujours associées : on peut observer une fidélité comportementale sans fidélité attitudinale ou une fidélité attitudinale sans fidélité comportementale exclusive.

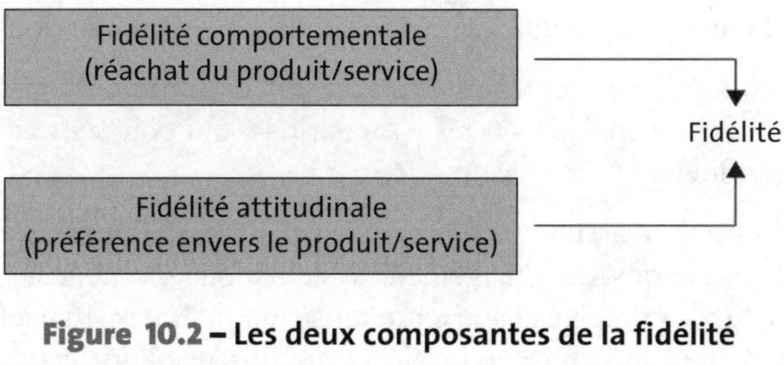

Figure 10.2 – Les deux composantes de la fidélité

1. Aurier P., Mejia V., « Gamme de produits et fidélisation des consommateurs dans les catégories d'achat fréquent : proposition d'un cadre conceptuel et d'un modèle diagnostic », *Décision Marketing*, 78, pp. 95-118, 2015.
2. Pour un consommateur, la marque préférée est celle pour laquelle il a l'attitude la plus favorable.
3. Jacoby J., Chesnut R.W., *Brand Loyalty : Measurement and Management*, New York, Ronald Press, 1978.

2 Les scénarios de la fidélité

Deux consommateurs se comportant de la même façon peuvent le faire pour des raisons *très* différentes. Il est donc utile de comprendre *pourquoi* les consommateurs sont ou non fidèles.

Si l'on se contente de classer les consommateurs selon leur degré de fidélité comportementale, le responsable marketing risque de traiter de la même façon des consommateurs tout à fait différents. Par exemple, si l'on se penche sur les consommateurs fidèles à une marque X, la fidélité peut s'expliquer par quatre grandes raisons[1] :

– *la conviction.* Après avoir comparé les attributs importants des différentes marques concurrentes, le consommateur constate que la marque X est bien supérieure aux autres. Pour cette raison, il lui restera fidèle ;

– *la satisfaction paresseuse*. Le consommateur est content d'avoir trouvé un produit satisfaisant. Il pourrait peut-être trouver mieux ailleurs, mais il considère que le jeu n'en vaut pas la chandelle, car cela supposerait de perdre du temps ou de l'énergie à chercher une alternative à la marque X ;

– *le risque perçu.* Le consommateur ne veut pas « lâcher la proie pour l'ombre » et prendre des risques superflus. Il reste fidèle à la marque X, par crainte de commettre une erreur en changeant de marque ;

– *l'inertie.* Le consommateur ne cherche même pas à expliquer sa fidélité par une supériorité de la marque X sur ses concurrentes. Il considère simplement que le réachat est la solution la plus pratique. Il est guidé par l'habitude, la routine.

Si l'on ne connaît pas les raisons qui expliquent les comportements, on peut facilement confondre un consommateur fidèle « par conviction » avec un consommateur fidèle « par inertie », car ces deux individus peuvent avoir le même taux de nourriture. Mais réagiront-ils de la même façon aux actions marketing ? On peut se douter que non.

La fidélité – comme l'infidélité – s'explique par de multiples raisons. Il est donc important de mener une analyse sur les « scénarios » qui poussent un consommateur à être fidèle ou infidèle.

Ce travail désormais classique a été mené par J.-N. Kapferer et G. Laurent, qui distinguent deux scénarios de changement systématique (le détachement total et le safari), quatre scénarios de panachage entre plusieurs marques (l'attachement partagé, le détachement partiel, le panachage réfléchi et l'insensibilité) et trois scénarios de réachat exclusif de la même marque (la fidélité réfléchie, la fixation et la pseudo-fidélité)[2].

1. Kapferer J.-N., Laurent G., *La Sensibilité aux marques*, Paris, Éditions d'Organisation, 1992.
2. Kapferer J.-N., Laurent G., 1992, *op. cit.*

Dans le tableau 10.2, chaque scénario est décrit par un indice caractérisant « l'intensité du processus de décision » (temps passé, nombre de marques comparées, nombre de magasins visités...) et un indice de sensibilité à la marque (prise en compte de la marque dans le processus de choix). Chaque scénario est également décrit en quelques lignes, avec mention d'un ou de deux produits représentatifs. On notera que les chiffres entre parenthèses indiquent le scénario *dominant* pour chaque produit, mais que la correspondance entre chaque scénario et chaque produit n'est pas parfaite (les chiffres varient entre 15 % et 55 %).

Tableau 10.2 – Les scénarios de la fidélité

Type de scénario	Description	Exemples de produits	Intensité du processus	Sensibilité aux marques
Détachement total	Total *désintérêt* pour la décision	Piles électriques (30 %)	30	40
Safari	Grande exigence vis-à-vis d'un *modèle* spécifique, plus que d'une marque	Robes (55 %)	120	45
Attachement partagé	Choix au sein d'un ensemble de *marques « élues »* et jugées équivalentes	Chocolat (20 %)	70	115
Détachement partiel	Choix au sein d'un ensemble de *marques « acceptables »*, les autres étant exclues	Liquide vaisselle (25 %), pâtes alimentaires (25 %)	40	50
Panachage réfléchi	Choix au sein d'un ensemble de marques jugées *vraiment* meilleures	Téléviseur (30 %), machine à laver (40 %)	145	140
Insensibilité	Comparaison rationnelle sur les *attributs fonctionnels*	Aspirateur (35 %), matelas (25 %)	140	70
Fidélité réfléchie	Choix par *conviction* de la marque jugée comme étant *la* meilleure	Soutien-gorge (35 %)	145	155
Fixation	Choix par *satisfaction paresseuse*	Eau minérale (20 %)	80	130
Pseudo-fidélité	Choix sommaire, *automatique* et sans engagement	Collants (15 %)	35	55

Note : (1) un indice de 100 est un indice moyen ; (2) le chiffre entre parenthèses dans la colonne « Exemple de produits » indique le pourcentage de consommateurs qui sont concernés par ce scénario spécifique, pour ce produit ; (3) par rapport aux travaux de J.-N. Kapferer et Laurent G., les chiffres ont été arrondis pour faciliter la lecture.

Source : D'après J.-N. Kapferer et G. Laurent, 1992.

Section 3 LA RECHERCHE DE VARIÉTÉ

Le lien entre la satisfaction et l'intention de réachat est généralement très fort (ces deux mesures sont prises dans l'instant, juste après l'expérience du produit/service)[1]. En revanche, si le lien entre la satisfaction et la fidélité est souvent significatif, ce lien n'est ni direct, ni linéaire[2].

1 Les caractéristiques du lien entre satisfaction et fidélité

De prime abord, on peut penser qu'un consommateur pas du tout satisfait ne sera pas fidèle, alors qu'un consommateur parfaitement satisfait le sera. Si on place la satisfaction en abscisse et la fidélité en ordonnée, sur une échelle de 0 à 100 %, on obtient donc une droite, comme le montre le cas [A]. Mais, ce lien entre satisfaction et fidélité n'est pas nécessairement linéaire. Dans le cas [B], le consommateur n'est fidèle qu'au-delà d'un niveau de satisfaction minimum. Une fois ce niveau dépassé, il devient rapidement très fidèle. Dans le cas [C], le consommateur atteint très vite un niveau de fidélité élevé, pour un niveau de satisfaction intermédiaire. Il est difficile de le fidéliser complètement sans investir massivement sur sa satisfaction. Dans le cas [D], on observe un palier, avec deux niveaux de fidélité.

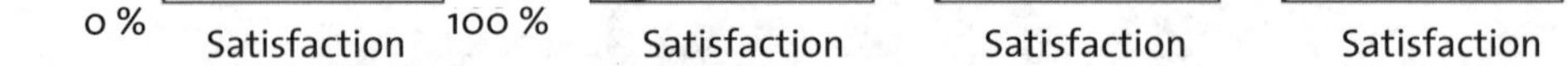

Figure 10.3 – Le lien entre satisfaction et fidélité

Les recommandations en matière d'investissements commerciaux seront très différentes d'un cas à l'autre. Par exemple, pour le cas [D], un niveau de satisfaction à 60 % est sous-optimal : l'entreprise doit désinvestir (satisfaction moindre sans conséquence sur la fidélité) ou au contraire, investir massivement (satisfaction élevée avec effet sur la fidélité). En revanche, ce niveau de satisfaction de 60 % est probablement

1. Zeithaml V.A., Berry L.L., Parasuraman A., « The Behavioral Consequences of Service Quality », *Journal of Marketing,* 60, 1996, pp. 31-46.

2. Anderson E.W., Sullivan M.W., « The Antecedents and Consequences of Customer Satisfaction for Firms », *Marketing Science,* 12, 1993, pp. 125-143. L'attitude globale vis-à-vis du produit/service prédit mieux la fidélité, car si la satisfaction résulte d'une transaction particulière, l'attitude est « un résumé » de l'histoire entre le consommateur et le produit/service.

proche de l'optimum dans le cas [B]. Pour l'entreprise, il est donc utile de savoir à quel type de consommateur elle s'adresse, et où l'entreprise se trouve sur la courbe.

2 La recherche de variété

Le fait que le consommateur soit satisfait d'un produit/service ne permet pas de garantir qu'il soit fidèle. Le consommateur est parfois infidèle à une marque dont il est satisfait. En effet, le consommateur recherche une certaine variété dans sa consommation : il ne souhaite pas toujours consommer les mêmes produits/services.

2.1 Le concept de recherche de variété

Dans l'approche économique « moderne », la recherche de variété est une dimension importante pour comprendre le marché[1]. Si le consommateur ne souhaitait pas une certaine variété, les entreprises auraient tendance à rechercher les économies d'échelle maximales, pour produire en grande quantité des produits non différenciés, au prix le plus bas. Si les entreprises offrent des produits/services différenciés, produits en séries plus courtes, c'est précisément pour répondre à cette attente de variété exprimée par les consommateurs. Le degré de variété souhaité par les consommateurs détermine donc la variété des produits offerts par les entreprises.

Le comportement de recherche de variété se définit comme « un changement de marque, sans insatisfaction à l'égard de la marque abandonnée ». À la limite, si on considère deux marques X et Y (toutes deux satisfaisantes pour le consommateur), la probabilité de choisir Y pour l'achat en $n+1$ est supérieure si la marque X a été achetée en n (et vice-versa). Le consommateur peut d'ailleurs revenir vers la marque abandonnée dès le prochain achat. La marque X a de nouveau plus de chances d'être achetée en $n+2$. Dans le temps, les comportements du consommateur sont donc dépendants les uns des autres.

Ce comportement est étudié depuis plus de 25 ans, en parallèle des comportements de fidélité[2]. La recherche de variété peut rendre compte du choix de produits, mais aussi du choix de points de vente[3]. Au sens large, la recherche de variété explique pourquoi le consommateur n'est pas fidèle, *en dehors des problèmes d'insatisfaction*. Dans cette acception, toutes les causes imaginables rentrent sous le vocable de « variété » : les goûts du consommateur évoluent, ses contraintes se modifient

1. Lancaster K., « The Economics of Product Variety : a Survey », *Marketing Science*, 9, 3, 1990, pp. 189-206.

2. McAlister L., Pessemier E., « Variety Seeking Behavior : an Interdisciplinary Review », *Journal of Consumer Research*, 9, 3, 1982, pp. 311-322.

3. Sirieix L., Dubois P.-L., « Exploration par le lèche-vitrine et recherche de variété dans le choix du point de vente », *Recherche et Applications en Marketing*, 10, 3, 1995, pp. 33-46.

(notamment ses contraintes financières...), le contexte d'achat ou de consommation change, l'offre se transforme (disparition de produits...), etc.

Au sens strict, le comportement de variété est lié à un *sous-ensemble de ces causes en rapport direct avec le consommateur*[1]. Les causes personnelles sont : le désir d'alternance dans le familier, le désir du non familier et la recherche d'information. Autrement dit, le consommateur va changer de marque sans être insatisfait, car il recherche de nouvelles expériences de consommation plus ou moins intenses (le désir d'alternance dans le familier est moins intense que le désir de non familier), ou parce qu'il cherche à collecter de nouvelles informations. Les causes interpersonnelles sont l'affiliation et la distinction. Dans ce cas, le consommateur va changer de produit/marque pour rester en phase avec les comportements évolutifs de ses groupes de référence, ou encore, pour manifester un style de vie particulier (« avant-gardiste », « dans le coup »...).

La recherche de variété se caractérise par un comportement simple : la fréquence de changement entre des produits/services tous jugés comme satisfaisants. Pour mesurer en quoi un consommateur recherche la variété, on peut donc enregistrer les comportements dans le temps et calculer *a posteriori* un indice, comme le nombre de « changements contigus ». À titre d'exemple, on considère un historique de dix achats entre la marque X et la marque Y : X X Y Y Y X Y Y X Y. Dans ce cas, le nombre de changements est égal à cinq et l'indice est égal à 5/10, soit 0,5. On peut aussi calculer un indice qui mesure la diversité des produits consommés par ce consommateur dans une catégorie de produits/services : plus les attributs consommés seront différents, plus le consommateur manifeste une forte recherche de la variété.

2.2 Expliquer la recherche de variété

La recherche de variété traduit un fort besoin de stimulation. Au-delà des comportements, elle se mesure aussi par l'intensité de motivations spécifiques, comme la recherche de sensations (recherche d'expériences nouvelles, recherche du non routinier, recherche de ce qui est défendu...)[2]. Si le consommateur n'obtient pas assez de stimulation à travers la consommation de son produit habituel, il va chercher à augmenter son niveau de stimulation (choix d'autres marques connues, de nouvelles variantes, de nouveaux produits...).

Les consommateurs cherchent plus ou moins de variété. Chaque individu peut donc être caractérisé par un degré habituel de recherche de variété. Cependant, pour chaque consommateur caractérisé par un comportement de variété « moyen », la

1. Aurier P., « Recherche de variété : un concept majeur de la théorie marketing », *Recherche et Applications en Marketing*, 6, 1, 1991, pp. 85-106.

2. Zuckerman M., *Sensation Seeking Scale : Beyond the Optimal Level of Stimulation*, New Jersey, Hillsdale, Lawrence Erlbaum, 1979.

recherche de variété va également différer d'une catégorie à l'autre. Le phénomène de « saturation » ou de « lassitude » va se manifester plus fortement pour certaines catégories de produits/services que pour d'autres. La recherche de variété est plus fréquente dans les catégories de produits/services « hédoniques » et pour lesquelles le risque perçu est faible (comme pour les céréales du petit-déjeuner ou les biscuits).

Précisons que le consommateur cherche une variété « totale » qui provient du choix lui-même ou du contexte de choix[1]. Si le contexte est peu stimulant, les choix seront plus variés (pour compenser, d'une certaine manière). À l'inverse, si le contexte est très stimulant, les choix seront moins variés. Autrement dit, le consommateur sera plus fidèle aux marques achetées si le contexte d'achat ou le contexte de consommation sont stimulants (environnement d'achat, autres produits consommés simultanément…).

2.3 Recherche de variété et stratégie marketing

La prise en compte du degré de recherche de variété par les consommateurs permet de définir une stratégie de gamme adaptée (quelle largeur, quelle profondeur) et d'éviter les situations d'hyperchoix (le consommateur est perdu, face à une offre pléthorique)[2].

Par ailleurs, de façon plus tactique, les réponses du consommateur aux actions promotionnelles sont en partie expliquées par le comportement de recherche de variété. Les réponses sont plus fortes auprès des consommateurs ayant une forte probabilité de s'engager dans des comportements variés[3]. La compréhension de ces comportements permet donc d'orienter le ciblage des actions marketing.

Finalement, la recherche de variété peut être encouragée. Plus le consommateur est dans une humeur positive, plus il aura tendance à varier ses achats (à condition que les marques proposées soient satisfaisantes)[4]. Les environnements susceptibles d'induire cette humeur positive auront donc un effet sur la variété des choix.

3 Les facteurs explicatifs de la fidélité

La fidélité du consommateur envers un produit/service s'explique par de nombreux paramètres. Dans le sens de la fidélité, ces paramètres sont : une très faible implication, ce qui entraîne l'inertie des comportements ; la conviction que certains

1. Menon S., Kahn B.E., « The Impact of Context on Variety Seeking in Product Choices », *Journal of Consumer Research*, 22, 3, 1995, pp. 285-295.

2. Kahn B.E., « Dynamic Relationships with Customers : High Variety Strategies », *Journal of the Academy of Marketing Science*, 26, 1, 1998, pp. 45-53.

3. Trivedi M., « Using Variety-Seeking-Based Segmentation to Study Promotional Response », *Journal of the Academy of Marketing Science*, 27, 1, 1999, pp. 37-49.

4. Roehm H.A., Roehm M.L., « Revisiting the effect of positive mood on variety seeking », *Journal of Consumer Research*, (32)2, pp. 330-336, 2005.

produits sont meilleurs que d'autres, ce qui entraîne une forte sensibilité aux marques ; une vraie préférence envers tel ou tel produit ; la faible qualité perçue des concurrents ; une satisfaction élevée ; des liens solides avec le personnel de l'entreprise ; des coûts de changement perçus comme élevés (le temps, l'argent et tous les efforts liés à la recherche d'informations, avant l'achat, et à l'apprentissage, après l'achat) ; un fort degré de risque perçu.

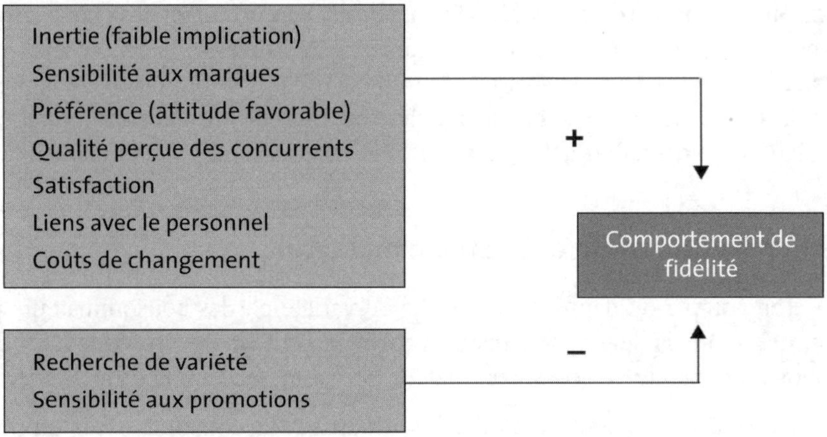

Figure 10.4 – Les déterminants de la fidélité

Dans le sens de l'infidélité, les paramètres explicatifs sont : la recherche de variété dans la consommation et une forte sensibilité aux promotions. Le rôle des promotions ne doit effectivement pas être négligé, sachant que ces techniques pèsent lourdement sur les budgets de communication et que, par ailleurs, ces techniques ont pour vocation à influencer directement les comportements d'achat.

Repère

La sensibilité aux promotions

Les consommateurs ne sont pas tous égaux vis-à-vis des promotions. Ainsi, Médiapost (La Poste) identifie 5 grands profils : les fans de réduction immédiate, les fans d'offres de remboursement différé, les individus sensibles à la valeur de la réduction (ils ne réagissent pas pour des petites valeurs faciales), les individus sensibles à la marque (ils réagissent pour des promotions sur des marques bien connues et, surtout, pour leurs marques habituelles) et les réticents.

Le concept de sensibilité aux promotions permet d'expliquer en partie pourquoi les consommateurs achètent ou n'achètent ☞

☞

que lorsqu'une offre promotionnelle leur est proposée.

Un consommateur est dit « sensible aux promotions » quand il manifeste une forte propension à acheter en promotion. Ceci dit, il ne suffit pas de compter le nombre ou le pourcentage d'achats en promotion pour déterminer si le consommateur est ou non sensible. La sensibilité aux promotions doit être distinguée du comportement de réponse aux promotions : la sensibilité précède le comportement.

La sensibilité aux promotions n'est pas liée au revenu ou à l'âge du consommateur[1]. En revanche, elle décroît avec le niveau d'éducation. Par ailleurs, la sensibilité est supérieure pour les individus qui habitent en maison (plus grande capacité de stockage) et pour ceux qui sont sensibles aux prix.

Si la sensibilité varie d'un individu à l'autre, elle varie surtout selon le contexte d'achat. Le consommateur sera plus ou moins sensible selon la catégorie de produit, selon son degré de préférence envers la marque en promotion et selon la technique utilisée (cadeau, réduction de prix, échantillon, jeu...).

Le concept d'attitude envers les promotions est parfois préféré à celui de sensibilité. L'attitude envers les promotions est un trait individuel plus stable que la sensibilité et qui prédit bien le comportement d'achat en promotion[2]. Une attitude positive envers les promotions est caractérisée par un double sentiment : de satisfaction, d'une part, et d'accomplissement, d'autre part. Lorsqu'il achète en promotion, le consommateur a le sentiment de faire ses courses intelligemment (« l'achat malin »).

L'attitude du consommateur envers les promotions va dépendre des croyances positives ou négatives qu'il entretient vis-à-vis des techniques promotionnelles. Du côté positif, ces techniques permettent-elles de dépenser moins, d'acheter plus pour moins cher, de découvrir de nouveaux produits, de gagner du temps au moment de l'achat, de se divertir, etc. ? Du côté négatif, ces techniques conduisent-elles à une perte de temps (découper et stocker les bons d'achat, renvoyer les documents de participation aux concours...), incitent-elles à faire des achats inutiles, etc. ?

Le lien entre sensibilité aux promotions et fidélité n'est pas aussi simple qu'il n'y paraît. Dans le cas général, le consommateur sensible aux promotions va acheter de nombreuses marques. Néanmoins, certains consommateurs ne sont sensibles qu'aux promotions qui portent sur leurs marques habituelles (on parle de « sensibilité sélective »). Dans ce cas, le consommateur est conduit à racheter la marque envers laquelle il est déjà fidèle. La sensibilité sélective renforce donc la fidélité comportementale.

Compte tenu de l'impact de la fidélité sur la rentabilité, l'entreprise n'est pas passive, loin s'en faut. Elle peut mettre en place trois grands modes de fidélisation : en amont de l'échange commercial, elle gère les états psychologiques du consommateur, puis elle tente de satisfaire au mieux ses clients (fidélisation

1. Chandon P., « Dix ans de recherche sur la psychologie et le comportement des consommateurs face aux promotions », *Recherche et Applications en Marketing*, 9, 3, 1994, pp. 83-108.

2. Mittal B., « An Integrated Framework for Relating Diverse Consumer Characteristics to Supermarket Coupon Redemption », *Journal of Marketing Research*, 31, 1994, pp. 533-544.

implicite). En aval, elle met en œuvre des programmes de fidélisation (fidélisation active). Voire même, elle fait en sorte que le coût de l'infidélité soit plus élevé (fidélisation par enfermement).

3.1 La fidélisation implicite

La première étape consiste à gérer les états psychologiques du consommateur dans un sens favorable à la réalisation des objectifs de l'entreprise : perception d'un risque plus ou moins élevé ; importance des différents attributs ; conviction que les marques sont plus ou moins différentes ; attentes de variété plus ou moins fortes, etc.

Exemple

La communication peut renforcer l'importance de certains attributs sur lesquels le produit est particulièrement performant. Ainsi, la MAAF, société d'assurances, se place comme « *la* référence qualité/prix » : elle communique sur un ensemble de croyances qui peuvent éveiller la curiosité des consommateurs (théorie de l'action raisonnée). Pour garder son positionnement, il lui est nécessaire de créer des produits et services innovants.

La seconde étape consiste à faire en sorte que le client attribue au produit/service une valeur élevée (avant l'achat) et qu'il soit satisfait de son choix (après la consommation). Le consommateur ne recherche pas nécessairement le produit/service le moins cher, mais celui qu'il considère comme ayant la plus forte valeur. Pour répondre à cette exigence, l'entreprise doit travailler sur l'offre (le savoir-faire), mais aussi sur la perception de cette offre (le faire-savoir). Cependant, il est bien évident qu'une entreprise ne peut pas se contenter de faire des promesses (un faire-savoir sans rapport avec le savoir-faire) : cette stratégie peut rapidement se révéler désastreuse.

3.2 La fidélisation par enfermement

Certaines entreprises font en sorte que le coût de l'infidélité soit rendu plus élevé. Elles mettent en place des « barrières à la sortie » de façon à « scotcher » le client : contrat de longue durée dans le domaine de la téléphonie, pénalités de remboursement anticipé dans le domaine bancaire… Certains titres de presse facturent un forfait mensuel de façon à éviter le couperet lorsque l'abonnement prend fin : l'effort est transféré vers le consommateur, qui doit prendre lui-même l'initiative de stopper l'abonnement. Ce type de fidélité fait écho aux théories de la relation imposée ou encore à la « fausse » fidélité. Il est toutefois encadré par la loi Chatel, qui ne permet plus la tacite reconduction de l'engagement même si certains opérateurs de téléphonie mobile ou les assureurs imposent la durée des contrats (12 ou 24 mois).

Exemple

La société France Loisirs impose à ses clients un contrat dans lequel ces derniers doivent acheter au moins un livre par trimestre. Les banques instaurent des coûts de changement implicites (lourdeur de la procédure de changement de banque) et explicites (frais de fermeture d'un compte et notamment pour les comptes titres).

Ce sont souvent les coûts perçus du changement (*switching costs*[1]) qui freinent les consommateurs à changer de fournisseur : ces coûts sont d'ordre économique (perte en temps, perte d'avantages perçus comme la perte de primes) mais également psychologique, reposant sur des mécanismes cognitifs et affectifs (aversion pour le risque). Cependant, la fidélisation par enfermement est artificielle. Des études montrent que les barrières à la sortie n'ont d'impact sur la fidélité que quand la satisfaction est faible[2]. Ces barrières peuvent même se révéler contre-productives, car elles peuvent frustrer le client et empêcher l'entreprise de voir les vrais problèmes à temps. Quand la digue se brise (fin du monopole, fin du contrat…), le résultat est parfois catastrophique.

3.3 La fidélisation active

Une marque a d'autant plus de chances de satisfaire le consommateur qu'elle répond à ses attentes. Pour une entreprise, il est donc indispensable de connaître les attentes du consommateur et de mesurer régulièrement dans quelle mesure l'entreprise y répond, notamment à l'aide de « baromètres » de satisfaction. Toutefois, répondre aux attentes conscientes des clients n'est pas nécessairement une garantie de succès (si les concurrents font de même). Aujourd'hui, des réflexions sont menées sur « l'étonnement » du consommateur, voire même, « l'émerveillement » (*customer delight*). C'est en dépassant les attentes conscientes du client que l'entreprise peut se différencier réellement de ses concurrents. Mais c'est surtout en travaillant sur la dimension émotionnelle de l'interaction.

Exemple

« Il y a trois sortes d'entreprises : celles qui essaient de conduire les clients là où ils ne souhaitent pas aller ; celles qui écoutent leurs clients et répondent à leurs besoins

1. Burnham T.N., Frels J.K., Mahajan V., « Consumer switching costs: a typology, antecedents and consequences », *Journal of the Academy of Marketing Science*, 31(2), pp. 109-126, 2003.

2. Jones M., Mothersbaugh D.L., Beatty S.E., « Switching Barriers and Repurchase Intentions », *Journal of Retailing*, 76, 2, 2000, pp. 259-274.

> explicites (attentes probablement déjà satisfaites par les meilleurs concurrents) ; celles qui conduisent leurs clients là où ils veulent aller, mais sans encore le savoir »[1].

Une autre façon de fidéliser consiste à mettre en œuvre des actions variées comme : les produits fidélisants, les programmes promotionnels de longue durée, les clubs de consommateurs, les magazines de marque (*consumer magazine*), les services consommateurs avec un centre d'appels, les sites web, etc.[2].

EXEMPLE

> « Je suis convaincu que la fidélité ne peut être achetée. Vous pouvez « acheter » des clients sur le court terme, mais vous ne pouvez pas acheter des clients fidèles. La seule façon de construire la loyauté, c'est de la mériter, en allant à la rencontre des besoins des clients de façon plus efficace que n'importe qui d'autre. En revanche, là où les systèmes de fidélisation sont inestimables, c'est pour récompenser les clients. Et cela constitue un moyen puissant pour les faire revenir toujours plus » […] La vraie bataille n'est pas de savoir « qui peut distribuer les plus beaux cadeaux aux clients ». Elle se situe ailleurs : qui peut aujourd'hui cibler ses meilleurs clients et leur faire des offres qu'ils seront heureux d'accepter ?
>
> Source : Feargal Quinn, PDG de SuperQuinn[3].

Ces actions font maintenant partie de ce que certains appellent le « marketing client » (en complément du marketing traditionnel centré sur les 4P : produit, prix, communication et distribution). Les principes sont clairs : admettre définitivement que le client « moyen » n'existe pas ; ne pas traiter de la même façon des clients différents (donner plus aux meilleurs clients et éventuellement, abandonner les clients les moins rentables) ; formuler les objectifs commerciaux en termes de clients et non pas uniquement en termes de produits (par exemple, « recruter 100 000 nouveaux clients » et non pas « vendre 100 000 produits ») ; donner un statut à chaque client et le pousser à changer de statut « vers le haut » (prospect, nouveau client, client régulier, client fidèle…).

EXEMPLE

> « Faire une moyenne des prix et des coûts sur l'ensemble de la clientèle était l'une des caractéristiques marquantes de l'ère du marketing de masse […]. Or, il n'y a pas de client moyen […]. Faire payer le même prix à tous les clients est aussi illogique que de verser le même salaire à tous les employés, du PDG au coursier »[4].

1. Hamel G., Prahalad C.K., *Competing for the Future*, Harvard Business School Press, 1996.
2. Lehu J.-M., *La Fidélisation client*, Paris, Éditions d'Organisation, 2000.
3. Woolf B., *Le Marketing de la différence*, Paris, Village Mondial, 1999.
4. Woolf B., 1999, *op. cit.*

Ce marketing client repose sur l'exploitation de technologies (centres d'appels, bases de données, gestion automatisée de campagnes de communication, couplage téléphonie-informatique…).

La fièvre technologique s'empare du marketing, pour le meilleur et parfois, pour le pire. Cependant, c'est bien la stratégie commerciale qui doit guider la démarche marketing et non les possibilités offertes par ces technologies.

Exemple

Afin de répondre aux nouvelles attentes de leurs clients et à leurs exigences toujours croissantes, les banques proposent des services d'*Internet Banking* (IB), assurant un bon rapport qualité/prix, un service personnalisé et une offre de produits bancaires diversifiée. Leur objectif est de fidéliser les clients en favorisant la facilité et la rapidité des transactions – et des requêtes – à l'aide d'Internet. Même si les coûts perçus de changement sont élevés dans le secteur bancaire, les clients sont de moins en moins fidèles à leur banque et le mécontentement est croissant. L'engagement des consommateurs à l'égard des services d'IB dépend essentiellement de la *satisfaction* et de la *confiance* dans ces services. Cette dernière ne joue toutefois pas de rôle sur la fidélité globale à l'égard de la banque[1].

Section 4 L'USAGE ET L'ABANDON DU PRODUIT

Lorsque la consommation est effective, le consommateur est susceptible de rejeter des éléments recyclables ou bien ré-utilisables à son propre bénéfice. Le fabricant doit légalement proposer au consommateur un traitement pour les produits polluants et toxiques (huiles et piles, par exemple). Par ailleurs, c'est l'intérêt commercial du fabricant ou du distributeur d'organiser la collecte des produits durables défaillants et encombrants. La facilité ainsi offerte au client pour se débarrasser d'objets hors d'usage ou devenus inutiles (par exemple, TV usagée, ordinateur obsolète, matelas) devient un élément de service déterminant pour le consommateur et s'intègre désormais comme attribut du choix du produit de remplacement[2]. Le processus d'abandon devient un élément de réflexion tout aussi important que le processus d'achat. De nombreux programmes marketing sont conçus afin de prendre en compte les possessions actuelles du consommateur en

1. Sahut J.-M., Moez K., Mutte J.-L., « Satisfaction et fidélisation aux services d'Internet Banking : quelle influence sur la fidélité à la banque ? », *Management & Avenir*, 47(7), pp. 260-280, 2012.

2. Roster C.A., Richins M.L., « Ambivalence and attitudes in consumer replacement decisions », *Journal of Consumer Psychology*, 19(1), pp. 48-61, 2009.

proposant des options de reprise[1]. Cette approche très présente dans la relation « B-to-B » est de plus en plus présente dans le marketing de produits finis vis-à-vis du consommateur final.

1 Les causes de l'abandon d'un objet

Les consommateurs peuvent décider de ne plus utiliser un objet. Ce dernier peut être cassé, par exemple. Dans ce cas, il conviendra de le remplacer à l'identique ou non, par un objet neuf ou d'occasion. L'usure est également une cause de l'abandon. La défaillance du produit (si sa réparation n'est pas possible) et l'obsolescence perçue sont également des facteurs à prendre en compte. La défaillance est par exemple la cause principale du renouvellement des lave-linges et lave-vaisselles, des téléviseurs, des congélateurs, dont la récupération est une obligation pour les distributeurs dans le cadre de la loi sur les D3E (déchets d'équipements électriques et électroniques. À l'opposé, la reprise est rarement une nécessité pour le matériel informatique ou hi-fi tout comme les cuisinières et les hottes aspirantes. Bien qu'éliminés pour causes d'obsolescence, parce qu'inadaptés, démodés ou faisant double emploi, ils sont souvent réemployés dans une résidence secondaire, par exemple.

L'abandon est également une préoccupation pour le consommateur lorsqu'il reçoit en cadeau un objet identique, ou lorsqu'il déménage, car le matériel ne correspond plus à l'environnement (un réfrigérateur ne convient pas au nouvel appartement) ou bien lorsque le produit ne correspond plus à l'image que l'individu veut émettre (notamment au travers des vêtements).

Que deviennent les objets dont on n'a plus l'utilité ? Mettre au rebut ne signifie pas pour autant qu'on l'évacue immédiatement de chez soi. Une partie est stockée, une petite partie est réinstallée dans un autre logement, qui peut être celui de parents ou d'amis. La variété des causes d'abandon des produits rejoint la diversité des modalités de mise à l'écart de ces mêmes produits, une fois l'usage fait.

2 Une typologie des abandons

Après utilisation, le consommateur peut soit garder le produit, soit s'en séparer définitivement, ou encore, s'en séparer temporairement (location ou prêt)[2].

1. Guillard V. et Jonhson G., *op. cit.*, 2015.
2. Jacob J., Dietvorst T., « What about Disposition ? », *Journal of Marketing*, 41, 1977, p. 23.

La conservation du produit

Certains consommateurs choisissent de garder leurs objets alors qu'ils n'en ont plus l'utilité[1]. Certains manifestent même une tendance chronique à « tout » garder, autrement dit à garder des objets encore utilisables mais dont ils n'ont plus l'utilité. Les causes sont multiples : elles sont matérielles (ils ont de la place, ne savent pas quoi en faire) ou encore psychologiques et s'expliquent par la nature des relations aux objets.

En effet, les consommateurs peuvent décider de garder un objet car :

– « ça peut toujours servir » ;

– ils y sont attachés car l'objet leur rappelle des souvenirs ;

– ils les gardent pour un proche ou lorsqu'une personne en aura besoin un jour ;

– ou encore, ils les ont payés cher et refusent à ce titre de s'en séparer.

Faute de pouvoir s'en détacher, le produit peut également être stocké dans l'habitation ou ses dépendances, afin de le « refroidir émotionnellement », autrement dit le temps de délier le lien affectif qui le retenait au consommateur. Toutefois, la conservation de produits devenus inutiles est parfois considérée comme un comportement déviant, notamment lorsque cela constitue un gaspillage de ressources pour l'individu. Cela peut enfin être une maladie, la syllogomanie, mais son étude dépasse le cadre de cet ouvrage[2].

La cession temporaire ou définitive

La location et le prêt permettent une séparation temporaire des objets. Les relations que cette option induit entre les consommateurs ne sont toutefois pas toujours dénuées d'ambivalence[3] : certains acceptent de prêter quelques objets mais pas d'autres trop intimes, d'autres vivent l'émotion de la colère ou encore de la déception lorsque l'objet est rendu dans un piètre état ou avec un problème. Ce type de problème peut à l'extrême mettre fin à une relation amicale. Le prêt et la location, options qui s'inscrivent dans la consommation collaborative, reposent sur – et peuvent menacer – la relation interpersonnelle.

La cession définitive prend diverses formes :

– *L'élimination*. Parmi les 24,5 millions de tonnes de déchets produites par les Français, il y a 4,5 millions de tonnes d'objets encombrants. La déchetterie, la benne en lieu fixe et les distributeurs sont les principales destinations des objets encombrants. Cette augmentation constante de nos déchets est un sujet de préoccupation sociale et environnementale croissante. Les dernières lois

1. Guillard V. et Pinson C., *op. cit.*, 2012.

2. Pertusa A., Frost R.O., Fullana M.A., Samuels J., Steketee G., Tolin D., Mataix-Cols D., « Refining the diagnostic boundaries of compulsive hoarding: a critical review », *Clinical Psychology Review*, 30(4), pp. 371-386, 2010.

3. Jenkins R., Molesworth M., Scullion R., « The messy social lives of objects: Inter-personal borrowing and the ambiguity of possession and ownership », *Journal of Consumer Behaviour*, 13(2), pp. 131-139, 2014.

françaises ou régulations européennes tendent à contrôler ce dommage pour l'environnement et peuvent être contre-productives. En effet, certains consommateurs (38 % en 2014 selon l'ADEME, Agence de l'environnement et de maîtrise de l'énergie) préfèrent parfois profiter du jour des encombrants pour laisser des objets sur le trottoir (des bibelots, des petits meubles, un vélo, des vêtements soigneusement mis dans des sacs, une télévision, etc.) afin de les mettre à la disposition du premier passant intéressé. Or, les mairies (de Paris notamment) régulent cette circulation informelle et anonyme d'objets entre les personnes en demandant aux citoyens d'appeler le service municipal afin que des agents municipaux viennent chercher l'objet encombrant. Cela peut entrer en contradiction avec une politique de développement durable qui repose sur la circulation des objets !

- *Le don*. Le don se fait souvent tout d'abord aux proches du consommateur initial. Dans un ménage sur cinq un appareil est ainsi donné dans le cercle des parents ou des relations. Les vêtements d'enfants ou le matériel de puériculture ont ainsi plusieurs vies au sein d'une même famille. Le don se fait également aux organisations caritatives qui se chargent de remettre en état le produit pour le revendre dans les magasins caritatifs[1]. En effet, 88 % des Français ont déjà donné des vêtements ou des chaussures à une association, 79 % un livre, 75 % des jouets (Ademe, 2014). Enfin, les consommateurs peuvent aussi choisir de donner des objets sur Internet (par exemple, via le site www.recupe.net). Ce site offre en effet la possibilité de choisir le futur bénéficiaire des objets, de le rencontrer sans entrer toutefois dans une relation à long terme comme l'est celle avec un proche[2]. Les consommateurs choisissent le don sur Internet pour s'échapper du don aux proches. En effet, donner est un acte compliqué car il endette le receveur qui se sent souvent dans l'obligation de rendre. Donner est d'autant plus compliqué lorsqu'il s'agit d'un objet d'occasion, donc assez peu « valorisant », qui peut « vexer » le receveur. Les consommateurs peuvent également choisir de donner un objet sur Internet car les associations caritatives n'en ont pas voulu. Des initiatives de « don gratuit » sont aujourd'hui mises en place afin que les gens puissent se « faire passer » des objets sans qu'ils se rencontrent, comme les « gratiferias[3] », le Grand Don ou encore le *bookcrossing*[4].
- *La vente*. Les consommateurs peuvent choisir de vendre leurs objets dans une brocante pour le côté récréatif (rencontres, sérendipité, autrement dit surprise de trouver un objet non attendu), économique (faire une bonne affaire) ou sur

1. Bergadaà M., « Le don d'objet : l'exploration de ses dimensions et des profils de donneurs aux œuvres de bienfaisance », *Recherche et applications en marketing*, 21(1), pp. 19-39, 2006.

2. Guillard V., Del Bucchia C., « How about giving my things away over the Internet? When Internet makes it easier to give things away », *Research in Consumer Behavior*, 14, pp. 47-65, 2012.

3. Guillard V., Roux D., « Dons anonymes et rencontres urbaines », *Esprit*, 7, pp. 40-53, 2007.

4. Corciolani M., Dalli D., « Gift-giving, sharing and commodity exchange at Bookcrossing. com: new insights from a qualitative analysis », *Management Decision*, 52(4), pp. 755-776, 2014.

Internet. Les consommateurs deviennent pour certains des « consommerçants »[1] et cherchent à revendre – voire à « tout » revendre[2] – ce qu'ils possèdent pour des motivations de nature économique, pratique (désencombrement), récréationnelle (hédonisme et convivialité), protestataire (anticommercialiste et écologique) ou générative (immortalité symbolique et postérité). Bien que connu par 66 % des consommateurs, le dépôt-vente est utilisé par seulement 32 % d'entre eux.

3 Les options marketing face à l'abandon

L'achat d'une nouvelle automobile implique souvent la cession de la voiture actuelle. Les programmes marketing les plus utilisés par les concessionnaires automobiles, soutenus par les fabricants, sont les remises accordées au travers des offres de reprise sur les anciens véhicules. Les primes gouvernementales pour le remplacement du parc automobile participent à ce mouvement. Cependant, l'évolution du marché de l'occasion n'est pas toujours prévisible trois à cinq ans avant la revente du véhicule. La revente peut paraître pour de nombreux clients comme une opération pénible. Les fabricants automobiles proposent désormais des formules de location pour supprimer le problème (par exemple IdéeFord et Peugeot Perspective). Dans ces dispositifs, le client connaît d'avance le coût mensuel de la location pendant toute la durée de vie de contrat de location sans se préoccuper de la dépréciation et de la valeur espérée de revente.

Pour faciliter l'abandon, les fabricants doivent donc éliminer les tracas liés à la séparation en proposant des bons d'achat pour donner quelque chose en contrepartie ou encore en offrant aux consommateurs la possibilité de donner les objets (vêtements, linge de maison, chaussures, etc.) aux associations caritatives. Les produits jetables peuvent également être une solution dès lors que le produit est lui-même recyclable. En effet, les fabricants devront également prendre en compte le souci des consommateurs de préserver l'environnement. Une étude récente a montré que les systèmes préférés des Français de mise au rebut des objets encombrants ne sont pas ceux qui épargnent du temps ou bien qui peuvent rapporter de l'argent, mais ceux qui conduisent clairement à un circuit de récupération, au nom de causes humanitaires ou de la protection de l'environnement[3].

Notons toutefois que la préoccupation pour l'environnement semble s'éroder depuis la crise parmi les jeunes générations plus durement touchées par les difficultés d'insertion professionnelle : l'évolution des préoccupations de l'environnement et du chômage est contracyclique (voir figure 10.5).

1. Lemaitre N., De Barnier V., « Quand le consommateur devient commerçant : motivations, production d'expérience et perspectives », *Décisions Marketing*, 78, pp. 11-28, 2015.

2. Denegri-Knott J., Molesworth M., « 'I'll sell this and I'll buy them that': eBay and the management of possessions as stock », *Journal of Consumer Behavior*, 8(6), pp. 305-315, 2009.

3. Maresca B., Poquet G., 1996, *op. cit.*

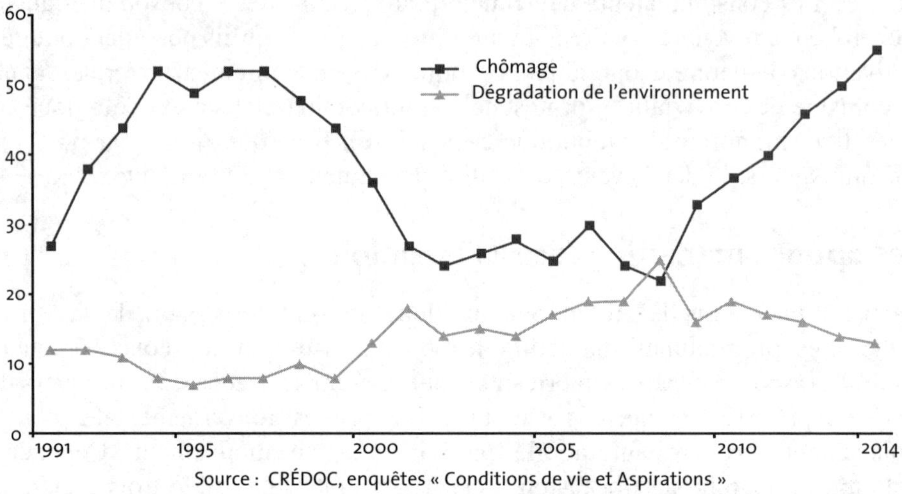

Figure 10.5 – Évolution des préoccupations par l'environnement et chômage

Les consommateurs peuvent abandonner les objets *via* différentes options qui permettent pour la majorité d'entre elles de les *réemployer* (autrement dit ne pas changer le produit). Les consommateurs ont également des pratiques de *recyclage* pour les emballages par exemple ou les suremballages[1], pratiques qui s'inscrivent souvent dans un souci écologique.

Repère

Les pratiques de tri et de recyclage

Le tri des déchets dépend de déterminants sociodémographiques (âge, revenu, catégorie socioprofessionnelle, etc.) ainsi que des motivations liées à des facteurs internes (attitude environnementale, croyances, valeurs) et externes (lois, normes sociales, incitations financières comme les consignes pour les emballages en verre, par exemple). D'autres paramètres entrent en compte pour comprendre les logiques de tri et notamment la logistique. En effet, plus un individu est éloigné d'une poubelle (ou d'un conteneur en verre, par exemple), moins il trie.

En mobilisant le cadre théorique de la *consumer logistics,* autrement dit la façon dont les consommateurs prennent en main des déchets depuis le point d'acquisition

1. Monnot E., Reniou F., « Les suremballages : des emballages superflus pour les consommateurs ? », *Décisions Marketing*, 2012.

☞

jusqu'au point de destruction, des recherches montrent que les consommateurs déploient trois types de logistiques pour trier les déchets :

- la massification (massifier les flux internes avant de les pousser à l'extérieur) ;
- le « juste-à-temps » (expédier les déchets rapidement lorsqu'ils sont produits en faisant le trajet jusqu'à la poubelle) ;
- la mutualisation (profiter d'autres flux du quotidien comme les courses pour trier les déchets).

Ainsi, l'individu doit, pour pouvoir trier, mettre en place une logistique en fonction des caractéristiques de sa *supply chain* interne (poubelles personnelles) et externes (contenants proposés par les mairies), mais aussi du rapport aux déchets (vouloir s'en débarrasser au plus vite *versus* en garder certains « au cas où » comme des sacs plastiques, par exemple). Enfin, pour réduire leurs déchets, les consommateurs peuvent être attentifs aux emballages *en amont* : la figure ci-dessous nous enseigne que la proportion de consommateurs très attentifs à la quantité de déchets augmente et celle des consommateurs pas du tout attentifs diminue.

« Aujourd'hui quand vous achetez un produit de grande consommation, êtes-vous très attentif, peu attentif ou pas du tout attentif à la quantité de déchets que va générer ce produit (en termes de carton, d'emballage, etc.) ? (en %) »

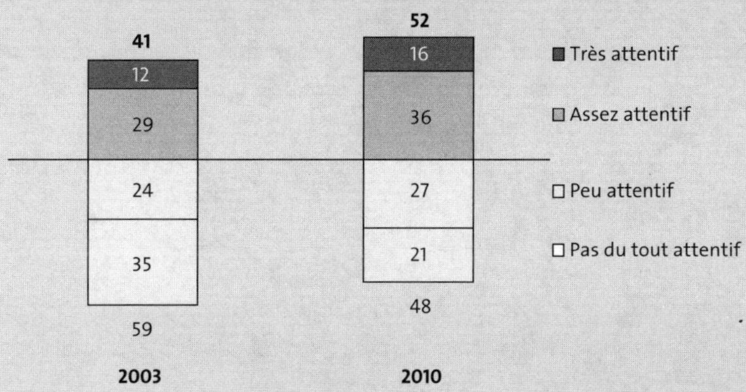

Source : CRÉDOC, enquête sur les « conditions de vie et les Aspirations des Français », étude pour l'ADEME en 2010

Figure 10.6 – Attention des consommateurs à la quantité de déchets générée par un produit

Chapitre

11 Les comportements relationnels

OBJECTIFS

- Faire la conversation chez un coiffeur, recevoir une carte de l'enseigne Yves Rocher pour votre anniversaire, vous voir proposer une chambre d'une catégorie supérieure à celle réservée dans un hôtel, être appelé par votre prénom par un vendeur ou par votre boulanger, vous voir offrir un apéritif alors que vous attendez pour prendre une table dans un restaurant, etc. Ces situations vécues dans la sphère commerciale suscitent des réactions contrastées chez les consommateurs. Certains en raffolent, ce qui les conduit à être très satisfaits de la marque et/ou du point de vente qui les propose, quand d'autres les détestent et les fuient. Et vous ? Les appréciez-vous ? Lesquelles et quels besoins nourrissent-elles chez vous ? Aimez-vous vous sentir « proche » d'un vendeur, voire choyé(e) et gâté(e) ? Ou, au contraire, avez-vous le sentiment de perdre votre liberté ?
- L'objectif de ce chapitre est de comprendre les concepts de satisfaction, qualité et valeur perçue, mais aussi les outils du marketing relationnel et leurs enjeux.

SOMMAIRE

SECTION 1 La qualité perçue et la satisfaction

SECTION 2 La relation avec la marque/l'entreprise

Le consommateur est de plus en plus indépendant, de plus en plus informé sur les produits et les services grâce au digital. Alors que l'entreprise a appris à mieux le connaître et à le satisfaire en lui apportant des produits spécialement conçus pour lui, le consommateur se montre de plus en plus exigeant. Le consommateur est devenu un client, car l'approche de l'entreprise se concentre sur la relation dans le temps qu'elle entretient avec le consommateur. L'enjeu d'entretenir une relation à long terme est important, puisqu'il est plus coûteux de recruter de nouveaux clients plutôt que de les fidéliser.

Dès lors, l'entreprise s'intéresse au comportement du consommateur non seulement au point de vente, mais également pendant la recherche d'informations, la phase d'utilisation et la phase d'abandon du produit. Elle doit se préoccuper des conséquences de l'utilisation du service ou du produit ainsi que de la satisfaction. La relation entre le consommateur et l'entreprise devient durable et reconnaît effectivement les différents rôles du consommateur : prescripteur, décideur, acheteur et utilisateur. Tant que seuls les rôles de décideur et d'acheteur étaient au cœur de la politique de l'entreprise, on ne se souciait guère de satisfaction et encore moins du pouvoir prescripteur du client. Dès lors que la relation prime sur la transaction, la satisfaction est essentielle pour répondre aux besoins, développer la valeur du client sur une longue période parce qu'il va renouveler ses achats mais également parce qu'il va conseiller sa famille et ses amis.

La relation est dynamique. L'entreprise doit satisfaire le besoin du client au moment où il se manifeste, en l'informant pour orienter sa décision d'achat, en l'aidant pour utiliser le produit, en le conseillant sur ses besoins futurs. On crée ainsi un attachement à l'entreprise. L'attachement se fait au travers de la marque qui est devenue le véritable vecteur de l'affection et de la relation entre le client et le produit. La marque est le support de la relation avec le client mais également le socle de la réputation de la firme vers l'extérieur. La marque exprime la personnalité de l'entreprise autant qu'elle sert de repère et de garantie pour le client. Avec le développement de la relation, la marque est en co-propriété entre l'entreprise et le client. C'est certes la première qui la fait vivre, mais le second la rejette si elle change de personnalité ou d'attitude, avec un risque de détachement vis-à-vis de la marque. Celle-ci est devenue le point central qui assure à la consommation à la fois ses dimensions identitaire, mythologique et sociétale.

Les comportements relationnels sont les indicateurs de l'intensité de la relation entre l'entreprise et son client. Ce chapitre est consacré à leur étude. La première partie traite de la qualité perçue et de la satisfaction qui sont intimement liées. Le seconde section développe largement la marque comme cœur et media relationnel entre l'entreprise et son consommateur. Naturellement la sensibilité à la marque, l'attachement et la confiance sont développées. Cependant les réactions négatives croissantes à l'encontre du marketing représentent un risque important pour l'adhésion des consommateurs aux techniques relationnelles. L'émergence des boycotts et des résistances à la consommation témoignent d'une défiance de certains consommateurs à l'encontre de l'entreprise et des techniques marketing que tous les responsables doivent prendre en compte.

Section 1 LA QUALITÉ PERÇUE ET LA SATISFACTION

La préférence du consommateur envers la marque achetée est souvent liée à la perception d'un bon niveau de qualité ainsi qu'à un degré de satisfaction élevé. Comprendre les mécanismes qui conduisent à la satisfaction permet donc de comprendre partiellement pourquoi le consommateur est fidèle.

1 Les concepts de qualité perçue et de satisfaction

Le concept de satisfaction est quelquefois confondu avec celui de qualité perçue. Cette confusion est largement entretenue dans la littérature spécialisée[1]. Cependant, si cette distinction entre qualité perçue et satisfaction est pertinente au niveau d'une transaction particulière, ces deux concepts fusionnent à moyen terme dans une évaluation globale : l'attitude[2].

La qualité perçue est un jugement que porte le consommateur sur un produit/service, relativement à ses attentes. Ce jugement peut être porté sans expérience directe du produit/service en question. Au contraire, la satisfaction est une évaluation qui comporte une part d'émotionnel et qui repose sur l'utilisation de multiples standards de comparaison. Cette évaluation est formulée suite à l'expérience directe et immédiate du produit/service. Un client peut juger que le produit/service est de bonne qualité, mais peut ne pas être satisfait de son expérience. C'est notamment le cas quand l'expérience du produit/service est dépréciée sans que l'entreprise ne puisse être blâmée. La satisfaction peut donc baisser sans que la qualité ne soit remise en cause.

1. Le débat sur les relations entre qualité perçue et satisfaction reste très ouvert. Par exemple, certains montrent que la satisfaction a un effet sur la qualité perçue (et non l'inverse). Les lignes qui suivent ont donc pour simple objectif de faciliter la compréhension et non de développer une expertise sur le sujet. Pour ce faire, des références complémentaires sont indispensables.

2. Dans cette littérature, cette attitude générale qui résulte de multiples expériences du produit/service est aussi appelée « qualité globale » ou « qualité relationnelle ».

Exemple

Le 15 février, Michel voyage par avion, de Paris à Rome, pour participer à une conférence. Sur place, on doit venir le chercher pour se rendre par bus sur le lieu où il va passer trois jours, à 30 kilomètres au sud de Rome. À sa sortie du taxi, il doit chercher désespérément un chariot pour y mettre sa valise (il transporte des documents qui sont plutôt lourds). Il arrive un peu mécontent au comptoir de la compagnie aérienne. Mais là, l'accueil est chaleureux et professionnel. Il attend tranquillement dans un petit salon réservé aux bons clients où il retrouve ses journaux favoris et une boisson chaude. Il embarque et s'installe sur un siège confortable. Tout va pour le mieux… À ce moment, on annonce que le vol a une heure de retard (le vent est trop violent et l'avion doit être traité contre le gel). L'attente est gérée au mieux par les hôtesses et les stewards, qui offrent exceptionnellement une collation aux passagers. Le vol se déroule très bien, mais Michel est contrarié par le retard, car il sait que le bus risque ne pas l'attendre à l'arrivée. Il y pense durant tout le vol et n'arrive pas à se concentrer sur sa lecture. L'avion arrive avec 50 minutes de retard, car le pilote a fait en sorte de voler légèrement plus vite pour rattraper le retard. À l'arrivée, le bus est parti. Il devra voyager seul encore un peu et dépenser 80 euros pour le taxi qui va l'emmener sur le lieu de la conférence. La qualité du service a été irréprochable du point de vue de la compagnie aérienne, mais Michel est-il satisfait de son vol ?

La qualité perçue résulte d'une comparaison entre les attentes du consommateur et la performance perçue du produit/service : quand la performance perçue est supérieure aux attentes, le consommateur juge que le produit/service est de bonne qualité (normalement, il est satisfait) ; quand la performance perçue est inférieure aux attentes, le consommateur juge que le produit/service n'est pas de bonne qualité (normalement, il n'est pas satisfait). Le jugement de qualité conduit à évaluer la supériorité ou l'infériorité du produit/service par rapport à ses concurrents.

La satisfaction est définie comme « une évaluation de la surprise inhérente à l'acquisition d'un produit et/ou à une expérience de consommation […] »[1]. Comme le précise également R. Oliver, « la satisfaction se fond dans l'attitude vis-à-vis du produit/service, mais sans jamais l'affecter considérablement ». Dans la satisfaction, on trouve des éléments liés à la qualité perçue (jugement cognitif) et des éléments liés au contexte émotionnel dans lequel l'usage du produit/service s'insère (état affectif)[2]. La satisfaction reflète les sentiments à l'égard du produit/service ; c'est un état affectif de durée limitée.

1. Oliver R., « A Cognitive Model of the Antecedents and Consequences of Satisfaction Decisions », *Journal of Marketing Research*, november, 17, 1980, pp. 460-469. La traduction est extraite de : Levy J. et Manceau D., « La recherche sur la satisfaction des clients. Présentation et commentaire d'un choix d'articles sur trente ans », *Revue Française du Marketing*, 144-145, 1993-1994, pp. 101-123.

2. Arnould E.J., Price L.L., « River Magic : Extraordinary Experience and the Extended Service Encounter », *Journal of Consumer Research*, june, 20, 1993, pp. 24-45. Mano H., Oliver R.L., « Assessing the Dimensionality of the Consumption Experience : Evaluation, Feeling, and Satisfaction », *Journal of Consumer Research*, 20, 3, 1993, pp. 451-466.

L'attitude vis-à-vis du produit/service est « mise à jour » après chaque nouvelle expérience. Ceci se déroule en plusieurs étapes : le consommateur a une attitude pré-existante envers le produit/service ; il fait l'expérience du produit/service (usage, consommation...) ; il compare ensuite la performance du produit/service à ses attentes ; de cette comparaison naît le jugement sur la qualité perçue, puis l'évaluation du degré de satisfaction ; finalement, cette évaluation va modifier l'attitude pré-existante.

Enfin, les entreprises peuvent améliorer la qualité perçue d'un service (service familier et/ou pauvre en compétences) en faisant participer le consommateur[1].

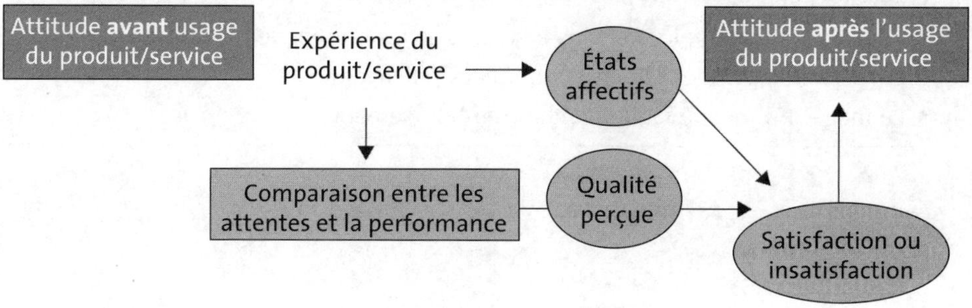

Figure 11.1 – L'effet de la qualité et de la satisfaction sur l'attitude

Mesure : La qualité de service en magasin

La distribution (« la main chaude de l'économie »[2]) est déterminante dans la perception de la qualité de service. L'échelle de la qualité de service en magasin est composée de 12 items et 4 dimensions et est administrée avec sept points d'accord[3].

1. Relation
   - Les employé(e)s sont compétents pour répondre à mes questions.
   - Les employé(e)s prennent le temps de m'écouter et de s'adapter à ma situation personnelle.
   - Dans le magasin, j'obtiens le bon renseignement du premier coup.

☞

1. Dabholkar P.A., « How to improve perceived service quality by increasing customer participation », In *Proceedings of the 1990 Academy of Marketing Science (AMS) Annual Conference*, pp. 483-487, Springer International Publishing, 2015.

2. Cochoy F., *Une histoire du marketing : discipliner l'économie de marché*, La Découverte, 1999.

3. Dabholkar P.A., Thorpe D.I., Rentz J.O., « A Measure of Service Quality for Retail Stores : Scale Development and Validation », *Journal of the Academy of Marketing Science*, 24 (1), 1996, p. 3.

☞

2. Accès
   - Par rapport à mon mode de transport, c'est facile d'accéder à ce magasin.
   - J'apprécie la proximité de ce magasin.
   - Le magasin est bien situé.
3. Ambiance
   - L'ambiance dans ce magasin (musique, température, acoustique…) est agréable.
   - Le cadre du magasin est reposant.
   - La décoration et l'esthétique du magasin sont agréables.
4. Assistance client
   - Le magasin traite volontiers les échanges et les retours de produits.
   - Les réclamations des clients sont traitées efficacement.
   - Le magasin procède facilement au remboursement.

Repère

Les standards de comparaison

La qualité perçue est une comparaison entre la performance du produit/service et les attentes du consommateur. Il arrive parfois que le consommateur n'ait pas d'attentes[1]. Mais dans le cas général, les attentes existent, y compris avant la première expérience (par exemple, la connaissance du réalisateur et des acteurs d'un nouveau film détermine un certain niveau d'attente).

Ces attentes sont apprises au fil du temps, elles résultent de l'expérience et des inférences que peut faire le consommateur (par exemple, si Woody Allen est le réalisateur, alors le film ne sera probablement pas violent). Ces attentes se forment à partir des promesses publicitaires, du bouche-à-oreille, des engagements formels de l'entreprise (charte…), etc. Les expériences passées du consommateur vont naturellement jouer, comme ses expériences des produits/services concurrents.

Par exemple, un consommateur a l'habitude de commander des pizzas dans un restaurant et de se faire livrer deux heures après. Les jours où il est livré dans un délai de deux heures, il est donc satisfait. Le jour où, exceptionnellement, il est livré en une heure, il est donc très satisfait. Mais, dans l'absolu, devoir patienter deux heures pour être livré n'est pas très satisfaisant ! S'il peut se faire livrer en 30 inutes par un autre restaurant, le délai d'une heure paraît alors inacceptable et celui de deux heures, encore moins. Au bout du compte, si une entreprise du secteur lui promet une livraison en 30 minutes, ses attentes vont tendre vers ce délai. Une attente de 40 minutes deviendra alors insatisfaisante.

☞

☞

Cette vision simple de la qualité perçue soulève un paradoxe évident. Dès que la performance est conforme aux attentes, même si ces attentes sont très faibles, le consommateur sera satisfait. Certaines entreprises constatent que les performances sont parfois jugées comme supérieures aux attentes, mais que le consommateur n'est pourtant pas satisfait. Ce qui semble être une incohérence résulte du fait que le consommateur n'utilise pas seulement les attentes comme standard de comparaison.

Le consommateur ne compare pas seulement la performance du produit/service aux attentes telles qu'elles résultent de ses expériences passées[1]. Il compare la performance du produit/service à des « standards de comparaison » variés : la performance moyenne des produits/services concurrents, la performance de sa marque favorite, la performance minimale tolérable, la dernière performance obtenue… Le consommateur peut également comparer la performance obtenue à celle qu'il aurait pu obtenir en choisissant un autre produit/service (idée de regret)[2]. Comme standard de comparaison, il peut également retenir la performance idéale, celle dont il rêve dans l'absolu. Dans certains cas, le standard de comparaison n'est pas lié à la performance, mais peut reposer sur l'équité de l'échange ; la performance peut être excellente, mais dépasser de loin l'engagement du consommateur.

Le consommateur utilise probablement plusieurs standards de comparaison. Ces standards sont utilisés soit conjointement[3], soit selon les circonstances (plutôt celui-ci dans telle circonstance, plutôt celui-là dans une autre). La question des standards de comparaison a naturellement un impact direct sur la façon de mesurer la qualité et la satisfaction. Cette question préoccupe beaucoup les professionnels, mais reste très ouverte dans les recherches académiques. Par exemple, certains montrent qu'il est préférable de ne mesurer que la performance perçue et non pas la différence entre la performance perçue et les attentes[4].

2 Les facteurs de satisfaction et d'insatisfaction

Il ne suffit pas de savoir *globalement* si la qualité perçue est bonne ou mauvaise et si le consommateur est satisfait ou non. Il est important de déterminer les « facteurs » sur lesquels reposent ces évaluations. En effet, comment agir sur la qualité perçue et sur la satisfaction du consommateur si l'on ne sait pas sur quelles bases reposent ces évaluations ?

1. Ngobo P.-V., « Les standards de comparaison et la gestion de la satisfaction des clients », *Décisions Marketing*, 13, 1998, pp. 57-66.

2. Delacroix E., Jourdan P., « La tendance à regretter du consommateur : validation d'une échelle de mesure », *Recherche et applications en marketing*, 22(1), pp. 25-44, 2007.

3. Spreng R.A., MacKenzie S.B., Olshavsky R.W., « A Reexamination of the Determinants of Consumer Satisfaction », *Journal of Marketing*, 60, 1996, pp. 15-32.

4. Cronin J., Taylor S.A., « Measuring Service Quality : a Reexamination and Extension », *Journal of Marketing*, 56, 2, 1994, pp. 55-68. Taylor S.A., Baker T.L., « An Assessment of The Relationship Between Service Quality and Customer Satisfaction in the Formation of Consumers' Purchase Intentions », *Journal of Retailing*, 70, 2, 1992, pp. 163-178.

Une première position consiste à dire que les facteurs de la qualité perçue dépendent de chaque produit et de chaque consommateur. La solution consiste donc à identifier les attributs importants pour *ce* consommateur lorsqu'il consomme *ce* produit dans *ce* contexte, puis à mesurer, d'une part, son niveau d'attente et d'autre part, la performance perçue du produit/service pour chacun de ces attributs.

Une autre position consiste à dire que les facteurs utilisés par les consommateurs pour évaluer la qualité sont communs à un grand nombre de produits/services. Par exemple, A. Parasuraman, V. Zeithaml et L. Berry ont montré que la qualité perçue des services repose sur cinq grands facteurs : les éléments tangibles (modernité des équipements, tenue du personnel…), la fiabilité (respect des délais…), la serviabilité (volonté d'aider…), la compétence et l'empathie du personnel (compréhension des besoins, attention individuelle…)[1].

On note la grande importance donnée au personnel en contact, qui est caractéristique du marketing des services[2]. Pour les produits, la qualité perçue repose fondamentalement sur les attributs (intrinsèques et extrinsèques) qui sont ensuite synthétisés par le consommateur autour de facteurs plus abstraits. Pour les produits durables, ces facteurs sont notamment[3] : la performance, la facilité d'utilisation, la solidité… Pour des produits alimentaires, ces facteurs pourraient être : le goût, la fraîcheur, la qualité nutritionnelle…

Repère

SERVQUAL

L'échelle SERVQUAL permet de mesurer la qualité d'un service, telle que perçue par le consommateur[4]. La qualité perçue représente le jugement du consommateur concernant le degré de supériorité du service. Elle diffère de la qualité objective, fondée sur le produit lui-même (composants…). fondée sur le produit lui-même

1. Parasuraman A., Zeithaml V.A., Berry L.L., « A Conceptual Model of Service Quality and its Implications for Future Research », *Journal of Marketing*, 49, 1985, pp. 41-50. Parasuraman A., Zeithaml V.A., Berry L.L., « SERVQUAL : a Multiple-Item Scale for Measuring Consumer Perceptions of Service Quality », *Journal of Retailing*, 64, 1, 1988, pp. 12-40. Ce dernier article a été traduit en français : Parasuraman A., Zeithaml V.A., Berry L.L., « SERVQUAL : une échelle multi-items de mesure des perceptions de la qualité de service par les consommateurs », *Recherche et Applications en Marketing*, 5, 1, 1990, pp. 19-42.

2. Mithas S., Krishnan M.S. et Forneil C., « Why do customer relationship management applications affect customer satisfaction ? », *Journal of Marketing*, 69(4), pp. 201-209, 2005.

3. Brucks M., Zeithaml V.A., « Price as an Indicator of Quality Dimensions », *Advances in Consumer Research, Association for Consumer Research*, MA, Boston, 1987.

4. Parasuraman A., Zeithaml V., Berry L., 1990, *op. cit.*

☞

(composants...). Avec SERVQUAL, la qualité perçue est donc appréhendée comme une attitude.

La qualité de service perçue est considérée comme la différence entre les attentes et les perceptions des consommateurs. L'échelle SERVQUAL est donc composée de 22 couples de questions (les perceptions, d'une part, et les attentes, d'autre part). Par exemple, l'attente « Quand les entreprises s'engagent à réaliser quelque chose dans un délai donné, elles devraient s'y tenir », est contrastée avec la perception « XYZ s'engage à réaliser quelque chose dans un délai donné et s'y tient ». Chacune des questions est évaluée selon une échelle en 7 points « Tout à fait d'accord – Pas du tout d'accord ». La différence entre les deux notations permet de calculer le score SERVQUAL sur chaque couple d'item.

L'analyse empirique conduite sur quatre secteurs de service (banque, crédit, réparation et téléphonie) révèle cinq dimensions de la qualité de service : éléments tangibles, fiabilité, serviabilité, assurance, empathie. Les facteurs les plus importants sont la fiabilité, puis l'assurance.

Tableau 11.1 – Quelques items servqual

Exemples d'items	
Éléments tangibles	Les installations matérielles de XYZ sont visuellement attractives ; XYZ possède un équipement récent, etc.
Fiabilité	XYZ est digne de confiance ; XYZ fournit ses services dans les délais sur lesquels il s'est engagé, etc.
Serviabilité	Les employés de XYZ sont toujours disposés à aider les consommateurs ; les employés de XYZ sont trop occupés pour répondre rapidement aux demandes des consommateurs (inversion), etc.
Assurance	Vous pouvez effectuer vos transactions avec les employés de XYZ en toute sécurité ; les employés de XYZ sont polis, etc.
Empathie	Les employés de XYZ ne vous accordent pas une attention personnalisée (inversion) ; les employés de XYZ ne connaissent pas vos besoins (inversion) etc.

SERVQUAL peut être utilisé dans de multiples situations :

- pilotage de la qualité perçue à travers le temps. L'outil SERVQUAL permet de créer un baromètre de qualité perçue, de déterminer les éléments à améliorer et enfin, de contrôler l'efficacité des mesures correctives ;
- analyse concurrentielle de la qualité de service. En comparant les évaluations de plusieurs enseignes, une entreprise peut se positionner et choisir ses axes de développement en matière de service ;
- au-delà de la seule mesure de la qualité perçue, SERVQUAL, est un outil qui relie la qualité objective et la qualité perçue d'une part, les attentes et la satisfaction d'autre part.

Des réflexions sont également menées pour savoir si les facteurs qui favorisent la satisfaction sont ou non les mêmes que ceux qui engendrent l'insatisfaction.

Exemple

Nathalie achète une machine à laver le linge dans une grande surface spécialisée. Deux jours après, elle reçoit un appel téléphonique qui n'était pas prévu. On lui demande si la mise en route s'est bien déroulée et si elle souhaite qu'un technicien vienne l'aider (gratuitement). Cet événement imprévu est probablement susceptible d'améliorer la satisfaction de Nathalie vis-à-vis de son achat et donc, son attitude globale vis-à-vis de l'enseigne. Mais si l'enseigne n'avait pas téléphoné à Nathalie, serait-elle pour autant moins satisfaite de son achat ? Ici, l'appel téléphonique joue sur la satisfaction mais ne joue pas sur l'insatisfaction.

Camille va déjeuner dans un fast food. Elle commande un menu complet, avec hamburger, frites et boisson. On lui sert la commande en quelques minutes, car le restaurant n'est pas bondé, les produits sont prêts à être consommés et les serveuses sont efficaces. Les frites sont chaudes comme il convient… Ce dernier élément est-il susceptible d'améliorer la satisfaction de Camille ? Le fait que les frites soient chaudes n'est pas en soi un élément de satisfaction. En revanche, si elles avaient été froides, Camille aurait été certainement insatisfaite (au point, peut-être, d'en demander d'autres). Ici, la température des frites joue sur l'insatisfaction, mais ne joue pas sur la satisfaction.

Éléments qui jouent positivement sur la satisfaction	**Fort**	**Éléments plus** « Le conseiller m'a téléphoné pour me dire que l'argent était sur mon compte »	**Éléments clés** « Le taux du prêt m'a semblé intéressant par rapport à la concurrence »
	Faible	**Éléments secondaires** « Les locaux de l'agence bancaire sont agréables »	**Éléments basiques** « Les fonds ont été débloqués le plus rapidement possible » ou « Le conseiller a été poli »
		Faible	**Fort**

Éléments qui jouent négativement sur la satisfaction

Source : D'après S. Llosa, 1997.

Figure 11.2 – Le modèle tétraclasse de la satisfaction

Comme le propose S. Llosa, les éléments peuvent donc être rangés en quatre « classes », selon qu'ils contribuent positivement ou négativement à la satisfaction[1].

On peut donc repérer des éléments qui jouent sur la satisfaction sans jouer sur l'insatisfaction (éléments plus), des éléments qui jouent sur l'insatisfaction sans jouer sur la satisfaction (éléments basiques), des éléments qui jouent fortement sur les deux

1. Llosa S., « L'analyse de la contribution des éléments du service à la satisfaction : un modèle tétraclasse », *Décisions Marketing*, 10, 1997, pp. 81-88.

(éléments clés), et des éléments qui ne jouent ni sur la satisfaction, ni sur l'insatisfaction (éléments secondaires). L'exemple donné ci-dessous porte sur la souscription d'un crédit lors de l'achat d'une voiture.

Mesure : Mesure ordinale de la satisfaction

La tendance naturelle des individus à surestimer la satisfaction tend à valoriser les scores positifs de satisfaction. A cause du biais de positivisme, tout le monde est satisfait ! La méthodologie du modèle tétraclasse prévoit de dichotomiser les scores de satisfaction positif et négatif par une méthode de segmentation[1]. Cependant pour un score individuel dans un contexte d'évaluation direct de la satisfaction un seul item est suffisant notamment avec une mesure ordinale[2].

Cochez le ou les énoncés qui correspond(ent) le mieux au service reçu :

Intolérable	❑
Insatisfaisant	❑
Minimum tolérable	❑
Suffisant	❑
Normal	❑
Acceptable	❑
Comme désiré	❑
Idéal	❑
Excellent	❑

3 La valeur perçue

Depuis quelques années, l'expression « création de valeur pour l'actionnaire » est devenue incontournable pour tout gestionnaire. Mais cette expression s'applique également aux responsables marketing, qui doivent créer de la valeur pour le consommateur[3]. Que signifie le terme de « valeur » du point de vue du client ? D'après V. A. Zeithaml[4], la valeur perçue par le consommateur est la différence entre deux éléments : la qualité et le sacrifice. La valeur perçue n'est donc pas équivalente

1. Lichtle M.-C., Llosa S., Plichon V., « La contribution des différents éléments d'une grande surface alimentaire à la satisfaction du client », *Recherche et Application en Marketing*, 17 (4), 2002, pp 23-34.

2. Chandon J.-L., Bartikowski B., « Une échelle ordinale permettant de classer les répondants en "satisfait", "indifférent" et "insatisfait" », *Recherche et Application en Marketing*, 19 (1), 2004, pp 39-53.

3. Les deux processus de création de valeur sont d'ailleurs parfois considérés comme antinomiques. En effet, donner au consommateur, c'est prendre à l'actionnaire (et inversement). Cette position n'est pas vraiment réaliste dans le sens où la valeur perçue par le consommateur est un rapport entre ce qu'il donne et ce qu'il prend. Apporter de la valeur au consommateur ne signifie pas lui donner tout pour rien !

4. Zeithaml V.A., « Consumer Perception Of Price, Quality and Value : a Means-End Model And Synthesis Of The Evidence », *Journal of Marketing*, 52, 1988, pp. 2-22.

au « rapport qualité/prix ». On ne parle pas de qualité objective, mais de *qualité perçue* et l'on ne parle pas de prix, mais de *sacrifice* (le prix n'étant qu'une composante du sacrifice). On peut penser qu'un prix élevé incitera le consommateur à considérer que la qualité, aussi, est élevée. Cependant, V. Zeithaml montre que cette heuristique est utilisée dans des cas très limités (notamment quand la qualité ne peut pas être estimée autrement que par le prix).

Il n'est pas besoin de revenir sur la notion de qualité perçue, développé par ailleurs. En revanche, il est utile de préciser le sens du « sacrifice » que le consommateur doit consentir pour obtenir le produit ou utiliser le service. Le sacrifice perçu par un consommateur est « tout ce qu'il donne en échange du produit/service ». Il s'agit naturellement du prix à payer, mais également d'éléments non monétaires : temps consacré pour obtenir le produit, efforts réalisés pour apprendre à l'utiliser, risque pris lors de l'achat ou de la consommation…

Par exemple, on considère généralement que les meubles Ikea sont d'un excellent rapport/qualité prix. La qualité est tout à fait satisfaisante et le prix raisonnable. Ceci dit, le prix ne représente qu'une partie du sacrifice que le consommateur doit consentir pour utiliser son meuble. Le consommateur doit se rendre dans le magasin situé en périphérie de la ville, parcourir le magasin pour trouver son meuble (un « parcours imposé » qui peut se révéler assez long…), attendre qu'il soit ramené de la réserve pour le mettre dans sa voiture ou le fixer sur le toit (s'il ne se fait pas livrer), l'assembler… Toutes ces phases exigent du temps, de l'argent, des compétences, des efforts…

La valeur perçue d'une offre est éminemment subjective. Tel consommateur peut percevoir que l'offre X est supérieure à l'offre Y, alors qu'un autre consommateur sera d'un avis différent. La valeur dépend également du contexte d'achat et de consommation. L'entreprise doit donc se placer du côté du consommateur pour comprendre dans quels contextes celui-ci attribue ou non une valeur élevée à l'offre. Finalement, deux offres peuvent avoir la même valeur perçue avec des combinaisons « qualité perçue x sacrifice » très différentes. Ceci peut expliquer pourquoi le consommateur met parfois en concurrence des offres ayant des niveaux de qualités très différents. Il ne s'agit pas d'un manque de jugeote ou d'une indécision. Mais d'un processus de valorisation un peu plus complexe que ne le suppose l'expression « rapport qualité/prix ».

Le concept de valeur perçue chez V. Zeithaml présente deux principales limites : premièrement, la valeur résulte d'un processus cognitif assez rationnel ; deuxièmement, la valeur est perçue avant l'achat, mais n'englobe pas les phénomènes post-achat (notamment la consommation). Pour dépasser ces limites, on peut alors parler de « valeur expérientielle » d'une offre (notamment en matière de services)[1].

1. Rivière A., Mencarelli R., « Vers une clarification théorique de la notion de valeur perçue en marketing », *Recherche et applications en marketing*, 27(3), pp. 97-123, 2012.

Cette valeur comprend quatre éléments : la valeur fonctionnelle (l'excellence), la valeur économique (le retour sur investissement), la valeur ludique (l'amusement et l'évasion) et la valeur esthétique (l'attrait visuel). Les deux premiers éléments sont proches de ceux utilisés par V. Zeithaml (la qualité perçue et le sacrifice). Les deux derniers éléments sont d'une nature plus émotionnelle et s'expérimentent essentiellement durant la consommation.

Mesure : La valeur du point de vue du consommateur

Le produit ou le service est valorisé selon qu'il répond plus ou moins efficacement à différentes fonctions et valeurs de la consommateur (utilité, connaissance, stimulation expérientielle, lien social, expression de soi, valeur spirituelle). Les valeurs de consommation complètent l'approche de la valeur globale qui est définie comme un ration coûts/bénéfices. La valeur globale devient un ratio entre la somme des sacrifices consentis pour obtenir le produit ou le service et la somme des bénéfices reçus constituées des différentes valeurs et fonctions de la consommation. Les huit construits (6 valeurs de consommation, la valeur globale et la satisfaction cumulée) sont mesurés sur un ensemble d'items au format Likert en 5 échelons. L'échelle a été testée et validée par rapport au cinéma[1].

1. Utilitaire :
   - Aller voir un film au cinéma, ça me permet d'avoir des images et un son de très bonne qualité.
   - Aller au cinéma, ça me permet de voir des films dans les meilleures conditions techniques.
2. Connaissance :
   - J'essaie de me tenir au courant des films qui passent dans les salles de cinéma.
   - J'écoute souvent les émissions parlant du cinéma.
   - Je lis souvent des articles sur les films qui passent au cinéma.
3. Stimulation expérientielle :
   - Quand je regarde un film au cinéma, j'oublie tout ce qui m'entoure.
   - Quand je regarde un film au cinéma, j'éprouve une sensation de bien-être.
   - Quand je regarde un film au cinéma, ça m'absorbe complètement.
4. Expression de soi (Signe) :
   - Je peux me faire une idée de quelqu'un à partir des films qu'il va voir au cinéma.
   - Je juge un peu les gens en fonction des films qu'ils vont voir au cinéma.
   - Ma personnalité compte beaucoup dans le choix d'un film.

☞

1. Aurier P., Evrard Y., N'Goala G., « Comprendre et mesure la valeur du point de vue du consommateur », *Recherche et Application en Marketing*, 19 (3), 2004, pp 1-20.

☞

5. Lien social :
   • Aller au cinéma, ça me donne l'occasion d'en parler ensuite avec des amis.
   • Quand dans une conversation on parle des films qui passent au cinéma, j'aime bien ça.
   • J'aime bien voir des films au cinéma et en parler ensuite avec des amis.
6. Spiritualité :
   • Voir un film au cinéma, ça me permet de réfléchir sur les choses importantes de ma vie.
   • Après avoir vu un film au cinéma, j'aime bien me poser des questions importantes sur moi-même.
   • Voir un film au cinéma, ça donne l'occasion de remettre en question ce que je suis.
7. Valeur globale :
   • Globalement, je considère qu'aller au cinéma, ça vaut bien l'énergie que j'y consacre.
   • Globalement, ça vaut bien les sacrifices que je consens.
   • Globalement, je considère qu'aller voir un film au cinéma, ça vaut bien le temps et l'argent que je consomme.
8. Satisfaction cumulée :
   • Par rapport à ce que j'en attends, je suis un peu déçu par les films que je vais voir.
   • Je suis plus souvent déçu que content par les films que je vais voir au cinéma.
   • Globalement, je suis vraiment satisfait des films que je vais voir au cinéma.

Section 2 LA RELATION AVEC LA MARQUE / L'ENTREPRISE

Le marketing « orienté produit » repose sur la mise en œuvre de nombreuses décisions qui visent toutes à maximiser les ventes ou la part de marché d'un ensemble de produits : l'innovation, la gestion de gamme, les stratégies de marque... Si le marketing orienté produit n'est pas prêt de disparaître – c'est même la forme dominante dans de nombreux secteurs – il est, en revanche, de plus en plus complété par un marketing « orienté client ». Dans cette perspective, les entreprises ne se contentent pas de dynamiser le flux de transactions qui se porte vers leur portefeuille de produits, mais tentent de nouer des relations de proximité avec leurs clients (du moins, certains d'entre eux)[1]. Toutefois, les deux approches ne sont pas antagonistes,

1. Coulter R.A. et Ligas M., « A typology of customer-service provider relationships: the role of relational factors in classifying customers », *Journal of Services Marketing*, 18(6), pp. 482-493, 2005 ; Ashley C., Noble S.M., Donthu N. et Lemon K.N., « Why customers won't relate: Obstacles to relationship marketing engagement », *Journal of Business Research*, 64(7), pp. 749-756, 2011.

comme en témoigne la notion de « produit fidélisant » (des produits capables d'allonger la durée de vie des clients, de les faire rester plus longtemps en relation avec l'entreprise)[1].

Pour mettre en œuvre le marketing client, on dispose de plusieurs concepts qui permettent de caractériser le lien entre l'entreprise (ou la marque) et le client. On peut tout d'abord admettre que la relation entre le client et l'entreprise se manifeste par de nombreux comportements, au-delà du simple réachat (comportements face à l'indisponibilité temporaire du produit / service, recommandations positives...). Il est également important de donner une place significative à de nouveaux concepts proprement relationnels, notamment : la qualité relationnelle, l'attachement à la marque, la confiance et l'engagement, l'orientation relationnelle ou encore, la valeur du client.

Repère

La sensibilité aux marques

Un consommateur est dit « sensible aux marques », s'il prend en compte la marque dans son processus de décision, parmi l'ensemble des autres attributs envisageables (prix, format, ingrédients...). Pour le consommateur sensible aux marques, l'attribut « marque » est donc un attribut important.

Cependant, un consommateur sensible aux marques quand il achète du café n'est pas nécessairement sensible quand il achète du shampooing. La corrélation entre les indices de sensibilité aux marques d'une catégorie de produit à l'autre est faible. Par conséquent, on ne peut pas dire qu'un consommateur est sensible aux marques « en général », car sa sensibilité peut fortement varier d'une catégorie à l'autre. La sensibilité aux marques est d'ailleurs peu liée à des variables sociodémographiques comme l'âge ou le revenu.

La sensibilité se mesure donc pour tel consommateur dans telle catégorie de produit (par exemple, les piles électriques). Cette sensibilité aux marques se mesure à partir d'une batterie de huit indicateurs[2] comme : l'importance déclarée de la marque, la place de la marque dans le processus d'acquisition des informations, le poids de la marque par rapport aux autres attributs, le différentiel de prix pour lequel le consommateur achète la marque de distributeur...

La sensibilité est une variable psychologique qui explique en partie le comportement de fidélité, conjointement avec d'autres variables. Si ces deux concepts ☞

1. Crié D., *La Relation client*, Vuibert, 2002.

2. Après les analyses factorielles, un indicateur est notamment écarté de la mesure : le comportement du consommateur en cas de rupture de stock sur la marque recherchée (retarde-t-il son achat ou change-t-il de marque ?).

☞

sont liés, ils sont donc distincts. Comme le montrent les travaux menés par Jean-Noël Kapferer et Gilles Laurent dans les années quatre-vingt, la sensibilité aux marques explique en partie les comportements d'achat du consommateur. Mais si la corrélation entre la sensibilité aux marques et la fidélité est très significative, elle n'est pas parfaite (coefficient de 0,51). On trouve des catégories pour lesquelles la sensibilité aux marques est forte, mais pour lesquelles la fidélité est faible (par exemple, le champagne) ; le cas inverse étant plus rare.

Un consommateur sera plus sensible aux marques dans telle catégorie de produits/services si, à ses yeux, ces marques sont utiles, c'est-à-dire si elles remplissent un certain nombre de fonctions. Pour le consommateur, les marques peuvent notamment remplir les fonctions suivantes : praticité (facilité pour retrouver rapidement le produit en rayon...), garantie (prise de risque plus faible...), personnalisation (possibilité d'affirmer sa personnalité, son style de vie...), plaisir (de la variété, du choix, de la découverte...), distinctivité (repérage des caractéristiques du produit à travers sa marque...).

La sensibilité aux marques varie fortement d'une catégorie à l'autre. Mais pour telle catégorie, on peut trouver des segments de consommateurs ayant une sensibilité très variable, comme le montre l'exemple ci-dessous pour la catégorie des liquides-vaisselles.

Catégorie	Indice
Champagne	115
Eau minérale	112
Eau de toilette	111
Café	110
Savon de toilette	109
Shampooing	108
Machine à laver	104
Soutien-gorge	104
Liquide vaisselle	102
Tablette de chocolat	101
Lessive	101
Téléviseur	100
Pâtes alimentaires	96
Confiture	92
Yaourt	90
Pile électrique	86
Matelas	86
Aspirateur	81
Collant	78
Robe	48

☞

☞

De fait, il n'est pas très utile de calculer la sensibilité moyenne d'une catégorie. En revanche, il est intéressant d'identifier des segments de consommateurs sur la base de leur sensibilité aux marques. Le consommateur est plus sensible aux marques quand il perçoit de fortes différences entre les marques proposées (ce qui confirme l'importance de la différenciation et de l'innovation). Par ailleurs, plus il est compétent pour choisir, plus il est sensible aux marques. Finalement, plus il est impliqué (sur les dimensions « importance du risque », « valeur de signe » et « intérêt »), plus il est sensible aux marques.

Mesure : Sensibilité à la marque

L'échelle de la sensibilité à la marque est mesure subjective de l'attention portée à la marque lors d'un achat.

- Lors d'un achat, je fais toujours attention à la marque.
- En général, la marque d'un produit en dit long sur sa qualité.
- Pour moi, la marque d'un produit est une information très importante.

1 Les différentes facettes de la fidélité comportementale

La fidélité comportementale d'un consommateur vis-à-vis d'un produit se manifeste en premier lieu par « l'intensité » de son comportement d'achat : il achète *régulièrement* le produit (dans certains cas, il l'achète *exclusivement*) ; il l'achète en *grande quantité* ; il y consacre une *part importante de son budget*. Toutefois, la fidélité comportementale se manifeste également par un grand nombre d'autres comportements :

– *Si le produit est indisponible (de façon temporaire), le consommateur n'achète pas les produits concurrents*. En cas de rupture de stock ou d'indisponibilité, la fidélité à un produit peut se manifester par le refus d'acheter des produits concurrents[1]. Concrètement, le consommateur va préférer retarder son achat, le temps que le produit soit de nouveau disponible, ou changer de point de vente.

– *Le consommateur achète depuis longtemps auprès de l'entreprise*. La fidélité se traduit par une certaine ancienneté, même si les quantités achetées sont faibles ou si la part de client est peu élevée.

– *Le consommateur achète plusieurs produits / services à l'entreprise*. La fidélité ne s'analyse pas seulement au niveau d'un produit spécifique. La fidélité peut se

1. Ghesquiere C.C., « Le consommateur face à une rupture de stock : comment se comporte-t-il ? », *Décisions Marketing*, (62), pp. 31- 43, 2011.

manifester par un comportement d'achat dans de nombreuses catégories de produits offerts par l'entreprise, même si, pour chaque catégorie, les quantités achetées sont faibles.

Exemple

Sophie et Arlette sont clientes de La Redoute. Sophie dépense 200 euros dans les pages « vêtements », 50 euros dans les pages « linge de maison » et 100 euros dans les pages « jouets ». Arlette dépense au total 350 euros dans les pages « vêtements ». Peut-on dire que ces deux clientes sont « équivalentes » ? On peut considérer que Sophie est plus fidèle, même si elle dépense le même montant qu'Arlette. Comparativement à Arlette, Sophie effectue des achats dans trois univers de produits et non dans un seul. Sa relation avec La Redoute est sans doute plus « intense ».

– *Le consommateur s'engage sur le moyen terme.* La fidélité ne se manifeste pas seulement par les comportements passés, mais également par les comportements à venir. Entre deux clients ayant le même historique (ancienneté, quantités achetées en cumul…), celui qui est prêt à s'engager pour le futur doit être considéré comme plus fidèle. La fidélité peut aussi se manifester par une adoption plus rapide des nouveaux produits / services offerts par l'entreprise.

Exemple

Christian téléphone avec un portable connecté au réseau SFR depuis 2 ans. Son contrat arrive à échéance dans quelques semaines. L'entreprise le contacte pour leur faire une offre : une réduction de 10 % sur son forfait mensuel s'il reconduit son contrat, non pas sur 12 mois, mais sur 24 mois. Christian accepte bien volontiers, car il considère qu'il va économiser 5 euros par mois. Gilles s'est abonné au réseau SFR à la même période. Depuis deux ans, ses comportements de consommation ont été similaires à ceux de Christian. Son contrat arrive également à échéance et il reçoit donc la même offre que Christian. En revanche, il la refuse. Christian est prêt à s'engager sur le futur alors que Gilles préfère conserver sa liberté de choix, quitte à refuser une réduction de prix.

– *Le consommateur communique des informations à l'entreprise.* La fidélité peut se manifester par un intérêt non pas seulement pour les produits / services, mais également vis-à-vis de l'entreprise, en tant qu'organisation (connaissance des employés, des gammes proposées, des publicités, des actions humanitaires…). De même, le consommateur fidèle est susceptible d'informer l'entreprise en retour. Il sera plus disposé à communiquer des informations sur ses caractéristiques personnelles, sur ses projets, etc. Ces comportements aideront finalement l'entreprise à adapter ses propositions commerciales et à renforcer les liens qu'elle entretient avec ce client. Il sera également prêt à aider l'entreprise pour affiner son offre, à remplir des questionnaires ou à participer à des *focus groups* pour suggérer des améliorations, etc.

Exemple – La participation du consommateur

Les entreprises demandent souvent l'avis des consommateurs pour créer ou améliorer des produits/services : on parle alors de co-innovation ou appel à la créativité des consommateurs[1]. Les bénéfices sont nombreux pour les entreprises : gestion de la relation client, récolte des fruits de la stimulation des consommateurs, promotion de la marque. Les entreprises pointent toutefois quelques freins : incompétence des clients et coûts de la démarche. De leur côté, les consommateurs apprécient de participer aux sollicitations des entreprises pour donner leurs avis ou encore leurs idées. Ils le font pour gagner quelque chose (bons d'achat, cadeaux, etc.), se sentir privilégiés, reconnus (phénomène de « starisation » lorsqu'ils sont pris en photo, par exemple, ou simplement cités sur une plateforme), pour nourrir un besoin d'expression, partager un moment, se divertir, se challenger ou encore pour le voyeurisme. Cette dernière motivation concerne notamment les consommateurs qui votent pour la création d'autrui, par exemple, leur permettant de voir le comportement des autres consommateurs[2].

– *Le consommateur parle positivement de l'entreprise, ou même, la recommande auprès de ses proches.* Le client fidèle peut servir de relais à l'entreprise. Il communique des informations sur les nouveaux produits auprès de son entourage (famille, amis, collègues de bureau…), défend l'entreprise dans les forums de consommateurs sur Internet, etc.

2 Les concepts relationnels

À ce jour, la plupart des concepts développés pour étudier les comportements de consommation permettent de caractériser le consommateur lui-même (valeurs…), son processus de décision (implication…), ses comportements de choix et d'achat, ou encore, son rapport avec le produit / service (attitude, qualité perçue…). Mais au-delà de l'achat d'un produit / service bien spécifique (par exemple, un téléphone portable), le consommateur entretient également un rapport avec l'entreprise ou la marque qui propose ces produits (par exemple, Alcatel).

Il est donc nécessaire de proposer des concepts qui permettent de caractériser le lien entre le client et l'entreprise (ou la marque) : ce sont les concepts dits « relationnels » (le terme de relation s'opposant à celui de transaction, pour signifier qu'au-delà de l'achat, le client développe une relation avec l'entreprise et, réciproquement, l'entreprise tente de nouer des contacts étroits avec ses clients).

Ces concepts ont émergé dans le domaine du marketing *business-to-business* et du marketing des services (notamment du marketing bancaire et du marketing de la

1. Le Nagard E., Reniou F., « Co-innover avec les clients: entre intérêt et réticence pour les entreprises grand public », *Décisions Marketing*, 71, pp. 59-72, 2013.

2. Reniou F., « Opérations participatives des marques : pourquoi et comment faire participer les consommateurs ? », Thèse de Doctorat, Sciences de gestion, Université de Paris-Dauphine et ESSEC, 2009.

distribution). L'intensité de la relation, comme la présence d'interlocuteurs physiques (vendeurs, personnel en contact…) explique en partie pourquoi le marketing relationnel est apparu dans ces secteurs. Cependant, ces concepts sont certainement pertinents pour le marketing des produits de grande consommation, comme le prouvent les nombreuses études sur ces sujets et les pratiques des entreprises[1].

Quel que soit le secteur d'application, ces concepts relationnels donnent une indication sur la nature du lien entre le client et l'entreprise ou la marque. Ils permettent donc de mieux comprendre les comportements de fidélité, de réclamation, de bouche-à-oreille…

Si la fidélité des clients occasionnels s'explique en partie par le degré de satisfaction, il est important de mobiliser d'autres concepts, comme la confiance et l'engagement envers l'entreprise pour comprendre le comportement des clients réguliers[2].

Quelques concepts relationnels sont évoqués ici : la confiance, l'attachement et l'engagement, la qualité relationnelle ainsi que l'orientation relationnelle et la valeur du client.

La confiance, l'attachement et l'engagement

La confiance est une attente du consommateur qui porte sur la fiabilité des paroles, des promesses, des dires écrits ou verbaux d'une entreprise ou d'une marque. Le concept de confiance est formé de plusieurs dimensions[3]. Différents aspects ont été étudiés : l'honnêteté, la compétence, l'intégrité, la crédibilité et la bienveillance… Trois dimensions d'entre elles sont les plus fréquemment évoquées :

– *la bienveillance*. Elle repose sur les intentions du partenaire. Un partenaire bienveillant n'agit pas pour ses propres intérêts et ne va pas engager des actions ayant un impact négatif sur l'autre partie (le partenaire est sincèrement motivé par la recherche de bénéfices mutuels).
– *la crédibilité*. Dans le contexte des relations entre détaillants et fournisseurs, cette dimension est définie comme « le degré auquel le détaillant pense que le

1. Ramani G. et Kumar V., « Interaction, orientation and firm performance », *Journal of Marketing*, 72 (1), pp. 27-45, 2008.

2. Garbarino E., Johnson M.S., « The Different Roles of Satisfaction, Trust, and Commitment in Customer Relationships », *Journal of Marketing*, 63, 1999, pp. 70-87.

3. Guilbert N., « La confiance en marketing : fondements et applications », *Recherche et Applications en Marketing*, 14, 1, 1999, pp. 1-19. Gurviez P., Korchia M., « Proposition d'une échelle de mesure multidimensionnelle de la confiance dans la marque », *Recherche et Applications en Marketing*, 17, 3, 2002, pp. 41-61. ; Akrout W. et Akrout H., « Relations entre acheteur et vendeur : les catalyseurs d'une confiance durable », *Décisions Marketing*, pp. 53-61, 2010 ; Arnott D.C., « Trust-current thinking and future research », *European Journal of Marketing*, 41(9/10), pp. 981-987, 2007.

fournisseur possède l'expertise requise pour accomplir sa tâche de manière efficace et fiable ». La crédibilité repose donc sur la compétence du partenaire[1].

– *l'honnêteté*. Elle traduit la fiabilité, et la sincérité du partenaire de l'échange. Ce dernier tient parole, réaliser ses promesses et accomplit ses obligations[2]. Cette dimension de la confiance est une clé de la réussite des sites de commerce électronique. La complétude et la précision des informations disponibles soulignent la volonté du marchand de ne pas tromper et de ne rien dissimuler au consommateur[3].

Mesure : Confiance dans la marque

Cette échelle mesure la confiance au travers des trois dimensions bienveillance, intégrité et crédibilité. Le format de réponse est une échelle de Likert.

Crédibilité

1. Les produits de cette marque m'apportent de la sécurité.
2. J'ai confiance dans la qualité des produits de cette marque.
3. Acheter des produits de cette marque, c'est une garantie.

Intégrité

1. Cette marque est sincère vis-à-vis des consommateurs.
2. Cette marque est honnête vis-à-vis de ses clients.
3. Cette marque montre de l'intérêt pour ses clients.

Bienveillance

1. Je pense que cette marque renouvelle ses produits pour tenir compte des progrès de la recherche.
2. Je pense que cette marque cherche continuellement à améliorer ses réponses aux besoins des consommateurs.

L'engagement de long terme est étroitement associé à la notion de confiance, notamment au travers de la théorie de l'engagement-confiance qui est au cœur de la recherche relative au marketing relationnel, dans la mesure où elle permet de mieux comprendre et d'expliquer le principe de fonctionnement les relations clients/fournisseurs.

L'engagement est une promesse implicite ou explicite de continuité de la relation entre les partenaires de l'échange[4], et conduit le client à ne considérer aucune autre

1. Ganesan S., « Determinants of Long-term Orientation in Buyer-Seller Relationships », *Journal of Marketing*, 58, 1994, pp. 1-19.

2. Anderson J.C., Narus J.A., « A Model of Distributor Firm and Manufacturer Firm Working Partnerships », *Journal of Marketing*, 54 (1), 1990, pp. 42-58.

3. Chouk I., Perrien J., « Les facteurs expliquant la confiance du consommateur lors d'un achat sur un site marchand », *Décisions Marketing*, n° 35, 2004, pp. 74-86.

4. Morgan R.M., Hunt S.D., « The Commitment-Trust Theory of Relationship Marketing », *Journal of Marketing*, 58, 1994, pp. 20-38 ; Fullerton G., « How commitment both enables and undermines marketing relationships », *European Journal of Marketing*, 39 (11/12), pp. 1372-1388, 2005.

marque. Cependant, la continuité de la relation peut être simplement motivée par l'habitude ou par les contraintes (peu d'autres alternatives disponibles). La promesse de poursuivre la relation est donc une condition nécessaire mais non suffisante. L'engagement comporte deux dimensions :

– une dimension cognitive, ou calculée. La continuité des échanges est liée à l'anticipation des pertes et des coûts de transferts que les partenaires devraient subir si la relation cessait. Cette dimension résulte d'un calcul assez rationnel des coûts et des bénéfices liés au maintien de la relation. Elle est d'autant plus importante que l'individu a investi dans la relation ;
– une dimension affective. L'individu éprouve un sentiment général positif et un attachement envers l'entreprise / la marque. Il désire continuer la relation parce qu'il apprécie son partenaire. Cette forme d'engagement résulte par ailleurs d'un partage de valeurs et d'intérêts communs.

La dimension cognitive est liée à un comportement opportuniste et à la recherche d'alternatives plus intéressantes. En revanche, l'engagement affectif traduit une réelle identification entre les partenaires et un attachement comparable aux relations amicales.

Trois variables influencent la confiance : les coûts de rupture de la relation, les bénéfices de la relation (rentabilité des produits, satisfaction des clients…), les valeurs partagées (croyances communes aux deux partenaires en terme de comportements et d'objectifs). L'engagement est influencé par ces mêmes valeurs partagées ; la qualité de la communication (partage formel ou informel de l'information utile) et les comportements opportunistes (recherche d'intérêts propres). L'engagement est un comportement, dont la force est fonction de la confiance construite entre le client et le prestataire. Lorsqu'il y a engagement, la relation permet le conformisme (degré auquel un partenaire accepte ou adhère à une autre politique ou à une requête spécifique), la propension au départ diminue (probabilité qu'un partenaire mette fin à une relation dans un futur proche) et enfin la coopération s'accentue, c'est-à-dire que les parties oeuvrent ensemble pour l'atteinte de buts communs. Par ailleurs les conflits sont plus facilement résolus, permettant une fonctionnalité des conflits plus efficace alors que l'incertitude diminue.

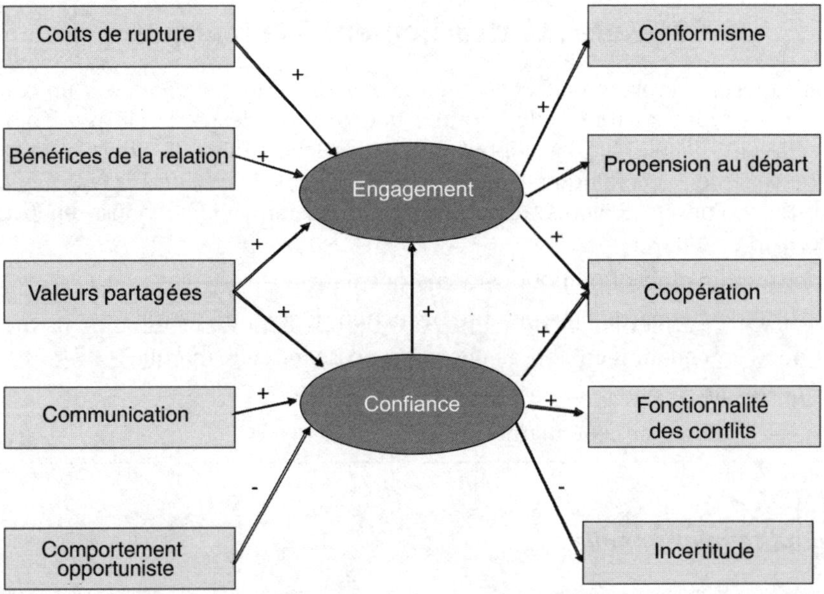

Figure 11.3 – Modèle de l'engagement-confiance selon Morgan et Hunt (1994)

L'engagement du client en termes de comportements (notamment son degré de fidélité) s'explique en partie par la confiance qu'il porte à l'entreprise et son attachement envers la marque[1]. Les responsables marketing doivent donc travailler à renforcer la réputation de l'entreprise mais aussi, son capital de sympathie. Cependant, ils doivent également servir les segments des consommateurs récalcitrants à l'engagement (ce que propose, par exemple, l'opérateur Free dans la téléphonie mobile).

L'attachement est défini comme « une variable psychologique qui traduit une relation durable et inaltérable envers la marque (la séparation est douloureuse) et qui exprime une relation de proximité psychologique avec celle-ci »[2]. L'attachement se distingue de concepts comme l'attitude (qui peut être positive ou négative, alors que l'attachement est nécessairement positif), ou comme la préférence (un degré d'attrait relatif à des marques concurrentes).

1. Frisou J., « Confiance personnelle et engagement : une ré-orientation béhavioriste », *Recherche et Applications en Marketing*, 15, 1, 2000, pp. 63-80.

2. Lacœuille J., « L'attachement à la marque : proposition d'une échelle de mesure », *Recherche et Applications en Marketing*, 15, 4, 2000, pp. 61-77.

Mesure : L' attachement à la marque

L'échelle mesure la relation affective durable et inaltérable que peut avoir un consommateur envers une marque. Elle exprime une relation de proximité psychologique avec celle-ci. L'échelle fut développée pour saisir les fondements affectifs de la relation d'engagement à la marque, la facette attitudinale de la fidélité à la marque. L'outil de mesure comporte 5 items administrés avec un format de réponse en 6 points d'accord[1].

1. J'ai beaucoup d'affection pour cette marque
2. L'achat de cette marque me procure beaucoup de joie, de plaisir
3. Je trouve un certain réconfort à acheter ou posséder cette marque
4. Je suis très lié à cette marque
5. Je suis très attiré par cette marque

La qualité relationnelle

On peut caractériser une relation entre un consommateur et une marque à partir de nombreuses dimensions comportementales (la durée de la relation, la fréquence de contact, le canal de communication utilisé...). Toutefois, des études récentes montrent qu'il est pertinent de s'intéresser également à la qualité perçue de cette relation, qualité qui repose surtout sur des dimensions affectives.

Repère

Les fondements du marketing relationnel

Le marketing relationnel est défini comme l'ensemble des activités marketing destinées à établir, développer et maintenir des relations d'échanges fructueuses[2]. Cela se traduit par un effort d'identification, de construction et d'entretien d'un réseau de clients individuels, visant à renforcer en permanence ce réseau dans l'intérêt des deux parties aux moyens de contacts interactifs, personnalisés et présentant une valeur ajoutée, et ce, durant une période relativement longue[3]. Pour ce

☞

1. Lacoeuilhe J., « L'attachement à la marque : proposition d'une échelle de mesure », *Recherche et Application en Marketing*, 15 (4), 2000, pp 61-77.

2. Berry L.L., « Relationship Marketing », *Emerging Perspectives on Services Marketing*, ed. Berry L.L., Shostack and Upah : AMA, 1983, pp 25-28.

3. Shani D., Chalasani S., « Exploiting Niches using Relationship Marketing », *Journal of Services Marketing*, 6 (4), 1992, pp 43-52.

faire, le marketing relationnel repose sur trois fondements : un engagement de long terme, une connaissance mutuelle et un partenariat gagnant-gagnant[1]. En effet la performance objective du marketing relationnel est surtout influencée par la qualité de la relation : le marketing relationnel est d'autant plus efficace que les relations sont déterminantes pour la satisfaction du client (services, B to B) et qu'elles sont construites au niveau individuel[2].

Pour S. Fournier, les consommateurs développent des relations avec les marques, de la même façon qu'ils peuvent développer des relations avec des personnes (anthropomorphisme)[3]. La qualité relationnelle se construit autour de six principales dimensions : la connection au soi (la marque sert à structurer l'identité du consommateur), l'engagement (le consommateur s'engage à maintenir la relation avec la marque dans le temps), l'interdépendance (le consommateur recherche une fréquence de contact élevée avec la marque), la passion (le consommateur entretient une relation amoureuse avec la marque, faite de rencontres, de ruptures…), la qualité (le consommateur évalue la qualité de la marque en tant que partenaire et pas seulement la qualité perçue de ses produits) et l'intimité (le consommateur éprouve un sentiment de proximité fort avec la marque, notamment en utilisant des diminutifs pour la qualifier).

À partir de ce cadre d'analyse, on peut dégager une typologie de relations entre les consommateurs et leurs marques. On distingue notamment « le mariage arrangé » (une union non volontaire, plus ou moins imposée par l'entourage), « l'amitié d'enfance » (une marque découverte dans les premières périodes de la vie, consommée de façon irrégulière, mais qui procure un sentiment de sécurité et de nostalgie), ou encore, « la relation inavouable » (une relation de forte intensité, hautement émotive, mais qu'il serait risqué d'avouer à son entourage).

Mesure : Familiarité à la catégorie de produits

La mesure de la familiarité comporte 3 items,
avec une mesure en degrés d'accord sur 4 points.

--- est un produit qui m'est familier

J'achète relativement souvent des ----

Je connais bien les différents types de ----

1. Florès L., Volle P., « Potentiel relationnel et impact du site de marque sur la plateforme marketing », *Décisions Marketing*, pp. 39-50, 2005.

2. Palmatier R.W., Dant R.P., Grewal D., Evans K.R., « Factors Influencing the Effectiveness of Relationship Marketing : a Meta-Analysis », *Journal of Marketing*, 70 (4), 2006, pp 136-53.

3. Fournier S., « Consumers and their Brands : Developing Relationship Theory in Consumer Research », *Journal of Consumer Research*, 24, 4, 1998, pp. 343-373.

La rencontre dans un contexte serviciel entre un vendeur et un consommateur dépend de trois facteurs :

– la durée de l'interaction ;

– le contenu émotionnel ;

– la proximité.

La proximité va déterminer l'intimité de la relation[1], intimité qui peut être *sociale* lorsque le consommateur perçoit que la relation avec un fournisseur existe ; *physique* lorsque la relation est née *via* un contact physique comme chez le coiffeur ou chez un masseur par exemple ou tout simplement une poignée de main ; émotionnelle lorsque des informations personnelles sont révélées et partagées.

Ainsi, selon leur plus ou moins grande proximité, on observe différents types de relations entre vendeurs et consommateurs :

– des relations professionnelles (instrumentales, elles n'ont que vocation à servir le client, on parle alors de marketing transactionnel) ;

– des relations décontractées, professionnelles mais avec divulgation de quelques informations personnelles ;

– des relations personnelles dans lesquelles il y a une forte divulgation d'informations personnelles ;

– de l'amitié dans les relations commerciales[2].

Enfin, sur la base d'une étude quantitative dans le domaine des services financiers, on peut qualifier la relation à partir de trois grandes dimensions : la force de la relation (durée de l'interaction, fréquence de contact…), le sentiment de proximité et la satisfaction. En croisant les dimensions (en plus des relations fortes, proches et satisfaisantes… le cas « idéal » !), on peut identifier des clients qui entretiennent des relations non proches mais satisfaisantes, des relations fortes mais non satisfaisantes, des relations fortes mais non proches, ou encore, des relations trop proches mais peu satisfaisantes.

L'orientation relationnelle et la valeur du client

La mise en œuvre de démarches relationnelles (programmes de fidélisation notamment) repose sur le postulat que les clients sont disposés à entrer en relation avec l'entreprise[3]. Cependant, les clients ne sont pas toujours prêts à développer des relations fortes et proches avec les marques qu'ils consomment et les entreprises

1. Beetles A.C., Harris L.C., « The role of intimacy in service relationships: an exploration », *Journal of Service Marketing*, 24(5), pp. 347-358, 2010.

2. Grayson K., « Friendship versus business in marketing relationships », *Journal of Marketing*, 71(4), pp. 121-139, 2007.

3. Peppers D., Rogers M., *Enterprise One-to-One*, Doubleday, 1997. Seybold P., Clients.com, Éditions d'Organisation, 2000.

auxquelles ils s'adressent et ce, pour de nombreuses raisons. Par ailleurs, le client n'est pas pour ou contre une relation dans l'absolu… tout dépend des caractéristiques de cette relation.

Repère

Les consommateurs qui n'aiment pas les relations avec les vendeurs[1]

Si certains consommateurs aiment être choyés, reconnus, appelés par leur prénom voire récompensés pour leurs achats, d'autres sont gênés par ces attentions et outils relationnels et fuient toute relation personnelle avec les entreprises.

Plusieurs causes explicatives : le manque de temps, la recherche de variété et donc la volonté de ne pas « s'enfermer » dans une relation avec un vendeur, la diversification des fournisseurs pour limiter les risques, la crainte d'être bombardé de messages et de divulguer des informations personnelles, la volonté de ne pas être reconnu ou traité de façon privilégiée, etc.[2] Ainsi, certains consommateurs ont une forte propension à être en relation *(consumer relationship proneness)*, d'autres moins.

Un trait de personnalité peut être à l'origine de cette propension : l'anxiété sociale[2]. Les anxieux sociaux ne sont pas à l'aise dans les situations et interactions sociales qu'ils ne connaissent pas, autrement dit qu'ils ne peuvent pas contrôler et pour lesquelles ils n'ont pas de scripts. Ils ressentent de l'embarras, de la gêne.

L'anxiété sociale peut prendre deux formes :

- l'anxiété sociale d'interaction (le fait de devoir entrer en conversation avec une personne pour demander quelque chose) ;
- l'anxiété sociale d'observation (le fait de se sentir/croire regardé par autrui, lorsque le client sort d'une cabine d'essayage ou lorsqu'il pratique du sport dans une salle de fitness, par exemple).

Un anxieux social a un biais de négativité : dans toute situation d'interaction ou d'observation, il pensera que sa façon d'être et/ou de faire n'est pas la bonne. L'anxiété sociale peut être un trait (une caractéristique stable quelle que soit la situation) mais aussi un état qui dépend donc du contexte. Ressentir du stress lorsque l'on doit parler en public, par exemple, est une forme d'anxiété sociale mais « normale ». À l'extrême, l'anxiété sociale peut être pathologique : on parle alors de phobie sociale.

---

1. Delacroix E., Guillard V., « Consumers who avoid relationships: social anxiety in commercial contexts », *Journal of Consumer behavior*, 2016.

2. Ashley C., Noble S.M., Donthu N., Lemon K.N., « Why customers won't relate: Obstacles to relationship marketing engagement », *Journal of Business Research*, 64(7), pp. 749-756, 2011.

2. Heerey EA, Kring A.M., « Interpersonal consequences of social anxiety », *Journal of Abnormal Psychology*, 116(1), pp. 125-134, 2007.

Pour l'entreprise, il est important de détecter les clients qui présentent une forte orientation relationnelle, sachant que les efforts de l'entreprise seront plus efficaces auprès de ces clients[1]. Il est également important de caractériser les préférences et les motivations des consommateurs, afin d'adapter la forme et le contenu de cette relation[2]. Concernant la forme de la relation, l'orientation du consommateur va porter sur la temporalité des contacts (fréquence, régularité...), l'initiative et la diversité des contacts (canaux de communication utilisés, rituels ou « surprises » relationnelles). Concernant le contenu de la relation, l'orientation va porter sur le bénéfice recherché de la relation (sécurité, découverte, praticité...)[3], sur le degré d'intensité attendu et sur la symétrie (chaque partenaire participe équitablement au développement ou au maintien de la relation).

L'orientation relationnelle doit logiquement servir de guide pour déterminer quels clients sont susceptibles – et sous quelles formes – de rentrer en relation avec les entreprises (car de l'orientation relationnelle dépend la réactivité du client). Cependant, les entreprises investissent aussi en fonction de la rentabilité et non pas seulement en fonction de la réactivité. C'est pourquoi il est également important de déterminer la valeur du client avant de se lancer dans de coûteuses opérations de marketing relationnel[4].

La valeur du client est fonction du « flux de revenus nets actualisés », c'est-à-dire des revenus tirés du client (marge commerciale), desquels on déduit les coûts (coûts de recrutement, d'administration, de fidélisation, de réactivation...). Cette somme est actualisée année par année, pour l'ensemble de la durée de vie du client, avec un taux donné (qui peut être le coût du capital)[5]. Le calcul peut ne pas porter sur chaque client de façon systématique (le coût serait bien souvent prohibitif), mais être réalisé pour un échantillon de clients (segment par segment), puis généralisé à l'ensemble du portefeuille de clients. Toutefois, ces « formules magiques » ne doivent pas laisser penser que la valeur du client est un calcul parfaitement exact. En effet, à supposer qu'il soit possible de connaître année par année la marge commerciale et l'ensemble des coûts par client, des éléments plus qualitatifs ne pourront pas rentrer facilement dans l'équation. Par exemple, combien d'autres personnes ce client aura convaincu d'acheter (ou de ne pas acheter) les produits / services de l'entreprise ? Cette « valeur de recommandation », positive ou négative, est difficilement quantifiable, mais son impact peut être considérable... Mesurer la valeur du portefeuille de clients reste donc encore un véritable défi pour l'entreprise.

1. De Wulf K., Oderkerken-Schröder G., Iacobucci D., « Investments in Consumer Relationships : a Cross-Country and Cross-Industry Exploration, 2001 », *Journal of Marketing*, 65, 2001, pp. 33-50.

2. Benoit F., *L'Orientation relationnelle du consommateur*, 2002, Université Paris-Dauphine, document non publié.

3. Reynolds K., Beatty S., « A Relationship Customer Typpology », *Journal of Retailing*, 75, 4, 1999, pp. 509-523.

4. Lefébure R., Venturi G., *Gestion de la relation client*, Eyrolles, 2000.

5. Blatberg R.C., Getz G., Thomas J.S., Customer Equity, *Harvard Business School Press*, 2001.

De nombreuses études montrent que la gestion de la relation avec les clients (récompenses, personnalisation des offres, reconnaissance et traitement privilégié du client…) permettent à l'entreprise d'atteindre plusieurs objectifs, notamment une fidélité accrue[1] et une meilleure rétention[2]. Il faut également souligner l'importance d'une gestion efficace des réclamations. C'est bien souvent en réponse à des incidents critiques que l'entreprise peut prouver sa crédibilité et construire sa réputation[3]. Cependant, gérer un portefeuille de relations soulève encore de nombreuses difficultés, notamment en terme d'organisation (changement de « philosophie », car la gestion des relations suppose la discrimination, y compris « positive » ; changement de structures ; augmentation du personnel en contact ; mise en œuvre de nouveaux systèmes d'information ; partage des informations sur le client, etc.)[4]. Par ailleurs, il semble désormais indispensable de montrer précisément en quoi une meilleure relation avec les clients (attachement, confiance, engagement…) conduit à une meilleure performance commerciale et surtout, à quelles conditions (orientation relationnelle, valeur du client…), dans quels contextes et de quelles façons.

EXEMPLE – Les traitements préférentiels et de faveur

Pour retenir leurs clients, les entreprises peuvent offrir des traitements préférentiels (avantages contractuels offerts par l'entreprise ; par exemple Air France qui offre des *miles* aux clients réguliers) ou encore des traitements préférentiels (avantages informels accordés aux consommateurs comme offrir gratuitement un apéritif). Ces attentions permettent de recruter des clients, de les fidéliser en les flattant : ils se sentent importants, accueillis, uniques[5]. Or, là encore, *tous* les consommateurs n'aiment pas ces traitements : ces types d'outils relationnels peuvent alors être contreproductifs, nourrissant une insatisfaction[6].

---

1. De Wulf K., Oderkerken-Schröder G., Iacobucci D., *opus cité.*

2. Hennig-Thurau T., Klee A., « The Impact of Customer Satisfaction and Relationship Quality on Customer Retention : a Critical Reassessment and Model Development », *Psychology and Marketing*, 14, 1997, pp. 737-761.

3. Singh J., « A Typology of Consumer Dissatisfaction Response Styles », *Journal of Retailing*, 66, 1, 1990, pp. 57-99. Crié D., « Une cadre d'analyse du comportement de réclamation », *Recherche et Applications en Marketing*, 16, 1, 2001, pp. 45-63.

4. Grönroos C., « Relationship Marketing : Challenges for the Organization », *Journal of Business Research*, 46, 1999, pp. 327-335.

5. Bojei J., Craig C.J., Che A.B., Zafar U.A., « The empirical link between relationship marketing tools and consumer retention in retail marketing », *Journal of Consumer Behaviour*, 12(3), pp. 171-181, 2013.

6. Butori R., Pez V., « Special Treatment as a Recruitment Tool: Issues of Consumer Resistance », *Recherche et applications en marketing*, 27(4), pp. 39-58, 2012 ; Butori R., De Bruyn A., « So you want to delight your customers: the perils of ignoring heterogeneity in customer evaluations of discretionary preferential treatments », *International Journal of Research in Marketing*, 30(4), pp. 358-367, 2013.

3 Liberté du consommateur et relation avec les marques

La liberté du consommateur est un postulat de base du marketing : la société de consommation rime avec société de profusion et liberté d'expression de son soi[1]. Cependant l'aptitude du consommateur à comprendre les mécanismes marketing dont il est sujet le rend plus éveillé et plus réfractaire aux propositions commerciales. Lorsqu'un nouveau service nécessite 24 mois d'engagement il est conscient que cela n'est pas nécessairement pour son bien. Le responsable marketing, alors qu'il offre toujours plus au client, lui demande également de plus en plus[2]. Des phénomènes de résistances se développent qui sont susceptibles de remettre en cause la nature des relations entre le consommateur et l'entreprise[3]. La pression mise sur le consommateur engendre deux types de réactions : l'activation de la réactance psychologique et le boycott.

La réactance psychologique est la réaction négative des individus à toute tentative de contrainte de leur libre choix[4]. La théorie de la réactance a permis de montrer que l'option perdue suite à une contrainte de liberté de choix est finalement préférée, même si tel n'était pas le cas avant la suppression de l'alternative. Dès que la liberté de choix entre deux options est menacée en rendant l'une d'entre elle difficile et complexe, l'attractivité, pour l'individu, de cette dernière est renforcée. Prenons pour exemple le cas d'un agent de voyage proposant à son client plusieurs destinations touristiques toutes aussi désirables les unes que les autres. Après vérification, la destination préférée du client est indisponible aux dates souhaitées. Il y a dès lors diminution de liberté de choix, susceptible d'entraîner réactance de la part du client. La première destination augmente encore plus en attractivité et son indisponibilité rend le second choix moins plaisant. Ainsi, le client doit soit s'en satisfaire, soit surseoir à sa décision. Dans le contexte relationnel, un comportement forcé par une influence extérieure est ainsi peu apprécié. Un vendeur créant un sentiment de menace de liberté est susceptible de perdre sa crédibilité auprès du client. La perte de liberté instantanée n'est pas la plus gênante pour le consommateur. La perte de liberté à long terme est un coût nettement supérieur : l'évaluation des conséquences du choix est un facteur fortement amplificateur de la réactance[5].

1. Darpy D., Prim-Allaz I., « Réactance psychologique et confiance : le refus de l'engagement et les limites du marketing relationnel », Actes du XXIIe congrès de l'AFM, *Association Française du Marketing*, Nantes, 2006.

2. Dujarier M.A., *Le travail du consommateur : de McDo à eBay, comment nous coproduisons ce que nous achetons*, La Découverte, 2008 ; Bonnemaizon A., Cadenat S., Benoit-Moreau F. et Renaudin V., « Client exécutant, assistant marketing opérationnel, relais ou apporteur de solutions : dis-moi ce que tu fais, je te dirai qui tu es ! », *Management & Avenir*, (2), pp. 175-193, 2012.

3. Roux D., *op. cit.*

4. Brehm J.W., « Psychological Reactance : Theory and Applications », *Advances in Consumer Research*, Vol. 16, 1989, pp. 72-77 ; Brehm S.S. et Brehm J.W., *Psychological reactance: a theory of freedom and control*, Academic Press, 2013.

5. Clee M.A., Wicklund R.A., « Consumer behavior and psychological reactance », *Journal of Consumer Research*, 6 (4), 1980, pp 389-405.

Lorsque le consommateur fait face à un linéaire dans lequel 90 % des références sont des marques de distributeurs, il peut ressentir une contrainte de sa liberté de choix. Si l'enseigne se comporte ainsi sur une catégorie de produits, ne se comportera-t-elle pas ainsi pour des produits à plus forte implication ? Peut-on lui faire confiance que le choix sera réellement libre tant elle contraint l'offre ? Par ailleurs, la contrainte de liberté est d'autant plus forte qu'elle est susceptible de se répéter. La liberté de choix doit être évaluée sur le long terme. Les barrières à la sortie qu'un contrat, pratique courante du marketing relationnel, crée sont des facteurs de réactance. La reconduction « tacite » au fil de la relation est ainsi prise en compte lors de l'engagement. Le contractant est conscient de s'engager pour plus que la durée minimum de souscription : l'engagement à long terme est intégré comme un coût non-monétaire. Si l'engagement formel est perçu comme fort, sa répétition tacite éventuelle augmente cette même perception, éventuellement au détriment du choix. Plus la perception de l'engagement augmente, plus la réactance sera forte.

Parce qu'il y a réactance, le client peut éventuellement douter de l'intégrité du fournisseur et donc de son honnêteté, de sa crédibilité et de sa bienveillance, en un mot de sa confiance et par conséquent refuser de s'engager.

Le boycott est diamétralement opposé au concept de marketing relationnel car il tranche dans les liens qui rassemblent le consommateur et l'enteprise. L'entreprise subit des dommages financiers et d'image lors d'un boycott[1]. La participation à un boycott éveille des émotions complexes chez le consommateur et aide la réalisation de soi. L'individu peut souhaiter participer à un changement sociétal et ressent un sentiment de bien-être en exprimant ainsi véritablement qui il est. C'est aussi un acte de résistance qui nécessite un effort. Le consommateur peut douter de sa capacité individuelle à faire évoluer les choses : son sacrifice personnel sera-t-il réellement entendu et utile pour la collectivité. S'il se prive d'un produit, peut-il trouver facilement et à un coût similaire un substitut[2]. Compte tenu de l'équilibre entre les bénéfices individuels et les coûts d'un boycott, ce type d'action est d'autant plus un succès qu'il y a adhérence à un groupe ou une communauté[3]. Une action de boycott ne s'appuyant pas sur un groupe organisé aura moins de chance de succès.

---

1. Klein J.G., Ettenson R., John A., « Boycotts des entreprises : comment réagir ? » http://www.lesechos.fr/formations/marketing/articles/article_12_8.htm.

2. Klein J.G., Craig Smith N., John A., « Why We Boycott: Consumer Motivations for Boycott Participation », *Journal of Marketing*, 68 (3), 2004, pp 92-109 ; Cissé-Depardon K. et N'Goala G., « Les effets de la satisfaction, de la confiance et de l'engagement vis-à-vis d'une marque sur la participation des consommateurs à un boycott », *Recherche et applications en marketing*, 24(1), pp. 43-67, 2009 ; Kozinets R.V., Handelman J.M., « Adversaries of Consumption : Consumer Movements, Activism, and Ideology », *Journal of Consumer Research*, 31 (3), 2004, pp. 691-704.

3. Sen S., Gürhan-Canli Z., Morvitz V., « Withholding Consumption : A Social Dilemma Perspective on Consumer Boycotts », *Journal of Consumer Research*, 28 (3), 2001, p. 399.

Au delà du plaisir qu'elle satisfait, la consommation comme fait social est désormais un lien avec la société. Face à un client ambassadeur, la responsabilité de l'entreprise va au-delà de la fourniture d'un produit et d'un service de qualité. L'entreprise doit-elle répondre à tous les désirs du consommateur ? Elle est responsable et peut dire non si elle juge la demande déraisonnable. Mais elle ne peut le faire qu'après avoir développé une relation de confiance réciproque avec le client. Le consommateur est devenu adulte tout autant que l'entreprise.

Ainsi l'évolution du consommateur a de profondes conséquences sur le gouvernement d'entreprise qui réunit les mécanismes délimitant le pouvoir des dirigeants. Le client tout comme le salarié sont désormais au cœur du fonctionnement de l'entreprise car la gestion de la relation avec ces derniers est devenue aussi importante que la relation entre les dirigeants et les actionnaires. Le consommateur, devenu client, met au centre du processus de création de valeur le salarié qui a pour mission de satisfaire le client. Les entreprises valorisent désormais sur le même niveau leurs collaborateurs et leurs clients car la satisfaction des uns est devenue indissociable de la satisfaction des autres. En devenant client, le consommateur va continuer à bouleverser la gestion des entreprises comme il l'a fait pendant ces cinquante dernières années.

Chapitre 12

Les caractéristiques socioéconomiques du consommateur

OBJECTIFS

- Quel âge avez-vous ? À votre avis, vos centres d'intérêt sont-ils ceux d'une personne de votre âge ? d'une personne plus âgée ou moins âgée que vous ? Vous arrive-t-il de vous comporter comme un homme (pour une femme) ou comme une femme (pour un homme) ?
- Drôles de questions pour un ouvrage en marketing. Et pourtant, l'âge et le genre sont, au-delà des variables de segmentation, des variables importantes pour comprendre le comportement du consommateur.
- L'objectif de ce chapitre est alors d'en saisir le sens et la pertinence ainsi que ceux d'autres variables telles que le revenu, la catégorie socio-professionnelle ou encore le lieu d'habitation.

SOMMAIRE

SECTION 1 Les caractéristiques économiques
SECTION 2 Les caractéristiques sociodémographiques
SECTION 3 Les caractéristiques géographiques

Le consommateur « moyen » n'existe pas. Certains ont un revenu faible et d'autres, un revenu élevé ; certains sont jeunes et d'autres, plus âgés ; certains sont curieux de tout et d'autres, recentrés sur eux-mêmes… Pour répondre à cette constatation de bon sens, nous présentons un ensemble de caractéristiques socioéconomiques qui peuvent rendre compte de cette diversité.

Section 1 LES CARACTÉRISTIQUES ÉCONOMIQUES

Les consommateurs sont différents sur le plan des caractéristiques socioéconomiques, notamment en ce qui concerne leur revenu disponible, leur patrimoine et leur classe sociale.

1 Le revenu disponible et le patrimoine

Le revenu annuel disponible représente la somme des revenus (salaires, traitements et honoraires, revenus sociaux et revenus de l'épargne) à laquelle il faut soustraire les divers prélèvements obligatoires (cotisation sociale généralisée, impôt sur le revenu…).

En France, l'INSEE propose également la notion de *classe socioéconomique*. Il s'agit du revenu corrigé par le nombre d'unités à charge dans le foyer (en distinguant selon que l'individu est âgé de plus ou de moins de 15 ans). Le revenu corrigé est ensuite traité de façon à former quatre classes, de la classe « aisée » à la classe « modeste »[1].

Le consommateur peut également être décrit par son patrimoine total, par le poids de certains grands postes dans son patrimoine (comme la répartition entre actifs immobiliers et actifs financiers) ou encore, par la possession de certains biens stratégiques. Ces biens sont dits « stratégiques » car ils sont susceptibles de déclencher la consommation de certains produits ou services liés : résidence secondaire, portefeuille d'actions, deuxième voiture…

1. Le mode de calcul est le suivant : Revenu/[0,3 + (0,7 x « Individus > 15 ans ») + (0,5 x « Individus < 15 ans »)].

Repère

Le revenu et le patrimoine des Français

Les enquêtes de l'Insee montrent que le salaire moyen dans les entreprises publiques et privées se monte à 2 096 € net par mois, la médiane (50 % des salariés) se situant à 1 673 €. Le salaire varie fortement d'une catégorie socio-professionnelle à l'autre (par exemple, le salaire moyen d'un cadre représente 2,6 fois celui d'un ouvrier), mais les écarts sont stables depuis 20 ans. Le pouvoir d'achat du revenu disponible a cru régulièrement depuis trente ans, sauf en 1993, 1996 et 2003. Sur la base d'un indice 100 en 1950, le revenu disponible après impôts est à l'indice 358 en 2014[1].

Le patrimoine est en moyenne composé à 58 % d'actifs immobiliers et à 42 % d'actifs financiers. Les écarts d'un ménage à l'autre sont stables depuis 20 ans, mais la différence entre les 10 % les plus pauvres et les 10 % les plus riches représente un multiplicateur de 80. La proportion des ménages qui ne disposent de rien (ni actif immobilier, ni actif financier) est tombé de 10 % à 6 % en 20 ans.

D'après l'INSEE, 57,7 % des ménages sont propriétaires de leur résidence principale, environ 20 % possèdent une résidence secondaire et 13 % détiennent un portefeuille d'actions. Cependant, le patrimoine varie fortement selon le revenu et selon les caractéristiques sociodémographiques (âge et catégorie socioprofessionnelle notamment)[2]. Ainsi, le taux de détention d'une résidence secondaire varie de 5 % pour les moins de 30 ans à 30 % pour les 50-59 ans (puis, chute après). Le taux de détention des actions varie de 5 % pour les ouvriers qualifiés à 35 % pour les professions libérales. Il dépasse 40 % pour les ménages dont le revenu annuel est supérieur à 45 000 euros. Globalement, le patrimoine des plus de 40 ans s'améliore, tandis que celui des moins de 40 ans se dégrade[3].

En euros constants, le patrimoine des ménages a été multiplié par 2 en 20 ans, les performances de l'immobilier jusqu'en 1990 et de la bourse depuis 1980 expliquant largement ce phénomène. Par ailleurs, si le patrimoine est un stock et le revenu un flux, le stock génère des flux annuels (location d'immeubles, dividendes et plus-values sur les actions, rentes foncières...). Pour préciser les choses, les revenus du patrimoine représentent en moyenne 10 % du revenu brut des ménages, mais le patrimoine a un rendement annuel faible (environ 2 %).

Le revenu disponible a naturellement un impact considérable sur le niveau de consommation, mais aussi sur la structure des budgets. La part consacrée aux dépenses d'alimentation décroît avec le revenu (loi de Engel). En revanche, le fait

1. « Les salaires dans les entreprises en 2009 », *Insee Première*, n° 1384, 2011 ; Legendre N., « Évolution des niveaux de vie de 1996 à 2001 », Insee Première, n° 947, 2004.

2. Houdré C., Ponceau J., « Le patrimoine des ménages », INSEE 136 pages, 2014.

3. *Le Revenu Français*, 20 novembre 1998 et *Les Échos*, 12 novembre 1998.

que le revenu soit gagné par une ou deux personnes n'influence pas sensiblement la consommation[1].

Exemple

En France, sur la base d'un indice 100 en 1960, la consommation est à l'indice 340 en 1997, contre 330 pour le revenu. À long terme, la consommation s'ajuste donc sur le revenu (hausse de 3,6 % en moyenne par an)[2]. En revanche, sur de plus courtes périodes, il arrive que les ménages dépensent plus (de 1982 à 1986) ou moins (de 1987 à 1993) que la hausse de leur pouvoir d'achat. Au niveau individuel, l'élasticité est de 0,6 (estimation stable pour quatre périodes de référence, de 1979 à 1994), ce qui signifie que quand le revenu augmente de 10 %, la consommation augmente de 6 %. Actuellement, les études de l'INSEE dévoilent un consommateur prudent (il ne consomme pas totalement sa hausse de revenu pour faire face aux aléas futurs), mais aussi impatient de consommer (l'élasticité estimée par l'INSEE est supérieure à celle des modèles économiques : en théorie, il devrait consommer moins). L'analyse montre également que tous les postes de consommation ne varient pas de la même façon en fonction des hausses de revenu. Les biens normaux (dont l'élasticité se situe entre 0 et 1) sont essentiellement l'alimentation, l'habillement et les dépenses liées au logement. Sur longue période, les biens supérieurs (élasticité supérieure à 1) sont la santé, les transports et les loisirs.

Le revenu et le patrimoine ont également un impact très fort sur les comportements de consommation micro (l'adoption de telle catégorie de produit/service, l'achat de telle marque…), comme le montrent de nombreuses études. Si les élasticités sont assez homogènes à un niveau agrégé (par exemple, l'alimentation), les variations entre ménages sont sensiblement plus fortes à un niveau plus fin (par exemple, le vin ou les tomates).

Les caractéristiques économiques sont parfois délicates à étudier dans le cadre d'une enquête *ad hoc*, car le biais de réponse est fort : les répondants « trichent », soit par peur de dire la vérité, soit par vantardise (biais de désirabilité sociale). Si bien que le revenu est parfois « approché » à partir de caractéristiques qui lui sont corrélées, même si la corrélation n'est pas parfaite (niveau d'éducation, activité professionnelle…).

2 La classe sociale

La notion de classe sociale est au centre de toute analyse sociologique, malgré les difficultés que pose ce concept – tant sur le plan de la signification que sur celui de

1. Rubin R.M., Riney B.J., Molina D.J., « Expenditure Pattern Differentials Between one-Earner and Dual-Earner Households : 1972-1973 and 1984 », *Journal of Consumer Research*, 17, 1, 1990, pp. 43-52.

2. Lollivier S., « La consommation sensible aux variations de revenu, même sur le court terme », *Économie et Statistique*, INSEE, 324-325, 1999, pp. 181-193.

la mesure[1]. Pour K. Marx, la notion de classe repose sur les « rapports de production » et divise la société en deux classes, dont les intérêts sont fondamentalement opposés : le prolétariat et la bourgeoisie. Dans une perspective sociologique « moderne », la notion de classe sociale est plus riche. Ainsi, M. Weber introduit l'idée selon laquelle la notion de classe sociale recoupe plusieurs dimensions : le revenu, le statut et le pouvoir. La classe sociale repose donc sur la répartition plus ou moins conflictuelle de ressources matérielles (revenu, patrimoine…) et symboliques (connaissances…). Certains considèrent le pouvoir comme une conséquence de la possession de ressources et non comme une composante de la classe sociale. Mais, quelle que soit la définition retenue, la notion de classe interroge toujours sur la façon dont le pouvoir est réparti dans une société.

Si les conceptions économiques de la classe sociale sont pertinentes, il est utile de les compléter par des approches plus symboliques. Ainsi, pour W. Lloyd Warner, sociologue américain des années 1930-1940, « une classe sociale regroupe des individus qui socialisent entre eux, de façon formelle ou informelle et qui partagent les mêmes attentes[2] ». Cette conception de la classe sociale repose essentiellement sur le statut, le prestige, les réseaux sociaux et les valeurs partagées. À partir d'études empiriques intensives, W. L. Warner identifie six principales classes sociales (*upper*, *middle* et *lower*, chacune divisée en deux groupes). Dans la tradition de W. L. Warner, une vision modernisée est proposée par R. Coleman et L. Rainwater. La notion de classe repose alors sur « les compétences relationnelles, les aspirations en matière de statut, la participation à la vie de la communauté, l'historique familial, le niveau culturel, les loisirs, l'apparence physique, etc. ». Contrairement à la vision bipolaire marxiste, cette approche fait ressortir une large classe intermédiaire.

De façon pratique, pour mesurer l'appartenance d'un foyer à une classe sociale, on peut ne retenir que le niveau de revenu. Par exemple, au Royaume-Uni, les individus sont répartis en quatre classes principales (ABCD), alors qu'en France, il est courant d'utiliser la classe « socioéconomique » (classe aisée, classe moyenne supérieure, classe moyenne inférieure et classe modeste). Mais, si l'on veut considérer conjointement les dimensions économiques *et* les dimensions symboliques, on peut utiliser le questionnaire CSI (*Computerized Status Index*), dont l'origine remonte aux travaux de *Social Research Inc.* (Université de Chicago) à la fin des années soixante. Cet instrument croise quatre variables, chacune mesurée sur huit niveaux : le niveau d'études du chef de famille, le revenu annuel du foyer, le prestige perçu du métier exercé par le chef de famille et le type de quartier habité (plus exactement, la nature du voisinage).

1. Pour ce paragraphe, les références originales sont dans : Coleman R.P., « The Continuing Significance of Social Class to Marketing », *Journal of Consumer Research*, 10, 3, 1983, pp. 265-280 et Bouffartique P., *Le retour des classes sociales*, La Dispute, 2015.

2. Cette approche dérive en partie de l'idée marxiste de « conscience de classe ». En effet, pour Marx, la notion de classe sociale devient effective quand l'individu prend conscience de son appartenance à telle ou telle classe sociale (classe « pour soi »). Sinon, on peut simplement parler de regroupement d'individus (classe « en soi »).

3 Classe sociale et tendances de consommation

Avec la notion d'*habitus,* Pierre Bourdieu a introduit l'espace des positions sociales pour expliquer notamment la consommation des différentes classes sociales. Les *habitus* sont des « systèmes de disposition durables et transposables » qui sont susceptibles de fonctionner comme des modèles structurants des comportements des individus. Pour Bourdieu, le choix de certains loisirs et biens de consommation socialement connotés sont donc le produit de conditionnements sociaux par l'intermédiaire de l'*habitus*[1]. L'*habitus* joue en quelque sorte la corde de rappel social pour tout individu, malgré lui. Malgré l'aspect très déterministe de cette vision des choses, tous les individus présentent la même tendance à vouloir s'approprier les pratiques et les biens qui caractérisent les classes sociales qui leur sont supérieures. Dans une recherche d'ascension sociale, la consommation joue donc un rôle clé. Cependant, lorsque le prix du bien convoité est trop élevé et qu'il n'est pas possible de l'acheter, on acquiert un bien qui y ressemble (par exemple, location d'un studio de vacances à proximité des plages les plus convoitées par la classe supérieure – magie de l'adresse).

La classe sociale est ainsi vue comme un mécanisme d'accumulation. En conséquence, on distinguera trois types de capital : le capital économique (revenu et possession de biens monnayables), le capital social (possession d'un réseau durable de relations plus ou moins institutionnalisé – par exemple, les associations d'anciens) et le capital culturel. Ce dernier comprend un capital incorporé (le langage, les connaissances des règles de vie en société, toute disposition durable de l'organisme résultant de l'*habitus*), un capital objectivé (biens culturels, tableaux, livres) et un capital institutionnalisé (titres scolaires ou autre). La différenciation sociale s'exprimera autant par le volume global de capital que par sa répartition entre les dimensions économiques, culturelles et sociales. Par exemple, malgré un capital économique relativement faible, ceux qui disposent d'un réseau social important et qui cherchent à préserver des traditions (héréditaires, sociales, etc.), auront une connaissance fine des filières d'enseignement qui garantissent tel ou tel diplôme. La logique de distinction par l'appropriation de biens économiques ou culturels souligne le caractère très symbolique de la consommation.

Parce qu'ils ont la connaissance des risques pour la santé d'une alimentation grasse (capital culturel), les consommateurs dotés d'un capital culturel élevé préfèrent les aliments fins, maigres et légers (poisson, fruit). Les professeurs, faiblement dotés en capital économique mais riches en capital culturel, s'orientent vers la cuisine exotique et le « populisme culinaire » sous forme de plats paysans

1. Moingeon B., « La sociologie de Pierre Bourdieu et son apport au marketing », *Recherche et application en marketing,* 8 (2), 1993, pp. 105-123.

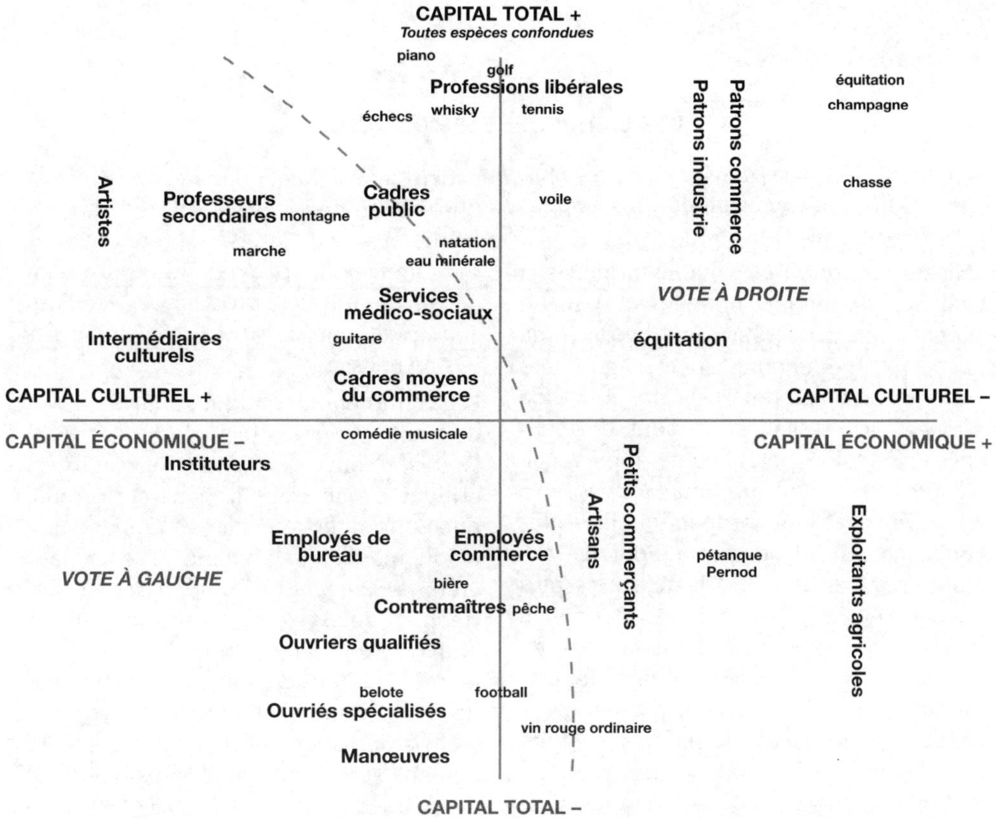

Figure 12.1 – L'espace des positions sociales

pour satisfaire la recherche d'originalité au moindre coût. Les classes populaires mangeront franchement, alors que la bourgeoisie mangera dans les formes. La différence d'*habitus* déplace la substance et la fonction de l'alimentation vers la forme et la manière.

La logique de la distinction s'illustre dans l'évolution de la demande durant le cycle de vie d'un produit. Les individus les plus richement dotés en capital sélectionnent des activités de loisir rares. Lorsque ceux qui aspirent à une ascension sociale s'orienteront vers ces mêmes activités (on parle quelque fois de démocratisation), les premiers abandonneront leur sport ou leur hobby pour en préférer un nouveau : les joueurs de golf sont d'anciens joueurs de tennis. La consommation reste un signe de distinction[1].

1. Berger J., Ward M., « Subtle Signals of Inconspicuous Consumption », *Journal of Consumer Research,* 37 (4), 2010, pp. 555-569.

Repère

Les riches... et les pauvres

En 2014, les 85 personnes les plus riches de la planète possédaient autant que les 3,5 milliards les plus pauvres[1]. Historiquement, l'inégalité entre riches et pauvres s'explique notamment par un comportement : l'accumulation (de richesses, de connaissances, etc.). Dès que les hommes ont eu la possibilité de stocker, les inégalités se sont développées : certains ont accumulé plus que d'autres, ont transmis leurs richesses à leurs enfants, rendant leurs familles plus puissantes au fil des générations. La fortune cumulée des 500 Français les plus riches s'élève à 330 milliards d'euros en 2014. On compte 55 milliardaires en France en 2014 et 9 millions de personnes pauvres, autrement dit qui vivent en dessous du seuil de pauvreté[2]. Enfin, un Français sur 100 gagne plus de 93 000 euros par an : c'est ce qu'un salarié payé au salaire minimum légal gagne en 7 ans.

Les consommateurs pauvres font l'objet d'une attention particulière mais nouvelle en marketing et constituent un véritable enjeu pour les organisations : un enjeu économique et un enjeu éthique.

Le premier, analysé par le courant BoP (Bottom of the Pyramide), stipule que les pauvres constituent un marché : les entreprises pourraient « profiter » de l'aubaine financière que représenteraient les consommateurs pauvres (en proposant par exemple des produits et services adaptés et innovants pour le segment des bas revenus).

Le second enjeu, éthique, analysé par le courant théorique de la TCR (Transformative Consumer Research) est critique : il envisage la pauvreté comme une conséquence négative du marketing et du marché (le marché crée la pauvreté) et cherche à comprendre l'expérience vécue des consommateurs pauvres, et plus particulièrement la manière dont ils effectuent des arbitrages de consommation et tentent de maintenir leur participation au marché[3]. L'enjeu du courant TCR appliqué à la pauvreté est d'améliorer le bien-être du consommateur pauvre en s'interrogeant sur ses véritables besoins.

Les recherches montrent que les consommateurs pauvres se caractérisent par :

- la re-hiérarchisation de leurs besoins (consommation utilitaire, rationalisation des « vrais » et « faux » besoins même s'ils peuvent connaître de la frustration) ;

☞

1. Pinson-Charlot M., Pinçon M., Lécroart E., *Pourquoi les riches sont-ils de plus en plus riches et les pauvres de plus en plus pauvres ?*, Éditions La Ville Brûle, 2014.

2. Le seuil de pauvreté en France est défini par l'INSEE comme étant égal à 60 % du niveau de vie médian de la population française : c'est donc une mesure relative, qui dépend directement du revenu médian du pays. En 2015, il est de 987 euros pour une personne seule (Observatoire des inégalités, www.inegalites.fr, 2015).

Pour une meilleure approche de la pauvreté, voir l'ouvrage séminal de Simmel (*Les pauvres*, PUF [1908], 1998) ou encore de Paugam (*Les formes élémentaires de la pauvreté*, PUF, 2005). Gorge H., Özçağlar-Toulouse N., « Expériences de consommation des individus pauvres en France : apports du bas de la pyramide et de la *transformative consumer research* », *Décisions Marketing*, 72, pp. 139-156, 2013.

☞

- et le développement de compétences, éléments de valorisation du soi (compréhension du système de consommation pour éviter les difficultés supplémentaires, bricolage et recours au « système D » comme l'approvisionnement via le trottoir les jours des encombrants ou encore entrepreneuriat en confectionnant des produits vendus sur Facebook).

Enfin, des typologies de consommateurs pauvres ou précaires sont élaborées dans le domaine de l'énergie (précarité énergétique[3]). Les entreprises répondent à cette précarité énergétique en lançant notamment des programmes de rénovation des habitats énergivores pour les propriétaires modestes afin qu'ils réduisent leur facture et contribuent à atteindre des objectifs d'économies d'énergie du Grenelle de l'environnement[4].

Section 2 LES CARACTÉRISTIQUES SOCIODÉMOGRAPHIQUES

Les consommateurs sont différents sur le plan des caractéristiques sociodémographiques. Parmi les nombreuses caractéristiques envisageables, on retient généralement le sexe, l'âge et l'activité professionnelle. Il est également possible de caractériser l'individu par son niveau d'études, ce qui est toutefois plus rare.

1 Le sexe et l'identité sexuelle (ou « genre »)

Les comportements de consommation sont très liés au sexe de l'individu. Toutefois, plutôt que de qualifier un individu par son sexe, il peut être plus pertinent de connaître son identité sexuelle, ou « genre » (degré de masculinité et de féminité)[3]. L'identité sexuelle d'un individu diffère donc du sexe, car le genre n'est pas biologique ; c'est un acquis culturel[4]. Culturellement – du moins, dans nos sociétés occidentales – la masculinité est liée à la domination, la cruauté, l'agressivité, le courage, la confiance en soi, l'ambition, la jovialité, la rationalité, etc. Au contraire, la féminité s'exprime plus par l'affection, la générosité, l'humilité, la douceur, la sensibilité, la frivolité, l'émotivité, la sophistication, etc.

1. Devalière I., « De l'inconfort thermique à la précarité énergétique, profils et pratiques des ménages pauvres », *Informations sociales*, 155(5), pp. 90-98, 2009.
2. Beyrière L., « EDF face à la montée de la précarité énergétique : quelle(s) posture(s) stratégique(s) pourrait adopter l'entreprise ? », Doctoral dissertation, Pau, 2011.
3. Bergadaà M., « Marketing et genre », *Décisions Marketing*, 20, 2000, pp. 7-10.
4. Simone de Beauvoir écrit « On ne naît pas femme, on le devient » (1949).

Le genre est alors défini comme « l'ensemble des caractéristiques et comportements qu'une société donnée associe et attend de façon différente des femmes et des hommes, c'est notre notion de masculinité et féminité »[1]. En anglais, le terme de « genre » recouvre alors « le fait ou la condition d'être un individu féminin ou masculin, particulièrement dans l'optique de comprendre comment le genre influe ou détermine l'image de soi, le statut social, les buts… »[2].

Chaque individu peut être caractérisé simultanément par son degré de féminité et par son degré de masculinité (l'un n'étant pas l'inverse de l'autre). Le Bem Sex Role Inventory (BSRI) développé pour mesurer l'identité sexuelle d'un individu, permet d'identifier quatre catégories : personne masculine, féminine, androgyne et indifférenciée. Environ la moitié des hommes et des femmes se rangent dans leur catégorie biologique, alors que les autres se répartissent dans les trois autres catégories (exemple : pour un homme, il s'agit des catégories « femme », « androgyne » ou « indifférencié »). Les recherches montrent toutefois l'intérêt de dépasser la seule identité sexuelle pour comprendre l'influence du genre sur les comportements en adoptant le genre multifactoriel[3].

Ce dernier comprend trois dimensions :

- cognitive, avec l'identité de genre (instrumentalité pour les hommes *versus* expressivité pour les femmes) ;
- affective, qui embrasse le fait d'être satisfait de son genre, la pression des pairs et de la famille pour adhérer aux stéréotypes du genre mais aussi l'intensité avec laquelle la personne accepte son genre ;
- comportementale (occupations et intérêts sexués ou apparence physique).

L'effet du genre a notamment été étudié sur les rapports de pouvoir. En marketing, les thèmes suivants ont été abordés : le genre des produits (certains produits sont jugés plus féminins et d'autres plus masculins), les spécificités féminines concernant les critères de choix ou le traitement de l'information, la représentation des femmes dans la publicité (qui sont très critiques) mais aussi l'étude des comportements. Par exemple, hommes et femmes achètent des cadeaux à Noël, les femmes davantage que les hommes. Par contre, les hommes qui se prêtent à cette activité sont plus féminins que les autres. Plus encore, des recherches montrent l'effet positif des traits expressifs (féminins) sur l'implication pour l'art et sa pratique ou encore sur le versement de dons[4]. L'identité sexuelle est une

1. Burr V., *Gender and Social Psychology*, London Routledge, 1988.
2. Tissier-Desbordes E., Kimmel A.J., « Sexe, genre et marketing », *Décisions Marketing*, 26, pp. 55-69, 2002.
3. Ulrich I., Tissier-Desbordes E., « De l'intérêt de mobiliser en marketing le genre multifactoriel et sa mesure », *Recherche et applications en marketing*, 28(2), pp. 87-117, 2013.
4. Winterich K.P., Mittal V., Ross W.T., « Donation behavior toward in-groups and out-groups: The role of gender and moral identity », *Journal of Consumer Research*, 36(2), pp. 199-214, 2009.

caractéristique utile pour les entreprises afin de mieux segmenter le marché, notamment pour des produits symboliques (par exemple, les produits cosmétiques et l'habillement).

Exemple

> Les parfums Calvin Klein couvrent la totalité du marché en ce qui concerne le rapport entre l'individu et son orientation sexuelle : confusion des sexes avec CK One (un homme féminisé et une femme masculinisée sont placés côte à côte), distinction des sexes avec Eternity (un père ou une mère sont mis en scène, alternativement, avec un enfant dans les bras ou sur les épaules), non-confusion des sexes avec Escape (un homme et une femme s'embrassent ardemment) et non-distinction des sexes avec Obsession (les deux individus fusionnent de façon harmonieuse et équilibrée)[1]. Quel que soit le rapport du consommateur avec la question de l'identité sexuelle, il devrait trouver son bonheur dans les gammes de Calvin Klein !

Comme on peut s'en douter, les comportements de consommation varient sensiblement selon le sexe du consommateur[2], notamment en raison du double rôle tenu par les femmes ayant une activité professionnelle et dont la vie ressemble à un exercice de jonglage[3]. Dans cette veine, la « futurologue » américaine F. Popcorn met en évidence les spécificités du marketing à destination des femmes[4]. Quand une entreprise s'adresse aux femmes, il s'agit notamment :

- de traiter simultanément l'ensemble de ses besoins (ne jamais oublier qu'une femme est toujours *en même temps* une épouse, une mère, une salariée…) ;
- d'adopter une stratégie de communication « par encerclement » (utiliser des médias variés et complémentaires, par petites touches permanentes), en évitant absolument la stratégie masculine qui consiste à « tirer entre les deux yeux » (bombarder la cible de spots publicitaires en *prime time*) ;
- de jouer sur les liens entre générations (utiliser le réflexe « de mère en fille »)[5] ;
- de vendre de façon responsable (les femmes sont plus sensibles à cette dimension sociétale du marketing).

1. Exemple proposé par Christian Pinson, sur la base du carré sémiotique. Pour une référence, consulter Floch J.-M., *Marketing, sémiotique et communication*, Paris PUF, 2002, 3e édition.

2. Costa J.A., *Gender Issues and Consumer Behavior*, London, Sage Publications, 1994.

3. Thompson C.J., « Caring Consumers : Gendered Consumption Meanings and the Juggling Lifestyle », *Journal of Consumer Research*, 22, 4, 1996, pp. 388-407.

4. Popcorn F., Marigold L., *EveOlution, le pouvoir économique des femmes et les nouvelles stratégies marketing*, Paris, Éditions de l'Homme, 2001.

5. Decoopman I., Gentina É., Fosse-Gomez M. H, « La confusion des générations ? Les enjeux identitaires des échanges vestimentaires entre les mères et leur fille adolescente », *Recherche et applications en marketing*, 25(3), pp. 7-27, 2010 ; Ladwein R., Carton A., Sevin É., *op. cit.*, 2009.

Cependant, un grand nombre de décisions étant prises dans le cadre familial, la consommation des femmes est moins spécifique qu'on pourrait le penser[1].

Exemple

> Ikea propose toute une gamme de canapés de 89 à 2 400 €, avec un prix moyen de 650 € pour un canapé tissu. Le choix est proposé en 6 lignes de produits de design varié. Chacun peut trouver le canapé qui lui convient et qui s'adapte à son intérieur. Hommes et femmes évaluent-ils différemment les produits ? Le résultat d'une observation flottante avec grille d'observation souligne des différences intéressantes. Les hommes tendent plus à se mettre en situation d'utilisation que les femmes : ils enlèvent leur manteau, ils font le tour du canapé, ils le regardent dans son ensemble. Les femmes tendent au contraire à s'intéresser aux détails (les pieds, la fermeture éclair de la housse), manipulent les tissus, touchent les revêtements et interrogent le vendeur. L'approche des femmes semble se concentrer sur le produit, alors que les hommes s'attachent à l'expérience.

Par ailleurs, si les stratégies pour traiter les informations sont différentes entre les deux sexes – les femmes traitent les messages de façon plus détaillée – ces différences peuvent disparaître rapidement (dès que le message est complexe et dès que l'individu est incité à faire vraiment attention au contenu du message)[2]. Enfin, le sexe – biologique – reste une variable de segmentation utile dans certains contextes de consommation qui peut être étudiée en complément ou à la place du genre.

2 L'âge et l'âge subjectif

Les comportements d'achat varient également selon l'âge du consommateur. Une importante enquête empirique sur le marché automobile a pu montrer par exemple des différences importantes par rapport à la fidélité des consommateurs aux marques. Les seniors ont tendance à limiter le nombre de marques qu'ils évaluent, consultent moins de concessionnaires. Pour ces raisons ils rachètent la même marque automobile plus que les autres automobilistes[3].

Mais pour mieux comprendre ses décisions, il est peut-être préférable de connaître l'âge que le consommateur aimerait avoir, plutôt que son âge réel[4].

1. SECODIP, « Les femmes », in *Le Marketing Book*, 1997, pp. 70-83.

2. Meyers-Levy J., Maheswaran D., « Exploring Differences in Males' and Females' Processing Strategies », *Journal of Consumer Research*, 18, 1, 1991, pp. 63-70.

3. Lambert-Pandraud R., Laurent G., Lapersonne E., « Repeat Purchasing of New Automobiles by Older Consumers : Empirical Evidence and Interpretations », *Journal of Marketing*, 69 (2), 2005, pp 97-113.

4. Wilkes R.E., « A Structural Modeling Approach to the Measurement and Meaning of Cognitive Age », *Journal of Consumer Research*, 19, 2, 1992, pp. 292-301.

Quand on parle de l'âge d'un individu, on parle généralement du nombre d'années qui se sont écoulées depuis sa naissance (âge « chronologique »). Toutefois, des gérontologues et des psychologues spécialisés dans les questions de développement ont montré que les individus ont également un âge « subjectif » (ou âge « perçu »). Si l'âge chronologique est facile à définir (il suffit de connaître la date de naissance de l'individu), l'âge subjectif est un concept qui possède plusieurs facettes : l'âge que l'individu a le sentiment d'avoir au fond de lui-même (*feel-age*), l'âge qui correspond à ses centres d'intérêt (*interest-age*) et l'âge qui transparaît à travers ses actes (*do-age*).

On observe fréquemment un écart entre l'âge chronologique et l'âge subjectif. Certains individus peuvent se considérer comme plus âgés qu'ils ne sont réellement (comme les adolescents). Mais globalement, les individus ont tendance à se considérer plus jeune que leur âge d'environ 10 ans. L'écart entre l'âge chronologique et l'âge subjectif se creuse avec l'âge chronologique. Cet écart est d'environ 3 ans pour les trentenaires, mais supérieur à 13 ans pour les soixantenaires[1]. L'écart apparaît avec la survenance d'événements « catalytiques », comme le départ des enfants, la ménopause, la naissance des petits-enfants, la retraite, le décès du conjoint, etc.

Les seniors n'acceptent pas complètement les rôles et les stéréotypes sociaux associés à leur âge chronologique. L'écart entre l'âge chronologique et l'âge subjectif résulte de deux mécanismes psychologiques : premièrement, le souhait de garder des rôles sociaux perçus comme caractéristiques des individus plus jeunes ; deuxièmement, le sentiment personnel de rester jeune et de conserver les mêmes aptitudes physiques, mentales ou sociales (l'impression de rester la même personne, quels que soient les changements qui affectent l'individu).

Les pratiques de consommation varient selon l'âge[2], avec des segments spécifiques comme les enfants, les adolescents et les seniors. L'âge est l'une des variables les plus pertinentes pour expliquer les comportements face à la télévision, car l'équipement, l'autonomie, les centres d'intérêt et le temps disponible sont fortement liés à l'âge[3]. Toutefois, si l'effet de l'âge est important, il est difficile de distinguer les effets d'âge « pur » (le fait d'avoir 20 ans ou d'avoir 50 ans), des effets de génération (le fait d'avoir 20 ans aujourd'hui et d'avoir eu 20 ans il y a 30 ans). Quand on prend en compte les effets de génération, on observe que le vieillissement a un impact moindre sur la consommation[4].

1. Guiot D., « Tendance d'âge subjectif : quelle validité prédictive ? », *Recherche et Applications en Marketing*, 16, 1, 2001, pp. 25-43.

2. Brée J., « Le marketing transgénérationnel », *Décisions Marketing*, 18, 1999, pp. 7-9.

3. Audit A., Danard N., Tassi P., « Âge et diversité des comportements des téléspectateurs », *Décisions Marketing*, 19, 2000, pp. 61-74.

4. Bodier M., « Les effets d'âge et de génération sur le niveau et la structure de la consommation », *Économie et Statistique, INSEE*, 1999, pp. 324-325 ; Bourcier-Bequaerf B., De Barnier V., « Pour un cadre élargi du concept de génération en marketing », *Recherche et applications en marketing*, 25(3), pp. 115-135, 2010..

Comme l'âge chronologique, l'âge subjectif explique un certain nombre de comportements de consommation, notamment l'achat de produits financiers ou de voyages[1]. Cependant, ce n'est pas tellement l'âge subjectif qui détermine les comportements de l'individu, mais l'écart entre l'âge chronologique et l'âge subjectif. Autrement dit, la tendance à vouloir rajeunir ou à vouloir vieillir. Par exemple, l'implication à l'égard de la mode vestimentaire est supérieure pour les individus de plus de 50 ans – hommes ou femmes – qui manifestent cette tendance au rajeunissement[2].

EXEMPLE – **Genre et âge**

Les soins pour homme représentent un marché annuel de 40 millions d'euros, soit 10 % du marché cosmétique. Un grand potentiel de croissance existe par rapport au marché masculin des lames et des rasoirs (330 millions d'euros). Moins l'homme est âgé, moins il témoigne de prévenance par rapport à ces produits. Les consommateurs masculins de cosmétiques se distinguent selon trois segments. Les « sans complexes » ont moins de 30 ans et ils achètent tout ce qui est proposé (déodorant, antipoches pour les yeux, soins du visage… mais aussi le mascara et le gel à sourcils). Les « initiés » sont des précurseurs, ils ont 30 à 45 ans. Le look est façon d'exprimer la personnalité. Ils achètent des anti-rides, des produits raffermissants et sont fidèles aux marques Nickel et Biotherm. Les « aspirants » ont plus de 45 ans et deviennent concernés par les soins alors que la durée de vie s'allonge, que les divorces et les secondes unions se développent avec quelque fois la naissance de jeunes enfants. Ils privilégient les produits basiques des marques classiques[3].

Les études montrent que l'âge chronologique et l'âge subjectif ne sont pas parfaitement corrélés. L'âge subjectif devrait être plus systématiquement utilisé dans les études marketing, car la capacité explicative de l'âge s'améliore quand on considère les deux concepts *conjointement*.

3 Les enfants consommateurs

Les enfants forment une cible spécifique, qui demande des stratégies marketing différentes et des précautions éthiques plus importantes[4]. Dans la suite, nous examinons simplement le rôle de l'enfant dans la consommation familiale et son processus de socialisation.

1. Guiot D., « Un cadre d'analyse du processus de vieillissement et son influence sur le comportement d'achat du consommateur âgé », *Recherche et applications en marketing*, 21(1), pp. 57-79, 2006.
2. Guiot D., 2001, *op. cit.*
3. « Beauté masculine : plus ils sont jeunes, mieux ils assument », *LSA*, n° 1971, 2006, pp. 56-60.
4. Brée J., *Enfants, consommation et marketing*, Paris, PUF, 1993.

3.1 Le rôle des enfants

Les enfants jouent des rôles multiples en matière de consommation. Ils sont à l'origine de nombreuses dépenses, particulièrement les tout-petits et les adolescents (rôle d'initiateurs). À la maison ou dans le magasin, ils pèsent souvent sur la décision finale, y compris pour des catégories qu'ils n'utilisent pas ; ils sont consultés pour les grandes décisions (rôle de prescripteurs). Ils sont de plus en plus souvent responsables des produits qui les concernent directement, comme les vêtements ou les jouets (rôle de décideurs)... et ce, dès le plus jeune âge. Ils disposent même d'un budget conséquent (rôle d'acheteurs). Pour les produits techniques, ils donnent bien souvent des leçons à leurs parents (rôle de gestionnaires). Les enfants et les adolescents jouent donc un rôle important pour les décisions qui les concernent, mais également pour la voiture, l'équipement du foyer (télévision, ordinateur...) et les loisirs.

EXEMPLE

> Selon une enquête de Secodip (1998), les enfants sont responsables des achats de 61 % des céréales, 51 % des glaces individuelles et 50 % des gâteaux fourrés. À partir de 8 ans, disposant d'un argent de poche d'environ 11 euros par mois, l'enfant est un acheteur boulimique et sensible aux marques. Cette importance des marques dès l'enfance se renforce dans l'adolescence. Les marques préférées chez les 11-18 ans sont, dans l'ordre : Nike, Adidas, Reebok, Coca-Cola, Levi's, Fila, Lacoste, Quick Silver, Sony et Danone. La notoriété assistée des grandes surfaces spécialisées (GSS) auprès des 11-18 ans est de 83 % pour la Fnac, 60 % pour Toys'R'us ou Virgin Megastore et 30 % pour Sephora. Le score important pour cette dernière enseigne signale que 40 % des adolescents achètent leur eau de toilette avec leur argent de poche, alors qu'ils ne sont que 9 % à acheter directement leurs chaussures laissant les parents effectuer cet achat après avoir donné leur avis (dans 62 % des cas)[1].

Le rôle des enfants varie selon le type de famille[2]. Les enfants pèsent naturellement plus sur les décisions dans les familles « démocratiques » que dans les familles « autoritaires ». Le rôle des enfants varie également selon l'étape du processus de décision et l'âge de l'enfant.

3.2 La socialisation des enfants

Les enfants acquièrent progressivement leur autonomie en tant que consommateurs. Pour désigner ce développement progressif des compétences, on parle d'un processus

1. « Les ados veulent des marques », *LSA*, n° 1603, octobre 1998.

2. Carlson L., Grossbart S., « Parental Style and Consumer Socialization of Children », *Journal of Consumer Research*, 15, 1, 1988, pp. 77-94. Rose G.M., 1999, *op. cit.*

de socialisation[1]. Ce processus comporte trois grandes phases : le stade perceptuel (de 3 à 7 ans), le stade analytique (de 7 à 11 ans) et le stade réfléchi (de 11 à 16 ans). L'enfant consommateur développe progressivement une culture économique générale : reconnaître les pièces et les billets, comprendre d'où vient l'argent et quel rôle il joue dans les transactions, calculer un prix à l'unité (kilo…), etc.

L'enfant développe également une culture spécifique au monde de la consommation : publicité, marques, magasins… Par exemple, en matière de communication, les enfants évoluent d'une conception de la publicité comme « amusante, purement informative et honnête » vers un scepticisme important. Ils apprennent tour à tour à :

- distinguer les programmes des publicités (au maximum vers 5 ans) ;
- comprendre les intentions marchandes de la publicité (vers 7 ans) puis comprendre que la publicité est un discours biaisé et rusé (à 9 ans, 88 % affirment que « la publicité ne dit pas toujours la vérité ») ;
- contre-argumenter, puis décoder les tactiques persuasives (comme l'effet de la répétition sur la mémorisation, vers 11 ans).

Leur maturité évolue sur de nombreux autres plans, notamment celui des processus d'évaluation : connaissance des noms de marques, connaissance des attributs pour évaluer les catégories de produits/services, connaissance des bénéfices symboliques attachés aux marques (telle marque donne l'image de…), utilisation effective d'un nombre croissant d'attributs pour évaluer un produit/service, connaissance des scripts d'achat (comment retourner un produit, faire une réclamation…), connaissance et utilisation de sources d'information, capacité à négliger les informations peu pertinentes…

À trois ans, un enfant peut seulement montrer le produit du doigt, le mettre dans le caddie et hurler si ses parents ne l'achètent pas. Il développe graduellement des capacités pour mettre en œuvre quatre types de stratégies : stratégie de requêtes (demandes directes…), stratégies émotionnelles (colère, moue, culpabilisation…), stratégies de persuasion (supplications…) et de négociation (réalisation de tâches ménagères en contrepartie, participation aux frais…)[2]. L'âge apprend non seulement à utiliser plus de stratégies mais également à choisir la meilleure stratégie selon le contexte : interlocuteur (père, mère…), moment, type de produit… Ceci dit, certains enfants utilisent peu de stratégies alors que d'autres utilisent toute la palette[3].

1. Roedder John D., « 25 ans de recherche sur la socialisation de l'enfant-consommateur », *Recherche et Applications en Marketing*, 16, 1, 2001, pp. 87-129 ; Derbaix C., Leheut E., Kindt M. et Bois L., « Les grands-parents agents d'une socialisation spécifique de leurs petits-enfants consommateurs ? », *Revue française du marketing*, 252, 7, pp. 7-22, 2015.

2. Palan K.M., Wilkes R.E., « Adolescent-Parent Interaction in Family Decision Making », *Journal of Consumer Research*, 24, 2, 1997, pp. 159-169.

3. Poline J., « Les stratégies d'influence des enfants lors de la prise de décision familiale », *Actes du congrès de l'Association Française du Marketing*, Poitiers, 1996, pp. 177-184.

Les études qui portent spécifiquement sur les adolescents montrent que face à leurs parents, ils mettent en place des stratégies d'influence spécifiques à leur âge, mais qu'ils sont plus efficaces pour persuader leurs parents s'ils imitent leurs stratégies (notamment les stratégies de négociation)[1].

De nombreux agents de socialisation interviennent dans le processus : les enseignants, les parents, les amis, les médias... Mais on peut parfois parler de « socialisation inversée », quand les enfants apprennent aux parents des éléments de la culture matérielle : les consoles de jeu, certaines technologies informatiques, les Pokemon...[2]

Finalement, pour mieux comprendre les enfants (dans la double perspective de les cibler ou de les protéger), il est indispensable de mettre en œuvre des méthodologies d'étude spécifiques. Les chercheurs préconisent des méthodes ethnographiques : l'immersion sur un terrain permet de décrypter de manière plus fine les pratiques de consommation qui ne permettent pas, de par leur âge et évolution cognitive, d'être verbalisées par les enfants[3]. Il s'agit également d'adapter les échelles de mesure au niveau de compréhension et au mode d'expression des enfants[4]. Par exemple, l'attitude de l'enfant envers une annonce publicitaire peut valablement se mesurer avec des items comme : « cette publicité, je l'aime », « cette publicité m'embête » ou encore, « cette publicité, je la trouve chouette ». La construction de telles échelles demande naturellement un travail rigoureux de validation statistique.

Mesure : Implication des enfants envers les produits[5]

L'implication est un construit central du comportement du consommateur. Une échelle de ce concept prenant en compte le développement cognitif de l'enfant de 8 à 11 ans est nécessaire pour comprendre les comportements d'achat de cette tranche d'âge d'enfants. Quatre études regroupant 2 000 enfants ont été réalisées pour développer cet outil de mesure. Dix items répartis en deux dimensions, administrés sous forme iconique mesurent l'implication des enfants.

1. Attrait

Jouer avec un jeu vidéo, j'en aie très souvent envie.

☞

1. Fosse-Gomez M-H., « L'adolescent dans la prise de décisions économiques de la famille », *Recherche et Applications en Marketing*, 6, 4, 1991, pp. 100-118. Beatty S.E., Talpade S., « Adolescent Influence in Family Decision Making : a Replication and Extension », *Journal of Consumer Research*, 21, 2, 1994, pp. 332-341.

2. Gollety M., « Lorsque parents et enfants s'apprennent mutuellement à consommer », *Décisions Marketing*, 18, 1999, pp. 69-80.

3. Ezan P., « De l'intérêt de la méthode ethnographique pour comprendre les pratiques de consommation des enfants », *Recherche et applications en marketing*, 24(4), pp. 77-95, 2009.

4. Derbaix C., Blondeau S., Pecheux C., « L'enfant et l'attitude envers l'annonce publicitaire : mise en œuvre du construit et précisions conceptuelles », *Recherche et Applications en Marketing*, 14, 3, 1999, pp. 23-39.

5. Derbaix C., Pecheux C., « L'implication de l'enfant : proposition d'une échelle de mesure », *Recherche et Application en Marketing*, 12 (1), 1997, pp. 45-68.

☞

Les *jeux vidéo*, ça m'intéresse beaucoup.

Pendant les vacances, ce que j'aime *c'est jouer avec un jeu vidéo.*

Les jeux vidéo, ça m'attire.

Jouer très souvent *aux jeux vidéo*, j'aime ça.

2. Avis

Quand on m'achète *un jeu vidéo*, je veux toujours donner mon avis.

Je trouve très important de donner mon avis quand on m'achète *un jeu vidéo.*

Ce qui me plaît quand on m'achète *un jeu vidéo*, c'est de pouvoir le choisir moi-même.

4 L'activité professionnelle et la situation de travail

Concernant l'activité du consommateur, au niveau le plus large, les « professions et catégories socioprofessionnelles » (PCS ou CSP) définies par l'INSEE permettent de distinguer 8 groupes. À titre d'exemple, le deuxième niveau d'agrégation en 24 groupes permet de répartir les ouvriers (groupe 6) en ouvriers qualifiés (61), ouvriers non qualifiés (62) et ouvriers agricoles (63)[1].

Lorsque l'on étudie des foyers, on utilise la PCS du chef de ménage [2]. Les retraités représentent environ 15 % de la population et les inactifs environ 40 %. Le poids des différentes catégories a très sensiblement évolué ces dernières décennies. Ainsi, en 1975, les agriculteurs représentaient encore plus de 7 % de la population active (et même 20 % en 1954) et les ouvriers 37 %. Aujourd'hui, ces pourcentages s'élèvent respectivement à 3 % et 27 %.

Tableau 12.1 – Répartition de la population française

1. Agriculteurs exploitants	2,6 %
2. Artisans, commerçants et chefs d'entreprise	6,3 %
3. Cadres et professions intellectuelles supérieures	12,5 %
4. Professions intermédiaires	19,8 %
5. Employés	29,7 %
6. Ouvriers	27,3 %
Autres (chômeurs n'ayant jamais travaillé, appelés...)	1,8 %

Source : INSEE (1999).

1. L'institut propose d'autres niveaux d'agrégation (http://www.insee.fr).

2. Au-delà, la catégorie socioprofessionnelle des parents donne également des indications intéressantes sur la mobilité sociale de l'individu (avec l'idée sous-jacente que cette dynamique sociale serait reliée à des comportements de consommation spécifiques).

Des critiques s'élèvent contre la codification des PCS. Certains individus qui appartiennent à des catégories différentes peuvent se ressembler et des individus qui appartiennent à des catégories identiques se distinguer. Ainsi, la catégorie des cadres recouvre des cas très différents[1]. Une proposition alternative consiste à considérer la situation de travail, en tenant compte conjointement du niveau de qualification, de l'ampleur des responsabilités et du secteur (industriel ou tertiaire)[2].

La catégorie socio-professionnelle est explicative d'un grand nombre de comportements de consommation, car l'activité est liée à d'autres variables, notamment : le niveau de revenu et d'éducation, ou encore le temps disponible. Ainsi, la probabilité de jouer sur ordinateur ou avec une console de jeu est très liée à la catégorie socio-professionnelle (les enfants de cadres jouent trois fois plus sur des ordinateurs que sur des consoles), comme le choix de telle ou telle marque de console[3]. Ceci dit, l'effacement des cultures de métier (comme le cheminot, le mineur, la secrétaire…) et la mobilité professionnelle des individus laisse sans doute penser que cette variable pourrait perdre de son importance à l'avenir. En effet, la dernière activité de l'individu permet rarement de comprendre son parcours complet.

EXEMPLE[4]

> Environ 30 % des cadres supérieurs ont contracté un crédit à la consommation, contre 40 % des ouvriers. Environ 65 % des cadres supérieurs sont allés dans un musée au moins une fois dans l'année et 82 % au cinéma, contre respectivement 30 % et 61 % des employés (ces chiffres sont sensiblement plus faibles pour les agriculteurs et les ouvriers).

La situation de travail explique en partie les comportements de consommation, une fois les effets du revenu pris en compte. Ainsi, les catégories dirigeantes ont une préférence pour les services et pour les dépenses liées au logement. Par ailleurs, les ménages composés d'indépendants (comme les professions libérales) ont une moindre préférence pour les dépenses de loisirs et sont plus sédentaires. Toutefois, la situation au travail n'a qu'une influence limitée sur la consommation et ne peut en aucun cas remplacer le revenu ou la taille du foyer.

---

1. *Tableaux de l'Économie Française*, 1999-2000, INSEE, pp. 72-73.

2. Herpin N., Verger D., « Consommation et stratification sociale selon le profil de l'emploi », *Economie et Statistique*, INSEE, 1999, pp. 324-325.

3. Schaaper J., « Segmentation des produits enfants : la cas des jeux vidéos », *Décisions Marketing*, 18, 1999, pp. 25-35.

4. Mermet G., *Francoscopie*, Paris, Larousse, 2002.

EXEMPLE[1]

Environ 45 % des individus n'ayant aucun diplôme sont partis en vacances dans les douze derniers mois, contre 60 % des individus ayant un CAP/BEP, 70 % des individus ayant le bac ou équivalent et 85 % des individus ayant un diplôme d'études supérieures.

5 Les types de familles

Les consommateurs sont différents les uns des autres et l'on dispose de nombreuses caractéristiques pour décrire ces différences (comme l'âge ou le revenu). Cependant, les décisions d'achat sont souvent collectives (comme le choix d'un lieu de vacances) et la consommation se déroule très souvent dans un cadre familial (comme le repas). Il est donc important de décrire la diversité des familles, de la même manière que l'on va décrire la diversité des individus.

La « catégorie familiale » est l'une des caractéristiques les plus utilisées pour décrire la diversité des familles. C'est une façon simple de caractériser le type de famille dans laquelle vit le consommateur. La catégorie familiale (appelée encore « étape du cycle de vie familial ») est donc une caractéristique qui combine plusieurs variables sociodémographiques. Pour cela, on croise :

- l'âge du chef de famille, sachant que pour les couples, on considère généralement l'âge de l'homme ;
- le statut marital (célibataire, marié, veuf…) ;
- le nombre et l'âge des enfants dans la famille.

EXEMPLE – la consommation des couples sans enfants[2]

Un ménage sur quatre est sans enfants. Ce sont des couples qui partent en vacances plus souvent que la moyenne, en dehors des périodes scolaires et qui favorisent la recherche de plaisir dès lors que l'équipement du foyer est complet. Ils sont plutôt hyperactifs. Ils préfèrent les supermarchés aux hypermarchés. On distinguera 4 segments. Le couple « qui s'installe » est trentenaire et biactif. L'équipement de la maison et la décoration sont prioritaires. Le couple « déjà installé » ne souhaite pas encore agrandir la famille et consacre son revenu disponible aux loisirs, voyages et à l'équipement de la personne. Le « vrai » couple sans enfants, couple homosexuel ou hétérosexuel[3] a pour priorité la consommation hédoniste autour des loisirs de l'équipement de la personne et de la maison. Les produits tendance et haut de gamme sont privilégiés. Enfin le couple de « jeunes seniors » dont les enfants ont quitté le domicile souhaite réaménager sont environnement et découvrir le monde.

1. Mermet G., 2002, *op. cit.*

2. « Couples sans enfants : la recherche du plaisir avant tout », *LSA*, n° 1835, 2003, pp. 60-65.

3. Gillespie R., « Childfree and feminine. Understanding the gender identify of volontarily childless women », *Gender and Society*, 17(1), pp. 122-136, 2003.

5.1 Les différentes conceptions du « cycle de vie familial »

De nombreuses approches ont été proposées de façon à englober un maximum de foyers différents. En particulier, il est important de ne pas exclure les familles « non traditionnelles », qui sont de plus en plus importantes : célibataires, familles « monoparentales » (avec un seul adulte et un ou plusieurs enfants), personnes en union libre… L'approche la plus récente permet d'identifier quinze types de familles, en distinguant plus précisément les différents foyers composés d'un seul adulte (8 types)[1]. Cette approche prend en compte des événements comme le mariage, le divorce, le décès d'un époux, l'arrivée et le départ des enfants, ainsi que le processus naturel de vieillissement. Précisons que l'on distingue les foyers dont le dernier enfant a moins de 6 ans ou plus de 6 ans.

Par ailleurs, la tranche d'âge supérieure est formée des individus à la retraite et non des individus dont l'âge est supérieur à 64 ans comme dans les autres typologies[2]. Indépendamment de l'âge, le passage à la retraite est effectivement un événement majeur qui a un effet direct sur la mobilité géographique, sur la gestion du temps ou sur l'identité de la personne. Avec, par voie de conséquence, des effets sur la consommation : vacances, fréquentation des circuits de distribution, etc.[3], même si, là encore, des différences importantes apparaissent selon les personnes : certaines « résistent » au vieillissement physique ou encore aux images de la vieillesse privilégiant[4] le « bien vieillir »[5].

Une méthodologie simplifiée, adoptée en France par l'INSEE, permet d'indiquer le poids des différents types de familles. On constate que la vie en couple est moins fréquente que par le passé (35 % des foyers sont composés d'un seul adulte).

Ceci s'explique par deux phénomènes : les jeunes quittent plus tardivement leurs parents, particulièrement les garçons, et les couples formés sont plus instables. Ceci dit, le nombre de familles monoparentales devrait cesser de croître, car les couples de plus de 60 ans (dont la proportion augmente), sont naturellement plus stables que les jeunes. Globalement, on peut dire que la famille se « désinstitutionnalise[6] » : divorces et familles monoparentales, couples en union libre ou « pacsés », enfants hors mariage, familles recomposées.

---

1. Wilkes R.E., « Household Life-Cycle Stages, Transitions And Product Expenditures », *Journal of Consumer Research*, 22, 1, 1995, pp. 27-42.

2. Gilly M.C., Enis B.M., « Recycling the Family Life Cycle : a Proposal for Redefinition », in *Advances in Consumer Research*, A. Mitchell (ed.), Ann Arbor, Michigan, Association for Consumer Research, 9, 1982.

3. Tamaro-Hans A., « Les incidences du passage activité/retraite sur le consommateur », *Décisions Marketing*, 18, 1999, pp. 61-67.

4. Eraly H., « Marketing senior et résistances des jeunes retraités au vieillissement », *Émulations n° 13 : Résistance(s) et vieillissement(s)*, 2014.

5. Billé M., Martz D., *La tyrannie du « bien vieillir »*, Le Bord de l'eau, 2010.

6. Dekeuwer-Défossez F., « Désinstitutionnalisation de la famille : mutations et interrogations », *Éthique en contexte*, 43-56, 2011.

Tableau 12.2 – Répartition des ménages selon le type de famille

Type de famille	1984	1996
Personnes seules	25 %	28 %
Couples sans enfant	25 %	27 %
Couples avec 1 enfant	16 %	14 %
Couples avec 2 enfants	16 %	14 %
Couples avec 3 enfants et plus	10 %	7 %
Familles monoparentales	5 %	7 %
Autres	3 %	2 %

Source : INSEE, 1999.

5.2 Les limites du concept de « cycle de vie familial »

Le cycle de vie familial est une approche statistique intéressante mais réductrice. Premièrement, la dynamique des évolutions n'est pas prise en compte : on range telle famille dans telle catégorie sans se préoccuper de son « histoire de vie ». Ainsi, la catégorie des « vieux couples » comprend à la fois des célibataires mariés sur le tard, des couples mariés depuis longtemps mais qui n'ont jamais eu d'enfant, et des couples ayant eu des enfants qui ont désormais quitté le domicile parental. On peut être sûr que ces trois « vieux couples » n'auront pas les mêmes comportements de consommation. De même, la catégorie familiale ne permet pas non plus de rendre compte des *projets*, notamment les projets d'extension de la famille (comme cette famille qui décide d'épargner ou de modifier ses pratiques de consommation pour préparer l'arrivée d'un enfant).

Deuxièmement, les événements fonctionnent comme des couperets, qui permettent de définir des catégories précises, mais sans prendre en compte les cas intermédiaires et les phases de transition. Ainsi, dans la réalité, le départ des enfants est caractérisé par un degré d'autonomie plus ou moins fort, généralement progressif[1] : certains parents paient le loyer, s'occupent du linge et des repas, notamment le week-end. Autrement dit, l'enfant part rarement du jour au lendemain, ce que laissent pourtant supposer les typologies présentées plus haut.

On peut également noter que ces typologies ne prennent pas en compte les mécanismes psychologiques et économiques sous-jacents aux événements (départ des enfants, décès d'un conjoint...). À titre d'exemple, la structure de consommation d'un individu divorcé – *a fortiori* s'il a des enfants – sera très différente selon son

1. Villeneuve-Gokalp C., « Le départ de chez les parents : définitions d'un processus complexe », Économie et Statistique, Paris, Insee, 1997, pp. 149-162.

niveau de revenu. De même, indépendamment des aspects financiers, le même événement n'aura pas le même impact psychologique dans toutes les familles. Ainsi, le départ des enfants peut être vécu d'une façon positive (plus de temps pour les loisirs, meilleure situation financière...) ou traumatisante[1], selon l'âge auquel intervient le départ et selon les raisons du départ (études supérieures, entrée dans la vie professionnelle...).

Par ailleurs, la catégorie familiale ne prend pas en compte les événements qui ne modifient pas la structure de la famille, mais peuvent avoir un impact important sur les modes de vie : déménagement, décès des parents ou encore, licenciement. La même situation objective sera perçue très différemment d'une famille à l'autre et engendra des conséquences différentes. Ainsi, le chômage entraîne une réduction des dépenses hédoniques – qui s'explique autant par une baisse du pouvoir d'achat que du « vouloir d'achat[2] » – mais parfois une accélération dangereuse des dépenses, comme une fuite en avant[3]. Par ailleurs, le déroulement du cycle de vie familial est perturbé : le jeune chômeur peut retourner chez ses parents, le couple retarder la décision d'avoir un enfant, ou même, divorcer.

Pour finir, cette typologie des catégories familiales occulte les liens de solidarité qui peuvent s'établir entre les foyers. En effet, environ 70 % des individus déclarent aider une autre famille, qu'il s'agisse des enfants, des petits-enfants, des parents, etc. Les aides prennent des formes très diverses, plus ou moins monétaires : don d'argent, jardinage ou bricolage, ménage, entretien du linge ou cuisine, garde d'enfant[4]... Ces comportements d'aide modifient les situations, tant sur le plan objectif (comme le temps et le revenu disponibles) que sur le plan subjectif (comme l'impression de stress). Par conséquent, les pratiques de consommation sont transformées.

Cependant, malgré les limites évoquées ci-dessus, la catégorie familiale permet d'expliquer un grand nombre de comportements (les effets de revenu mis à part). Ainsi, les études montrent que l'installation dans la vie en couple permet d'accéder à un niveau de consommation très supérieur, le couple n'ayant besoin que de 1,5 fois le revenu du célibataire pour atteindre le même niveau de vie[5]. Le couple réalise effectivement des économies substantielles sur le logement, les transports et même sur l'alimentation. Plus généralement, la catégorie familiale explique les dépenses pour un grand nombre de produits et services[6]. L'évolution des dépenses tend à augmenter fortement avec l'installation en couple et l'arrivée des enfants, à se

1. Villeneuve-Gokalp C., 1999, *op. cit.*

2. Derbaix C., « Décisions économiques, famille et chômage : réflexions sur les conséquences comportementales et affectives », *Recherche et Applications en Marketing*, 5, 3, 1990, pp. 53-68.

3. Trinquecoste J.-F., « Un cadre d'analyse du consommateur chômeur », *Recherche et Applications en Marketing*, 5, 2, 1990, pp. 65-87.

4. Crenner E., « Famille, je vous aide », INSEE Première, février, 631, 1999.

5. Olier L., « Les Avantages matériels de la vie en couple », INSEE Première, janvier, 564, 1998.

6. Wilkes R.E., 1995, *op. cit.*

stabiliser ensuite, à reprendre avec le départ des enfants, puis à diminuer en fin de cycle. Toutefois, certaines dépenses croissent continuellement le long du cycle de vie (comme l'équipement de la maison, les assurances et les dépenses de santé), alors que d'autres diminuent (comme les boissons alcoolisées et les produits bruns).

5.3 Les autres typologies de familles

En trente ans, la démocratie s'est imposée dans les familles (« on ne peut plus contraindre, il faut convaincre[1] »). Cependant, d'une famille à l'autre, la démocratie ne s'installe pas avec la même intensité, ni de la même manière. Les sociologues catégorisent les familles selon le type d'interactions qu'elles permettent entre les membres de la cellule familiale et vis-à-vis de l'extérieur. On regarde le degré d'autonomie de l'individu, l'ouverture de la famille vers l'extérieur et les modes de régulation qui y ont cours. Avec ces paramètres, on peut distinguer trois types de familles : la famille « bastion », la famille « compagnons » et la famille « négociation »[2].

Tableau 12.3 – Typologie de familles selon les interactions

	Bastion	Compagnons	Négociation
Cohésion	Fusionnelle	Forte cohésion	Grande autonomie
Ouverture	Fort repli	Ouverture	Grande ouverture
Régulation	Normative (principes)	Au cas par cas	Discussion systématique

On peut aussi catégoriser les familles selon les relations entre les parents et les enfants. Ces relations peuvent être qualifiées de chaleureuses (ou d'hostiles), de sévères (ou de permissives), d'anxieuses (ou de détachées)[3].

Tableau 12.4 – Typologie de familles selon les relations parents-enfants

Famille...	Chaleur	Sévérité	Anxiété	% USA	% Japon
Négligente	=	- -	-	10 %	25 %
Directive	=	+	-	37 %	5 %
Indulgente	=	-	+ +	4 %	27 %
Autoritaire	- -	+	=	23 %	7 %
Démocratique	+	-	-	22 %	10 %
Surprotectrice	+	+	++	4 %	26 %

1. Fize M., *La Démocratie familiale*, Paris, Éditions de la Renaissance, 1991.

2. Kellerhals J., Troutot P.-Y., 1986, cité dans Pinson C. et Jolibert A., « Comportement du consommateur », in *Encyclopédie de Gestion*, Y. Simon et P. Joffre eds., Paris, Economica, 1997, p. 406.

3. Rose G.M., « Consumer Socialization, Parental Style, and Developmental Timetables in the United States and Japan », *Journal of Marketing*, 63, 1999, pp. 105-119.

Repère

Le marketing familial

Mettre en place une stratégie marketing pertinente (ciblage et positionnement) suppose de regarder précisément qui participe à l'achat et de quelle façon[1]. Cependant, étudier l'organisation domestique est un exercice délicat. En effet, il est difficile de construire une typologie de familles à partir de la répartition des rôles ou à partir des stratégies d'influence employées, car ces paramètres peuvent varier d'un produit à l'autre et même s'équilibrer dans le temps. Il faut donc observer la famille pendant tout le processus et multiplier les observations pour une même famille. Il faut également pouvoir mesurer l'influence respective de chaque membre de façon rigoureuse et prendre en compte la perception des rôles autant que leur réalité, car des biais peuvent apparaître : certains membres se donnent un rôle qu'ils n'ont pas vraiment (biais de « vanité ») et d'autres, sous-estiment le rôle qu'ils jouent, volontairement ou non (biais de « modestie »)[2]. Les responsables marketing doivent particulièrement concentrer leurs efforts sur l'élément de résistance au sein de la famille (par exemple, l'épouse, pour les consoles vidéo). Toutefois, les professionnels des études rappellent que nos raisonnements reposent souvent sur de nombreuses idées fausses quant aux produits a priori féminins ou masculins.

6 L'impact des caractéristiques sociodémographiques sur la consommation

En conclusion, les caractéristiques sociodémographiques discriminent fortement les comportements de consommation. À titre d'exemple, pour les produits de luxe en Europe, ces variables permettent mieux d'expliquer les comportements que la nationalité du consommateur[3]. Toutefois, il est assez clair que la capacité de ces variables à prédire les comportements de consommation ne saurait être absolue.

1. Zeitoun H., « Pertinence et valeur stratégique de la cible « femme » telle que traitée en recherche marketing », *Décisions Marketing*, 20, 2000, pp. 89-93.

2. Rudd J., Koehler C.R., « Influence de la perception de soi des rôles traditionnels dans les décisions familiales touristiques », *Recherche et Applications en Marketing*, 5, 3, 1990, pp. 7-25.

3. Lipovetsky G., Roux E., *Le luxe éternel. De l'âge du sacré au temps es marques*, Gallimard, 2015.

Exemple

Le pourcentage de cadres supérieurs ou d'ouvriers ayant contracté un prêt immobilier est tout à fait similaire (39 % contre 38 %). La somme dépensée chaque année dans le circuit des hypermarchés ne s'explique qu'à 16 % par les variables sociodémographiques *et* économiques[1].

Les caractéristiques sociodémographiques permettent de moins en moins de prédire les comportements de consommation, car on assiste à un effacement progressif des frontières entre les catégories (les jeunes/les adultes, les hommes/les femmes...). Hier, ces catégories étaient socialement bien définies, mais elles le sont de moins en moins.

Repère

La disparition des frontières

On ne parle pas tant des frontières physiques que des frontières symboliques entre catégories (les jeunes et les vieux, le travail et le loisir...). Des termes qui sont habituellement contraires ne le sont plus forcément. Par exemple, le mal n'est pas le contraire du bien, ou l'homme le contraire de la femme. Les individus admettent de moins en moins les simplifications, les analyses dichotomiques, les normes strictes et figées. On assiste à l'émergence puis à la normalisation de « cas intermédiaires » (comme la bisexualité ou la destruction légitime). Cette tendance peut s'expliquer par :

- une plus grande maturité. Les individus refusent de plus en plus les raisonnements à l'emporte-pièce ou les mots d'ordre, signe d'une plus grande sophistication. Il est vrai que, dans les dernières décennies, le niveau d'éducation a augmenté et le contact avec la culture s'est considérablement développé ;
- l'ouverture vers le monde. Les individus sont en contact de plus en plus tôt avec la diversité des traditions, des coutumes, des croyances, des modes de vie. Globalement, leur degré de compréhension et donc, de tolérance, s'accroît ;
- l'affaiblissement du contrôle social. La famille, l'école, l'entreprise... imposent un contrôle moins strict des pratiques sociales. L'individu peut profiter plus facilement des opportunités et des expériences qui s'offrent à lui.

Cette tendance typique de la *postmodernité* se manifeste par la fusion, le métissage, ainsi que la volonté de vivre de nouvelles expériences. Les frontières traditionnelles ont donc tendance à disparaître – entre les hommes et les femmes, entre le domicile et l'extérieur, entre le travail et le loisir – et les individus expérimentent ces situations intermédiaires. Les lieux et les moments se mélangent. Par exemple, le grignotage caractérise la suppression de la

☞

1. Volle P., « La fréquentation des grandes surfaces alimentaires : valeur du client, fréquence de visite, fidélité et inertie des choix », in Volle P. (ed.), Études et recherches sur la distribution, Paris, Economica, 2000.

☞

frontière entre le domicile et l'extérieur ainsi qu'entre les différentes périodes de la journée (matin/après-midi/soirée).

Pour R. Rochefort, la distinction entre vie professionnelle et vie personnelle est en train de disparaître, ce qui entraîne de multiples conséquences : les technologies du travail font leur entrée dans le domicile, les objets polyvalents se développent, le consommateur mobilise ses compétences professionnelles dans ses actes de consommation privée (connaissances techniques, capacité de négociation...)[1]. Autrefois, le travail permettait la consommation. De plus en plus, il faut consommer et investir avant de pouvoir travailler (espace et mobilier, ordinateur et logiciels, téléphone mobile, documentation, automobile...).

Les produits/services suivants sont, par exemple, portés par cette tendance : le *friday-wear* (style vestimentaire décontracté pour le bureau, uniquement le vendredi, veille du week-end !) ; les objets nomades ; les meubles fonctionnels, modulables et faciles à déplacer (dedans et dehors) ; les ordinateurs portables, les agendas électroniques et les logiciels de gestion personnelle...

Pour augmenter la capacité explicative des caractéristiques sociodémographiques, il est utile de travailler au cas par cas et, éventuellement, de croiser les caractéristiques (par exemple, le sexe et l'âge ou l'âge et le revenu...). Il ne faut pas généraliser la pertinence (ou le manque de pertinence) de telle ou telle caractéristique pour l'ensemble des comportements de consommation. Telle caractéristique expliquera tel comportement, alors que telle autre expliquera tel autre comportement. Par exemple, le revenu est pertinent pour expliquer les achats dont le prix est élevé, mais l'âge ou l'activité professionnelle (*via* le temps disponible), peuvent être nettement plus pertinents pour expliquer l'achat de produits/services ayant un rapport avec le temps (offrant un gain de temps, dont le temps d'apprentissage est très long, etc.).

Si ces variables sont certainement parmi les plus faciles à collecter, il est parfois difficile ou trop coûteux d'en considérer plusieurs simultanément. Dans ce cas, il est toujours possible d'estimer certaines caractéristiques à partir d'autres (par exemple, il est possible d'estimer l'âge de l'individu à partir de son prénom).

Exemple

La connaissance du prénom peut permettre de déterminer l'âge, de façon plus ou moins exacte (selon l'écart type du prénom en question)[2]. À titre illustratif, si l'âge moyen d'Arielle est de 26 ans (avec un écart type de 7 ans), l'âge moyen d'Agnès est de 42 ans (avec un écart type de 20,5 ans). Il est donc nettement plus probable de se tromper pour Agnès que pour Arielle. Les prénoms cycliques posent naturellement problème. Par

1. Rochefort R., *Le Consommateur entrepreneur*, Paris, Odile Jacob, 1997.
2. Desmet P., *Marketing direct*, Paris, Dunod, 2002.

exemple, Amélie est un prénom plutôt courant au début du siècle, mais qui a connu deux regains de vitalité : il y a 20-30 ans et aujourd'hui (notamment, grâce à *Amélie Poulain).* Il est donc difficile d'en déduire quoi que ce soit en terme d'âge moyen… En revanche, certains prénoms sont peu sensibles aux modes, comme Pierre.

Section 3 LES CARACTÉRISTIQUES GÉOGRAPHIQUES

Les consommateurs sont différents sur le plan des caractéristiques géographiques. L'utilisation de ces caractéristiques géographiques devient de plus en plus fréquente dans le domaine du marketing, grâce à l'explosion et à la finesse des données disponibles. On peut représenter chaque consommateur par plusieurs variables géographiques : le type d'agglomération dans lequel il vit, le type d'habitation dans lequel il réside, ainsi que sa localisation.

1 Du type d'agglomération à la localisation

Concernant le type d'agglomération, l'INSEE recommande de distinguer : la ville de Paris intra-muros (c'est-à-dire les 20 arrondissements entourés par le boulevard périphérique), la région parisienne, les agglomérations de plus de 100 000 habitants (comme Toulouse, Marseille, Lille ou Lyon), les agglomérations comprises entre 100 000 habitants et 20 000 habitants, les agglomérations de moins de 20 000 habitants et les communes rurales.

Concernant le type d'habitation, il est habituel de distinguer les logements individuels et les logements collectifs. Pour préciser, on peut également mentionner la date de construction du logement et si l'occupant en est propriétaire ou locataire.

Exemple – L'habitat participatif

En réaction à la hausse des coûts du logement, de l'insuffisance de logements dans certains grands pôles urbains mais aussi de la crise économique, on voit émerger en France des projets d'habitat participatif, largement inspirés par le modèle du *cohousing* anglo-saxon des années 1980.

Un habitat participatif est un habitat « dont l'objectif est la recherche d'alternatives aux cadres de production classiques du logement, en positionnant l'usager au cœur de la réalisation et de la gestion de son lieu de vie et qui a en commun de proposer à la question du logement une réponse qui s'appuie sur la mobilisation de la société civile [...] plutôt que sur la prise en charge par l'État ou le libre jeu du marché »[1]. Ces projets

1. Bresson S., Tummers L., « L'habitat participatif en Europe. Vers des politiques alternatives de développement urbain », *Métropoles*, 15, 2014.

concernent essentiellement les classes moyennes qui, craignant le déclassement social, ressentent le besoin de devenir propriétaires, ce qui leur assure sécurité patrimoniale et statutaire.

L'habitat participatif nourrit un impératif et/ou un besoin de cohésion sociale et de développement urbain durable et solidaire. La participation des individus est un moyen de s'assurer de la qualité environnementale de leur futur logement. En effet, l'écologie est une des valeurs fondamentales de l'habitat participatif et les groupes se fondent bien souvent sur une volonté commune de réduire leur empreinte écologique, non seulement en construisant des bâtiments performants du point de vue énergétique, mais encore en repensant la totalité de leurs modes de vie : du point de vue de leur consommation (commerce équitable, lutte contre le gaspillage…), de leurs déplacements (transports urbains, vélos, voitures partagées…), de leur rapport à la nature (pratique du jardinage, de l'apiculture urbaine…), etc. La ville de Strasbourg, par exemple, promeut ce type d'habitat participatif via des campagnes de communication « Concevoir soi-même son logement ». Elle permet aux décideurs publics de responsabiliser les habitants (*empowerment* du consommateur[1]) en leur donnant la possibilité de devenir maître d'ouvrage collectif. Ces projets sont encore timides en France : les habitants intéressés représentent une minorité, composée de militants à revenu moyen, mais disposant d'un capital culturel en adéquation avec les valeurs du développement durable. Enfin, les individus doivent réunir les compétences à participer (prise de parole en public et notamment devant des élus et des professionnels du bâtiment, familiarité avec les procédures administratives, etc.). Le danger d'un tel habitat est qu'il devienne un outil de gentrification en écartant les catégories sociales déjà exclues du marché immobilier dans les centres urbains.

Concernant la localisation des consommateurs, le découpage administratif en régions reste intéressant pour réaliser une première analyse des comportements géographiques (la France compte 13 régions métropolitaines). Il est également possible d'utiliser les découpages proposés par les instituts d'études comme Secodip ou A.C. Nielsen (9 zones en France par exemple). Toutefois, à ce niveau de découpage, la compréhension des phénomènes géographiques reste très vague. Il est préférable de choisir une « zone d'agrégation des données » (ZAD) plus fine comme la commune ou mieux, comme un Iris 2000. Il s'agit d'une zone « infra-communale » (dont la taille est inférieure à celle d'une commune) qui compte environ 2 000 personnes. À ce niveau d'agrégation, plus de 10 000 indicateurs sont disponibles : population (âge…), activité socio-professionnelle (PCS…), population des ménages (taille, nombre de voitures…), données relatives aux logements. D'après les spécialistes du géomarketing, le niveau infra-communal de type Iris va se généraliser[2].

Des progrès considérables ont été réalisés en matière de localisation des consommateurs. Aujourd'hui, on peut même « géocoder » les adresses selon la

1. Bacque M.H. et Biewener C., *L'Empowerment, une pratique émancipatrice*, La Découverte, 2013.
2. Cliquet G., *Geomarketing : Methods and Strategies in spatial marketing*, John Wiley & Sons, 2006.

commune, selon le quartier ou même la rue[1]. Sur la base des informations collectées dans les méga-bases[2], les sociétés d'étude proposent également de coder les consommateurs sur une base géographique.

Exemple

Claritas propose le code PRIZM, en association avec France-Télécom et d'autres partenaires fournisseurs de données[3]. Cette codification en 53 profils repose sur les indicateurs suivants : le type d'habitat et le type d'environnement résidentiel, la taille du foyer, la tranche d'âge dominante, le pouvoir d'achat des foyers de la zone, les comportements d'épargne et de consommation, l'équipement du foyer, la fréquentation des médias. À titre illustratif, on peut opposer le segment U24 (culture et animations) au segment S32 (famille et nature)[4]. Le profil U24 (2,1 % de la population française) est sur-représenté en locataires d'appartements, célibataires, moins de 35 ans, ayant un pouvoir d'achat élevé, appartenant à la catégorie des cadres. Épargnant peu, ils sont faiblement équipés en automobile, lecteurs assidus de la presse nationale, ils sont amateurs de spectacles et de voyages à l'étranger. En revanche, le profil S32 (3,2 % de la population française) est sur-représenté en propriétaires de maisons, familles nombreuses, dont l'âge moyen est situé entre 35 ans et 55 ans, au pouvoir d'achat moyen, composés d'employés et d'ouvriers. Suréquipés en automobiles (souvent deux), ces ménages sont lecteurs de presse régionale, achètent par correspondance, sont amateurs de jardinage et de sport.

2 L'impact des caractéristiques géographiques sur la consommation

Les caractéristiques géographiques du consommateur agissent doublement sur ses comportements. D'une part, les caractéristiques géographiques sont liées à des caractéristiques économiques et sociodémographiques qui agissent indirectement sur la consommation. Ainsi, le revenu varie fortement d'un endroit à l'autre du territoire français, comme le pourcentage de personnes âgées, ou la proportion d'ouvriers et de cadres. D'autre part, les caractéristiques géographiques sont le reflet des spécificités locales qui ont une influence directe sur la consommation (climat,

1. On peut également géocoder tout utilisateur d'un téléphone mobile, de façon à lui faire parvenir des messages commerciaux, selon sa localisation réelle, avec une précision de quelques mètres. Ceci permet d'envoyer des messages en fonction du lieu où se trouve le client potentiel (notamment pour l'informer de promotions dans tel ou tel magasin).

2. Questionnaires qui comportent environ 200 questions et qui sont diffusés par de nombreux moyens, notamment dans la presse ou dans les boîtes aux lettres, à plusieurs millions d'exemplaires chaque année, par Claritas, Consodata ou Ibase (pour les 18-35 ans).

3. Cette codification est concurrente des géotypes et des ilôtypes (voir Valette-Florence P., *Les styles de vie*, Paris, Nathan, 1994, pp. 143-152.)

4. Extraits des notes techniques de Claritas (http://www.claritas.fr).

traditions gastronomiques et habitudes alimentaires, proximité de frontières ou de zones maritimes…).

L'INSEE montre que le niveau de vie varie fortement d'un type de commune à l'autre, comme la disparité des revenus entre les ménages ou encore le nombre de ménages « pauvres » (les ménages qui ont un niveau de vie inférieur à la médiane)[1]. Par ailleurs, le niveau de vie varie fortement selon la région. Les premières positions sont occupées par la région parisienne (indice 128) et la région est (indice 98), alors que les dernières positions sont occupées par la région ouest (indice 91) et la région nord (indice 83).

Tableau 12.5 – Taille de l'unité urbaine et caractéristiques économiques

Taille de l'unité urbaine	Nombre de ménages	Niveau de vie moyen (indice)	Nombre de pauvres (%)
Communes rurales	24 %	88	30 %
Moins de 20 000 habitants	16 %	96	13 %
20 000 à 100 000 habitants	13 %	95	13 %
Plus de 100 000 habitants	29 %	96	34 %
Agglomération parisienne	13 %	126	6 %
Paris	5 %	141	4 %

Source : INSEE (1997).

Des consommations plus spécifiques peuvent fortement varier d'une région à l'autre. Pour ne donner que trois exemples : la consommation de glaces varie d'un indice 91 (région parisienne) à un indice 116 (région sud-est) ; la consommation de lait varie d'un indice 88 (région centre) à un indice 111 (région parisienne) ; la consommation de bière varie d'un indice 80 (région sud-ouest) à un indice 152 (région nord)[2]. La disparité des indices de consommation est sans doute encore plus forte au niveau local, y compris au sein d'une même région ou même, à l'intérieur d'une commune.

On devine de nombreux facteurs sous-jacents qui peuvent expliquer ces disparités : la démographie (pour le lait) mais aussi, le climat (pour les glaces) et les traditions alimentaires (pour la bière)… Plus généralement, ces disparités s'expliquent en partie par une action du milieu sur les individus (notamment le climat), mais surtout par un « mécanisme d'auto-sélection géographique ». En d'autres termes, les individus ont tendance à habiter dans les quartiers où vivent déjà des gens

1. Chambaz C., Legris B., « La géographie du niveau de vie », INSEE Première, septembre, 548, 1997.
2. Puget Y., « Consodata ausculte 1 000 hypermarchés », *Libre-Service Actualités*, 1654, 25 novembre 1999.

semblables. Ces phénomènes de regroupement de population – volontaires ou non – ont été étudiés depuis longtemps, notamment par les psychosociologues[1].

Non seulement les quantités consommées varient fortement d'un endroit à l'autre, mais on constate qu'il en va de même pour les taux d'équipement (comme les magnétoscopes ou les fours à micro-ondes), les marques préférées, la sensibilité aux marques de distributeurs ou les élasticités-prix. Pour ne retenir qu'un exemple, une étude américaine montre que les deux tiers des variations d'élasticité-prix d'un magasin à l'autre s'expliquent par des variables démographiques et concurrentielles propres à chaque zone de chalandise (niveau d'éducation et de revenu, valeur immobilière des habitations, proximité géographique de *discounters*…)[2].

Pour les hommes de marketing, notamment dans le secteur de la distribution, chaque zone de chalandise peut en quelque sorte constituer un marché spécifique[3]. En tout état de cause, il ne faut pas considérer son marché comme un tout indissociable, mais comme une somme de micro-marchés différenciés.

Les disparités sont parfois si grandes à l'intérieur même d'une commune que le plan marketing peut être adapté quartier par quartier (comme la distribution ou non de prospectus).[4] Si un magasin développe un plan marketing pour une catégorie de produit, il est préférable de connaître ces chiffres pour cibler plus finement les actions publi-promotionnelles, voire adapter les techniques (bons de réductions plutôt qu'échantillons, par exemple) et les paramètres (modifier la valeur faciale des bons de réduction selon la distance…).

1. Fischer G.-N., *Psychologie de l'environnement social*, Paris, Dunod, 1997, 2e édition.

2. Hoch S., Kim B.D., Montgomery A.L., Rossi P.E., « Determinants of Store-Level Price Elasticity », *Journal of Marketing Research*, 32, 1995, pp. 17-29.

3. Volle P., « Produit et information géographique : le géomerchandising », in *Le Géomarketing*, Cliquet G. (ed.), Paris, Hermès, 2002.

4. Pour des précisions, consulter le site : www.lsa.fr à la rubrique « Géopotentiel ».

Chapitre 13 Les caractéristiques psychoculturelles du consommateur

OBJECTIFS

- Avez-vous déjà mesuré votre personnalité ?
- Pensez-vous que la chance joue un rôle important dans le déroulement de votre vie ?
- Avez-vous confiance en vous ?
- Ce dernier chapitre va vous permettre de répondre à ces questions, très importantes pour mieux comprendre le comportement des consommateurs.

SOMMAIRE

Section 1 Les caractéristiques psychologiques

Section 2 Les valeurs

Section 3 Le style de vie

Un consommateur peut être caractérisé par son âge, son revenu, sa localisation géographique, sa personnalité, etc. L'ensemble de ces caractéristiques présente la particularité d'être de nature individuelle (chacune l'étant plus ou moins). Pour compléter ce niveau d'analyse, il faut caractériser le consommateur dans son rapport aux autres. Pour ce faire, on peut également parler des valeurs, du style de vie du consommateur.

Section 1 LES CARACTÉRISTIQUES PSYCHOLOGIQUES

Si les caractéristiques socioéconomiques et démographiques sont fréquemment utilisées par les professionnels, de nombreuses autres caractéristiques – notamment psychologiques – sont pertinentes pour expliquer la diversité des comportements de consommation. Parmi ces caractéristiques psychologiques, on compte la personnalité, l'innovativité, le besoin de cognition, etc.

1 La personnalité

La personnalité est « quelque chose d'unique à l'individu, d'organisé et de relativement stable qui permet d'expliquer et de prédire ses conduites dans telle ou telle situation[1] ». En matière de personnalité, il faut distinguer deux grandes approches. La première vise à constituer des groupes d'individus : chaque individu est donc « rangé » dans un groupe défini assez précisément et dont la personnalité est « typique ». Dans cette veine, on peut compter les démarches pré-scientifiques de l'antiquité (qui permettent par exemple, de distinguer les sanguins, les apathiques, etc.) et les conceptions psychanalytiques ou culturalistes de la personnalité. La deuxième approche vise à décrire chaque individu comme la combinaison d'un nombre limité de traits de personnalité. Pour prendre une métaphore, si chaque trait de personnalité est une couleur, l'individu est donc un mélange presque unique.

1.1 Les différentes conceptions de la personnalité

Pour S. Freud (1856-1939), père de la psychanalyse, le « moi » est la résultante de deux grandes forces : le « ça » (les besoins élémentaires, les pulsions instinctives

1. Gilles P.-Y., « L'organisation des conduites », in *Psychologie différentielle*, coordonné par P.-Y. Gilles, Paris, Bréal, 1999, p. 117.

souvent inconscientes) et le « surmoi » (les normes, les valeurs et les interdits de la société). Selon l'importance relative du ça, du surmoi et du moi, on distingue trois types d'individus :

– l'individu érotique, chez qui domine la recherche de plaisir ;
– l'individu obsessionnel, dont le comportement est commandé par la craindre d'enfreindre les « instances morales inconscientes » ;
– l'individu narcissique, chez qui domine le souci de s'affirmer mais aussi celui de se faire aimer.

Ces types peuvent se combiner pour former des profils plus complexes (comme l'érotique-obsessionnel, etc.).

Pour C. Jung, à la différence de S. Freud, la personnalité s'exprime à partir de deux grandes dimensions : le caractère extraverti/introverti de l'individu (un individu spontané et ouvert ou, au contraire, un individu préoccupé à s'analyser et à se défendre) et quatre grandes fonctions psychiques (sensation, sentiment, intuition et pensée). En croisant ces deux dimensions, on obtient huit profils de personnalité que l'on peut identifier en utilisant le test psychologique « Myers-Briggs »[1], fréquemment employé dans le domaine du management. Cette perspective psychanalytique est parfois appliquée à la consommation[2].

Avec les culturalistes, la personnalité résulte plutôt de déterminants sociaux et culturels (l'école américaine des années trente et quarante avec R. Linton, R. Benedict, M. Mead…)[3]. À titre d'exemple, pour K. Horney, l'individu va chercher systématiquement à réduire son anxiété, née des relations imparfaites entretenues avec ses parents. Sur cette base, un test a été proposé pour mettre en évidence les orientations interpersonnelles de l'individu, selon qu'il se rapproche, s'oppose ou se détache des autres. Le test CAD permet donc d'identifier trois types d'individus : l'individu complaisant (C) qui cherche l'affection et la protection, l'individu aggressif (A) qui se méfie des autres et cherche à tout contrôler et l'individu détaché (D) qui fuie le contact et tente de préserver son indépendance.

Pour les factorialistes, chaque personne est plus ou moins bien caractérisée par des traits de personnalité comme : l'ordre (la tendance à s'organiser, à prévoir), la persévérance, le changement (le goût pour la nouveauté), la sociabilité (la tendance à participer à des activités sociales, à se faire des amis), la dépendance (le besoin de s'appuyer sur autrui, de se faire aider), l'agressivité (la tendance à manquer de contrôle de soi, à être antipathique)… On parle d'approche « factorialiste », car ces traits de personnalité sont issus d'analyses statistiques « factorielles », menées à partir de long questionnaires comportant parfois plusieurs centaines d'items. Tout a

1. Huteau M., *Manuel de psychologie différentielle*, Paris, Dunod, 1995, pp. 114-117.

2. Pellemans P., « Approches de la psychologie des profondeurs », in *Le Marketing qualitatif, Bruxelles*, De Boeck Université, 1998.

3. Dornier J.-F., *Les Sciences Humaines*, Paris, Éditions Sciences Humaines, 1998.

commencé dans les années trente, quand des psychologues américains ont répertorié les 4 500 termes qui permettent de décrire des conduites humaines stables (sur les 18 000 termes que compte la langue anglaise pour décrire l'ensemble des conduites humaines). Sur cette base, des psychologues comme R.B. Cattell, s'aidant des méthodes factorielles, ont réduit cette liste de conduites à des groupes de synonymes (171 groupes dans un premier temps, réduits à 35) et enfin, à des facteurs indépendants (16 facteurs).

Si de nombreux « inventaires de traits de personnalité » ont été proposés depuis une quarantaine d'années, une approche semble se dégager : le modèle des cinq grands facteurs (*The Big-Five Factor Model of Personality*)[1], issu notamment des travaux de R.B. Cattell. Les facteurs suivants ont été identifiés :

– O (ouvert) : curiosité, goût pour les rêveries, l'esthétique et l'imaginaire ;
– C (consciencieux) : rigueur, sens de l'ordre et du devoir, persévérance ;
– E (extraverti) : recherche d'émotions, grégarité, chaleur, assurance ;
– A (agréable) : modestie, altruisme, droiture, indulgence, sensibilité ;
– N (névrotique) : anxiété, colère, impulsivité, vulnérabilité.

Le modèle OCEAN (d'après les initiales des facteurs) s'applique à des cultures différentes, ce qui peut être utile pour comparer les consommateurs entre pays. Cependant, ce modèle soulève des critiques, dont le psychologue H. J. Eysenck s'est fait le porte-parole pendant longtemps. Ces critiques portent, notamment, sur le nombre et l'indépendance des facteurs, ou encore, sur l'absence de base théorique permettant de caractériser les traits. Par ailleurs, étant issu de méthodes factorielles, ce modèle met plus en évidence les différences de personnalité entre individus que la personnalité des individus elle-même.

Mesure : La mesure de la personnalité

Plusieurs approches sont disponibles pour mesurer les grands facteurs de la personnalité. L'échelle de Costa et McRae est la plus complète et la plus longue. Dans un contexte de recherche en consommation elle n'est pas directement utilisable. Deux autres échelles sont disponibles. L'une est fondé sur le modèle 3M[1] , qui intègre quatre visions théoriques (théorie des traits, théorie évolutionniste, modèle hiérarchique de l'individu et théorie du contrôle) alors que la seconde s'appuie sur les travaux de

☞

1. Ce modèle est aussi déclinable en 30 facettes (The Small Thrity). En français, on peut utiliser un questionnaire dont la forme finale comporte 240 questions : le NEO-PI-R. Ce questionnaire a été adapté par Jean-Pierre Rolland. Référence : Gilles P.-Y., 1999, op. cit., pp. 147-149.

2. Mowen J.C., *The 3m Model of Motivation and Personality : Theory and Empirical Applications to Consumer Behavior: Kluwer Academic Publishers*, Boston, 2000.

☞

Norman. Nous proposons ici l'échelle abrégée de Norman utilisant des items bipolaires, précédée de la l'instruction « diriez-vous de vous-même que vous être quelqu'un de… »[1].

Extraversion

Bavard	------	Silencieux
Franc/Ouvert	------	Renfermé
Aventureux	------	Prudent
Sociable	------	Retiré

Caractère agréable

Bon caractère	------	Irritable
Pas jaloux	------	Jaloux
Doux	------	Entêté
Coopératif	------	Négatif

Caractère consciencieux

Tatillon/Ordonné	------	Insouciant
Responsable	------	Pas digne de confiance
Scrupuleux	------	Pas scrupuleux
Persévérant	------	Lâcheur, inconstant

Stabilité émotionnelle

Équilibré	------	Nerveux – tendu
Tranquille/Posé	------	Anxieux
Calme	------	Excitable
Pas hypocondriaque	------	Hypocondriaque

Culture

Sensible aux arts	------	Insensible à l'art
Intellectuel	------	Irréfléchi/Borné
Poli/Raffiné	------	Rustre
Imaginatif	------	Simple/Direct

1. Norman W.T., « Toward an adequate taxonomy of personality attributes : replicated factor structure in peer nomination personality ratings », Journal of Abnormal Psychology, 66 (6), 1963, pp 574-83.; Zouaghi S., « Du concept de soi au concept de nous : développement d'une échelle de mesure et implications en matière de préférences de produits », thèse de doctorat en Sciences de Gestion, Centre de recherche DMSP, Université Paris Dauphine, 1996.

1.2 L'impact de la personnalité sur la consommation

Plusieurs traits de personnalité peuvent avoir un lien direct avec les comportements de consommation, comme la recherche de sensations et d'émotions. Par ailleurs, la théorie veut également que les individus achètent des produits congruents (c'est-à-dire « compatibles ») avec leur propre personnalité ; cette dernière idée est d'ailleurs largement répandue auprès des professionnels[1].

Cependant, les études qui tentent d'expliquer directement les comportements de consommation à partir de la personnalité (tel comportement serait lié à tel trait de personnalité) ont plutôt donné des résultats décevants[2]. Une analyse de plus de quarante recherches montre que le coefficient de corrélation entre la personnalité et les comportements ne dépasse pas 0,15 (ce qui est plutôt faible)[3].

Ce manque de résultats probants s'explique aisément si l'on adopte une conception « interactionniste » de la personnalité. Dans cette perspective, « la conduite de l'individu résulte à la fois des dispositions personnelles et des propriétés de la situation, en interaction dynamique[4] ». Ceci signifie que les traits de personnalité n'expliquent pas directement les comportements, mais plutôt la façon dont l'individu va analyser les situations auxquelles il est confronté, pour ensuite activer tels ou tels processus cognitifs et affectifs qui, à leur tour, vont déterminer les comportements[5]. Autrement dit, pour comprendre les comportements des individus, il est important de considérer les situations dans lesquelles les traits de personnalité vont ou non s'exprimer (ce que font rarement les études actuelles[6]).

Par ailleurs, la personnalité n'explique pas si facilement les comportements, car l'individu ne se présente pas toujours sous la même identité[7]. Depuis le philosophe Pic de la Mirandole (au XVe siècle), de nombreux courants de pensées défendent l'idée que l'homme (le *même* homme) peut être le meilleur comme le pire : un être

1. Fleck N., Maille V., « Thirty years of conflicting studies on the influence of congruence as perceived by the consumer : Overview, limitations and avenues for research », *Recherche et applications en marketing*, (édition anglaise), 25(4), pp. 69-92, 2010.

2. Pour une analyse plus détaillée comportant de très nombreuses références, consulter Pinson C., Jolibert A., « Comportement du consommateur », in *Encyclopédie de Gestion*, sous la direction de Y. Simon et P. Joffre, Paris, Économica, 1997, pp. 382-393.

3. Lastovicka J.-L., Joachimsthaler E.A., « Improving The Detection of Personality-Behavior Relationships in Consumer Research », Journal of Consumer Research, 14, 4, 1988, pp. 583-587. Les auteurs montrent que le manque de fiabilité des mesures comportementales explique en partie la faible corrélation entre personnalité et comportements.

4. Huteau M., 1995, *op. cit.*, p. 124.

5. Un trait de personnalité particulier – l'auto-contrôle (self-monitoring) – pourrait expliquer en partie cette « plasticité » de la personnalité, c'est-à-dire la capacité de l'individu à s'adapter au contexte dans lequel il se trouve.

6. Pour un exemple, voir Darpy D., « Le report d'achat expliqué par le trait de procrastination et le potentiel de procrastination », *Recherche et Applications en Marketing*, 17, 2, 2002, pp. 1-21.

7. Lux K., Lutz M.A., « Dual self », in *Consumer Research and Economic Psychology*, P.E. Earl et S. Kemp eds., Cheltenham, Edward Elgar, 1999, pp. 164-169.

digne, guidé par des sentiments généreux (*higher self*) ou un être vil, guidé par ses instincts, ses intérêts immédiats (*lower self*). Chaque homme oscille, à son propre rythme, entre ces deux pôles. Selon que l'individu, *à ce moment précis*, vise un objectif à court terme ou à plus long terme, selon qu'il tente de maximiser son utilité personnelle ou d'atteindre un but plus noble, ses comportements seront sensiblement différents. C'est la versatilité de l'individu, cette alternance entre différents états, qui explique pourquoi des variables structurelles comme la personnalité ne peuvent pas toujours représenter la réalité changeante des individus.

Si les traits de personnalité sont moins explicatifs que l'âge ou le revenu, si ces traits de personnalité sont difficiles à mesurer (manque de fiabilité, longueur des questionnaires…), on peut douter de leur utilité opérationnelle, notamment pour qualifier une base de données clients. Cependant, dans des approches qualitatives, la compréhension « en profondeur » des consommateurs peut se révéler très enrichissante. Dans cette optique, il est intéressant de disposer d'une grille d'analyse comme le modèle OCEAN. Le discours publicitaire peut également être analysé autour des variables de personnalité, de même que la personnalité des marques[1].

Des traits de personnalité spécifiques, adaptés et croisés avec d'autres variables

Il est possible d'améliorer la capacité des traits de personnalité à expliquer les comportements de consommation. La première approche consiste à considérer des traits de personnalité plus spécifiques, qui peuvent se révéler pertinents pour expliquer certains comportements de consommation *précis*. Autrement dit, l'approche factorialiste, trop « globalisante », doit être mise de côté. Ces traits spécifiques sont, par exemple, l'impulsivité, l'altruisme ou la vanité.

La deuxième approche consiste à adapter les traits de personnalité à l'univers de la consommation et à les croiser avec des variables qui capturent la nature du processus de décision (par exemple, l'implication). Ce travail a été réalisé avec « l'innovativité » du consommateur. Aujourd'hui, cette caractéristique est très utile pour expliquer les comportements d'adoption des innovations.

1. Ferrandi J. M., Merunka D. et Valette Florence P., « La personnalité de la marque : bilan et perspectives », *Revue française de gestion*, 3.4, pp. 145-162, 2003. Caprara V.G., Barbanarelli C., Guido G., « La personnalité de la marque : la métaphore est-elle appropriée ? », Recherche et Applications en Marketing, 17, 1, 2002, pp. 75-88. Ferrandi J.-M., Valette-Florence P., « Premiers tests et validation de la transposition d'une échelle de personnalité humaine aux marques », *Recherche et Applications en Marketing*, 17, 3, 2002, pp. 21-40. Vernette E., « Les atouts et les pièges de la personnalité de marque », *Décisions Marketing*, pp. 19-31, 2008.

Repère

L'innovativité

Certains consommateurs sont plus ouverts que d'autres à l'innovation. On peut définir l'innovateur comme celui qui « est relativement plus rapide que les autres membres de son système social à adopter une innovation »[1]. Toutefois, mesurer « l'innovativité » du consommateur par la vitesse d'adoption des nouveaux produits pose de nombreux problèmes. Par exemple, doit-on considérer la date du lancement du nouveau produit ou la date à laquelle le consommateur en a eu connaissance ? Comment prendre en compte les moyens financiers du consommateur pour ne pas confondre innovativité et revenu ? Par ailleurs, mesurer simplement le temps d'adoption ne permet pas d'identifier les motivations sous-jacentes ou les freins à l'adoption.

Pour contourner ces problèmes, on mesure l'innovativité d'un individu à partir de quatre concepts sous-jacents : l'attrait général pour les choses nouvelles, lié à un besoin fondamental de stimulation ; le besoin d'être unique, de se distinguer des autres, tout en s'intégrant au système social ; la capacité à décider de façon autonome, sans attendre l'avis des autres ; une aptitude à prendre des risques lors des décisions d'achat[2].

Le consommateur innovateur se caractérise plutôt par un niveau de revenu et d'études élevé, même si les variables socioéconomiques ne sont pas fortement associées à l'innovativité. L'innovateur fréquente de nombreux médias (notamment la presse magazine), échange des informations avec ses proches et joue un rôle de leader vis-à-vis de son entourage. L'innovateur connaît bien la catégorie de produit pour laquelle il manifeste une forte innovativité ; c'est un expert. Il fait généralement partie des gros utilisateurs. Il adopte les innovations, car il les perçoit comme moins complexes, moins risquées et plus compatibles avec les normes sociales existantes. L'innovateur est ouvert au changement, manifeste un ethnocentrisme faible et peu de nostalgie[3]. L'innovateur vit dans des pays où les valeurs dominantes sont individuelles plutôt que collectives[4].

Ce trait permet surtout d'expliquer l'adoption d'innovations radicales, celles qui changent vraiment les choses (comme le walkman dans les années quatre-vingt ou le téléphone mobile dans les années

☞

1. Rogers E.M., *Diffusion of Innovations*, New York, The Free Press, 1983.

2. Roehrich G., « Innovativité hédoniste et innovativité sociale : proposition d'une échelle de mesure », *Recherche et Applications en Marketing*, 9, 2, 1994, pp. 19-42. Le Louarn P., « La tendance à innover des consommateurs : analyse conceptuelle et proposition d'une échelle de mesure », *Recherche et Applications en Marketing*, 12, 1, 1997, pp. 3-19.

3. Une excellente synthèse de ces thèmes est donnée dans Foxall G.R., Goldsmith R.E., Brown S., *Consumer Psychology for Marketing*, Londres, Thomson Business Press, 1998, 2e édition.

4. Steenkamp J.-B.E.M., Hofstede F. ter, Wedel M., « A Cross-National Investigation into the Individual and National Cultural Antecedents of Consumer Innovativeness », *Journal of Marketing*, 63, 1999, pp. 55-69.

☞

quatre-vingt-dix). Toutefois, si l'innovativité est un trait assez général de la personnalité, il va se manifester différemment d'un domaine à l'autre : un innovateur en matière d'informatique ne sera pas nécessairement un innovateur en matière de produits culturels ou d'alimentation. Autrement dit, le degré d'implication dans la catégorie de produit/service joue un rôle important pour que cette tendance à innover se manifeste concrètement par un comportement d'adoption rapide. Une typologie de consommateurs qui croise l'innovativité et l'implication se révèle tout à fait pertinente[1]. En revanche, l'innovativité, seule, prédit assez mal les comportements d'adoption, surtout pour les achats projetés à plus de six mois.

Pour conclure, les critiques portées aux traits de personnalité ne s'appliquent pas nécessairement à toutes les autres caractéristiques psychologiques qui peuvent expliquer les comportements de consommation. Ces caractéristiques sont autant de moyens différents pour comprendre les consommateurs.

2 Les autres caractéristiques psychologiques

De très nombreuses caractéristiques psychologiques peuvent expliquer certaines facettes du processus de décision ou certains comportements de consommation. Ces caractéristiques psychologiques stables ont généralement été étudiées par des psychologues, puis transposées ultérieurement dans le domaine de la consommation.

Parmi les caractéristiques souvent utilisées pour comprendre et expliquer les comportements de consommation, on peut noter : le besoin de cognition, les convictions de contrôle, la confiance en soi ou encore, l'autorégulation.

D'autres caractéristiques psychologiques importantes sont examinées ailleurs dans cet ouvrage. Nous conseillons au lecteur de s'y reporter *via* l'index. On citera notamment : la compulsivité, la procrastination, l'ethnicité, le niveau optimal de stimulation, l'anxiété (qui peut se décliner en anxiété de santé, en anxiété sociale), la vanité ou encore, la sensibilité aux groupes de référence, le besoin d'unicité et l'altruisme.

Afin de donner au lecteur une idée plus concrète des concepts, nous mentionnons une sélection d'items représentatifs. Toutefois, précisons que les traductions sont simplement données à titre *indicatif*, pour faciliter la compréhension, mais n'ont pas fait l'objet d'un processus scientifique de rétro-traduction (de l'anglais au français, puis du français à l'anglais) et de validation statistique.

1. Foxall G.R., Bhate S., « Cognitive Style and Personal Involvement of Market Initiators », *European Journal of Marketing*, 27, 2, 1993.

2.1 Le besoin de cognition

L'individu, qui éprouve un fort besoin de cognition, s'engage facilement dans des activités intellectuelles et y prend plaisir (on parle aussi de « curiosité cognitive »)[1]. Le besoin de cognition se traduit également par un besoin de structurer, de comprendre et de donner du sens aux choses. Ce concept se mesure avec des items comme : « j'aime essayer de trouver les failles de mes propres raisonnements », « je préfère les problèmes complexes aux problèmes simples », ou des items inversés comme : « la plupart du temps, réfléchir beaucoup conduit à faire plus d'erreur » ou « j'aime les activités qui me demandent peu d'effort intellectuel ». D'après J. Cacioppo et R. Petty, le besoin de cognition est notamment lié à l'intelligence (corrélation significative de 0,39 dans l'étude), mais n'est pas lié à un style cognitif particulier.

Dans une publicité, les individus qui éprouvent un fort besoin de cognition sont plus sensibles à la qualité des arguments que les autres[2]. Par ailleurs, face à une offre promotionnelle, ces individus sont plus susceptibles de faire attention à la réduction de prix *réelle* (autrement dit, la simple mention « promotion » ne suffit pas à les convaincre qu'il s'agit d'une bonne affaire, à la différence de nombreux autres consommateurs)[3]. Les individus qui manifestent un fort besoin de cognition tirent un grand bénéfice des interactifs (*versus* sites non interactifs car cela les conduit à traiter des flux d'information à la hauteur de leurs attentes[4].

Mesure : Le besoin de cognition

La version française de la l'échelle de besoin de cognition s'appuie sur sa forme réduite de en 18 items proposés avec un mesure de Likert en 5 échelons[5]. Son adaptation ne retient que 6 items réparties dans deux dimensions. Les items inversés sont signalés.

Recherche/Plaisir dans les situations complexes (alpha Cronbach = 0,69)

1. J'éprouve un réel plaisir chaque fois que je dois *résoudre un problème.*
2. Je préfère les *problèmes complexes* aux problèmes simples.

☞

1. Cacioppo J.T., Petty R.E., « The Need for Cognition », *Journal of Personality and Social Psychology*, 42, 1, 1982, pp. 116-131.

2. Haugtvedt C., Petty R.E., Cacioppo J.T., Steidley T., « Personality and ad Effectiveness : Exploring the Utility of Need for Cognition », in Advances in Consumer Research, M.J. Houston (ed.), *Association for Consumer Research*, 15, 1988, pp. 209-212.

3. Inman J.J., McAlister L., Hoyer W.D., « Promotion Signal : Proxy for a Price Cut », *Journal of Consumer Research*, 17, 1, 1990, pp. 74-81.

4. Sicilia M., Ruiz S., Munuera J.L., « Effects of interactivity in a website: The moderating effect of need for cognition », *Journal of Adversiting*, 34(3), pp. 31-44, 2005.

5. Esparcieux-Morawe E., « L'émotion montrée dans la publicité : efficacité et fonctionnement », Thèse de doctorat en Sciences de Gestion, Centre de recherche DMSP, Université Paris Dauphine, 2001.

2. Je préfère les *problèmes complexes* aux problèmes simples.
3. J'aime bien les tâches qui demandent *peu de réflexion* une fois que j'ai appris à les faire (inv.).

Tendance à la réflexion approfondie (alpha Cronbach = 0,70)

1. *Penser de manière abstraite* n'est pas une idée qui m'attire (inv.).
2. Je trouve peu de satisfaction *à réfléchir profondément* et durant de longues heures (inv.).
3. Je n'aime pas avoir la responsabilité d'une situation qui demande *beaucoup de réflexion* (inv.).

2.2 Les convictions de contrôle

Certains individus considèrent que leur condition dépend fortement de leurs capacités et de leurs actions ; ils ont la conviction qu'en y mettant les moyens, ils peuvent contrôler leur vie. Ces individus expriment une conviction de contrôle « interne », par opposition aux individus qui expriment une conviction de contrôle « externe ». Ceux-là considèrent plutôt que leur condition dépend de la chance, du destin, de la fatalité, des circonstances, des autres…

Comprendre à quoi les individus attribuent ce qui leur arrive est un pan essentiel de la psychologie sociale[1]. Les attributions que peuvent faire les individus (à la chance, au destin, aux autres, à soi-même…) dépendent d'une caractéristique psychologique stable nommée *locus of control* (parfois nommée « source du contrôle » en français)[2]. Cette caractéristique se mesure avec des items comme : « lorsque j'obtiens ce que je veux, c'est en général le résultat d'un dur travail », et des items inversés comme : « quand j'obtiens ce que je veux, c'est souvent parce que je suis chanceux » ou « nous tenons notre personnalité de nos parents et nous ne pouvons que l'accepter[3] ».

1. Deschamps J.-C., Beauvois J.-L., *Des attitudes aux attributions, sur la construction de la réalité sociale*, Grenoble, Presses Universitaires de Grenoble, 1996.

2. Rotter J.B., « Generalized Expectancies for Internal Versus External Control of Reinforcement », *Psychological Monographs*, 80, 1, 1966, cité dans Rotter J.B., « Internal Versus External Control of Reinforcement : a Case History of a Variable », *American Psychologist*, 45, 4, 1990, pp. 489-493.

3. Dubois N., « Le locus of control », *in Des attitudes aux attributions, sur la construction de la réalité sociale*, coordonné par J.-C. Deschamps et J.-L. Beauvois, Grenoble, Presses Universitaires de Grenoble, 1996.

Mesure : Le locus of control

L'échelle de mesure du locus of control proposée par Rotter en 1966 comprend 19 paires d'items la rendant inexploitable dans[1] un contexte de consommation. Une échelle développée en français est préférable. C'est une échelle auto-administrée en trois points seulement.

1. Dans la vie, il y a beaucoup d'occasions à saisir si on le désire.
2. Dans la vie, ce que l'on devient dépend du hasard.
3. La vie ne dépend que de ses choix et de sa volonté.
4. La chance joue un rôle important dans le déroulement de la vie.

La conviction de contrôler les événements est parfois une illusion[2]. Par exemple, avez-vous déjà observé un individu appuyant frénétiquement sur le bouton de l'ascenseur pour le faire venir plus vite ? En fait, l'individu attribue souvent à ses capacités ou à sa détermination ce qui n'est que le résultat de la chance ou de la fatalité. Ceci dit, cette conviction structure fortement le concept de « moi » : dans la culture occidentale, la notion même de « personne » repose sur l'idée que l'on peut influer sur le cours des choses ; sans cette capacité, l'homme n'est pas vraiment « Homme ». Sans la conviction de contrôler au minimum sa vie, l'individu peut vite tomber dans un état dépressif.

Cette caractéristique explique de nombreux comportements. Par exemple, une étude dans le domaine de l'habillement montre que les individus dont la source de contrôle est interne recherchent plus d'information avant d'acheter, car ils ont le sentiment de pouvoir améliorer leur choix en y consacrant plus d'efforts. Ces mêmes individus sont plus innovateurs en matière d'habillement et exercent un certain rôle de leadership vis-à-vis de leurs proches (ils donnent des conseils, indiquent les « bons plans »...)[3].

Une autre étude montre également que les convictions de contrôle tempèrent les relations entre attitudes et comportements. Par exemple, les individus qui ont une attitude favorable par rapport à la protection de l'environnement *et* dont la source de contrôle est interne se comportent de façon cohérente avec leurs attitudes[4]. En revanche, ceux qui ont une attitude favorable, mais considèrent qu'ils ne peuvent pas

---

1. Bergadaà M., Faure C., Perrien J., « Enduring Involvement With Shopping », *Journal of Social Psychology*, 135 (1), 1995, pp 17-25.

2. Langer E., White J.B., « Illusion of control », in *Consumer Research and Economic Psychology*, P.E. Earl et S. Kemp eds., Cheltenham, Edward Elgar, 1999, pp. 320-322.

3. Darley W.K., Johnson D.M., « Effects of Female Adolescent Locus of *Control on Shopping Behaviour, Fashion Orientation and Information Search », International* Review of Retail, Distribution and Consumer Research, 3, 2, 1993, pp. 149-165.

4. Cleveland M., Kalamas M., Laroche M., « Shades of green : Linking environmental locus of control and pro-environmental behavior », *Journal of Consumer Marketing*, 22(4), pp. 198-212, 2005.

faire grand chose (source de contrôle externe), ont des comportements sans relation directe avec leurs attitudes. Cette même variable, pour les même raisons, peut aussi expliquer pourquoi un consommateur va ou non participer à un boycott commercial[1]. L'individu participera seulement s'il a la conviction que son propre comportement peut conduire à faire plier l'entreprise.

2.3 La confiance en soi (*self-confidence*)

En matière de consommation, on peut dire qu'un individu est confiant s'il se sent « capable de prendre de bonnes décisions d'achat et de vivre des expériences commerciales positives tout en se protégeant des abus possibles[2] ». La confiance est une perception subjective. Autrement dit, le consommateur n'est pas nécessairement capable de faire ce qu'il dit…

La confiance en soi en matière de consommation recouvre six dimensions : l'aptitude à acquérir les informations nécessaires ; à traiter ces informations ; à identifier les bonnes alternatives de choix (produits, marques, lieux d'achat) ; à atteindre les objectifs visés, qu'ils soient personnels (satisfaction) ou non (réaction de l'entourage, des autres…) ; à comprendre les tactiques commerciales employées par les entreprises et comment y faire face ; à exprimer ses opinions et à défendre ses droits en matière de relations commerciales. La confiance est dite « généralisée » quand elle porte sur les activités consommation *en général*, mais il est possible de mener cette analyse pour tel ou tel univers de produit (les produits de haute technologie, les produits alimentaires…).

Un individu qui a une estime de soi élevée est généralement plus confiant, mais les deux notions sont distinctes[3]. La confiance en soi généralisée est aussi reliée positivement à la conviction de contrôle interne : les individus qui ont la conviction de peser sur le cours des choses sont plus confiants. Par ailleurs, les femmes sont également plus confiantes que les hommes, sans que les raisons de cette différence ne soient très claires (plus grande expérience des activités de consommation, capacités supérieures pour traiter les informations…).

La confiance en soi va se manifester par plusieurs comportements : recherche d'information plus active, risque perçu plus faible, rôle de leadership vis-à-vis de l'entourage, moindre influence des autres, plus grande résistance aux efforts de persuasion des marques.

---

1. Sen S., Gürhan-Canli Z., Morvitz V., « Withholding Consumption : a Social Dilemma Perspective on Consumer Boycotts », *Journal of Consumer Research*, 28, 3, 2001, pp. 399-417. Dans cette recherche, la conviction de contrôle est appelée « efficacité personnelle perçue ».

2. Bearden W.O., Hardesty D.M., Rose R.L., « Consumer Self-Confidence : Refinements in Conceptualization and Measurement », *Journal of Consumer Research*, 28, 1, 2001, pp. 121-134.

3. L'estime de soi est une évaluation subjective de sa valeur personnelle, de son utilité.

Tableau 13.1 – Exemple d'items mesurant la confiance en soi

Dimension	Exemple d'items
1	« Je sais comment trouver les informations dont j'ai besoin pour acheter » ; « quand j'achète, je connais les bonnes questions à se poser »
2	« Je sais quelles marques sont meilleures que les autres » ; « je connais les bons magasins où acheter » ; « j'arrive facilement à faire un premier choix parmi les marques proposées »
3	« Quand j'achète, je me demande souvent si j'ai pris la bonne décision » ; « j'achète souvent des choses qui ne conviennent pas » (items inversés)
4	« Je sais comment faire plaisir aux gens à qui j'offre un cadeau » ; « mes amis sont en général épatés par mes achats »
5	« Je sais détecter les mauvaises affaires » ; « je n'ai aucun problème pour comprendre le genre de ficelles que les vendeurs utilisent » ; « dans les publicités, je sais faire la différence entre ce qui est vrai et ce qui est pure fantaisie »
6	« J'ai du mal à dire « non » à un vendeur » ; « j'hésite à me plaindre si quelque chose ne va pas »

Source : D'après W.O. Bearden *et al.*, 2001.

Section 2 LES VALEURS

Si la question des valeurs intéresse la plupart des sciences sociales (philosophie, anthropologie, sociologie…), c'est la psychologie qui en a fait un domaine de recherche vivant et moderne[1].

1 Le concept de valeur

Une valeur constitue « une croyance durable selon laquelle certains modes de comportement et certains buts de l'existence sont personnellement ou socialement préférables à d'autres[2] ». Pour aller plus loin, on peut distinguer les valeurs préférées par l'individu (les valeurs personnelles) et les valeurs préférables (les valeurs sociales)[3]. Par ailleurs, on peut distinguer les valeurs qui justifient certains

1. Valette-Florence P., *Les Styles de vie*, Paris, Nathan, 1994.

2. Rokeach M., *The Nature of Human Values*, New York, Free Press, 1973.

3. Toutefois, au niveau de la mesure des valeurs (par questionnaire), M. Rokeach ne fait pas la différence entre les valeurs préférées par l'individu et les valeurs préférables, ce qui semble donner aux valeurs une meilleure capacité pour prédire les comportements.

comportements particuliers (les valeurs instrumentales : les moyens) et les valeurs qui guident plus largement l'existence (les valeurs terminales : les fins).

Les valeurs permettent à l'individu de se définir une identité, partagée en grande partie avec d'autres membres de la même société, car les valeurs ont une dimension culturelle. Les valeurs permettent aussi de justifier ses actes et de se protéger contre le monde extérieur (médias, militants…). Les valeurs fixent les standards de moralité et donnent une légitimité aux forces régulatrices qui sont à l'œuvre (la famille, la loi…). Dans une société, certaines valeurs sont considérées comme centrales et d'autres comme « déviantes » les consommateurs devenant critiques à l'égard de certaines valeurs. Certaines valeurs sont assez flexibles, ou en évolution, ce qui laisse une marge de manœuvre assez importante aux individus[1].

Si la hiérarchie personnelle des valeurs est en grande partie apprise (des parents, de l'école, des médias…), elle n'est en aucun cas déterminée de façon stricte par la société. D'ailleurs, on assiste aujourd'hui à des phénomènes de fragmentation, avec l'apparition de groupes qui prônent des valeurs typées et spécifiques. Par un jeu de fusions, de réactions et de spécialisations, l'émergence de tels groupes donne l'élan et le dynamisme nécessaire à la société, même si de nombreuses études montrent la stabilité générale des systèmes de valeur, notamment aux États-Unis[2].

2 Les inventaires de valeurs

M. Rokeach propose ainsi une liste de trente-six valeurs, récemment simplifiée par L.R. Kahle en une liste de neuf valeurs appelée LOV (*List of Values*)[3]. Si les deux approches ont de nombreux points communs[4], la LOV porte uniquement sur les valeurs terminales. Elle comprend trois grandes dimensions : l'orientation personnelle (accomplissement, épanouissement…), l'orientation sociale (sens de l'appartenance, sécurité, relations chaleureuses avec les autres…) et l'hédonisme (amusement et joie de vivre, besoin d'excitation…).

1. Précisons que normes et valeurs sont des concepts différents mais liés, car les valeurs servent à juger les normes (entendues comme des prescriptions comportementales valables dans des contextes bien définis).

2. Rokeach M., Ball-Rokeach S.J., « Stability and Change in American Value Priorities 1968-1981 », American Psychologist, 44, 1989, pp. 775-784, cité dans Antonides G. et Van Raaij W.F., Consumer Behavior : a European Perspective, Chichester, John Wiley & Sons, 150, 1999.

3. Kahle L.R., Beatty S.E., Homer P., « Alternative Measurement Approaches to Consumer Values : the List of Values (LOV) and Values and Lifestyles (VALS) », *Journal of Consumer Research*, 13, 1986, pp. 405-409.

4. Valette-Florence P., « Analyse structurelle comparative des composantes de valeurs selon Kahle et Rokeach », *Recherche et Applications en Marketing*, 3, 1, 1988, pp. 15-34.

Tableau 13.2 – Une comparaison des valeurs selon L.R. Kahle et M. Rokeach

Domaine	Valeurs selon L.R. Kahle	Valeurs selon M. Rokeach	
		Instrumentales	Terminales
Plaisir	La recherche de stimulation ; l'amusement et la joie de vivre	La gaieté	Le plaisir ; une vie aisée et prospère ; une vie active et stimulante ; le bonheur
Sécurité	La sécurité		La sécurité de ceux qu'on aime ; la sécurité nationale ; un monde en paix ; la liberté
Réalisation de soi	Un sentiment d'accomplissement ; être respecté par autrui	L'ambition ; la compétence ; le courage	Une contribution durable ; un statut social
Indépendance	L'estime de soi ; l'épanouissement personnel	L'imagination ; l'autonomie ; l'intelligence ; la logique ; l'ouverture d'esprit	
Sérénité	Le sens de l'appartenance ; des relations chaleureuses avec autrui	L'honnêteté	La sagesse ; la plénitude amoureuse ; l'amitié authentique ; un monde de beauté ; l'harmonie intérieure ; le salut éternel
Conformisme		L'obéissance ; la politesse ; la propreté ; la maîtrise de soi	
Société		La serviabilité ; l'indulgence ; la gentillesse ; la responsabilité	L'égalité

Source : D'après P. Valette-Florence, 1988.

3 La distinction des valeurs des autres concepts

Les valeurs se distinguent des autres concepts utilisés pour décrire les individus-consommateurs (besoins, attitudes, personnalité…) :

– valeurs et besoins se distinguent car les valeurs sont la représentation cognitive des besoins, leur expression individuelle et sociale ;

– valeurs et personnalité diffèrent, car si le système de valeurs peut évoluer selon les conditions de vie de l'individu (notamment l'environnement socio-culturel, politique…), les traits de personnalité sont supposés stables en toutes circonstances ;

– valeurs et centres d'intérêt se distinguent, car les centres d'intérêt sont plus diversifiés, plus nombreux et moins stables que les valeurs ; ils sont partiellement déterminés par les valeurs ;
– le concept d'attitude est parfois assimilé à celui de valeur. Toutefois, les attitudes sont attachées à des objets et à des situations particulières ; elles sont plutôt l'expression des valeurs. En fait, le système de valeurs forme une « méta-attitude ». Partant de là, telle valeur implique telles attitudes vis-à-vis d'un grand nombre d'objets ou de situations. Par exemple, la recherche d'harmonie intérieure est une valeur qui peut déterminer les attitudes de l'individu envers la religion bouddhiste, les aliments génétiquement modifiés, la gymnastique matinale…

Si les valeurs s'écartent nettement des autres concepts comme la personnalité ou les attitudes, les valeurs ont, en revanche, un lien direct avec les motivations. Ainsi, S.H. Schwartz considère que les valeurs expriment « l'adhésion des individus à des objectifs permettant de satisfaire de grands ensembles de motivations (les domaines motivationnels) ayant plus ou moins d'importance dans la vie de tous les jours ». S.H. Schwartz et ses collègues identifient cinquante-six valeurs structurées en onze domaines motivationnels, qui entretiennent des relations entre eux[1].

Ces domaines motivationnels présentent l'avantage de s'adapter à des cultures très différentes[2]. En revanche, une critique récente porte sur le lien de causalité entre valeurs, motivations et buts. L'idée que les valeurs déterminent les buts, *via* les motivations, n'est pas forcément convaincante, dans la mesure où les buts personnels et les motivations peuvent également modifier le système de valeurs[3].

Tableau 13.3 – Les « domaines motivationnels » de Schwartz

Nature	« Domaines motivationnels »		Exemple de valeurs
Individuelle	1	Auto-orientation (rechercher l'indépendance d'action)	Liberté, créativité…
	2	Stimulation (rechercher les défis et la nouveauté)	Vie excitante, curiosité…
	3	Hédonisme (rechercher les plaisirs et les gratifications)	Profiter de sa vie…
	4	Accomplissement (rechercher le succès personnel)	Ambition, réussite…
	5	Pouvoir (rechercher un statut social, contrôler les autres)	Image publique, autorité…
Mixte	6	Sécurité (rechercher l'harmonie et la stabilité)	Santé, sécurité familiale…

☞

1. Odin Y., Vinais J.-Y., Valette-Florence P., « Analyse confirmatoire des domaines motivationnels de Schwartz », *Actes du Congrès de l'Association Française du Marketing*, Poitiers, 1996, pp. 125-139.

2. Schwartz S.H., Bilsky W., « Vers une théorie de l'universalité du contenu et de la structure des valeurs : extensions et reproduction interculturelles », *Recherche et Applications en Marketing*, 8, 4, 1993, pp. 77-106.

3. Jolibert A., Baumgartner G., « Values, Motivations and Personal Goals », *Psychology and Marketing*, october, 14, 1997, pp. 675-688.

	7	Universalité (comprendre, tolérer, aider les autres)	Égalité, monde en paix…
Collective	8	Conformité (freiner les pulsions contraires aux normes)	Obéissance, propreté…
	9	Tradition (respecter les coutumes et la religion)	Humilité…
	10	Spiritualité (donner un sens à sa vie)	Piété, détachement…
	11	Bienveillance (préserver le bien-être des proches)	Honnêteté, vraie amitié…

4 Les rapports entre valeurs et culture

L'universalité des valeurs a été démontrée[1]. En revanche, le système de valeurs – c'est-à-dire la hiérarchie des valeurs, leur ordre d'importance – varie fortement d'une culture à l'autre. Par exemple, les valeurs dominantes en Chine sont de nature confucéenne et collectiviste, les femmes étant plus confucéennes que les hommes[2]. La jeune génération adhère toutefois de plus en plus aux valeurs occidentales et individualistes. Les différences entre valeurs existent également entre pays géographiquement proches. Ainsi, à titre d'exemple, P. Valette-Florence montre que l'adhésion aux valeurs personnelles est différente entre l'Allemagne et la France[3]. Les répondants français se tournent plus vers les valeurs personnelles (notamment, l'épanouissement), alors que les répondants allemands se tournent plus vers les valeurs sociales (notamment, le sens de l'appartenance et la sécurité). L'hédonisme est une valeur en hausse auprès des jeunes adultes (comparativement à leurs parents), alors que la recherche de sécurité est moins importante.

Une autre étude montre que le système de valeurs est sensiblement différent entre la Grande-Bretagne, l'Italie et l'Allemagne[4]. Environ 50 % des répondants britanniques sont classés dans le segment « amusement » (plaisir, vie aisée), alors que 80 % des Allemands sont classés dans le segment « maturité-sécurité » (harmonie, paix, sécurité familiale) et près de 50 % des Italiens dans le segment « conformité » (sagesse, salut éternel). Il est donc difficile d'identifier un segment de consommateurs ayant les mêmes valeurs *conjointement* dans ces trois pays européens…

1. Schwartz S.H., Bilsky W., 1993, *op. cit.*

2. Schaaper J., Jiao Z., « Valeur confucéennes en Chine mesurées par les valeurs personnelles et domaines motivationnels de Schwartz », *Management international*, 17(4), pp. 58-82, 2013.

3. Valette-Florence P., Grunert S.C., Grunert K.G., Beatty S., « Une comparaison franco-allemande de l'adhésion aux valeurs personnelles », *Recherche et Applications en Marketing*, 6, 3, 1991, pp. 5-20.

4. Kamakura W.A., Novak T.P., Steenkamp J.-B.E.M., Verhallen T.M.M., « Identification de segments de valeur pan-européens par un modèle logit sur les rangs avec regroupements successifs », *Recherche et Applications en Marketing*, 8, 4, 1993, pp. 29-55.

5 L'impact des valeurs sur la consommation

Si les valeurs sont théoriquement liées aux comportements (*via* les motivations, les attitudes…), de nombreuses études montrent qu'elles sont peu associées à des comportements de consommation spécifiques. Ainsi, sortir dans des bars ou aller au théâtre, lire des magazines et faire du camping sont les activités les plus connectées aux valeurs[1]. Mais la variance expliquée ne dépasse guère les 5 % ! Autrement dit, de nombreux autres facteurs interviennent.

Cependant, les valeurs peuvent se révéler plus pertinentes que les bénéfices recherchés pour segmenter les consommateurs[2]. Par ailleurs, les valeurs peuvent expliquer les comportements de fréquentation des points de vente, notamment la fréquentation des centres commerciaux. Ainsi, les consommateurs caractérisés par des valeurs d'accomplissement mais surtout, d'affiliation sociale (sentiment d'appartenance à un groupe et relations fortes avec les autres), ont une attitude plus favorable envers la fréquentation des centres commerciaux[3].

Il est probable que les valeurs seules n'expliquent pas les comportements, mais interagissent avec d'autres caractéristiques individuelles (comme le revenu dans l'approche VALS 2, ou encore, le niveau d'implication).

À l'avenir, pour mieux comprendre les comportements des consommateurs, il est également important de prendre en compte des valeurs plus focalisées sur la vie économique. Parmi celles-ci, on peut noter la frugalité (l'individu achète de façon mesurée, dépense prudemment, se restreint est moins impulsif… pour atteindre des buts à plus long terme)[4] ou le matérialisme (l'individu considère que consommer est le meilleur moyen d'accéder au bonheur). Cette dernière valeur a fait l'objet de nombreux travaux.

1. Kamakura W.A., Mazzon J.A., « Value Segmentation : a Model for the Measurement of Values and Value Systems », *Journal of Consumer Research*, 18, 2, 1991, pp. 208-218.

2. Kamakura W.A., Novak T.P., Steenkamp J.-B.E.M., Verhallen T.M.M., 1993, *op. cit.*

3. Shim S., Eastlick M.A., « The Hierarchical Influence of Personal Values on Mall Shopping Attitude and Behavior », *Journal of Retailing*, 74, 1, 1998, pp. 139-160. Swinyard W.R., « Shopping Mall Customer Values : the National Shopping Mall Shopper and the List of Values », *Journal of Retailing and Consumer Services*, 5, 3, 1998, pp. 167-172.

4. Lastovicka J.L., Bettencourt L.A., Hughner R.S., Kuntze R.J., « Lifestyle of the Tight and Frugal : Theory and Measurement », *Journal of Consumer Research*, 26, 1, 1999, pp. 85-98 ; Shoham A., Brenčič M.M., « Value, price consciousness, and consumption frugality: an empirical study », *Journal of International Consumer Marketing*, 17 (1), pp. 55-69, 2004.

Repère

Le matérialisme

Les individus diffèrent assez fortement quant aux relations qu'ils entretiennent avec le monde des objets et, plus spécifiquement, avec ce qu'ils possèdent (leur voiture, leur maison, leur téléphone mobile…). Certains sont fiers de montrer leurs possessions, d'en parler… alors que d'autres ont visiblement peu d'intérêt pour les choses matérielles. Autrement dit, certains individus sont plus matérialistes que les autres[1].

On parle de matérialisme lorsque consommer devient la principale aspiration, la meilleure voie pour atteindre ses buts personnels et la reconnaissance sociale[2]. La consommation n'est alors plus un moyen de vivre au quotidien, mais une fin en soi. D'après R.W. Belk, le matérialisme se manifeste par : la possessivité (« je garde beaucoup de choses dont je devrais me débarasser », ou « quand je voyage, j'aime prendre beaucoup de photos »), l'égoïsme (« je n'aime pas partager », ou à l'inverse, « j'aime inviter des gens à la maison »), l'envie de ce que les autres possèdent (« quand des amis possèdent des choses que je ne peux pas me permettre d'acheter, je suis agacé »)[3].

Pour déterminer le degré d'adhésion d'un individu aux valeurs matérielles, on évalue dans quelle mesure l'acquisition d'objets est une chose importante dans sa vie, et dans quelle mesure l'accumulation aide l'individu à atteindre ses buts dans l'existence, notamment le bonheur (exemple d'items : « c'est important, pour moi, de posséder de belles choses » ; « j'aimerais être riche au point de m'acheter tout ce que je veux » ; « je serais plus heureux si je possédais plus de choses »)[4].

Quand on étudie les différences de matérialisme entre individus – et non plus entre cultures – on constate que la famille joue un rôle fondamental : les individus ayant vécu dans des familles déchirées sont plus matérialistes ; de même, les individus exposés plus fréquemment à la publicité. Si le matérialisme a des conséquences positives (comme le développement économique), les conséquences négatives sont nombreuses : une moindre qualité de contact social, une certaine négligence des principes moraux, la consommation de ressources naturelles importantes.

Quand on étudie le matérialisme au niveau sociétal, la plupart des études concluent que cette valeur est en progression dans les cultures occidentales. Avec le développement économique, les individus sont exposés à des représentations plus fréquentes de l'opulence et leurs aspirations matérielles tendent à s'élever en conséquence.

---

1. Des références complémentaires sont disponibles dans Richins M.L., « Material Values », in P.E. Earl et S. Kemp eds., *Consumer Research and Economic Psychology*, Cheltenham, Edward Elgar, 1999, pp. 374-380.

2. Goodwin N.R., Ackerman F., Kiron D., *The Consumer Society*, Island Press, 1997, p. 2.

3. Belk R.W., « Materialism : Trait Aspects of Living in the Material World », *Journal of Consumer Research*, 12, 3, 1985, pp. 265-280.

4. Richins M.L., Dawson S., « A Consumer Value Orientation for Materialism and Its Measurement : Scale Development and Validation », *Journal of Consumer Research*, 19, 3, 1992, pp. 303-316.

Mesure : Le matérialisme

La mesure du matérialisme au travers de 18 items mesurés par un Likert s'organisent autour de trois dimensions principales : le succès, la centralité et le bonheur.

1. *Succès*

- Il m'arrive d'admirer les personnes qui possèdent des maisons, des voitures et des vêtements de valeur.
- Un des buts les plus importants dans la vie est d'acquérir des biens.
- Je pense que posséder beaucoup de biens est un signe de réussite.
- Ce que je possède en dit long sur la manière dont je réussis ma vie.
- J'aime parfois avoir des choses qui impressionnent les autres.
- Je suis parfois attentif aux biens ou objets que possèdent les autres.

2. *Centralité*

- En général, je n'achète que ce dont j'ai réellement besoin.
- D'un point de vue matériel, j'essaie toujours de garder une vie simple.
- Les choses que je possède ne sont pas forcément importantes pour moi.
- Je n'aime vraiment pas dépenser de l'argent pour des choses pas forcément utiles.
- Je n'ai pas de plaisir à faire des achats.
- Je n'aime pas le luxe.
- J'accorde moins d'importance aux choses matérielles que la plupart des gens que je connais.

3. *Bonheur*

- Je n'ai pas toutes les choses dont j'ai besoin pour être vraiment heureux (se) dans la vie.
- Ma vie serait plus heureuse si je possédais des choses que je n'ai pas.
- Cela me rendrait plus heureux (se) de posséder de belles choses.
- Je serais plus heureux si je pouvais m'offrir davantage de choses.
- Cela m'ennuie parfois de ne pas avoir les moyens de m'acheter tout ce que je veux.

Finalement, des critiques assez sévères s'élèvent contre une approche essentiellement quantitative des valeurs. Pour certains, il ne suffit pas de mesurer l'importance de l'item « épanouissement personnel » pour comprendre quelles significations l'individu y attache[1]. Il est vrai que ces termes un peu flous – relations chaleureuses, amitié sincère, respect des autres, etc. – peuvent signifier des choses très différentes d'un individu à l'autre, ce qui suppose d'utiliser des

1. Thompson C.J., Troester M., « Consumer Value Systems in The Age of Postmodern Fragmentation : the Case of The Natural Health Microculture », *Journal of Consumer Research*, 28, 4, 2002, pp. 550-571.

méthodes plus qualitatives pour étudier les valeurs telles que les individus les entendent vraiment[1].

6 La chaîne moyens-fins

Le lien entre valeurs et bénéfices est d'une grande application en marketing. La chaîne moyen-fins permet d'évaluer ce que les produits apportent personnellement aux consommateurs. Les attributs des produits sont vus comme des instruments pour atteindre diverses utilités fonctionnelles et psychosociales que le consommateur transforme pour satisfaire ses valeurs terminales. On évoque la notion de chaîne en considérant que l'attribut produit apporte comme conséquence un bénéfice qui lui-même permet d'atteindre des valeurs instrumentales et terminales.

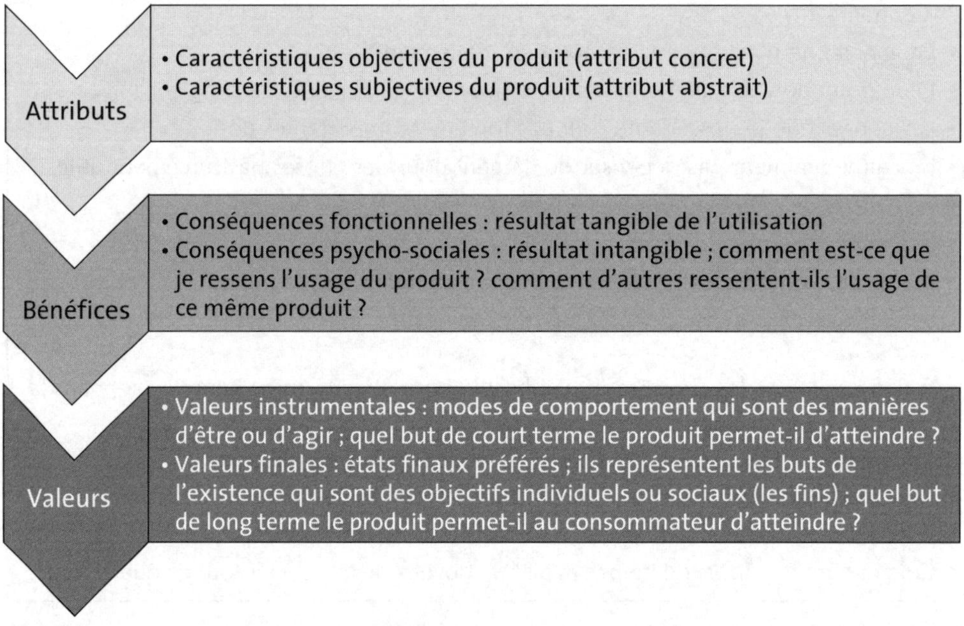

Figure 13.1 – La hiérarchie de la chaîne moyens-fins

Une enquête sur la promotion de la pêche française a adopté cette démarche à partir des quatre attributs les plus cités : le prix, l'espèce, le lieu de pêche et la fraîcheur. Une carte hiérarchique a permis de montrer que le prix raisonnable, en influant le rapport qualité-prix (bénéfice), était rationnel (valeur instrumentale) et augmentait donc la satisfaction (valeur terminale). Le lieu de pêche, en précisant l'origine (bénéfice), et la fraîcheur soulignant le caractère sain du produit (bénéfice)

1. Toutefois, si une approche qualitative est pertinente pour comprendre en profondeur, elle ne permet pas de mettre en œuvre une démarche de segmentation, démarche qui suppose de quantifier le poids de chaque segment. Ces deux approches sont clairement complémentaires.

satisfont la valeur instrumentale de responsabilité et participent à la sécurité (valeur terminale).

Cette démarche intègre donc des aspects pratiques du produit et des attentes plus inconscientes du consommateur.

Section 3 LE STYLE DE VIE

Depuis plus de trente ans, le terme de « style de vie » a un succès important auprès des praticiens du marketing. Le style de vie d'un individu résulte de son système de valeurs et de ses attitudes, de ses activités et de ses comportements. Si l'on veut étudier le style de vie d'un individu, on doit donc prendre en compte tous ces aspects[1]. Toutefois, nous considérons que le « cœur » du concept de style de vie est constitué par les attitudes générales de l'individu et par ses activités. En revanche, les valeurs et les comportements sont des notions distinctes, en amont et en aval du style de vie[2]. Autrement dit, le système de valeurs explique en partie le style de vie qui, lui-même, explique en partie les comportements, notamment les comportements de consommation.

1 Les approches américaines

1.1 L'approche AIO

De nombreuses analyses ont été menées à partir de listes (ou « inventaires ») que les Américains désignent par les lettres AIO pour signifier *Activities, Interests and Opinions*. Concrètement, les activités, les centres d'intérêt[3] et les opinions des individus sont étudiés à partir de questionnaires comportant plusieurs centaines de questions. Cette information est ensuite condensée pour faire émerger les grandes dimensions

1. Valette-Florence P., 1994, *op. cit.* Wells W.D., *Life style and psychographics*, Marketing Classics Press, 2011.

2. Nous considérons qu'en amont, les valeurs forment un concept distinct et qu'il est souhaitable de ne pas confondre le style de vie et le système de valeurs. Par ailleurs, nous considérons qu'en aval, les comportements de consommation sont plutôt l'expression d'un style de vie que le style de vie lui-même. Là aussi, il est souhaitable de ne pas confondre le style de vie et les comportements qu'il est censé expliquer, sous peine de faire un raisonnement tautologique.

3. L'étude des centres d'intérêt par les psychologues présente un aspect très pragmatique, peu théorique. Ces listes d'intérêt sont notamment utilisées pour orienter les choix professionnels. La principale typologie – celle de Jack W. Rothwell et Kenneth M. Miller – structure les centres d'intérêt en 12 grandes dimensions : activités esthétiques (création d'objets…), activités scientifiques (analyse, investigations…), activités littéraires (écriture et lecture…), activités pratiques (réparation, construction…), activités techniques (manipulations d'engins et d'instruments…), contacts personnels, etc. Références : Gilles P.-Y., « L'organisation des conduites », in *Psychologie différentielle*, coordonnée par P.-Y. Gilles, Paris, Bréal, 1999, p. 123.

structurantes (en utilisant des méthodes factorielles) et/ou pour constituer des groupes d'individus ayant des profils similaires (en utilisant des méthodes typologiques).

Tableau 13.4 – L'inventaire « AIO »

Activités	Centres d'intérêt	Opinions
Travail	Famille et maison	Soi-même
Hobbies	Travail	Société et politique
Soirées	Vie locale	Économie
Vacances et sorties	Mode	Éducation
Vie associative	Nourriture	Consommation
Shopping	Médias	Culture
Activités sportives et culturelles	Réalisations personnelles	Technologie

1.2 L'approche VALS

L'approche AIO tend à être supplantée par l'approche *Values and Life-Styles*. Cette analyse est menée régulièrement aux États-Unis par l'équipe du professeur Mitchell au *Stanford Research Institute*. Selon cette approche, les styles de vie ne reposent pas sur les activités, les centres d'intérêt et les opinions, mais sur les valeurs. Par ailleurs, dans sa version la plus récente (VALS 2), la typologie des valeurs est croisée avec le revenu de l'individu. La typologie est construite à partir d'un questionnaire de trente-quatre items soigneusement validés. Ce questionnaire contient, par exemple, des questions comme « en général, je m'intéresse aux théories », « j'aime les gens et les choses extravagantes » ou encore « j'ai plus de compétences que la plupart des gens »[1]. Cette typologie permet de mettre en évidence trois « orientations » principales : l'action, la reconnaissance sociale et les principes.

Ces orientations sont ensuite croisées avec le revenu et débouchent sur huit profils différents. Par exemple, dans le groupe des individus orientés vers l'action (25 % de l'échantillon), les ressources financières permettent de distinguer les « aventuriers » (*experiencers*) et les « faiseurs » (*makers*). Les aventuriers (ressources élevées) sont jeunes, enthousiastes et s'opposent à l'autorité. Ils cherchent la nouveauté et aiment le risque ; ils sont en phase de construction de leur propre style de vie et relativement versatiles dans leurs choix. Ils pratiquent de nombreuses activités en dehors du domicile (spectacles, sports, rencontres) et consomment des produits culturels (vidéo, musique…). Au contraire, les faiseurs (ressources faibles) sont pragmatiques et disposent de nombreuses compétences pratiques. Ils vivent dans des familles traditionnelles et sont plutôt conservateurs. Ils réalisent des choses concrètes (réparer la voiture, jardiner et bricoler…).

1. Il est possible de consulter le questionnaire en ligne ainsi qu'un bref descriptif des profils d'individus : http://future.sri.com/vals. Il est également possible de remplir le questionnaire et d'obtenir un diagnostic en ligne.

2 Les approches d'origine française

Des approches spécifiques ont été développées en France pour étudier les styles de vie. Les études du CCA (Centre de Communication Avancée), menées depuis le début des années soixante-dix par B. Cathelat et son équipe, sont incontestablement les plus connues. Cependant, on peut aussi citer les études de Sociovision (COFREMCA) et celles de RISC International.

2.1 L'approche du CCA

Les études du CCA identifient des « flux socio-culturels » émergents et préconscients, afin d'anticiper l'évolution des comportements, notamment des comportements de consommation. Ces flux socio-culturels sont définis comme « les valeurs dominantes à la bourse de la psychologie collective » (thèmes et idées, symboles et images)[1]. Une fois ces flux identifiés, les individus sont ensuite affectés à des groupes (les « sociotypes »), selon leur degré d'adhésion à chacune de ces tendances psycho-socio-comportementales. Le CCA constitue donc les groupes à partir des flux socio-culturels et non à partir des caractéristiques sociodémographiques ou économiques. Pour B. Cathelat, la ménagère de moins de 50 ans, les jeunes, les cadres… sont « des ectoplasmes sociologiques sans existence réelle, des moyennes statistiques qui dissimulent la diversité des personnes ».

La méthodologie d'identification des sociotypes repose sur un questionnaire comportant plusieurs centaines de questions autour de grands domaines de la vie (privée et professionnelle, sociale et politique), de la culture et de la consommation. Dans un deuxième temps, l'affectation des individus aux groupes est réalisée à partir d'un questionnaire plus court (une centaine de questions). Les comportements de consommation et de fréquentation média sont également étudiés, ce qui donne aux socio-styles un caractère opérationnel pour les décideurs du marketing. Ainsi, les cartes des mentalités et des socio-styles sont adaptées aux secteurs (automobile, technologie…) et aux problématiques (écologie, navigation web…)[2].

Cette « socio-structure » s'organise autour de deux axes (ces axes sont sensiblement les mêmes d'une cartographie à l'autre, même si les termes peuvent varier). Le premier axe oppose l'aventurisme au conservatisme, c'est-à-dire les individus qui valorisent plutôt le changement ou la tradition. Le deuxième axe oppose le réalisme à l'hédonisme, c'est-à-dire les individus qui valorisent plutôt la fonctionnalité ou la sensualité.

1. Cathelat B., « Le socio-styles sytèmes », *Décisions Marketing*, 2, 1994, pp. 63-71.
2. Pour des exemples et des précisions, consulter la section méthodologique sur le site : http://www.lecca.com

Le CCA projette ensuite sur ce plan des « mentalités » (grands regroupements), puis les sociotypes (groupes plus fins)[1]. Les termes qui permettent de décrire chaque mentalité et chaque socio-style constituent un véritable lexique. Par exemple, on parle d'individus « égocentrés » (hédonisme), d'individus « décalés » (aventurisme) ou d'individus « recentrés » (conservatisme).

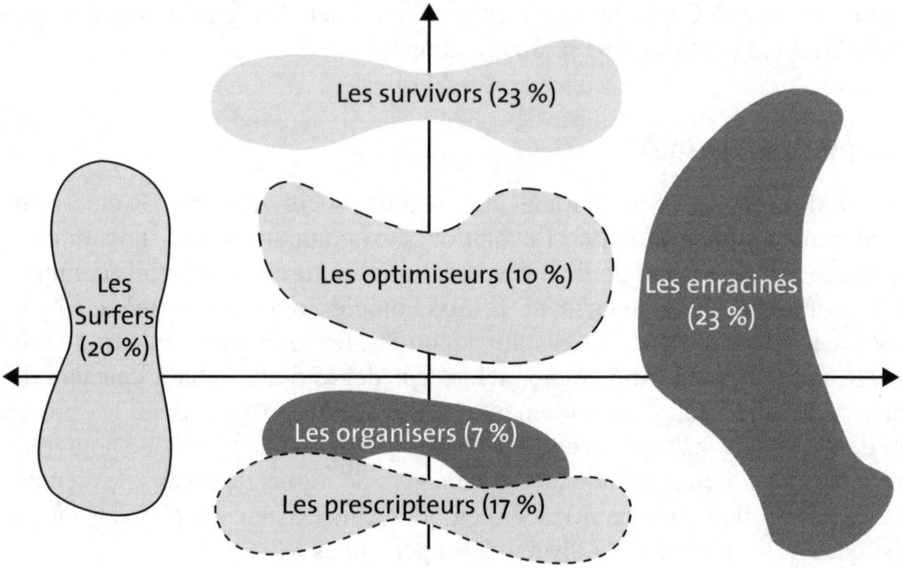

Source : CCA - Styles de vie.

Figure 13.2 – La carte des mentalités en France

Plus récemment, le CCA a proposé de structurer les mentalités autour de autres deux axes. Le premier oppose les *enracinés* qui se replient sur les valeurs du passé et les *surfers*, qui « se projettent ailleurs et demain… mais sans guère construire aujourd'hui ». Le deuxième axe oppose, d'un côté, les *survivors* (loups) et les *optimiseurs* (renards) qui sont frustrés, coupés des institutions, n'ont d'autres solidarités que tribales et de l'autre côté, les *prescripteurs* (humanistes) et les *organizers* (gestionnaires rationnels) qui sont fortement responsabilisés et participent à la définition d'un nouveau projet de société. Ces mentalités sont ensuite décomposées en quinze sociotypes. Les dernières enquêtes montrent une société française en mutation, résolue à s'adapter, convaincue de vivre un véritable changement de société.

L'étude révèle quatre scénarios d'adaptation : la dé-connexion (« l'évasion à tout prix, le hors-jeu social… »), l'auto-connexion (« un retour vers soi… gouverné par ses propres priorités »), la micro-connexion (« des liens plus forts avec des communautés

1. Cathelat B., *Socio-styles système,* Paris, Éditions d'Organisation, 1990.

proches de soi ») et la télé-connexion (« une médiatisation et une distanciation des rapports avec les autres »).

2.2 L'approche de la COFREMCA

Les études Sociovision reposent sur une quarantaine de « courants socio-culturels » identifiés dans la société d'aujourd'hui : gestion du plaisir, expression personnelle, rejet de l'autorité, émotions collectives... Chaque courant identifié porte en lui un certain nombre de valeurs, de « paradigmes » (représentations sociales, « visions du monde ») et de pratiques.

Pour évaluer l'importance de chaque courant dans les différentes strates de la population, ces études mêlent une perspective qualitative « socio-historique » (c'est-à-dire, longitudinale, dynamique) avec une perspective quantitative (plus de 300 items dans le questionnaire). Cette méthode ne conduit pas à former des groupes d'individus sur la base des courants socio-culturels, mais propose d'utiliser ces informations pour enrichir les segmentations traditionnelles (âge, sexe, catégorie socio-professionnelle...).

Sociovision utilise une typologie des « milieux sociaux ». Chaque « milieu social » représente un groupe d'individus qui partagent les mêmes valeurs et les mêmes croyances. Cette segmentation a pour objectif de mieux comprendre les comportements de consommation, de les interpréter par rapport à un cadre d'analyse plus large. Les milieux sont constitués à partir de six grandes orientations (préserver, avoir, dépenser, se divertir, être, vivre des expériences) croisées avec le statut social[1]. Il s'agit d'une perspective assez proche de la typologie VALS 2.

2.3 L'approche de RISC International

Depuis 1978, RISC International[2] réalise une étude des changements socio-culturels, menée aujourd'hui dans plus de trente pays (Europe de l'Ouest, Amérique du Nord et Amérique Latine, Japon, Chine, Indonésie, Australie...).

RISC se donne pour mission de comprendre la diversité des consommateurs, notamment en étudiant les liens entre variables sociodémographiques, économiques... et caractéristiques culturelles. Il s'agit de fonder les analyses sur des faits, en évitant les stéréotypes. Chaque année, plus de 60 000 questionnaires sont administrés. En France, par exemple, l'étude porte sur 2 500 individus (3 000 aux États-Unis, 3 000 au Japon, etc.). Le questionnaire socio-culturel de RISC comporte environ 100

1. À titre d'exemple, pour l'Allemagne, on peut identifier 10 milieux sociaux.
Source : http://www.sociovision.fr
2. Pour des précisions, consulter le site : http://www.risc-int.com

questions communes à tous les pays (sans compter les questions *ad hoc* qui peuvent être ajoutées pour des problématiques spécifiques[1]). L'administration d'un questionnaire de ce type dure environ 1 h 30 (mais le mode d'administration peut changer d'un pays à l'autre).

Contrairement aux méthodologies d'étude qui s'intéressent aux comportements (par exemple, les panels), RISC concentre l'analyse sur le pourquoi des préférences et des comportements[2]. De cette façon, l'institut apporte un éclairage sur la façon dont les choses pourraient évoluer (approche prospective) et sur la façon dont les choses peuvent être changées avec les démarches stratégiques adaptées (approche plus managériale).

Dans les différents pays où l'enquête est menée, RISC étudie les normes (« jugement moral sur la façon dont la société doit être structurée et organisée »), les traits de personnalité, les aspirations (« objectifs de vie pour les prochains mois ») et les comportements quotidiens.

Une fois les données collectées et traitées (normalisation, réduction…), RISC propose plusieurs « outils socio-culturels » :

– *la cartographie*. Cette cartographie s'organise autour de trois axes. Le premier axe oppose le plaisir (*enjoyment*) à la responsabilité. Le deuxième axe oppose la stabilité au mouvement (*expansion*), alors que le troisième oppose la flexibilité au conservatisme (*structure*). De nombreux phénomènes socio-culturels sont projetés dans cette carte, selon leurs coordonnées sur ces axes ;
– *le scan*. Cette typologie d'individus permet de distinguer dix groupes organisés autour des mêmes axes que ceux qui structurent la cartographie. Les groupes d'individus sont donc *formés* sur la base des variables socio-culturelles, mais sont ensuite *décrits* à l'aide de variables sociodémographiques, économiques, etc. La croissance ou la réduction du nombre d'individus dans chaque groupe donne des indications sur les changements socio-culturels. Pour une marque donnée, un produit/service ou un marché, il est également possible de calculer le taux de pénétration sur chaque groupe, de façon à dégager un profil des consommateurs. Cette typologie est particulièrement utile lorsqu'elle est croisée avec les données internes de l'entreprise ;
– *les tendances*. Chaque tendance est formée par la réunion de deux ou trois phénomènes socio-culturels issus de la cartographie et reliés entre-eux. RISC identifie, mesure et qualifie environ vingt-cinq tendances majeures. Certaines tendances sont spécifiques au monde asiatique, alors que d'autres le sont au

1. Le fait que la méthodologie soit identique d'un pays à l'autre présente naturellement un certain nombre d'avantages pour comparer directement les résultats. Soulignons toutefois les difficultés rencontrées pour appliquer à une culture des concepts qui n'ont pas nécessairement le même sens, point que nous développons dans le paragraphe « La notion de culture », dans ce chapitre.

2. Les données comportementales sont donc complémentaires aux données « motivationnelles ».

monde occidental. De cette démarche d'étude, croisée avec des analyses documentaires et qualitatives, il est possible de tirer des analyses par grandes zones (Europe, Asie…) et par pays. Il est également possible de mener une analyse thématique transversale (par exemple, les seniors en Europe, la culture « techno », les frontières hommes/femmes, le divertissement dans les sociétés occidentales…).

2.4 L'intérêt pratique des styles de vie

Pour une entreprise, du point de vue managérial, la connaissance des styles de vie se révèle importante pour :

- dégager des grandes orientations en matière de développement de nouveaux produits/services ;
- identifier des bénéfices émotionnels ou symboliques qui seront à la base des stratégies de différenciation (par exemple, dans des secteurs comme la téléphonie mobile, où les bénéfices technologiques dominent habituellement) ;
- définir une stratégie de conquête à partir d'une meilleure connaissance des clients potentiels (là où le taux de pénétration de la marque est plus faible) ;
- construire une stratégie de marque autour de thèmes fédérateurs et pertinents. Ceci est particulièrement important dans les secteurs où les extensions donnent aux marques un rôle de plus en plus transversal (les Anglo-Saxons parlent de *brand stretching* ou « étirement de la marque », quand la marque couvre des catégories de produits/services très différentes). Cet objectif fédérateur est également important dans les secteurs où les stratégies de segmentation – voire, de micro-segmentation ou de marketing « one to one » – nécessitent d'être contre-balancées par une stratégie de marque « englobante ». Par exemple, si la marque couvre à la fois un segment homme et un segment femme, quelles sont les valeurs les plus pertinentes pour ces deux segments conjointement ? Si la marque personnalise ses offres et ses messages, quel est le fond commun de cette marque, son identité ?
- nourrir la communication de thèmes qui sont en résonance avec les attentes des consommateurs et leurs évolutions possibles.

Toutefois, malgré leur intérêt managérial évident, les démarches « styles de vie » (au sens large) donnent lieu à de nombreuses critiques. À titre d'exemple, l'approche AIO est souvent mise en cause pour des raisons théoriques (le manque de fondements conceptuels, par exemple) et pour des raisons méthodologiques (comme l'utilisation parfois obscure des méthodes statistiques pour résumer l'information en facteurs)[1].

Une critique plus opérationnelle porte sur les difficultés et le coût pour collecter ce type d'informations, comparativement aux données sociodémographiques, par exemple.

1. Valette-Florence P., « Les démarches de styles de vie : concepts, champs d'investigation et problèmes actuels », *Recherche et Applications en Marketing*, 1, 2, 1986, pp. 41-58.

Index des notions

A

abandon d'un objet, 311
acculturation, 271, 272
achat
  impulsif, 211
  intention d'achat, 167, 214, 237
âge subjectif, 362
analyse sensorielle, 69
anxiété 230
  face à la mort, 231
  sociale, 345
apprentissage 108
  classique, 108
  par association, 108
  par renforcement, 112
  passif, 56
assimilation 99
attachement 320, 341
  à la marque, 342
attention, 75, 79, 128
attitude, 399, 405
  changement d'attitude, 36
  composantes ou dimensions, 144
  des enfants, 150
  envers la promotion, 307
attribut, 152
  de performance, 325
  de qualité, 326
  déterminant, 153, 157
  perception, 151
auto-contrôle, 256
autorégulation, 242

B

bénéfices recherchés, 401
besoin, 28, 398
  biogénique, 28
  de cognition, 29, 392
  d'unicité, 257
  latent, 31
  psychogénique, 28
  de toucher, 84
  de clôture, 88
  reconnaissance du besoin, 203

biais
de la distance directe, 89
d'élongation, 92
boycott, 349
buts, 34

C

cadeau, 241
capital
culturel, 274
de marque, 133
CCA, 407
cercle social, 253
chiffre d'or, 77
classe
sociale, 354
socio-économique, 352
COFREMCA, 409
comestible, 81
comportement de shopping, 292
comptabilité mentale, 106
concept
de « moi », 394
de nous 49
de soi, 146, 394
conditionnement\
classique, 108
instrumental, 112
confiance, 338
dans la marque, 339
en soi, 42
consommateur
attente du, 309
consommation
collaborative, 51
culturelle, 248
expérientielle, 244
contexte, 217
contraste (effet de), 97
conviction de contrôle, 393
corps, 50
couleur, 75, 238
critères de choix, 153
contexte, 220
croyance
à l'égard de l'annonce, 150

D

désir, 30, 210
dissonance cognitive, 37

E

échéances, 214
éclairage, 76
effets
de cadrages, 101
de contexte, 97
émotions, 228, 244, 276
engagement, 339
ensemble de considération, 137
categorisator, 138
essai, 286
état réel et idéal, 34, 203
ethnicité, 223

F

façonnage, 115
familiarité 61
à la catégorie de produits, 343
famille, 49, 374
fidélisation 307
programme de fidélisation, 115, 345
fidélité 296
comportementale, 335
forme de packaging 50, 77
cannette, 91
foule, 238

G

Gestalt, 87
goût, 65, 80
groupes, 49, 265
influence des groupes, 258

H

habitat participatif, 378
heuristiques 294
de consommation, 117
humeur, 78, 79, 227, 237

I

identité sexuelle, 359
immigration et consommation, 282
implication 53, 100, 105, 183
  durable, 55
  processus de décision, 206
  recherche d'informations, 199
impulsif, 211
inertie, 300, 305
influence, 254
innovateur, 290, 390
innovation, 277, 287
  incrémentale, 288
  radicale, 288
innovativité, 287
insatisfaction, 325
intensité, 206

L

leaders d'opinion, 193
leadership d'opinion, 194
liberté du consommateur, 348
locus of control, 394

M

marché de l'occasion, 315
marketing
  client, 333
  familial, 375
  relationnel, 342
  sensoriel, 85
  tribal, 267
marque
  attachement à la, 342
  attitude envers la, 148
  capital de, 133
  communauté de, 271
  confiance dans la, 339
  extension, 140
  image de, 129, 160
  placement de la, 124
  sensibilité à la, 333
matérialisme, 402
médiation duale, 149
mémoire
  à court terme, 122
  à long terme, 123
  connaissances stockées, 72
  épisodique, 123
  explicite, 123
  organisation des connaissances, 147
  sémantique, 123, 131
  sensorielle, 121
mémorisation, 79, 87, 121
mesure
  de la satisfaction, 329
  sensibilité à la marque, 335
micro-cultures, 270
misophonie, 79
modèle
  disjonctif, 164
  ELM, 110, 182
  lexicographique, 165
  multi-attributs, 157
modèle multi-attributs
  compensatoire, 159
  non compensatoire, 162
  processus de choix, 203
motivation 399
  conflit de motivation, 36
  inconsciente, 36
  négative, 36
  positive, 36
  positive et négative, 36
  visite d'un point de vente, 292
musique, 78

N

neuromarketing, 72
niveau optimal de stimulation, 239
norme subjective, 168
  mesure, 169
nostalgie, 232
notoriété, 61

O

odorat, 65, 79
offres promotionnelles, 70, 204, 306

orientation
relationnelle, 346
temporelle, 95
ouïe, 65

P

PAD, 230
parrainage, 111, 186
pauvreté, 358
pays d'origine, 135
perception
des attributs, 152
des distances, 89
du volume, 91
sélective, 73
subliminale, 71
Perception du temps, 93
personnalité, 398
peur, effet de la, 238
point
de référence, 97
point de vente
magasin, 76
post-modernité, 265
prescripteur, 261
prix, 70, 330
processus de décision, 235
procrastination, 216
produits d'occasion, 296
programmes
de fidélisation, 344
pulsion, 34

Q

qualité
de service, 323
perçue, 321, 330

R

réachat, 286
réactance psychologique, 348
recherche de sensations, 239, 304, 388
recherche de variété, 303
mesure, 304
recherche d'informations, 79, 190
intensité, 195
processus de décision, 206
sur Internet, 198
reconnaissance du besoin, 203
récupération, 130
réemploi, recyclage des objets, 206, 316
réenchantement, 246
report d'achat
potentiel de procrastination, 216
procrastination du consommateur, 215
résistances à la consommation, 260, 321
rétro-marketing, 233
revenu, 16, 353
RISC International, 409
risque
alimentaire, 202
de perte, 102
perçu, 58, 201, 300
rôles, 276
de la consommation, 276
route centrale et périphérique, 182

S

satisfaction 321, 329
fidélité, 302
mesure ordinale de la, 329
modèle tetraclasse, 328
sensibilité
aux marques, 333
aux promotions, 306
SERVQUAL, 326
seuil
différentiel, 66
shopping (comportement de) 293
socialisation
des enfants, 365
sociovision, 409
soi, 348
concept de, 42, 146, 394
sources d'information, 191
storytelling, 181
style de vie
AIO, 405
VALS, 406
surprise, 227, 232

T

taux
  de nourriture, 297
  d'épargne, 16
  de pénétration, 287
temps
  risque perçu, 202
territoire-produit, 131
test sensoriel, 69
the Big-Five, 386
théorie
  de l'action raisonnée, 167
  des perspectives, 97, 102
  du jugement social, 99
toucher, 65
traitement de l'information, 61, 87, 122, 184
  vs. approche expérientielle, 245
traitement préférentiel, 347
traitement de faveur, 347
travail, 368
tribus, 265, 270

U

usage, 323

V

valeur perçue, 329
  mesure, 331
valeurs, 396
  instrumentales, 398
  terminales, 398
vengeance du consommateur, 241
vigilance, 75

W

Weber (loi de), 70

Z

zone de chalandise, 382

Index des auteurs

A

Aaker J.L., 279
Ackerman F., 406
Adams S.C., 74
Ajzen I., 143, 144, 167
Alba J.W., 119
Alderfer C.P., 29
Allport G.W., 143
Alpert F., 118
Alpert J.I., 78
Alpert M.I., 78, 155
Amine A., 196, 296
Anderson E.W., 304
Anderson J. C., 341
André C., 42
Antonides G., 233, 401
Anzieu D., 41
Appleton-Knapp S.L., 128
Arasse D., 96
Arellano R., 24
Areni C., 237
Ariely D., 198, 259
Arnould E.J., 285
Aron A., 49
Aron E.N., 49
Asch S.E., 257
Askegaard S., 285
Assael H., 61, 207
Audit A., 365
Aurier P., 137, 139, 220, 224, 306, 333

B

Babin B. J., 294
Baker T.L., 327
Ball-Rokeach S.J., 401
Barbanarelli C., 393
Barghava M., 110
Barsalou L.W., 134
Barthes R., 254
Bartikowski B., 284, 331

Bass F.M., 160
Basuroy S., 192
Batra R., 149, 239
Baudrillart J., 5
Baugnet L., 49
Baumeister R.F., 244
Baumgartner G., 403
Baumgartner H., 126, 242, 284
Bearden W.O., 230, 258, 259, 260, 399, 400
Beatty S.E., 311, 348, 369, 401, 404
Beauvois J.-L., 397
Beckmann S.C., 247
Beji-Becheur A., 285
Béji-Becheur A., 290
Belch G.E., 149
Belk R.W., 24, 47, 218, 406
Bellenger D. N., 294
Benedict E. M., 242
Ben Miled H., 53, 194, 261
Benoit F., 348
Bergadaà M., 23, 57, 361, 398
Berger J., 359
Berkman H., 44
Berry L.L., 285, 304, 328, 344
Bettencourt L.A., 405
Bettman J., 117, 126
Bhate S., 395
Bierley C., 112
Bilsky W., 403, 404
Birdwell A.E., 45
Bitta D., 70
Bjork R.A., 128
Black W. C., 294
Blanchard D., 289
Blatberg R.C., 348
Bloch A., 289, 290
Bloch P., 190
Bloch P.H., 294
Block L.G., 240
Blondeau S., 150, 369
Bodier M., 365
Bourdieu P., 254
Bourgeat P., 292
Bourgeon D., 249, 250
Boutaud J.-J., 82
Boyes-Braem P., 132
Brée J., 124, 232, 365, 366
Brehm J. W., 350
Briley D.A., 282
Britt S.H., 67, 74
Brown S., 395
Brucks M., 328
Burton S., 150
Bush R.F., 45

C

Cacioppo J.T., 181, 182, 183, 396
Cadenat S., 296
Campbell M.C., 261
Camus S., 236
Caprara V.G., 393
Carlson L., 367
Carù A., 249
Cathelat B., 411, 412
Celsi R.L., 61
Chabert C., 41
Chaiken S., 110, 143, 144
Chalasani S., 344
Chambaz C., 383
Chandon J.-L., 131, 132, 139, 284, 331
Chandon P., 138, 309
Changeur S., 131, 140
Chatterjee S., 192
Chauduri A., 349
Chesnut R.W., 301
Childers T.L., 57, 84, 194, 249, 260
Chouk I., 341
Citrin A.V., 84
Claiborne C.B., 44
Clark M.J., 84
Clark T., 272
Clee M. A., 350
Cliquet G., 296
Cochoy F., 25, 325
Cohen J.B., 49, 237
Coleman R.P., 357
Collange V., 132
Collins A.M., 130, 131
Cooper L.G., 71
Costa J.A., 363
Cova B., 236, 249, 269

Cova V., 236
Craig Smith N., 351
Crenner E., 376
Creusen M.E.H., 77
Crié D., 335
Cronin J., 327
Csikszentmihalyi M., 246
Cundiff E.W., 45

D

Dabholkar P. A., 325
Daghous N., 24
Damak L., 50
Damasio A., 43, 181, 237
Damazio A., 237
Danard N., 365
Dant R. P., 345
Darden W. R., 294
Darley W.K., 398
Darpy D., 185, 214, 215, 350, 392
D'Astous A., 213
Daucé B., 240
Davis H., 264
Dawson S., 294, 406
Debenedetti A., 215, 259
Debenedetti S., 259
Decrop A., 13
Degeratu A. M., 154
DePaulo B.M., 45
Derbaix C., 60, 150, 174, 188, 229, 231, 232, 237, 239, 369, 376
Deschamps J.-C., 397
De Singly F., 264
Desjeux D., 218
Desmet P., 70, 380
Desphandé R., 223
De Wulf K., 221, 348, 349
Dhar R., 217
Dichter E., 28, 31, 40
Dickson P.R., 120, 218
Didellon L., 111, 125
Diener E., 239
Dietvorst T., 314
Dion D., 92, 240
Divard R., 76, 235, 240, 266
Dolich I.J., 45
Donovan R., 240
Donthu N., 133, 223
Dorion F., 69
Dornier J.-F., 389
Dornoff R.J., 45
Dortier J.-F., 23, 273, 284, 374
Douglas S., 280
Droulers O., 72
Drugeon-Lichtlé M.-C., 240
Dubois B., 64, 116, 222, 223, 281
Dubois D., 258
Dubois N., 398
Dubois P.-L., 305
Dumaurier E., 64
Durrande-Moreau A., 93

E

Eagly A., 110, 143
Eastlick M.A., 405
Ehrenberg A.S.C., 288
Ekinci Y., 45
Emmons R.A., 239
Enis B.M., 373
Esparcieux-Morawe E., 397
Ettenson R., 351
Etzel M.J., 241, 260
Evans K. R., 345
Evrard Y., 333

F

Faber R., 212
Fader P.S., 105
Falcy S., 149, 239
Faure C., 57, 398
Ferrandi J.-M., 393
Filser M., 249, 250
Firat A. F., 12
Fischer G.-N., 240, 384
Fischer R.J., 257, 393
Fishbein M., 143
Fishler C., 80
Fize M., 376
Fleck-Dousteyssier N., 185

Fontaine I., 125
Forehand M.R., 223
Fortier L., 213
Fosse-Gomez M-H., 369
Fosse-Gomez M.-H., 285
Fournier S., 345
Foxall G.R., 395
Friedman R., 38
Frisou J., 343
Froloff L., 309

G

Gaeth G.J., 105
Gallopel K., 78, 239, 240
Ganassali S., 111
Ganesan S., 341
Garbarino E., 340
Gardner M.P., 243, 245
Gemünden H.G., 199
Gershoff A. D., 191
Getz G., 348
Giannelloni J.-L., 194, 242
Gierl H., 284
Gilles P.-Y., 388, 390, 409
Gilly M.C., 373
Giraud M., 211
Goldsmith R.E., 395
Gollety M., 369
Gomez P., 215
Goodstein R.C., 261
Goodwin N.R., 406
Graby F., 240
Graham R.J., 94
Graillot L., 237
Gray W.D., 132
Greenleaf E., 77, 215
Grégory P., 71, 174
Grewal D., 44, 345
Griffin M., 294
Grohmann B., 80
Grönroos C., 349
Grossbart S., 367
Grunert K.G., 404
Grunert S.C., 404
Guichard N., 80
Guido G., 393
Guilbert N., 340
Guiot D., 365, 366
Gürhan-Canli Z., 351, 399
Gurviez P., 340

H

Hair J.-F. Jr, 45
Hall E., 90, 271
Hall E.T., 271
Hamel G., 312
Hamm B.C., 45
Hanna J.G., 30
Hardesty D.M., 399
Hardie B.G.S., 105
Harrell G., 315
Haugtvedt C., 396
Hauser J.R., 293
Hayden N., 128
Heckler S.E., 249
Hennig-Thurau T., 193, 349
Herbert E., 187
Herbert M., 285
Herpin N., 371
Heslop L.A., 265
Hetzel P., 246, 251
Higgins E.T., 38
Hoch S., 384
Hoffman D.L., 249
Hofstede F. ter, 395
Holbrook M.B., 24, 149, 239, 349
Homer P., 401
Hong J.W., 45
Hong S., 136
Hornik J., 84, 93
Houston M.J., 54, 57, 249, 396
Hoyer W.D., 223, 396
Hughner R.S., 405
Hunter G.L., 259
Hunt S.D., 341
Hutchinson J.W., 119
Huteau M., 389, 392

I

Iacobucci D., 348, 349
Infosino W.J., 291

Inman J.J., 71, 396
Izard C.E., 229, 278

J

Jacob J., 314
Jacoby J., 152, 301
Jacquemier L., 80
Janiszewski C., 123, 124, 128
Jaworkski B., 87
Jaworski B., 184
Jean S., 137, 139, 220, 224
Joachimsthaler E.A., 392
Johar J.-S., 44
John A., 351
Johnson D.M., 132, 398
Johnson E., 105
Johnson M.S., 340
Jolibert A., 64, 123, 125, 265, 277, 377, 392, 403
Joncour M., 122, 127
Jones M., 311

K

Kahle L.R., 401
Kahn B.E., 307
Kahneman D., 97, 101, 102
Kamakura W.A., 404, 405
Kapferer J.-N., 54, 58, 59, 60, 61, 199, 302, 303, 336
Kassarjian H., 110, 119, 155
Katona G., 23, 25
Katz D., 144
Kaufmann J.-C., 265
Kavas A., 170
Kellerhals J., 377
Kenny D.A., 45
Kent A.J., 70
Kim B.D., 187, 384
Kim J., 110
Kiron D., 406
Kivetz R., 100
Kjeldgaard D., 285
Klee A., 349
Klein J. G., 351
Klein N., 5, 262
Koehler C.R., 378
Köhler W., 117
Kölher W., 87
Korchia M., 340
Korgaonkar P. K., 294
Krishna A., 89, 91
Krugman H., 56
Kunda Z., 44
Kuntze R.J., 405
Kye-Sung C., 44

L

Lacher K.T., 248
Lacoeuilhe J., 344
Lacœuille J., 343
Ladwein R., 134
Lambert-Pandraud R., 364
Lancaster K., 305
Landon E.L. Jr, 45
Langer E., 398
Lapersonne E., 364
Larceneux F., 202
Larsen R.J., 239
Lastovicka J.L., 392, 405
Laurent G., 58, 60, 199, 302, 364
Lavoisier L.-M., 149
Lebon J., 151
Lee S., 133
Lefébure R., 348
Le Floch J., 363
Legendre N., 355
Legris B., 383
Le Guérer A., 80
Lehmann D., 215
Lehu J.-M., 80, 312
Lelord F., 42
Le Louarn P., 194, 261, 394, 395
Lemoine J.-F., 221
Le Nagard-Assayag E., 291
Lendrevie J., 143
Lennox R.D., 258
Lesceux D., 289
Lessig V.P., 258
Levav J., 259

Levin I.P., 105
Levitt T., 280
Lichtenstein D. R., 150
Lichtle M.-C., 331
Lim J.-S., 110
Lindon D., 143
Llosa S., 330, 331
Loftus E.F., 131
Lollivier S., 356
Lombart C., 295
Lutz M.A., 392
Lutz R.J., 144, 149
Lux K., 392
Lyotard J.-F., 12

M

MacInnis D.J., 87, 184
MacKenzie S.B., 149, 327
Maffesoli M., 267
Maheswaran D., 106, 136, 364
Maillet T., 7
Maille V., 75, 79
Malkewitz K., 91
Manceau D., 291
Maresca B., 317
Marigold L., 363
Markus H., 44
Marshall J., 265
Maslow A.H., 29
Mazzon J.A., 405
McAlexander J.H., 268, 281
McAlister L., 305, 396
McConocha D., 315
McCracken G., 273
McGinnis J.M., 70
McGuire W.J., 74
McSweeney F.K., 112
Mehrabian A., 229, 241
Mendel D., 272
Menon S., 307
Merleau-Ponty M., 64
Mermet G., 17, 371, 372
Merunka D., 292
Mervis C.B., 129
Meyers-Levy J., 97, 106, 364
Miller A., 74
Miller G.A., 122
Mita S., 130
Mitchell A.A., 148
Mittal B., 309
Moingeon B., 254, 358
Molina D.J., 356
Monroe B., 70
Montgomery A.L., 384
Moore M., 134
Moorman C., 87
Moorthy S., 200
Morgan R.M., 341
Morin-Delerm S., 69
Morris M.W., 282
Morvitz V., 399
Mothersbaugh D.L., 311
Mowen J.C., 178, 390
Myung-Soo L., 198

N

Narus J. A., 341
Nelson G., 49
Nesdale A., 240
Netemeyer R.G., 230, 258
Netzer O., 100
Newman J.X., 207
N'Goala G., 333
Ngobo P.-V., 327
Nord W.R., 110, 113
Norman W. T., 391
Novak T.P., 249, 404, 405

O

Oderkerken-Schröder G., 348, 349
Odin Y., 403
O'Guinn T., 212
O'Keefe D., 174
Olier L., 376
Oliver R., 234, 324
Oliver R.L., 324
Olshavsky R.W., 327
Olson J.C., 61, 148, 152
Oriou C.-L., 123

Orth U. R., 91
O'Shaughnessy J., 31
Ozcaglar-Toulouse N., 285

P

Palan K.M., 368
Palmatier R. W., 345
Parasuraman A., 304, 328
Park C.W., 117, 258
Parker P.M., 276
Park J.-O., 44
Pavlov I., 109
Pecheux C., 60, 150, 369
Pechmann C., 134
Peck J., 84
Pellemans P., 41, 389
Peñazola L., 273
Peppers D., 346
Perrien J., 57, 341, 398
Pessemier E., 305
Peter J.P., 110, 113
Petty R.E., 181, 182, 183, 396
Pham M., 229, 238
Piéron H., 65
Pinson C., 64, 123, 155, 160, 265, 363, 377, 392
Plichon V., 240, 331
Poline J., 368
Poncin I., 231
Popcorn F., 363
Poquet G., 317
Prahalad C.K., 312
Pras B., 155, 290
Pratt G., 230
Price L.L., 324
Prim-Allaz I., 350
Puget Y., 384

Q

Quillian M.R., 130

R

Raghubir P., 77, 89, 91
Raju P.S., 202, 249
Rangaswamy A., 154
Rao A.R., 260
Ratchford B.T., 198, 200
Ratneshwar S., 134
Ravid S. A., 192
Rémy E., 240
Rentz J. O., 325
Reuchlin M., 108
Reynolds K., 348
Richardson D. J., 152
Richins M.L., 406
Ridgway N.M., 190, 294
Rieunier S., 76, 78, 85, 222, 229, 240, 241, 246
Rigaux B., 264
Riley M., 45
Riney B.J., 356
Rivière C., 15
Robert-Demontrond P., 235
Rochefort R., 379
Roedder John D., 368
Roehrich G., 68, 290, 394
Rogers E., 292
Rogers E.M., 394
Rogers M., 346
Rokeach M., 400
Ronald L.T., 45
Rook D.W., 210, 211, 243, 257, 393
Rosch E., 132, 134
Rose G.M., 367, 377
Rose R.L., 399
Ross I., 45
Rossi P.E., 384
Rossiter J., 240
Rotter J.B., 397
Roullet B., 76, 240
Roux E., 132, 185
Rubin R.M., 356
Rudd J., 378
Russell J.A., 229, 230, 241

S

Sales-Wuillemin E., 130
Salmon C., 181
Sartre J.-P., 48
Sawyer A.G., 120, 128

Schaaper J., 371
Schlosser A.E., 261
Schmidt J.B., 198
Schoormans J.P.L., 77
Schouten J.W., 268, 281
Schumann D., 183
Schütte H., 279
Schwartz S.H., 403, 404
Scott L.M., 78
Sempé L., 255
Sen S., 351, 399
Shafir E., 98
Shah J., 38
Shani D., 344
Shavitt S., 261
Sherrell D.L., 190
Shimp T., 110, 148
Shimp T.A., 170
Shim S., 405
Sibéril P., 240
Simonson I., 100, 217, 282
Singh J., 349
Singh S.N., 128
Sirgy M.J., 44, 45
Sirieix L., 305
Sjöberg L., 237
Smollan D., 49
Snyder M., 258
Spangenberg E.R., 80, 84
Spreng R.A., 198, 327
Sprott D.E., 80
Srinivasan N., 197
Srinivasan V., 100
Stayman D.M., 223, 239
Steenkamp J.-B.E.M., 242, 284, 395, 404, 405
Steidley T., 396
Stem D.E. Jr, 84
Stern B.L., 45
Sternthal B., 97
Strazzieri A., 60, 138, 139, 221
Sujan M., 126
Sullivan M.W., 304
Sunil G., 71
Swinyard W.R., 62, 405

T

Talarzyk W.W., 160
Talpade S., 369
Talukdar D., 198, 200
Tamaro-Hans A., 265, 374
Tarondeau J.-C., 153
Tassi P., 365
Tauber E.M., 294
Taylor S.A., 327
Teel J.E., 258
Tepper Tian K., 259
Thaler R.H., 106
Thomas J.S., 348
Thompson C.J., 363, 407
Thorndike E.L., 116
Thorpe D. I., 325
Tréguer J.-P., 76
Trendel O., 125
Trinquecoste J.-F., 376
Trivedi M., 307
Troester M., 407
Troutot P.-Y., 377
Tudor M., 49
Tversky A., 97, 98, 100, 101, 102, 106, 135, 217
Tybout A.M., 130

U

Uncles M.D., 288
Urbain C., 151, 284
Urban G.L., 293
Urien B., 76, 233, 240
Usunier J.-C., 95, 271

V

Valence G., 213
Valette-Florence P., 60, 95, 382, 393, 400, 401, 402, 403, 404, 409, 415
Vanhamma J., 234
Vanhamme J., 234
Vanheems R., 80

Van Ittersum K., 91
Van Kenhove P., 221
Van Raaij W.F., 401
Vaughn R., 179
Venkataramani Johar G., 191
Venkatesh A., 12
Venturi G., 348
Verger D., 371
Verhallen T.M.M., 404, 405
Vernette E., 153, 154, 192, 193, 194
Villeneuve-Gokalp C., 375
Vinais J.-Y., 403
Volle P., 92, 200, 201, 240, 246, 296, 297, 299, 378, 384

W

Wahlers R.G., 241
Wakefield K.L., 71
Wallace W.T., 78
Walliser B., 185
Wansink B., 91
Ward M., 359
Warlop L., 125
Waterschoot W., 221
Webster C., 278
Wedel M., 395
Werbel R.A., 207
Westbrook R.A., 294, 324
White J.B., 398
Wickens T.D., 128
Wicklund R. A., 350
Wilkes R.E., 364, 368, 373, 376
Williams P., 279
Wind Y., 280
Winer R.S., 334
Wolfe R.N., 258
Woolf B., 312
Wooten D.B., 233
Wrong D. H., 273
Wu J., 154

Y

Yang C.-F., 275, 277, 279, 283
Yong L., 192
Yoo B., 133
Yung Y., 249

Z

Zaichkowksy J. L., 58, 61
Zajonc R.B., 123, 181
Zakay D., 93
Zeithaml V.A., 152, 153, 197, 304, 328, 331, 332, 333
Zeitoun H., 377
Zhang M.X., 277
Zielske H.A., 128
Ziems D., 31
Zinkhan G.M., 45
Zollinger M., 70
Zouaghi S., 285, 391
Zuckerman M., 242, 306

74672 - (I) - OSB 80° - BLP - GCO

JOUVE
1, rue du Docteur Sauvé, 53100 MAYENNE
N° 2426496S
Dépôt légal : septembre 2016

Imprimé en France

E.D